國家社科基金重大委托項目“《子海》整理與研究”成果

山東省社科規劃重大委托項目成果

子海精華編

主編　王承略　聶濟冬

易　林　上

（漢）焦延壽 著　（元）無名氏 注　馬新欽 點校

鳳凰出版社

圖書在版編目（CIP）數據

易林 / (漢) 焦延壽著 ; (漢) 無名氏注 ; 馬新欽點校. -- 南京 : 鳳凰出版社, 2017.10（2023.4重印）
（子海精華編 / 王承略主編）
ISBN 978-7-5506-2671-3

Ⅰ. ①易… Ⅱ. ①焦… ②無… ③馬… Ⅲ. ①占卜－中國－古代 Ⅳ. ①B992.2

中國版本圖書館CIP數據核字(2017)第245751號

書名	易林
著者	(漢)焦延壽 著 (漢)無名氏 注 馬新欽 點校
責任編輯	韓鳳冉
出版發行	鳳凰出版社(原江蘇古籍出版社)
	發行部電話025-83223462
出版社地址	江蘇省南京市中央路165號,郵編:210009
照排	江蘇鳳凰製版有限公司
印刷	江蘇揚中印刷有限公司
	江蘇省揚中市大全路6號,郵編:212212
開本	890毫米×1240毫米 1/32
印張	28.75
字數	598千字
版次	2017年10月第1版
印次	2023年4月第2次印刷
標準書號	ISBN 978-7-5506-2671-3
定價	170.00圓(全二册)
	(本書凡印裝錯誤可向承印廠調換,電話:0511-88420818)

國家社科基金重大委托項目“《子海》整理與研究”成果之一

《子海精華編》

執行編纂(按姓氏筆畫排列):

王成厚　王　娜　尹思琦　曲娟娟　李　兵　宋恩來

苗　露　柏　雲　柳湘瑜　張雨霏　賈　兵　蘇運蕾

編　　務:張　櫻　劉　端　孫紅苑　沈　虎

本書審稿專家:吴慶峰

《子海精華編》出版説明

“子海”，即“子書淵海”的簡稱。“《子海》整理與研究”課題係國家社科基金重大委托項目、山東省社科規劃重大委托項目。該課題分《珍本編》、《精華編》、《研究編》、《翻譯編》四個版塊，力圖把子部珍稀文獻、精華文獻進行深層次的整理、研究和譯介，挖掘子部文獻的價值，促進子學研究的發展。

山東大學向來以文史見長。古籍整理與子學研究，是其中的傳統研究方向。“《子海》整理與研究”，是在山東大學前輩學者高亨先生積30年之力陸續做成的《先秦諸子研究文獻目録》的基础上，由已故著名古籍整理與研究專家董治安先生參與策劃、設計的大型綜合研究課題。課題立項後，得到了中宣部、教育部、財政部、山東省政府和山東大學的大力支持，學界同仁踴躍參與。《精華編》的整理研究團隊近200人，來自海内外48所高校和研究機構。在組織管理上，《精華編》努力探索傳統文化研究協同創新的新體制、新機制，現已呈現出活力和實效。

華夏文明是由多元文化構築而成的。中國古代子部典籍，以歷代士人個性化作品的形式，系統性地展示了華夏民族的世界觀和方法論，立體性地反映了中華民族對世界文明發展的貢獻。其中，無論是宏篇大論，還是叢殘小語，都激蕩著歷史的聲音,閃爍著智慧的光芒,構成中國古代思想、藝術、科技和生活方式的主體内容。《精華編》通過對子部最优秀的典籍的整理,一方面擷英取粹,爲華夏文明的傳播提供可靠的資源和文本;另一方面以古鑒今,爲當下社會的發展提供智力支持和精神支撑。并希望進而梳理中華傳統文化的多元結構,繼承中華優秀傳統文化的一貫文脈。

根據漢代以後子學發展和子部典籍的實際情況,參照官私目録的分類與著録,《精華編》選取先秦諸子、儒學、兵家、法家、農家、醫家、曆算、術數、藝術、雜家、小説家、譜録、釋道、類書等十四個類目的要籍幾百種,編爲目録,作爲整理的依據,而在成果展現上則不出現具體的類目。爲統一體例,便於工作,《精華編》編有詳細的《整理細則》,并有簡明的《整理要則》,供整理者遵循使用。

《精華編》整理原則是,對每種子書的整理,突出學術性、資料性和創新性,力求吸納已有的整理成果,推出更具參考價值、更方便閱讀的整理文本。所採用的整理方式,大體有三種:一、部頭較大且前人未曾整理者,採用標點、校勘的方式整理;二、前人曾經標點、校勘者,或採用抽换更好或别具學術特色底本的方式整理,或採用集校、集注的方式整理,或採用校箋、疏證的方式整理,或綜合使用以上方式;三、前人已有較好的注本者,則採用集注、彙評、補正等方式整理。

《精華編》採用五次校審、遞進推動的管理程式,即:一、初校全稿。子海編纂中心組織碩、博研究生,修改文稿錯别字,規範異體字,調整格式,發現并標明校點中的不妥之處。二、初審文稿。子海編纂中心的編纂人員根據情況,解決初校時發現的問題,并判斷書稿的整體質量。三、匿名評審。

聘請資深教授通審全稿，全面進行學術把關，消滅硬傷，寫出審稿意見。四、修改文稿。子海編纂中心及時把專家審稿意見反饋給整理者。整理者根據審稿意見修改，做出新文稿。五、終審文稿。待新文稿返回子海編纂中心後，總編纂作最後的學術質量把關。五步程序完成後，將文稿交付出版社。

五次校審的目的是爲了保證學術質量，提高整理水平，減少錯訛硬傷。但校書如掃塵埃落葉，隨掃隨有，《精華編》雖經多道程序嚴加把關，仍難免有錯，懇請方家不吝指教。子海編纂中心將及時總結經驗，吸取教訓，把工作做得更好，以實現課題設計的初衷。

目録

整理説明 …… 1

焦氏易林序 …… 1
漢焦小黄周易變卦筮叙 …… 3
焦林直日 …… 5
卷第一 …… 7
乾 …… 7
之坤 屯 …… 7
蒙 需 訟 師 比 …… 8
小畜 履 泰 否 同人 …… 9
大有 謙 豫 隨 蠱 …… 10
臨 觀 噬嗑 賁 …… 11
剥 復 无妄 大畜 …… 12
頤 大過 離 坎 咸 …… 13
恒 遯 大壯 晋 明夷 …… 14
家人 睽 蹇 解 損 …… 15
益 夬 姤 萃 …… 16
升 困 井 革 鼎 …… 17
震 艮 漸 歸妹 …… 18

豐 旅 巽 兑 涣 …………………… 19
節 中孚 小過 既濟 未濟 …………………… 20
坤 …………………… 21
之乾 屯 蒙 需 訟 …………………… 21
師 比 小畜 履 泰 …………………… 22
否 同人 大有 謙 …………………… 23
豫 隨 蠱 臨 觀 …………………… 24
噬嗑 賁 剥 復 无妄 …………………… 25
大畜 頤 大過 坎 離 …………………… 26
咸 恒 遯 大壯 晋 …………………… 27
明夷 家人 睽 …………………… 28
蹇 解 損 益 夬 …………………… 29
姤 萃 升 困 井 …………………… 30
革 鼎 震 艮 漸 …………………… 31
歸妹 豐 旅 巽 兑 …………………… 32
涣 節 中孚 小過 既濟 未濟 …………………… 33
屯 …………………… 34
之乾 坤 蒙 …………………… 34
需 訟 師 比 小畜 …………………… 35
履 泰 否 同人 大有 …………………… 36
謙 豫 隨 蠱 …………………… 37
臨 觀 噬嗑 賁 …………………… 38
剥 復 无妄 大畜 頤 …………………… 39
大過 坎 離 咸 恒 …………………… 40
遯 大壯 晋 明夷 …………………… 41
家人 睽 蹇 解 損 …………………… 42
益 夬 姤 萃 升 …………………… 43

困　井　革　鼎 …… 44
震　艮　漸　歸妹　豐 …… 45
旅　巽　兑　涣　節 …… 46
中孚　小過　既濟　未濟 …… 47
蒙 …… 47
之乾　坤　屯　需 …… 48
訟　師　比　小畜　履 …… 49
泰　否　同人　大有　謙 …… 50
豫　隨　蠱　臨　觀 …… 51
噬嗑　賁　剥　復　无妄 …… 52
大畜　頤　大過　坎 …… 53
離　咸　恒　遯 …… 54
大壯　晋　明夷　家人　睽 …… 55
蹇　解　損　益 …… 56
夬　姤　萃　升　困 …… 57
井　革　鼎　震 …… 58
艮　漸　歸妹　豐 …… 59
旅　巽　兑　涣　節 …… 60
中孚　小過　既濟　未濟 …… 61
卷第二 …… 62
需 …… 62
之乾　坤　屯 …… 62
蒙　訟　師　比 …… 63
小畜　履　泰　否　同人 …… 64
大有　謙　豫　隨　蠱　臨 …… 65
觀　噬嗑　賁　剥 …… 66

復 无妄 大畜 頤 大過……………………………… 67
坎 離 咸 恒 遯…………………………………… 68
大壯 晋 明夷 家人 睽…………………………… 69
蹇 解 損 益 夬…………………………………… 70
姤 萃 升 困 井…………………………………… 71
革 鼎 震 艮 漸…………………………………… 72
歸妹 豐 旅 巽……………………………………… 73
兑 涣 節 中孚 小過……………………………… 74
既濟 未濟…………………………………………… 75
訟……………………………………………………… 75
之乾 坤……………………………………………… 75
屯 蒙 需 師 比…………………………………… 76
小畜 履 泰 否 同人……………………………… 77
大有 謙 豫 隨 蠱………………………………… 78
臨 觀 噬嗑 賁 剥………………………………… 79
復 无妄 大畜 頤 大過…………………………… 80
坎 離 咸 恒 遯…………………………………… 81
大壯 晋 明夷 家人 睽…………………………… 82
蹇 解 損 益 夬…………………………………… 83
姤 萃 升 困 井…………………………………… 84
革 鼎 震 艮 漸…………………………………… 85
歸妹 豐 旅 巽 兑………………………………… 86
涣 節 中孚 小過 既濟…………………………… 87
未濟…………………………………………………… 88
師……………………………………………………… 88
之乾 坤……………………………………………… 88

屯　蒙　需　訟……………………………………89
比　小畜　履　泰　否……………………………90
同人　大有　謙　豫　隨…………………………91
蠱　臨　觀　噬嗑…………………………………92
賁　剥　復　无妄　大畜　頤……………………93
大過　坎　離　咸…………………………………94
恒　遯　大壯　晋　明夷…………………………95
家人　睽　蹇　解　損……………………………96
益　夬　姤　萃　升………………………………97
困　井　革　鼎　震………………………………98
艮　漸　歸妹　豐　旅……………………………99
巽　兑　渙　節　中孚 …………………………100
小過　既濟　未濟 ………………………………101
比 …………………………………………………101
之乾 ………………………………………………101
坤　屯　蒙　需 …………………………………102
訟　師　小畜　履 ………………………………103
泰　否　同人　大有　謙　豫 …………………104
隨　蠱　臨　觀　噬嗑 …………………………105
賁　剥　復　无妄　大畜 ………………………106
頤　大過　坎　離　咸 …………………………107
恒　遯　大壯　晋　明夷 ………………………108
家人　睽　蹇　解　損 …………………………109
益　夬　姤　萃 …………………………………110
升　困　井　革　鼎 ……………………………111
震　艮　漸　歸妹　豐 …………………………112

旅 巽 兑 涣 節 …………………………… 113
中孚 小過 既濟 未濟 ………………………… 114
卷第三 …………………………………………………… 115
小畜 …………………………………………………… 115
之乾 坤 ………………………………………… 115
屯 蒙 需 訟 師 …………………………… 116
比 履 泰 否 同人 大有 ………………… 117
謙 豫 隨 蠱 臨 …………………………… 118
觀 噬嗑 賁 剥 復 ………………………… 119
无妄 大畜 頤 大過 坎 …………………… 120
離 咸 恒 遯 大壯 ………………………… 121
晋 明夷 家人 睽 ………………………… 122
蹇 解 損 益 ……………………………… 123
夬 姤 萃 升 ……………………………… 124
困 井 革 鼎 震 …………………………… 125
艮 漸 歸妹 豐 旅 ………………………… 126
巽 兑 涣 節 中孚 ………………………… 127
小過 既濟 未濟 …………………………… 128
履 ……………………………………………………… 128
之乾 坤 屯 蒙 需 ………………………… 129
訟 師 比 小畜 泰 ………………………… 130
否 同人 大有 謙 豫 ……………………… 131
隨 蠱 臨 觀 噬嗑 ………………………… 132
賁 剥 復 无妄 大畜 ……………………… 133
頤 大過 坎 離 咸 ………………………… 134
恒 遯 大壯 晋 明夷 ……………………… 135

家人　睽　蹇　解　損 …………………………… 136
益　夬　姤　萃　升 ……………………………… 137
困　井　革　鼎　震　艮 ………………………… 138
漸　歸妹　豐　旅　巽 …………………………… 139
兑　涣　節　中孚　小過 ………………………… 140
既濟　未濟 ……………………………………… 141
泰 ………………………………………………… 141
之乾　坤 ………………………………………… 141
屯　蒙　需　訟　師 ……………………………… 142
比　小畜　履　否　同人 ………………………… 143
大有　謙　豫　隨 ………………………………… 144
蠱　臨　觀　噬嗑　賁 …………………………… 145
剥　復　无妄　大畜　頤 ………………………… 146
大過　坎　離　咸　恒　遯 ……………………… 147
大壯　晋　明夷　家人　睽 ……………………… 148
蹇　解　損　益　夬 ……………………………… 149
姤　萃　升　困　井 ……………………………… 150
革　鼎　震　艮　漸 ……………………………… 151
歸妹　豐　旅　巽　兑 …………………………… 152
涣　節　中孚　小過　既濟 ……………………… 153
未濟 ……………………………………………… 154
否 ………………………………………………… 154
之乾　坤　屯 ……………………………………… 154
蒙　需　訟　師 …………………………………… 155
比　小畜　履　泰　同人 ………………………… 156
大有　謙　豫　隨　蠱 …………………………… 157

臨 觀 噬嗑 賁 剥 …………………………… 158
復 无妄 大畜 頤 大過 ……………………… 159
坎 離 咸 恒 遯 ……………………………… 160
大壯 晋 明夷 家人 睽 ……………………… 161
蹇 解 損 益 ………………………………… 162
夬 姤 萃 升 困 ……………………………… 163
井 革 鼎 震 艮 漸 ………………………… 164
歸妹 豐 旅 巽 兑 …………………………… 165
涣 節 中孚 小過 既濟 ……………………… 166
未濟 ………………………………………… 167
卷第四 ……………………………………… 168
同人 ………………………………………… 168
之乾 坤 屯 ………………………………… 168
蒙 需 訟 師 比 …………………………… 169
小畜 履 泰 否 ……………………………… 170
大有 謙 豫 隨 蠱 ………………………… 171
臨 觀 噬嗑 賁 剥 ………………………… 172
復 无妄 大畜 頤 ………………………… 173
大過 坎 離 咸 恒 ………………………… 174
遯 大壯 晋 明夷 ………………………… 175
家人 睽 蹇 解 損 ………………………… 176
益 夬 姤 萃 升 …………………………… 177
困 井 革 鼎 震 …………………………… 178
艮 漸 歸妹 豐 旅 ………………………… 179
巽 兑 涣 節 中孚 ………………………… 180
小過 既濟 未濟 …………………………… 181

大有 …… 181
之乾　坤　屯　蒙　需 …… 182
訟　師　比　小畜　履 …… 183
泰　否　同人　謙　豫 …… 184
隨　蠱　臨　觀　噬嗑 …… 185
賁　剥　復　无妄　大畜 …… 186
頤　大過　坎　離 …… 187
咸　恒　遯　大壯　晉　明夷 …… 188
家人　睽　蹇　解　損 …… 189
益　夬　姤　萃　升 …… 190
困　井　革　鼎 …… 191
震　艮　漸　歸妹　豐 …… 192
旅　巽　兑　涣　節　中孚 …… 193
小過　既濟　未濟 …… 194
謙 …… 194
之乾　坤　屯　蒙　需 …… 195
訟　師　比　小畜　履 …… 196
泰　否　同人　大有　豫　隨 …… 197
蠱　臨　觀　噬嗑 …… 198
賁　剥　復　无妄　大畜 …… 199
頤　大過　坎　離 …… 200
咸　恒　遯　大壯　晉 …… 201
明夷　家人　睽　蹇　解 …… 202
損　益　夬　姤　萃 …… 203
升　困　井　革　鼎 …… 204
震　艮　漸　歸妹　豐 …… 205

旅 巽 兑 涣 節 …………………………………… 206
中孚 小過 既濟 未濟 ………………………… 207
豫 ………………………………………………………… 207
之乾 坤 屯 蒙 需 ……………………………… 208
訟 師 比 小畜 履 泰 ………………………… 209
否 同人 大有 謙 隨 ………………………… 210
蠱 臨 觀 噬嗑 賁 ……………………………… 211
剥 復 无妄 大畜 頤 ………………………… 212
大過 坎 離 咸 ………………………………… 213
恒 遯 大壯 晋 明夷 ………………………… 214
家人 睽 蹇 解 損 ……………………………… 215
益 夬 姤 萃 升 困 …………………………… 216
井 革 鼎 震 艮 ………………………………… 217
漸 歸妹 豐 旅 巽 兑 ………………………… 218
涣 節 中孚 小過 ……………………………… 219
既濟 未濟 ………………………………………… 220
卷第五 ………………………………………………… 221
隨 ………………………………………………………… 221
之乾 坤 屯 ……………………………………… 221
蒙 需 訟 師 比 小畜 ………………………… 222
履 泰 否 同人 大有 ………………………… 223
謙 豫 蠱 臨 觀 ………………………………… 224
噬嗑 賁 剥 復 无妄 ………………………… 225
大畜 頤 大過 坎 離 咸 ……………………… 226
恒 遯 大壯 晋 明夷 ………………………… 227
家人 睽 蹇 解 損 ……………………………… 228

益 夬 姤 萃 升 …………………………… 229
困 井 革 鼎 震 …………………………… 230
艮 漸 歸妹 豐 …………………………… 231
旅 巽 兑 涣 節 中孚 ……………………… 232
小過 既濟 未濟 …………………………… 233
蠱 ………………………………………… 233
之乾 坤 屯 蒙 需 ………………………… 234
訟 師 比 小畜 履 ………………………… 235
泰 否 同人 大有 謙 ……………………… 236
豫 隨 臨 觀 噬嗑 ………………………… 237
賁 剥 復 无妄 大畜 ……………………… 238
頤 大過 坎 離 咸 ………………………… 239
恒 遯 大壯 晋 明夷 ……………………… 240
家人 睽 蹇 解 損 ………………………… 241
益 夬 姤 萃 升 …………………………… 242
困 井 革 鼎 震 …………………………… 243
艮 漸 歸妹 豐 旅 ………………………… 244
巽 兑 涣 節 中孚 ………………………… 245
小過 既濟 未濟 …………………………… 246
臨 ………………………………………… 246
之乾 坤 屯 蒙 需 ………………………… 247
訟 師 比 小畜 履 ………………………… 248
泰 否 同人 大有 謙 ……………………… 249
豫 隨 蠱 觀 噬嗑 ………………………… 250
賁 剥 復 无妄 大畜 頤 …………………… 251
大過 坎 離 咸 恒 ………………………… 252

遯 大壯 晉 明夷 家人 …………………… 253
睽 蹇 解 損 益 夬 …………………… 254
姤 萃 升 困 井 …………………… 255
革 鼎 震 艮 漸 …………………… 256
歸妹 豐 旅 巽 兑 涣 …………………… 257
節 中孚 小過 既濟 未濟 …………………… 258
觀 …………………… 259
之乾 坤 屯 蒙 …………………… 259
需 訟 師 比 小畜 …………………… 260
履 泰 否 同人 大有 …………………… 261
謙 豫 隨 蠱 臨 …………………… 262
噬嗑 賁 剥 復 无妄 大畜 …………………… 263
頤 大過 坎 離 …………………… 264
咸 恒 遯 大壯 晉 …………………… 265
明夷 家人 睽 蹇 解 損 …………………… 266
益 夬 姤 萃 升 …………………… 267
困 井 革 鼎 震 …………………… 268
艮 漸 歸妹 豐 旅 …………………… 269
巽 兑 涣 節 中孚 小過 …………………… 270
既濟 未濟 …………………… 271
卷第六 …………………… 272
噬嗑 …………………… 272
之乾 坤 屯 …………………… 272
蒙 需 訟 師 比 …………………… 273
小畜 履 泰 否 同人 …………………… 274
大有 謙 豫 隨 蠱 …………………… 275

臨　觀　賁　剥　復 …………………………………… 276
无妄　大畜　頤　大過　坎 ……………………………… 277
離　咸　恒　遯　大壯 ………………………………… 278
晋　明夷　家人　睽　蹇 ……………………………… 279
解　損　益　夬　姤　萃 ……………………………… 280
升　困　井　革　鼎 …………………………………… 281
震　艮　漸　歸妹　豐 ………………………………… 282
旅　巽　兑　渙 ………………………………………… 283
節　中孚　小過　既濟　未濟 ………………………… 284
賁 ……………………………………………………………… 285
之乾　坤　屯　蒙 ……………………………………… 285
需　訟　師　比　小畜 ………………………………… 286
履　泰　否　同人　大有 ……………………………… 287
謙　豫　隨　蠱　臨 …………………………………… 288
觀　噬嗑　剥　復　无妄 ……………………………… 289
大畜　頤　大過　坎　離 ……………………………… 290
咸　恒　遯　大壯　晋 ………………………………… 291
明夷　家人　睽　蹇　解 ……………………………… 292
損　益　夬　姤 ………………………………………… 293
萃　升　困　井　革 …………………………………… 294
鼎　震　艮　漸 ………………………………………… 295
歸妹　豐　旅　巽　兑 ………………………………… 296
渙　節　中孚　小過　既濟 …………………………… 297
未濟 ……………………………………………………… 298
剥 ……………………………………………………………… 298
之乾　坤　屯 …………………………………………… 298

蒙 需 訟 師 比 …………………………… 299
小畜 履 泰 否 同人 大有 ……………… 300
謙 豫 隨 蠱 臨 …………………………… 301
觀 噬嗑 賁 復 无妄 ……………………… 302
大畜 頤 大過 坎 離 ……………………… 303
咸 恒 遯 大壯 晋 ………………………… 304
明夷 家人 睽 蹇 解 損 ………………… 305
益 夬 姤 萃 ……………………………… 306
升 困 井 革 鼎 …………………………… 307
震 艮 漸 歸妹 豐 ………………………… 308
旅 巽 兑 涣 節 …………………………… 309
中孚 小過 既濟 未濟 …………………… 310
復 …………………………………………… 310
之乾 坤 屯 蒙 …………………………… 311
需 訟 師 比 小畜 ………………………… 312
履 泰 否 同人 大有 ……………………… 313
謙 豫 隨 蠱 臨 …………………………… 314
觀 噬嗑 賁 剥 无妄 ……………………… 315
大畜 頤 大過 坎 離 ……………………… 316
咸 恒 遯 大壯 …………………………… 317
晋 明夷 家人 睽 蹇 ……………………… 318
解 損 益 夬 姤 …………………………… 319
萃 升 困 井 革 …………………………… 320
鼎 震 艮 漸 歸妹 ………………………… 321
豐 旅 巽 兑 涣 …………………………… 322
節 中孚 小過 既濟 未濟 ………………… 323

卷第七 …… 324
无妄 …… 324
之乾 坤 屯 …… 324
蒙 需 訟 師 …… 325
比 小畜 履 泰 …… 326
否 同人 大有 謙 豫 隨 …… 327
蠱 臨 觀 噬嗑 賁 …… 328
剥 復 大畜 頤 …… 329
大過 坎 離 咸 恒 …… 330
遯 大壯 晋 明夷 …… 331
家人 睽 蹇 解 損 …… 332
益 夬 姤 萃 升 …… 333
困 井 革 鼎 震 …… 334
艮 漸 歸妹 豐 旅 …… 335
巽 兑 涣 節 中孚 …… 336
小過 既濟 未濟 …… 337
大畜 …… 337
之乾 坤 屯 蒙 需 …… 338
訟 師 比 小畜 …… 339
履 泰 否 同人 …… 340
大有 謙 豫 隨 蠱 …… 341
臨 觀 噬嗑 賁 …… 342
剥 復 无妄 頤 大過 …… 343
坎 離 咸 恒 …… 344
遯 大壯 晋 明夷 …… 345
家人 睽 蹇 解 …… 346

损 益 夬 姤 …………………………… 347
萃 升 困 井 …………………………… 348
革 鼎 震 艮 漸 ………………………… 349
歸妹 豐 旅 巽 兑 ……………………… 350
涣 節 中孚 小過 既濟 ………………… 351
未濟 ……………………………………… 352
頤 ………………………………………… 352
之乾 坤 ………………………………… 352
屯 蒙 需 訟 師 ………………………… 353
比 小畜 履 泰 否 ……………………… 354
同人 大有 謙 豫 隨 …………………… 355
蠱 臨 觀 噬嗑 賁 ……………………… 356
剥 復 无妄 大畜 ……………………… 357
大過 坎 離 咸 恒 ……………………… 358
遯 大壯 晋 明夷 家人 ………………… 359
睽 蹇 解 損 益 ………………………… 360
夬 姤 萃 升 …………………………… 361
困 井 革 鼎 震 ………………………… 362
艮 漸 歸妹 豐 旅 巽 ………………… 363
兑 涣 節 中孚 小過 …………………… 364
既濟 未濟 ……………………………… 365
大過 ……………………………………… 365
之乾 ……………………………………… 365
坤 屯 蒙 需 訟 ………………………… 366
師 比 小畜 履 泰 ……………………… 367
否 同人 大有 謙 豫 …………………… 368

隨　蠱　臨　觀　噬嗑 …………………………… 369
賁　剥　復　无妄　大畜 ………………………… 370
頤　坎　離　咸　恒 ……………………………… 371
遯　大壯　晋　明夷　家人 ……………………… 372
睽　蹇　解　損　益 ……………………………… 373
夬　姤　萃　升 …………………………………… 374
困　井　革　鼎　震　艮 ………………………… 375
漸　歸妹　豐　旅 ………………………………… 376
巽　兑　涣　節　中孚 …………………………… 377
小過　既濟　未濟 ………………………………… 378
卷第八 ……………………………………………… 379
坎 …………………………………………………… 379
之乾　坤 …………………………………………… 379
屯　蒙　需　訟　師 ……………………………… 380
比　小畜　履　泰 ………………………………… 381
否　同人　大有　謙 ……………………………… 382
豫　隨　蠱　臨　觀 ……………………………… 383
噬嗑　賁　剥　復 ………………………………… 384
无妄　大畜　頤　大過　離 ……………………… 385
咸　恒　遯　大壯　晋 …………………………… 386
明夷　家人　睽　蹇　解　損 …………………… 387
益　夬　姤　萃 …………………………………… 388
升　困　井　革　鼎　震 ………………………… 389
艮　漸　歸妹　豐 ………………………………… 390
旅　巽　兑　涣　節 ……………………………… 391
中孚　小過　既濟　未濟 ………………………… 392

離 …………………………………………………… 392
之乾 ……………………………………………… 392
坤 屯 蒙 需 訟 ………………………… 393
師 比 小畜 履 ………………………… 394
泰 否 同人 大有 謙 …………………… 395
豫 隨 蠱 臨 觀 ………………………… 396
噬嗑 賁 剥 復 ………………………… 397
无妄 大畜 頤 大過 …………………… 398
坎 咸 恒 遯 大壯 ……………………… 399
晋 明夷 家人 睽 蹇 …………………… 400
解 損 益 ………………………………… 401
夬 姤 萃 升 困 井 …………………… 402
革 鼎 震 艮 漸 ………………………… 403
歸妹 豐 旅 巽 兑 ……………………… 404
涣 節 中孚 小過 ……………………… 405
既濟 未濟 ……………………………… 406
咸 …………………………………………………… 406
之乾 坤 ………………………………… 406
屯 蒙 需 訟 師 ………………………… 407
比 小畜 履 泰 否 同人 ……………… 408
大有 謙 豫 隨 蠱 ……………………… 409
臨 觀 噬嗑 賁 剥 ……………………… 410
復 无妄 大畜 頤 大過 ……………… 411
坎 離 恒 遯 大壯 ……………………… 412
晋 明夷 家人 睽 ……………………… 413
蹇 解 損 益 夬 ………………………… 414

姤 萃 升 困 井 …… 415
革 鼎 震 艮 漸 …… 416
歸妹 豐 旅 巽 兑 …… 417
涣 節 中孚 小過 既濟 …… 418
未濟 …… 419
恒 …… 419
之乾 坤 …… 419
屯 蒙 需 訟 師 …… 420
比 小畜 履 泰 否 …… 421
同人 大有 謙 豫 隨 …… 422
蠱 臨 觀 噬嗑 …… 423
賁 剥 復 无妄 大畜 …… 424
頤 大過 坎 離 …… 425
咸 遯 大壯 晋 …… 426
明夷 家人 睽 蹇 …… 427
解 損 益 夬 姤 …… 428
萃 升 困 井 革 …… 429
鼎 震 艮 …… 430
漸 歸妹 豐 旅 巽 …… 431
兑 涣 節 中孚 …… 432
小過 既濟 未濟 …… 433
卷第九 …… 434
遯 …… 434
之乾 坤 …… 434
屯 蒙 需 訟 師 …… 435
比 小畜 履 泰 否 …… 436

同人 大有 謙 豫 隨 …………………………… 437
蠱 臨 觀 噬嗑 賁 剥 ………………………… 438
復 无妄 大畜 頤 大過 ………………………… 439
坎 離 咸 恒 大壯 ……………………………… 440
晋 明夷 家人 睽 蹇 …………………………… 441
解 損 益 夬 姤 ………………………………… 442
萃 升 困 井 革 ………………………………… 443
鼎 震 艮 漸 ……………………………………… 444
歸妹 豐 旅 巽 …………………………………… 445
兑 涣 節 中孚 …………………………………… 446
小過 既濟 未濟 ………………………………… 447
大壯 ……………………………………………………… 447
之乾 坤 屯 蒙 需 ……………………………… 448
訟 師 比 小畜 …………………………………… 449
履 泰 否 同人 大有 …………………………… 450
謙 豫 隨 蠱 ……………………………………… 451
臨 觀 噬嗑 賁 剥 ……………………………… 452
復 无妄 大畜 頤 大過 坎 …………………… 453
離 咸 恒 遯 晋 ………………………………… 454
明夷 家人 睽 蹇 解 …………………………… 455
損 益 夬 姤 ……………………………………… 456
萃 升 困 井 革 ………………………………… 457
鼎 震 艮 漸 歸妹 ……………………………… 458
豐 旅 巽 兑 涣 ………………………………… 459
節 中孚 小過 既濟 …………………………… 460
未濟 ……………………………………………………… 461

晋 …………………………………………………… 461
　之乾　坤　屯　蒙 ………………………………… 461
　需　訟　師　比　小畜 …………………………… 462
　履　泰　否　同人　大有 ………………………… 463
　謙　豫　随　蠱 …………………………………… 464
　臨　觀　噬嗑　賁　剥 …………………………… 465
　復　无妄　大畜　頤 ……………………………… 466
　大過　坎　離　咸　恒 …………………………… 467
　遯　大壯　明夷　家人　睽　蹇 ………………… 468
　解　損　益　夬　姤 ……………………………… 469
　萃　升　困　井　革 ……………………………… 470
　鼎　震　艮　漸 …………………………………… 471
　歸妹　豐　旅　巽　兑 …………………………… 472
　涣　節　中孚　小過　既濟 ……………………… 473
　未濟 ………………………………………………… 474
明夷 …………………………………………………… 474
　之乾　坤　屯 ……………………………………… 474
　蒙　需　訟　師　比 ……………………………… 475
　小畜　履　泰　否　同人　大有 ………………… 476
　謙　豫　随　蠱　臨 ……………………………… 477
　觀　噬嗑　賁　剥 ………………………………… 478
　復　无妄　大畜　頤　大過　坎 ………………… 479
　離　咸　恒　遯　大壯 …………………………… 480
　晋　家人　睽　蹇　解 …………………………… 481
　損　益　夬　姤　萃 ……………………………… 482
　升　困　井　革　鼎 ……………………………… 483

震 艮 漸 歸妹 豐 …………………………… 484
旅 巽 兑 渙 節 中孚 ……………………… 485
小過 既濟 未濟 ……………………………… 486
卷第十 …………………………………………… 487
家人 ……………………………………………… 487
之乾 坤 屯 ………………………………… 487
蒙 需 訟 師 比 …………………………… 488
小畜 履 泰 否 同人 ……………………… 489
大有 謙 豫 隨 蠱 ………………………… 490
臨 觀 噬嗑 賁 剥 ………………………… 491
復 无妄 大畜 頤 ………………………… 492
大過 坎 離 咸 恒 ………………………… 493
遯 大壯 晋 明夷 ………………………… 494
睽 蹇 解 損 益 …………………………… 495
夬 姤 萃 升 困 …………………………… 496
井 革 鼎 震 艮 …………………………… 497
漸 歸妹 豐 旅 巽 ………………………… 498
兑 渙 節 中孚 小過 ……………………… 499
既濟 未濟 …………………………………… 500
睽 ………………………………………………… 500
之乾 坤 ……………………………………… 500
屯 蒙 需 訟 師 …………………………… 501
比 小畜 履 泰 否 同人 ………………… 502
大有 謙 豫 隨 蠱 ………………………… 503
臨 觀 噬嗑 賁 剥 ………………………… 504
復 无妄 大畜 頤 大過 ………………… 505

坎　離　咸　恒　遯 ………………………………………… 506
大壯　晋　明夷　家人　蹇 ………………………………… 507
解　損　益　夬　姤 ………………………………………… 508
萃　升　困　井 ……………………………………………… 509
革　鼎　震　艮　漸 ………………………………………… 510
歸妹　豐　旅　巽　兑 ……………………………………… 511
涣　節　中孚　小過　既濟 ………………………………… 512
未濟 …………………………………………………………… 513
蹇 ……………………………………………………………… 513
之乾　坤 ……………………………………………………… 513
屯　蒙　需　訟　師 ………………………………………… 514
比　小畜　履　泰　否 ……………………………………… 515
同人　大有　謙　豫　隨 …………………………………… 516
蠱　臨　觀　噬嗑 …………………………………………… 517
賁　剥　復　无妄　大畜　頤 ……………………………… 518
大過　坎　離　咸 …………………………………………… 519
恒　遯　大壯　晋　明夷　家人 …………………………… 520
睽　解　損　益　夬 ………………………………………… 521
姤　萃　升　困　井　革 …………………………………… 522
鼎　震　艮　漸　歸妹 ……………………………………… 523
豐　旅　巽　兑　涣 ………………………………………… 524
節　中孚　小過　既濟　未濟 ……………………………… 525
解 ……………………………………………………………… 526
之乾　坤　屯　蒙　需 ……………………………………… 526
訟　師　比　小畜　履 ……………………………………… 527
泰　否　同人　大有　謙 …………………………………… 528

豫 隨 蠱 臨 觀 噬嗑 ……………………… 529
賁 剥 復 无妄 ……………………………… 530
大畜 頤 大過 坎 離 ……………………… 531
咸 恒 遯 大壯 晋 ………………………… 532
明夷 家人 睽 蹇 損 ……………………… 533
益 夬 姤 …………………………………… 534
萃 升 困 井 革 …………………………… 535
鼎 震 艮 漸 ………………………………… 536
歸妹 豐 旅 巽 兑 ………………………… 537
涣 節 中孚 小過 既濟 …………………… 538
未濟 ………………………………………… 539
卷第十一 …………………………………… 540
損 …………………………………………… 540
之乾 坤 屯 ………………………………… 540
蒙 需 訟 師 比 …………………………… 541
小畜 履 泰 否 同人 ……………………… 542
大有 謙 豫 隨 蠱 臨 …………………… 543
觀 噬嗑 賁 剥 復 ………………………… 544
无妄 大畜 頤 大過 坎 …………………… 545
離 咸 恒 遯 大壯 ………………………… 546
晋 明夷 家人 睽 蹇 ……………………… 547
解 益 夬 姤 ………………………………… 548
萃 升 困 井 革 …………………………… 549
鼎 震 艮 漸 歸妹 ………………………… 550
豐 旅 巽 兑 涣 …………………………… 551
節 中孚 小過 既濟 未濟 ………………… 552

益 …………………………………………………………… 553
之乾　坤　屯　蒙 …………………………………… 553
需　訟　師　比　小畜　履 ………………………… 554
泰　否　同人　大有 ………………………………… 555
謙　豫　隨　蠱　臨 ………………………………… 556
觀　噬嗑　賁　剥　復 ……………………………… 557
无妄　大畜　頤　大過　坎 ………………………… 558
離　咸　恒　遯　大壯 ……………………………… 559
晋　明夷　家人　睽　蹇 …………………………… 560
解　損　夬　姤　萃 ………………………………… 561
升　困　井　革　鼎 ………………………………… 562
震　艮　漸　歸妹　豐　旅 ………………………… 563
巽　兑　涣　節　中孚 ……………………………… 564
小過　既濟　未濟 …………………………………… 565
夬 …………………………………………………………… 565
之乾　坤 ……………………………………………… 565
屯　蒙　需　訟　師 ………………………………… 566
比　小畜　履　泰　否 ……………………………… 567
同人　大有　謙　豫　隨 …………………………… 568
蠱　臨　觀　噬嗑　賁 ……………………………… 569
剥　復　无妄　大畜　頤 …………………………… 570
大過　坎　離　咸　恒 ……………………………… 571
遯　大壯　晋　明夷　家人 ………………………… 572
睽　蹇　解　損　益 ………………………………… 573
姤　萃　升　困 ……………………………………… 574
井　革　鼎　震　艮 ………………………………… 575

漸 歸妹 豐 旅 巽 兑 …………………… 576
涣 節 中孚 小過 既濟 …………………… 577
未濟 ………………………………………… 578
姤 ………………………………………… 578
之乾 坤 屯 ………………………………… 578
蒙 需 訟 師 ………………………………… 579
比 小畜 履 泰 否 ………………………… 580
同人 大有 謙 豫 隨 ……………………… 581
蠱 臨 觀 噬嗑 賁 剥 ……………………… 582
復 无妄 大畜 頤 ………………………… 583
大過 坎 離 咸 恒 ………………………… 584
遯 大壯 晋 明夷 ………………………… 585
家人 睽 蹇 解 損 ………………………… 586
益 夬 萃 升 困 井 ………………………… 587
革 鼎 震 艮 漸 …………………………… 588
歸妹 豐 旅 巽 兑 涣 ……………………… 589
節 中孚 小過 既濟 未濟 ………………… 590
卷第十二 …………………………………… 591
萃 ………………………………………… 591
之乾 坤 屯 ………………………………… 591
蒙 需 訟 師 比 …………………………… 592
小畜 履 泰 否 同人 ……………………… 593
大有 謙 豫 隨 蠱 ………………………… 594
臨 觀 噬嗑 賁 剥 ………………………… 595
復 无妄 大畜 頤 ………………………… 596
大過 坎 離 咸 恒 遯 ……………………… 597

大壯　晋　明夷　家人　睽 …………………… 598
蹇　解　損　益　夬 ………………………… 599
姤　升　困　井　革 ………………………… 600
鼎　震　艮　漸　歸妹　豐 ………………… 601
旅　巽　兑　渙　節 ………………………… 602
中孚　小過　既濟　未濟 …………………… 603
升 ……………………………………………… 603
之乾　坤　屯　蒙　需 ……………………… 604
訟　師　比　小畜　履 ……………………… 605
泰　否　同人　大有　謙 …………………… 606
豫　隨　蠱　臨　觀 ………………………… 607
噬嗑　賁　剥　復　无妄 …………………… 608
大畜　頤　大過　坎 ………………………… 609
離　咸　恒　遯 ……………………………… 610
大壯　晋　明夷　家人　睽 ………………… 611
蹇　解　損　益　夬 ………………………… 612
姤　萃　困　井　革 ………………………… 613
鼎　震　艮　漸　歸妹 ……………………… 614
豐　旅　巽　兑　渙 ………………………… 615
節　中孚　小過　既濟　未濟 ……………… 616
困 ……………………………………………… 617
之乾　坤　屯 ………………………………… 617
蒙　需　訟　師　比 ………………………… 618
小畜　履　泰　否　同人 …………………… 619
大有　謙　豫　隨　蠱　臨 ………………… 620
觀　噬嗑　賁　剥　復 ……………………… 621

无妄 大畜 頤 大過 坎 離 …………………… 622
咸 恒 遯 大壯 …………………………… 623
晋 明夷 家人 睽 蹇 …………………… 624
解 損 益 夬 姤 萃 …………………… 625
升 井 革 鼎 震 ………………………… 626
艮 漸 歸妹 豐 旅 巽 ………………… 627
兑 涣 節 中孚 小過 ………………… 628
既濟 未濟 ………………………………… 629
井 ……………………………………………… 629
之乾 …………………………………………… 629
坤 屯 蒙 需 ……………………………… 630
訟 師 比 小畜 履 …………………… 631
泰 否 同人 大有 謙 ………………… 632
豫 隨 蠱 臨 觀 ……………………… 633
噬嗑 賁 剥 復 ………………………… 634
无妄 大畜 頤 大過 ………………… 635
坎 離 咸 恒 ……………………………… 636
遯 大壯 晋 明夷 家人 睽 ………… 637
蹇 解 損 益 夬 ……………………… 638
姤 萃 升 困 革 ……………………… 639
鼎 震 艮 漸 ……………………………… 640
歸妹 豐 旅 巽 兑 ………………… 641
節 中孚 小過 既濟 未濟 ………… 642
卷第十三 …………………………………… 643
革 ……………………………………………… 643
之乾 坤 屯 …………………………… 643

蒙 需 訟 師 比 …………………………… 644
小畜 履 泰 否 同人 ……………………… 645
大有 謙 豫 隨 蠱 ………………………… 646
臨 觀 噬嗑 賁 剥 ………………………… 647
復 无妄 大畜 頤 大過 …………………… 648
坎 離 咸 恒 遯 …………………………… 649
大壯 晋 明夷 家人 ……………………… 650
睽 蹇 解 損 益 …………………………… 651
夬 姤 萃 升 ……………………………… 652
困 井 鼎 震 艮 …………………………… 653
漸 歸妹 豐 旅 …………………………… 654
巽 兑 涣 節 中孚 ………………………… 655
小過 既濟 未濟 ………………………… 656
鼎 ……………………………………………… 656
之乾 ………………………………………… 656
坤 屯 蒙 需 訟 …………………………… 657
師 比 小畜 履 泰 ……………………… 658
否 同人 大有 謙 豫 ……………………… 659
隨 蠱 臨 觀 ……………………………… 660
噬嗑 賁 剥 復 无妄 ……………………… 661
大畜 頤 大過 坎 離 ……………………… 662
咸 恒 遯 大壯 晋 ………………………… 663
明夷 家人 睽 蹇 解 ……………………… 664
損 益 夬 姤 萃 …………………………… 665
升 困 井 革 震 …………………………… 666
艮 漸 歸妹 豐 …………………………… 667

旅 巽 兑 涣 ………………………………… 668
節 中孚 小過 既濟 ………………………… 669
未濟 ……………………………………………… 670
震 ……………………………………………………… 670
之乾 坤 屯 …………………………………… 670
蒙 需 訟 師 ………………………………… 671
比 小畜 履 泰 否 ………………………… 672
同人 大有 謙 豫 隨 ……………………… 673
蠱 臨 觀 噬嗑 賁 ………………………… 674
剥 復 无妄 大畜 頤 ……………………… 675
大過 坎 離 咸 恒 ………………………… 676
遯 大壯 晋 明夷 家人 …………………… 677
睽 蹇 解 損 益 …………………………… 678
夬 姤 萃 升 困 …………………………… 679
井 革 鼎 艮 ………………………………… 680
漸 歸妹 豐 旅 巽 ………………………… 681
兑 涣 節 中孚 小過 ……………………… 682
既濟 未濟 ……………………………………… 683
艮 ……………………………………………………… 683
之乾 坤 屯 …………………………………… 683
蒙 需 訟 師 ………………………………… 684
比 小畜 履 泰 否 ………………………… 685
同人 大有 謙 豫 隨 蠱 ………………… 686
臨 觀 噬嗑 賁 剥 ………………………… 687
復 无妄 大畜 頤 大過 坎 ……………… 688
離 咸 恒 遯 大壯 ………………………… 689

晋　明夷　家人　睽 …… 690
蹇　解　損　益　夬 …… 691
姤　萃　升　困 …… 692
井　革　鼎　震　漸 …… 693
歸妹　豐　旅　巽　兑 …… 694
渙　節　中孚　小過　既濟 …… 695
未濟 …… 696
卷第十四 …… 697
漸 …… 697
之乾　坤　屯 …… 697
蒙　需　訟　師　比 …… 698
小畜　履　泰　否　同人 …… 699
大有　謙　豫　隨 …… 700
蠱　臨　觀　噬嗑 …… 701
賁　剥　復　无妄　大畜 …… 702
頤　大過　坎　離　咸 …… 703
恒　遯　大壯　晋　明夷 …… 704
家人　睽　蹇　解 …… 705
損　益　夬　姤　萃 …… 706
升　困　井　革　鼎 …… 707
震　艮　歸妹　豐　旅　巽 …… 708
兑　渙　節　中孚　小過 …… 709
既濟　未濟 …… 710
歸妹 …… 710
之乾　坤 …… 710
屯　蒙　需　訟 …… 711

師 比 小畜 履 泰 …………………………… 712
否 同人 大有 謙 豫 ………………………… 713
隨 蠱 臨 觀 噬嗑 …………………………… 714
賁 剥 復 无妄 大畜 ………………………… 715
頤 大過 坎 離 咸 …………………………… 716
恒 遯 大壯 晋 明夷 ………………………… 717
家人 睽 蹇 解 損 …………………………… 718
益 夬 姤 萃 ………………………………… 719
升 困 井 革 鼎 ……………………………… 720
震 艮 漸 豐 旅 ……………………………… 721
巽 兑 涣 節 中孚 小過 …………………… 722
既濟 未濟 …………………………………… 723
豐 ……………………………………………… 723
之乾 坤 ……………………………………… 723
屯 蒙 需 訟 師 ……………………………… 724
比 小畜 履 泰 ……………………………… 725
否 同人 大有 謙 豫 ………………………… 726
隨 蠱 臨 觀 噬嗑 …………………………… 727
賁 剥 復 无妄 大畜 ………………………… 728
頤 大過 坎 離 ……………………………… 729
咸 恒 遯 大壯 ……………………………… 730
晋 明夷 家人 睽 蹇 ………………………… 731
解 損 益 夬 姤 ……………………………… 732
萃 升 困 井 革 ……………………………… 733
鼎 震 艮 漸 歸妹 …………………………… 734
旅 巽 兑 涣 節 中孚 ……………………… 735

小過　既濟　未濟 …………………………………… 736
旅 ………………………………………………………… 736
之乾　坤 …………………………………………… 736
屯　蒙　需　訟　師 ………………………………… 737
比　小畜　履　泰　否 ……………………………… 738
同人　大有　謙　豫　隨 …………………………… 739
蠱　臨　觀　噬嗑　賁 ……………………………… 740
剥　復　无妄　大畜　頤　大過 …………………… 741
坎　離　咸　恒　遯　大壯 ………………………… 742
晋　明夷　家人　睽　蹇 …………………………… 743
解　損　益　夬　姤 ………………………………… 744
萃　升　困　井 ……………………………………… 745
革　鼎　震　艮　漸 ………………………………… 746
歸妹　豐　巽　兑　涣 ……………………………… 747
節　中孚　小過　既濟　未濟 ……………………… 748
卷第十五 ………………………………………………… 749
巽 ………………………………………………………… 749
之乾　坤　屯 ……………………………………… 749
蒙　需　訟　師　比 ………………………………… 750
小畜　履　泰　否 …………………………………… 751
同人　大有　謙　豫　隨 …………………………… 752
蠱　臨　觀　噬嗑　賁 ……………………………… 753
剥　復　无妄　大畜　頤 …………………………… 754
大過　坎　離　咸　恒 ……………………………… 755
遯　大壯　晋　明夷　家人 ………………………… 756
睽　蹇　解　損　益 ………………………………… 757

夬 姤 萃 升 困 …………………………… 758
井 革 鼎 震 艮 …………………………… 759
漸 歸妹 豐 旅 兑 ………………………… 760
涣 節 中孚 小過 ………………………… 761
既濟 未濟 ………………………………… 762
兑 ……………………………………………… 762
之乾 坤 ………………………………… 762
屯 蒙 需 訟 師 …………………………… 763
比 小畜 履 泰 …………………………… 764
否 同人 大有 謙 豫 ……………………… 765
隨 蠱 臨 觀 噬嗑 ………………………… 766
賁 剥 復 无妄 …………………………… 767
大畜 頤 大過 坎 離 ……………………… 768
咸 恒 遯 大壯 …………………………… 769
晋 明夷 家人 睽 蹇 ……………………… 770
解 損 益 夬 姤 …………………………… 771
萃 升 困 井 革 鼎 ………………………… 772
震 艮 漸 歸妹 豐 ………………………… 773
旅 巽 涣 節 中孚 ………………………… 774
小過 既濟 未濟 …………………………… 775
涣 ……………………………………………… 775
之乾 ……………………………………… 775
坤 屯 蒙 需 訟 師 ………………………… 776
比 小畜 履 泰 否 ………………………… 777
同人 大有 謙 豫 ………………………… 778
隨 蠱 臨 觀 噬嗑 賁 ……………………… 779

剥　復　无妄　大畜　頤 ………………………… 780
大過　坎　離　咸　恒 ………………………… 781
遯　大壯　晋　明夷　家人 ………………………… 782
睽　蹇　解　損　益 ………………………… 783
夬　姤　萃　升 ………………………… 784
困　井　革　鼎　震 ………………………… 785
艮　漸　歸妹　豐　旅　巽 ………………………… 786
兑　節　中孚　小過 ………………………… 787
既濟　未濟 ………………………… 788
節 ………………………… 788
之乾　坤 ………………………… 788
屯　蒙　需　訟　師　比 ………………………… 789
小畜　履　泰　否 ………………………… 790
同人　大有　謙　豫　隨 ………………………… 791
蠱　臨　觀　噬嗑　賁 ………………………… 792
剥　復　无妄　大畜　頤 ………………………… 793
大過　坎　離　咸　恒 ………………………… 794
遯　大壯　晋　明夷　家人 ………………………… 795
睽　蹇　解　損　益 ………………………… 796
夬　姤　萃　升　困 ………………………… 797
井　革　鼎　震　艮 ………………………… 798
漸　歸妹　豐　旅 ………………………… 799
巽　兑　涣　中孚　小過 ………………………… 800
既濟　未濟 ………………………… 801
卷第十六 ………………………… 802
中孚 ………………………… 802

之乾 坤 …………………………………… 802
屯 蒙 需 訟 師 ………………………… 803
比 小畜 履 泰 否 ……………………… 804
同人 大有 謙 豫 隨 …………………… 805
蠱 臨 觀 噬嗑 賁 ……………………… 806
剥 復 无妄 大畜 ……………………… 807
頤 大過 坎 離 咸 ……………………… 808
恒 遯 大壯 晋 明夷 …………………… 809
家人 睽 蹇 解 損 ……………………… 810
益 夬 姤 萃 升 ………………………… 811
困 井 革 鼎 …………………………… 812
震 艮 漸 歸妹 ………………………… 813
豐 旅 巽 兑 涣 ………………………… 814
節 小過 既濟 未濟 …………………… 815
小過 ……………………………………………… 815
之乾 坤 屯 蒙 需 訟 ………………… 816
師 比 小畜 履 ………………………… 817
泰 否 同人 大有 謙 豫 ……………… 818
隨 蠱 臨 觀 …………………………… 819
噬嗑 賁 剥 復 无妄 …………………… 820
大畜 頤 大過 坎 離 …………………… 821
咸 恒 遯 大壯 晋 ……………………… 822
明夷 家人 睽 蹇 解 …………………… 823
損 益 夬 姤 萃 ………………………… 824
升 困 井 革 鼎 震 …………………… 825
艮 漸 歸妹 豐 旅 巽 ………………… 826

兌　渙　節　中孚　既濟 ………………………… 827
未濟 …………………………………………………… 828
既濟 …………………………………………………… 828
之乾　坤 ……………………………………………… 828
屯　蒙　需　訟　師 ………………………………… 829
比　小畜　履　泰　否 ……………………………… 830
同人　大有　謙　豫　隨　蠱 ……………………… 831
臨　觀　噬嗑　賁　剥 ……………………………… 832
復　无妄　大畜　頤　大過 ………………………… 833
坎　離　咸　恒　遯 ………………………………… 834
大壯　晋　明夷　家人　睽 ………………………… 835
蹇　解　損　益　夬 ………………………………… 836
姤　萃　升　困　井 ………………………………… 837
革　鼎　震　艮 ……………………………………… 838
漸　歸妹　豐　旅　巽 ……………………………… 839
兌　渙　節　中孚　小過 …………………………… 840
未濟 …………………………………………………… 841
未濟 …………………………………………………… 841
之乾　坤 ……………………………………………… 841
屯　蒙　需　訟　師　比 …………………………… 842
小畜　履　泰　否　同人 …………………………… 843
大有　謙　豫　隨　蠱 ……………………………… 844
臨　觀　噬嗑　賁　剥 ……………………………… 845
復　无妄　大畜　頤　大過　坎 …………………… 846
離　咸　恒　遯　大壯 ……………………………… 847
晋　明夷　家人　睽 ………………………………… 848

蹇 解 損 益 夬 …………………………… 849
姤 萃 升 困 井 …………………………… 850
革 鼎 震 艮 漸 歸妹 ……………………… 851
豐 旅 巽 兑 涣 …………………………… 852
節 中孚 小過 既濟 ………………………… 853

附録 …………………………………………………… 854
刻陸敕先校宋本焦氏易林序 ………………… 854
後序 ………………………………………………… 855
陸貽典記 ………………………………………… 857
校定焦贛易林序 ………………………………… 857
易林四卷提要 …………………………………… 859

整理説明

一

《易林》爲焦延壽所撰。焦延壽，字贛，西漢梁國人，主要生活在昭帝、宣帝、元帝時期。焦延壽事迹甚略，我們僅能從《漢書·京房傳》、《儒林傳》中見其本事：延壽少時貧賤，"以好學得幸梁王，王供其資用"（《漢書·京房傳》），後"察舉補小黄令"，愛養吏民，頗有吏治。延壽嘗從孟喜問《易》，"其説長于災變，分六十四卦，更直日用事，以風雨寒温爲候，各有占驗"，其弟子京房爲漢代《易》學大家，"房以爲延壽《易》即孟氏學"，儘管孟喜弟子翟牧、白生不予認同，但從中可以看出焦延壽深受西漢象數《易》學的影響，并對卓然獨立、自成一家的京氏《易》學的開啓与確立産生了重要作用，是京氏《易》學的領路人。

關於焦延壽的著述，《漢書》並無提及，但在隋唐以後書目著録以及文獻徵引中都標明"焦贛《易林》"。隋、唐、宋《志》等史志目録，《文淵閣書目》、《四庫全書總目》等官修目録，《郡齋讀書志》、《遂初堂書目》等私家目録，徵引"焦贛《易林》"的《北堂書鈔》、《藝文類聚》，以及爲該書作書録的北宋黄伯思《校定焦贛易林序》等文獻，均認爲焦延壽撰寫了《易林》。儘管明嘉靖以後始有人質疑焦延壽的著作權,產生崔篆、許峻、東漢後期著作等説,如鄭曉《古言》疑"今之《易林》未必出於焦氏",其後顧炎武、何焯、牟庭、翟云升以及近人胡適、余嘉錫均力倡此説,但該説並無史料依據。丁晏、劉毓崧、尚秉和等人精心考證認爲《易林》的作者是焦延壽。

《易林》的注者,《易林注》中并未題名,史書亦無記載,但據注文推知注者爲由宋入元時人。理由是元抄本《注》有十餘處避宋帝諱字,"匡"7處、"筐"3處缺筆字,如《大過》之《晋》注:"孔子過匡,匡人以爲陽虎而拘之。"皆爲避宋太祖趙匡胤名諱。"慎"4處缺中間一横,如《頤》之《頤》注引《書》"明王慎德",皆爲避南宋孝宗趙慎名諱。"篝"缺一豎,如《小過》之《小畜》注引《詩·牆有茨》"中冓之言",皆爲避宋高宗趙構名諱。凡此可推出作者爲南宋時人。另外,注文援引元陰勁弦《韻府群玉》,如《訟》之《乾》注曰:"按,《韻府群玉》引《淮南子》云:'文王四乳。'"是書成於"宋末元初"(《四庫全書總目·韻府群玉提要》),則其人爲元人。因此我們認爲元抄本《易林》的注者是由宋入元之人。

二

《焦氏易林》是一部富有漢代《易》學特色的衍《易》之作。在形式上,其承《周易》六十四卦次序,每一卦又别爲六十四林,共4096林,欲以"周四千九十六變之吉凶"(宋趙汝楳《易雅》),明人間事理,寫人事變故。

在内容上,《焦氏易林》體現了較爲深厚廣闊的《易》學思想。一方面《焦氏易林》對《周易》的義理進行了推衍、發揮。

其一,《易林》體現了濃郁的變易思想,如《臨》之《比》:"隨時轉行,不失其常。咸樂厥類,身無咎殃。"《否》之《泰》:"行不如還,直不如屈。進不如退,可以安吉。"林辭根據《周易·隨》彖辭"隨時之義大矣哉"以及《艮》彖辭"時行則行,時止則止"之義,表達了變通趨時思想。再如《同人》之《履》:"周德既成,杼柚不傾。申酉昳暮,耋老衰去,箴石不祐。"《觀》之《豐》:"大人失宜,盈滿復亏。長成之木,盛者復衰。"淺切地揭明了物極必反的道理。其二,《易林》化用、活用《周易》的文辭、義理。如《觀》之《遯》:"內執柔德,止訟以嘿。宗邑賴德,禍災不作。"林辭援用《周易·訟》九二"不克訟,歸而逋。其邑人三百户,無眚"語,以示《遯》卦"匿迹避時,奉身退隱"(《經典釋文》)之義。《賁》之《履》:"坤厚地德,庶物蕃息。平康正直,以綏大福。"林辭全取《坤》象"君子以厚德載物"以及彖辭"品物咸亨"之語。《復》之《噬嗑》:"往來井井,破甑缺盆。"林辭徵引《井》卦辭"往來井井,汔至亦未繘井,羸其瓶,凶"。其三,《易林》对《周易》的用象廣爲繼承。《需》之《賁》:"升户入室。"《賁》上卦爲艮,艮爲門闕;互卦爲《震》,爲升,爲入,故林辭曰"升户入室"。《坤》之《咸》:"膏澤肥壤,農人豐畝。"《咸》上卦爲兑,兑爲膏澤;《坤》卦上下均爲坤,坤爲地,故曰肥壤;坤爲農,爲众,爲厚德載物,故曰"農人豐畝"。《比》之《賁》:"兩火爭明。"《賁》下卦爲離,爲火;互卦爲大離,亦爲火,故曰"兩火爭明"。《周易》義理據卦象而闡發,"夫象者,出意者也"(王弼《周易略例·明象》),《易林》明象以表意則恰恰是其上溯原典《周易》的表證。儘管《焦氏易林》不是《周易》的注文,但其繼承了《周易》的一些基本範疇、原理與思想,"又因周公爻辭推廣之",雖"不可與文王、周公之《易》

並論，然由簡而詳，亦可以知古今之變也”（宋丁易東《易象義》），是以表意詳贍。

另一方面，《焦氏易林》融彙了漢代的思想，如陰陽五行説、讖緯等，具有顯著的新變特徵。元胡一桂歸之爲“《易》外別傳”（《周易啓蒙翼傳·外篇》），《四庫全書總目》評之“入於禨祥”（經部《易》類小序），指出《焦氏易林》以陰陽候災變解《易》的特質。應該説，《焦氏易林》明顯打上了時代思潮的烙印。其一，以五行詮解義理。如《恒》之《損》：“五勝相賊，火得水息。精光消滅，絶不能續。”《蹇》之《夬》：“白日揚光，火爲正王。消金厭兵，雷車避藏。”明確表達了五行相勝的思想。其二，用干支明示吉凶。如《訟》之《隨》：“甲乙丙丁，俱歸我庭。三丑六子，入門見母。”《蒙》之《睽》：“踁蹉側跌，申酉爲祟。亥戌滅明，顔子隱藏。”《家人》之《大壯》：“六甲無子，已喪其戊。五丁不親，庚失曾孫，癸走出門。”其三，用讖緯之學占測人事，兆示事理。《蒙》之《比》：“豕生魚魴，鼠舞庭堂。奸佞施毒，上下昏荒，君失其邦。”《小畜》之《蹇》：“秋花冬蕚，數被嚴霜。甲兵當庭，萬物不生。”《小畜》之《明夷》：“狗無前足，陰謀叛北。”皆以“豕生魚”、“鼠舞”等異象來揭示政治昏暗之現實。《臨》之《蠱》：“火生月窟，下土恩塞。”《臨》之《无妄》：“受讖六符，招摇空虚。雖跌無憂，保我全財。”皆以天象附合人事。《噬嗑》之《噬嗑》：“麒麟鳳凰，善政得祥。陰陽和調，國無災殃。”《噬嗑》之《離》：“鵲笑鳩舞，來遺我酒。”皆以瑞象喻示福祥。

總之，《焦氏易林》有别於一般《易》學傳注，它熔鑄《周易》原理以及漢代時代思想（陰陽五行説）於一書，是一部富有創新性的漢代《周易》學著作。

三

《焦氏易林》問世已有二千餘年，但對該書的著録則始於隋代，《隋書・經籍志》曰："《易林》十六卷，焦贛撰。梁又本三十二卷。"其後，《新》、《舊唐志》，宋《志》皆有焦贛《易林》十六卷的著録，唐武宗年間王俞爲之作《漢焦小黄周易變卦筮叙》，北宋校書郎黄伯思作《校定焦贛易林序》，南宋薛季宣作《序焦氏易林》，可見《易林》在隋唐宋時期是廣爲流傳的。然而今見最早的版本是毛氏汲古閣影元抄本和烏程蔣氏密韻樓影元寫本《易林注》十六卷（國家圖書館藏），二本一直秘而不宣，直到民國時期，上海商務印書館《四部叢刊》據烏程蔣氏影元寫本刊印，方爲人廣知。但《焦氏易林》流傳最廣的版本則是明本系統。明刻本皆出自明成化九年彭華據内閣本所刊之二卷本，姜恩二卷本、沈藩勉學堂二卷本、周曰校辨疑館四卷本、何允中《廣漢魏叢書》四卷本、唐瑜唐琳十六卷本、毛晋汲古閣《津逮秘書》四卷本皆爲彭本的重刊本或校改本，實際上，明本在版本形態、文本上與元抄本《易林注》有較大差異。清代《焦氏易林》的版本存在兩大系統：一是校宋本（即清人所謂的"宋本"）系統，一是明本系統。清初，黄丕烈《士禮居叢書》據陸敕先臨勘之校宋本刊出校宋本[①]，校宋本遂由傳臨手勘本而公行於世，爲人所重；影響甚廣的《四庫全書》四卷本則是汲古閣本的校改本。要之，今見《焦氏易林》

① 陸敕先據瞿曇谷宋校本而覆勘，而瞿本則是"假得絳雲樓所藏宋本校改"（《鐵琴銅劍樓書目・易林》）。

的版本形態可分爲元抄本、明本系列本、校宋本三種。

本次校勘即以《續修四庫全書》影印清初毛氏汲古閣影元抄本《易林注》十六卷爲底本(以下簡稱“元抄本”),以清嘉慶、道光間吳縣黄丕烈刻《士禮居黄氏叢書》本《焦氏易林》十六卷(以下簡稱“士禮居本”)以及清初毛氏汲古閣《津逮秘書》本《焦氏易林》四卷(以下簡稱“津逮本”)爲參校本,並輔以明周曰校辨疑館本《焦氏易林》、翟云升《焦氏易林校略》、丁晏《易林釋文》以及尚秉和《焦氏易林注》(《尚氏易學存稿校理》本)等本。其理由如下:其一,元抄本是今見最早的《焦氏易林》版本,且有部分注釋,同時其存在較多的“一本作”,對於我們瞭解其他版本面貌大有裨益,因此元抄本具有較高的版本價值,故以之爲底本。其二,士禮居本雖不是宋本,但其爲清陸敕先據錢謙益所藏宋本輾轉傳臨刊刻所成,在文本上表現出顯著的特點,與明代諸刻本相較,不乏“遠勝”者(黄丕烈《刻陸敕先校宋本焦氏易林序》),這對我們瞭解宋元時期《焦氏易林》版本面貌並從事版本的對勘甚有助益。而汲古閣本在明本系統本中亦屬後出轉精者,儘管在文字上與元抄本出入較大,但亦頗多勘正元抄本、校宋本者,同時其不少林辭後所附之複林亦給校勘者提供了對勘的便利。總之,本校勘以士禮居本及汲古閣本作爲對勘本是適宜的。其三,明周曰校辨疑館本《焦氏易林》亦間有可觀者,清人翟云升《焦氏易林校略》及丁晏《易林釋文》都在《易林》校勘上用力甚勤,多有創獲。近人尚秉和《焦氏易林注》雖重在“以卦象釋《易林》文”(《焦氏易林注·例言》),然在校勘上亦頗爲用心,是以本校勘以以上諸本爲參校本。

四

《焦氏易林》版本頗雜，錯訛甚多，本校勘在辨明《易林》版本源流之基礎上，確定了底本與主校本及參校本，進行精心校勘。其特點是：其一，博取衆長，廣泛汲取前人《易林》校勘的優秀成果，如丁晏《易林釋文》、翟云升《焦氏易林校略》、尚秉和《焦氏易林注》(《尚氏易學存稿校理》)。《小畜》之《益》："禹作神鼎，伯益銜指。""益"，當作"倕"，翟云升《校略》引丁晏曰："《吕覽》：'周鼎著倕而齕其指。'注：'倕，堯之巧工也，以巧聞於天下。'"甚爲明確。《隨》之《臨》："鼀池鳴呴，呼求水潦。""鼀池"，底本、士禮居本皆作"虵牛"，津逮本作"蝸池"，據尚秉和《焦氏易林注》改。尚氏曰："鼀，津逮聲訛爲蝸，宋本又訛爲虵，池爲牛。以兩本形聲定之，必爲鼀字。鼀，古文蛙字也。按《春秋繁露》：'雨法，取五蝦蟆置池中，具酒脯陳請。'"推求其形、聲之訛變，甚爲細緻。其二，充分利用複林，對異文進行反復比勘、推定。《中孚》之《无妄》："營城洛邑，以昭文德。""營"，皆作"宫"，據複林《井》之《升》改。《師》之《坎》："回隤不安，兵革爲患。""回隤"，原作"國亂"，複林《震》之《賁》底本、士禮居本作"四隤"，津逮本作"四瀆"，皆據複林《大壯》之《賁》改。"回隤"即"虺隤"。《大畜》之《涣》："夜視無明，不利遠鄉。""夜視"，原誤倒，據津逮本、複林《賁》之《大壯》乙正。複林起到重要的旁證作用，在對校中常予參酌，往復勘校，達到多重支撑效果。其三，徵引隋唐宋類書所引《易林》材料，或以比勘，或存其異。《乾》之《乾》："道陟多阪，胡言連謇。""多"，底本、士禮居本皆作"石"，據津逮本及《酉陽雜俎·續集》卷四所引而改。《泰》之《涣》："褰衣涉河，水深漬罷。”“河”，原作“行”，“罷”作“多”，津逮本作“褰衣涉水，深漬請罷”，據《訟》之《萃》及《韻補》卷二《下平聲》所引而改。《井》之《遯》：“踟蹰南北，誤入喪國。”《太平御覽・蜘蛛》引作“蜘蛛南北，巡行罔罟”。雖然這些較早的文獻資料亦存在錯訛現象，但對我們的文字校勘和版本考訂都有一定的參考價值。其四，以所出經、史、子部知識對異文進行理校。《小畜》之《益》“賈庸不讎”，原作“賣庸不讎”，士禮居本作“賣庸不售”，津逮本作“賣賈不售”，據《詩・邶風・谷風》“賈用不售”改。讎、售通。《謙》之《大過》：“荷囊載畚，盈我筐筥。”“畚”，原作“黍”，津逮本作“香”，據《左傳》宣公二年“置諸畚，使夫人載以過朝”及《太平御覽》卷九百六十六《橘》引而改。《漸》之《觀》：“以馬質金。”“質”，原作“貨”，據津逮本、《比》之《中孚》底本及《周禮》改。《周禮・地官・質人》：“質人掌成市之貨賄、人民、牛馬、兵器、珍異。”《周禮・夏官・馬質》：“馬質掌質馬。”“質”是。其五，校正元抄本《注》。元抄本《注》引文粗疏，知識錯誤者較多。《坤》之《晋》注曰：“‘梱挈’，一作‘梱挈’，見《蒙》之《比》。”“《蒙》之《比》”，誤，當爲“《比》之《大有》”，而《比》之《大有》注“《比》之《蒙》”當作“《坤》之《晋》”。此乃引文出處錯誤。《乾》之《萃》、《比》之《豐》、《兑》之《隨》注皆引《史記・龜策傳》“蝟辱於鵲”注：“淮南畢萬曰：‘鵲令蝟反腹者，蝟憎其意而心惡之也。’”核對《史記・龜策列傳》集解，“畢萬”乃誤倒，當乙正。此乃引文誤書之錯誤。《蒙》之《觀》注曰：“財貨源云：‘玉，天地之精也，黄中正色，君子在位之稱。’又，瑞應圖：‘王者德至於天，和氣感則甘露降于松柏。’”“財貨源”、“瑞應圖”皆非正文出處，乃隨意摭取者，前者當作：《古今合璧事類備要》外集《財用門》“財貨源流”，後者當作：《古今合璧事類備要》前集卷十九《祥瑞門》“甘露”事類。其他注引《古今合璧事類備要》、《增修互注禮部韻略》、《韻府群玉》條目者較多，其誤多屬此類。《歸妹》之《恒》：“合歡之國，喜爲我福。東岳南山，朝躋成恩。”注曰：“南山，即南獄衡山。”“南山”、“朝躋”用典於《詩經・曹風・候人》“薈兮蔚兮，南山朝躋”。“南山”爲曹地山名。《小過》之《益》“色比毛嬙，姑翁悦喜”注：“毛嬙，西施。”毛嬙非西施，《韓非子・顯學》：“故善毛嬙、西施之美，無益吾面。”《淮南子》：“西施毛嬙，狀貌不可同，世稱其好美均也。”二人皆美人，非同一人。此乃注解有誤者。由於《易林》林辭寄理於象、隱晦曲折者多，原注者不解其意而出現錯誤亦屢見不鮮，還望讀者細研明探。

本書編次，卷首三文皆一仍底本之舊，惟書末附錄之五文爲底本所無，其中黄丕烈《刻陸敕先校宋本焦氏易林序》、《後序》及陸貽典《記》皆出自士禮居本，前者列於該本卷首，後二者居於卷末。《校定焦贛易林序》原見於《東觀餘論》，爲宋徽宗朝校書郎黄伯思所作書錄，因其鑒别版本、考訂文字甚爲謹嚴，對於人們考證《易林》作者、版本有益，故附載於此。《四庫全書總目・易林四卷提要》爲清初四庫館臣所作，原載於《四庫全書總目》，因辨析作者尚爲明晰，是以收錄於後，亦有助於讀者對《易林》版本變化、作者爭論的認識與瞭解。囿於學力，本書整理當存有謬誤，懇請大家指教。

焦氏易林序

東萊人費直字長翁[1]

六十四卦變者占,[2]王莽時建信天水焦延壽之撰也。"夫《易》者廣矣大矣,以言乎遠則不禦,以言乎邇則静而正,以言乎天地之間則備矣",然《易》者謂六十四卦也,推此言之,則繇文、《説卦》之所未盡也。故《連山》、《歸藏》、《周易》皆異辭而共卦,雖三家並行,猶舉一隅耳。贛善於陰陽,復造此以致《易》未見者。其射存亡吉凶,遇其事類則多中。至於

---

① 此序,士禮居本無,津逮本題爲"雜識",爲序三,未書作者。按,本序爲僞序,非漢費直所作,乃後人雜集《漢書》傳文與注文所成。理由有五:一、漢人著書未有作序之例。二、本序作者爲"東萊人費直字長翁",其稱呼甚不合常見序文作者書寫體例,乃僞作者據《漢書・儒林傳・費直》"費直字長翁,東萊人也"而抄入。三、《京房傳》見於《漢書》,而本序言稱"後漢書"。四、本序援引東漢班固《漢書・京房傳》、三國魏人孟康"分卦直日法"諸材料,而這是生活在兩漢之交的"作者"費直所不能耳聞目睹的。五、關於焦延壽的地望,先言"王莽時建信天水",後引《漢書・京房傳》"梁人焦延壽",自相矛盾。總之,本序乃僞作,而且是一粗劣的僞作,絶非兩漢之交的費直所作。津逮本謂之"雜識",並將"後漢書"之"後"改作"前","京房傳"云云以及"孟康云"云云均分行另書,盡力彌縫元抄本《焦氏易林序》的錯誤,然"雜識"之首句爲"東萊費直長翁曰",以及首段結語"延壽獨得隱士之説"這一表義不盡、虎頭蛇尾的表述,依然無法抹去所謂的"焦氏易林序"乃一東拼西湊、錯誤百出的假序表徵。

② 首句,津逮本《雜識》作"東萊費直長翁曰六十四卦變占者"。

糜碎小事,非其事類則亦否矣。贛云:通達隱幾,聖人之一隅也。延壽獨得隱士之説。①《後漢書・京房傳》云:“房明治《易》,②事梁人焦延壽,字贛,③貧,少以好學得幸梁王,王供其資,令極意學。④ 既成,爲郡吏,察舉補小黄令。以伺候先知奸邪,盜賊不得發。愛養吏民,化行縣中。舉最當遷,三老官屬上書願留贛,有詔許增秩留,卒於小黄令。贛嘗曰:‘得我道以亡身者,京生也。’其説長於災變,分六十四卦,更直日用事,以風雨寒温爲候,各有占驗。房用之尤精。”孟康曰:“分卦直日法,一爻主一日,六十卦爲三百六十日。餘四卦,震、離、兑、坎,爲方伯監司之官。所以用震、離、兑、坎者,是二至二分用事之日,又是四時各專主之氣,各卦上一日,其占法各以其日觀善惡也。”

---

① “説”下,津逮本《雜識》作分行頂格另書。下文“房用之尤精”下,亦爲分行。

② “後漢書”,津逮本作“前漢書”,是。“京房傳云”,無,非。“京明”,作“京房字君明”,乃據《漢書》所改,是。以上幾字,因涉及本《序》之真僞問題,故保留其原貌。

③ “贛”下,原爲二空格,疑爲壞書挖字。“字贛”,《漢書》作“延壽字贛”,當據改。

④ “極”,原作“掾”,據津逮本改。

漢焦小黄周易變卦筮叙

靈越五雲谿王俞[1]

大凡在變化象數之中者，莫逃乎《易》。唯人之情僞最曰難知。《繫》稱卜筮尚占，憂患興慮。彼山上有火，明入地中，周、孔之情繇是觀變。自三古以降，雜説歧分，矧卜筮多門，亡羊殆盡，雖京、郭中奇，然皆不免其身。夫自知知人乃曰明哲，則隗炤易數於龔使，焦贛發誡於君明。炤既没，不顯其占；贛明且哲，乃留其術。俞巖耕東鄙，自前困蒙，客有枉駕蓬廬，以焦辭數軸相示，俞嘗讀班、史列傳及歷代名儒系譜、諸家雜説之文，咸稱自夫子授《易》於商瞿，僅逾十輩。延壽傳經於孟喜，固是同時。當西漢元、成之間，淩夷厥政，先生乃或出或處，外比苞蒙，輒以《易》道上干梁王，遂爲郡察舉，詔補小黄令，而邑中隱伏之事皆預知其情，得以尤異，當遷，尋亦卒於官次。所著《大易通變》，其卦總四千九十六題，事本彌綸，同歸簡易。其辭假出於經史，其意雅合於神衹，但率潔精專，事無不

① 本序，士禮居本無，津逮本題爲"周易變卦序"，爲序一，作者名在序文末，題作"靈越五雲谿王俞序"，以是知作者爲唐王俞。

中，而言近意遠，易識難詳，不可瀆蒙，以爲辭費。後之好事如君山者，則子雲之書爲不朽矣。以聖唐會昌景寅歲周正五日叙。

焦林直日[1]

六十卦，每卦直六日，共直三百六十日。餘四卦，各寄直一日。

立春、雨水：三十日五卦，每卦直六日。

《小過》、《蒙》、《益》、《漸》、《泰》。

驚蟄、春分：春分，震卦直一日。

《需》、《隨》、《晋》、《解》、《大壯》。

清明、穀雨：

《豫》、《訟》、《蠱》、《革》、《夬》。

立夏、小滿：

《旅》、《師》、《比》、《小畜》、《乾》。

芒種、夏至：夏至，離卦直一日

《大有》、《家人》、《井》、《咸》、《姤》。

小暑、大暑：

《鼎》、《豐》、《涣》、《履》、《遯》。

立秋、處暑：

《恒》[2]、《節》、《同人》、《損》、《否》。

---

① "焦林直日"全文，士禮居本、津逮本皆無。

② "恒"，原作"恒"，當爲避宋真宗趙恒諱而缺筆。下同。

白露、秋分：秋分，兑卦直一日。

《巽》、《萃》、《大畜》、《賁》、《觀》。

寒露、霜降：

《歸妹》、《无妄》、《明夷》、《困》、《剥》。

立冬、小雪：

《艮》、《既濟》、《噬嗑》、《大過》、《坤》。

大雪、冬至：冬至坎卦直一日。

《未濟》、《蹇》、《頤》、《中孚》、《復》。從大雪後，將坎卦入數断；從立冬後四十五日，係王相不断。

小寒、大寒：

《屯》、《謙》、《睽》、《升》、《臨》。

每兩節氣共三十日，管五卦。逐日終而復始，排定一卦，相次管六日。凡卜看本日得何卦，便於本日卦内尋所卜得卦，看凶吉。

卷第一

☰乾下乾上乾

道陟多阪，胡言連謇。[①] 譯瘖且聾，莫使道通。請謁不行，求事無功。

陟，升也。連，按《禮韻》讀上聲，"傲慢不前之貌"。謇，"難也"。譯，"傳言，通夷夏之言，轉告之也"。

之坤

招禍來螫，害我邦國。病在手足，[②]不得安息。

無注。

屯

陽孤亢極，多所恨惑。車傾蓋亡，身常憂惶。乃得其願，雌雄相從。

陽孤亢極，《易·乾》卦上九："亢龍有悔。"

---

① "多"，原作"石"，據津逮本及《酉陽雜俎·續集》卷四改。"謇"，士禮居本、津逮本作"蹇"。

② "禍"，士禮居本、津逮本作"殃"。"在"，津逮本作"傷"。

蒙

鴶鵴鳲鳩，專一無尤。君子是則，長受嘉福。

鴶鵴，即布穀鳥也。

需

目瞤足動。喜如其願，舉家蒙寵。

瞤，目動貌。《漢書》："眼瞤得酒肉。"

訟

罷馬上山，絶無水泉。喉焦唇乾，[①]舌不能言。

無注。

師

倉盈庾億，宜稼黍稷。國家富有，民人蕃息。[②]

無注。

比

中夜狗吠，盜在牆外。神明祐助，消散解去。[③]

無注。

---

① "罷"，原作"龍"，據士禮居本改。"焦"，原作"噍"，據士禮居本、津逮本改。

② "稼"，津逮本作"種"，"國家富有"作"年豐歲熟"，"蕃"作"安"。"民人"，士禮居本作"人民"。

③ "消"，原作"銷"，據士禮居本、津逮本改。"解"，原作"皆"，據《遯》之《升》改。

小畜

據斗運樞。順天無憂，[①]與樂並居。

無注。

履

空拳握手，倒地更起。[②] 富饒豐衍，快樂無已。

無注。

泰

不風不雨，白日皎皎。宜出驅馳，通利大道。

無注。

否

載日精光，[③]驂駕六龍。禄命徹天，封爲燕王。

無注。

同人

子號索哺，母行求食。反見空巢，[④]訾我長息。

無注。

---

① "憂"下，津逮本有"所行造德"四字。

② "倒"，津逮本作"委"。

③ "載"，原作"戴"，據士禮居本、津逮本改。"精"，士禮居本、津逮本作"晶"。《説文・晶部》："晶，精光也。"

④ "巢"，津逮本作"窠"。《説文・穴部》："窠，空也。穴中曰窠，樹上曰巢。"

大有

上帝之生，福祐日成。修德行惠，樂安且寧。①

無注。

謙

山險難登，澗中多石。車馳轊擊，載重傷軸。儋負差躓，跌踒右足。②

無注。

豫

禹鑿龍門，通利水源。東注滄海，民得安存。

龍門，按《書・禹貢》屬雍州，在今馮翊夏陽縣。以下皆言禹治水之功。

隨

乘龍上天，兩蛇爲輔。踊躍雲中，游觀滄海，安樂長處。③

無注。

蠱

彭祖九子，據得不殆。④ 南山松柏，長受嘉福。

---

① “安且”，津逮本作“且安”。

② “儋”，《履》之《坎》作“擔”。儋、擔同。“差”，原作“善”，據津逮本改。差，蹉也。“跌踒”，津逮本作“踠跌”。

③ “安樂長處”，津逮本作“民樂安處”。

④ “得”，士禮居本、津逮本作“德”。得、德通。

彭祖，堯時人，好和滋味，進雉羹于堯，堯享之而錫以壽考，至八伯歲。九子，未詳。《詩》云："如南山之壽。"

臨

南山昊天，刺政閔身。[①] 疾悲無辜，背憎爲仇。

《詩·小雅·節南山》云："節彼南山。"又曰："不弔昊天。"又曰："昊天不平。"此詩家父所作，刺周王用尹氏爲太師，秉國之均，不能毗輔天子，用威虐政，以召禍亂，民所憎惡，甚於仇讎也。

觀

江河淮海，天之奥府。衆利所聚，可以饒有。樂我君子，百福是受。[②]

無注。

噬嗑

堅冰黄鳥，啼哀悲愁。不見甘粒，但觀藜蒿。[③] 數驚鷙鳥，爲我心憂。

無注。

賁

室如懸磬，既危且殆。蚤見之士，依山谷處。[④]

---

① "閔"，原作"闞"，據《蒙》之《艮》、《謙》之《復》元抄本、《恒》之《艮》津逮本改。

② 末句，津逮本無。

③ "啼"，津逮本作"常"，"觀"作"見"。

④ "谷處"，原誤倒，據士禮居本、津逮本乙正。

室如懸磬，出《左傳·僖公二十六年》，注云："如，而也。野物未成，故言居室而資糧縣盡也。"

剥

大禹式路，蚩尤除道。周匝萬里，不危不殆。見其所使，無所不在。

大禹，夏禹，姒姓。蚩尤，軒轅時人。

復

三人爲旅，俱歸北海。入門上堂，[①]拜謁王母，勞賜我酒。

周穆王宴王母于瑶池。又，《漢武内傳》："西王母以七月七日降帝，命侍女索桃。須臾以玉盤盛桃七枚，大如鴨卵，形圓色青，以呈王母，母以五枚與帝。"

无妄

傳言相誤，非干徑路。鳴鼓逐狐，不知迹處。

無注。

大畜

三羊爭雌，[②]相逐奔馳。終日不食，精氣勞疲。

無注。

---

① "上"，原作"昇"，據士禮居本、津逮本改。
② "羊"，津逮本作"年"，"雌"作"妻"。

頤

純服黄裳，載主以興。德義茂生，[1]天下歸仁。

純，服色不雜也。《易·坤》卦六五："黄裳元吉，文在中也。"

大過

桀跖並處，人民劳苦。[2] 雍兵荷糧，戰於齊魯。

桀，夏桀。跖，盗跖。

離

胎生孚乳，長息成就。充滿帝室，家國昌富。

無注。

坎

黄鳥采蓘，既嫁不荅。念我父兄，思復邦國。

《詩·小雅·黄鳥》篇："黄鳥黄鳥，無啄我粟。此邦之人，不我肯穀。言旋言歸，復我邦族。"

咸

三人求橘，反得丹穴。女清以富，[3]黄金百鎰。

---

① "載主"，原作"戴上"，據《比》之《益》改。"以興"，原作"與與"，士禮居本作"與興"，據津逮本改。"茂"，原作"以"，士禮居本、津逮本作"既"，據《比》之《益》改。

② "劳"，士禮居本、津逮本作"愁"。

③ "丹穴"，津逮本作"大栗"。"清"，原作"貴"，津逮本作"青"，據士禮居本《焦氏易林·後序》引顧千里校"'貴'當作'清'"改。《史記·貨殖列傳》曰："巴蜀寡婦清其先得丹穴，而擅其利。"

注：未詳。

恒

東山西岳，會合俱食。百家送從，以成恩福。

無注。

遯

弱雞無距，[1]與鵲交鬭。翅折目盲，爲鳩所傷。

無注。

大壯

隙大牆壞，蠹衆木折。狼虎爲政，天降罪罰。高弒望夷，胡亥以斃。

秦二世無道，丞相趙高專權，弒二世於望夷宫。胡亥，二世名。

晋

三癡俱走，迷路失道。惑不知歸，[2]反入患口。

注：未詳。

明夷

弓矢斯張，把彈折弦。[3] 丸發不至，道遇害患。

---

① "弱"，津逮本作"眵"。

② "惑"，原作"或"，據士禮居本、津逮本改。

③ "斯"，原作"俱"，據《大壯》之《明夷》津逮本及《詩經・大雅・公劉》改。"把"，原作"弝"，據士禮居本、津逮本改。

無注。

家人

三女求夫，伺候山隅。不見復關，長思嘆憂。①

《詩・氓》篇："刺淫泆也，云：'不見復關，泣涕漣漣。'""復關，男子之所居也。不敢顯言其人，故託言之耳"。

睽

陽旱炎炎，傷害禾穀。穡人無食，耕夫嘆息。

無注。

蹇

騎豘逐羊，不見所望。經涉虎穴，亡羊失羔。② 一本云，亡羝失羊。

無注。

解

闇昧冥語，轉相詿誤。③ 鬼魅所舍，誰知卧處。

無注。

損

姬姜祥淑，二人偶食。論仁議福，以安王室。

姬，周公旦。姜，太公望。二人同心，以輔周室。

---

① "嘆憂"，津逮本作"憂嘆"。
② "經"，士禮居本、津逮本作"徑"。"亡羊"，津逮本作"亡羝"。
③ "闇"，士禮居本、津逮本作"暗"。二字義同。"轉相"作"相傳"。

益

公孫駕驪，載聘東齊。① 延陵説産，遺季紵衣。

《左傳》：鄭大夫子産。吴公子季札嘗聘鄭，與子産相得，子産以紵衣獻季札。

夬

孤竹之墟，失婦亡夫。傷於蒺藜，不見少妻。東郭棠姜，武氏以亡。

孤竹，國名。《易》繇曰："困於石，據於蒺藜，入於其宫，不見其妻，凶。"棠姜，齊棠公之妻，東郭偃之姊也。武氏，崔武子杼。見《左傳》。

姤②

仁政不暴，鳳凰來舍。四時順節，民安其處。

無注。

萃

任劣力薄，駑孱恐怯。③ 如猬見鵲，不敢拒格。

《史記·龜策傳》云："猬辱於鵲。"郭璞曰："猬能制虎，見鵲仰地。"淮南萬畢曰：④"鵲令猬反腹者，猬憎其意而心惡之也。"

---

① "聘"，原作"眄"，據津逮本改。
② "姤"，原本作"遘"，據《周易》卦名改。後卦名徑改。
③ "駑孱"，士禮居本、津逮本作"孱駑"。
④ "萬畢"，原誤倒，據《史記·龜策列傳》集解乙正。

升

衛侯東游，惑於少姬。亡我考妣，久迷不來。[①]

注：未詳。

困

噂噂所言，莫如我垣。[②] 歡喜堅固，可以長安。

無注。

井

鷟鳴岐山，鼉應幽淵。[③] 男女構精，萬物化生。文王以成，爲周開庭。

鷟，鳳類。文王之時，鳳鳴於岐山。大禹之時，鼉出於洛水。

革

玄黄虺隤，行者勞疲。役夫憔悴，逾時不歸。

《詩·卷耳》篇："陟彼高岡，我馬玄黄。"又曰："陟彼崔嵬，我馬虺隤。"又云："我僕痡矣，云何吁矣。"

鼎

弱足刖跟，不利出門。市賈無利，折亡爲患。

無注。

---

① "迷"，津逮本作"逝"，《豐》之《震》、《旅》之《師》各本皆作"迷"。
② "如"，原作"知"，據士禮居本、津逮本改。
③ "鷟"，津逮本作"鼀"，"鼉"作"鼈"。

震

懸狟素饔，居非其官。[①] 失輿剥廬，休坐徙居。

《詩·伐檀》篇云："胡瞻爾庭有縣貆兮，彼君子兮，不素餐兮。"貆，貉類。"饔"，當作"餐"。《易·剥》卦上九："君子得輿，小人剥廬。"

艮

民怯城惡，奸人所伏。寇賊大至，入我邪郭，妻子俘獲。[②]

按《春秋傳·成公九年》："楚子重自陳伐莒，圍渠丘，渠丘城惡。楚遂入渠丘。"

漸

陽低頭，陰仰首。水爲災，傷我足。進不利，難生子。[③]

無注。

歸妹

背北相憎，心意不同，如火與金。[④]

《詩·十月之交》卒章云："噂沓背憎。"注云："多言以相悦，背則相憎也。"

---

① "狟"，士禮居本、津逮本作"貆"。"饔"，士禮居本、津逮本作"餐"，是。元抄本注是。

② 末句下，士禮居本、津逮本有雙行小注曰"一本爲歸妹辭"。

③ "災"，津逮本作"凶"，"足"作"賓"，"難生子"作"生其子"。

④ 末句下，士禮居本、津逮本有雙行小注曰"一本爲艮辭"。"北"，翟云升《焦氏易林校略》作"地"。

豐

太徽帝室，黄帝所值。[①] 蕃屏周衛，不可得入，常安無患。

"徽"，當作"微"。大微，帝座星也。

旅

蠒栗犧牲，[②]敬享鬼神。神嗜飲食，受福多孫。

按《内則》："祭天地之牛，角蠒栗。"

巽

出門逢惡，與禍爲怨。更相擊刺，傷我手端。

無注。

兑

鷁飛中退，舉事不遂，[③]衆人亂潰。

《春秋·僖公十六年》："正月，六鷁退飛，過宋都。"《二十二年》："十一月，宋公及楚人戰於泓，宋師敗績。"

涣

跛踦相隨，日暮牛罷。陵遲後旅，失利亡雌。

無注。

---

① "徽"，士禮居本、津逮本作"微"，是。元抄本注是。"值"，原作"宜"，據津逮本改。

② "蠒"，士禮居本、津逮本作"繭"。"蠒"同"繭"。

③ "遂"，士禮居本、津逮本作"進"，非。

節

龍角博預，[①]位至公卿。世禄久長，起動安寧。

古者，公卿有功于國家，子孫世享其禄，故孟子曰："仕者世禄。"龍角博預，未詳，或曰星名。

中孚

舜升大禹，石夷之野。徵詣王庭，拜治水土。

《書》："帝曰：咨，禹，汝平水土，惟時懋哉！"石夷，未詳。

小過

從風放火，荻芝俱死。三害集房，叔子中傷。

三害，未詳。

既濟

梗生荆山，命制輪班。袍衣剥脱，夏熱冬寒。飢餓枯槁，衆人莫憐。[②]

荆山多産異材。班，公輸子魯班也。

未濟

長面大鼻，來解己憂。遺吾福善，與我嘉惠。[③]

無注。

---

① "預"，津逮本作"顙"，是。

② "衆人莫憐"，原作"莫人震憐"，據津逮本改。

③ "善"，原作"子"；末句，原作"與我惠妻，惠吾嘉喜"，津逮本作"惠吾嘉喜"。皆據《節》之《同人》津逮本改。

䷁坤下坤上坤

不風不雨，白日皎皎。宜出驅馳，通利大道。

無注。

之乾

谷風布氣，萬物出生。萌庶長養，華葉茂成。①

按，《詩・谷風》篇："習習谷風，以陰以雨。"注云："東風謂之谷風，以其長養萬物也。"

屯

蒼龍單獨，與石相觸。摧折兩角，家室不足。②

無注。

蒙

城上有烏，自名破家。招呼酖毒，爲國患災。③

無注。

需

霜降閉户，蟄蟲隱處。不見日月，與死爲伍。

無注。

訟

天之德室，温仁受福。衣裳所在，凶惡不起。

---

① "成"，津逮本作"盛"。"成"通"盛"。
② "家室"，士禮居本、津逮本作"室家"。
③ "患災"，津逮本作"災患"。

無注。

師

皇階九重，絶不可登。未見王公，謂天蓋高。①

無注。

比

孔德如玉，出於幽谷，飛上喬木。鼓其羽翼，②輝光照國。

無注。

小畜

五軛四軌，復得饒有。陳力就列，騶虞悦喜。③

按《詩·召南》，騶虞，仁獸名，"白虎黑文，不食生物者也"。

履

四足無角，君子所服。南征述職，以惠我國。④

無注。

泰

雷行相逐，無有休息。戰于平陸，爲夷所覆。又云，弊笱

---

① "階"，士禮居本、津逮本作"陛"。三四句，津逮本倒置。

② 三四句，原作"升高鼓翼"，據津逮本改。

③ "軛"，津逮本作"範"；末句下，尚有"四足无角，君子所服。南征述職，以惠我國"，當爲衍文。

④ 林辭，津逮本作"敝笱在梁，魴逸不禁。漁父勞苦，連室乾口"。

在梁，魴逸不禁。漁父勞苦，連空口乾。①

按，《詩》"敝笱在梁"，注云："敝，壞；笱，罟也。梁，魚梁。詩人以敝笱不能制大魚爲比。"

否

六龍爭極，服在下飾。謹慎管籥，②結禁毋出。

無注。

同人

長男少女，相向共語。析薪在剋，③福禄歡喜。

無注。

大有

桀跖惡人，使德不通。炎火爲殃，年穀大傷。④

無注。

謙

修其翰翼，隨風向北。至虞夏國，與舜相得。年歲大樂，邑無盜賊。

虞、夏，舜、禹有天下之號也。

---

① "休"，原作"攸"，據《大有》之《豫》、《坎》之《師》改。"又云"云云，士禮居本、津逮本無。"覆"下，原空一格；"魴"、"勞"，原均爲空格；"禁"，原作"榮"。均據《坤》之《履》津逮本補、改。

② "下"，津逮本作"不"。"籥"，士禮居本、津逮本作"鑰"。"籥"同"鑰"，指钥匙。

③ 第三句，原脱，據津逮本補。

④ "桀跖"，原作"奸延"，津逮本作"遷延"，據《益》之《損》改。"年穀"，士禮居本、津逮本作"禾稼"。

豫

鉛刀攻玉，堅不可得。盡我筋力，胝躉爲疾。①

無注。

隨

舉被覆目，不見日月。衣衾簟席，②就長夜室。

吴夫差羞見子胥，爲幎冒乃死。

蠱

賊仁傷德，天怒不福。斬刈宗社，失其邦域。

無注。

臨

白龍赤虎，戰鬭俱怒。蚩尤敗走，死於魚口。

《史記正義》曰："《龍魚河圖》云：黄帝攝政，有蚩尤兄弟八十一人，獸身人語，銅頭鐵額，③能作大霧，食沙，造五兵，威震天下，誅殺無道。萬民欽命黄帝，行以仁義，不能禁止，乃仰天而嘆，天遣玄女下授黄帝兵符，與蚩尤戰於涿鹿之野，遂命殺之。"此言魚口，未詳。

觀

北辰紫宫，衣冠立中。含和建德，常受天福。

---

① "躉"，津逮本作"繭"。"躉"同"繭"。

② "被"，津逮本作"袂"。"簟席"，原作"簞簹"，據《泰》之《臨》津逮本改。

③ "龍魚河圖"，原作"河圖龍魚"；"銅頭"，原脱"頭"。均據《史記·五帝本紀》"而蚩尤最爲暴，莫能伐"正義改。

北辰，北極，天之樞也。紫宫，即紫微。

噬嗑

稷爲堯使，西見王母。拜請百福，賜我善子。①

稷，后稷，爲堯帝臣，教民稼穡，後至文、武而有天下。

賁

三人異趨，②反覆迷惑。一身五心，亂無所得。

無注。

剥

南山大玃，盜我媚妾。怯不敢逐，退然獨宿。

玃，居縛切，狙也，又曰大猿。

復

衆鳥所聚，③反作大怪。九身無頭，魂驚魄去，不可以居。

未詳。

无妄

延頸遠望，眯爲目疾。④不見叔姬，使伯心憂。

無注。

---

① “善”，津逮本作“嘉”。
② “三”，津逮本作“二”。
③ “鳥”，原作“鬼”；“聚”，原作“趨”，津逮本作“逐”。皆據《否》之《同人》改。
④ “疾”，津逮本作“病”。

大畜

典策法書，[1]藏在蘭臺。雖遭亂潰，獨不遇災。

《漢官儀》："御史臺，内掌蘭臺秘書。"

頤

自衛反魯，時不我與。冰炭異室，仁道隔塞。

孔子周流四方，不遇，自衛反魯，遂删《詩》定《書》。

大過

瘤瘿秃疥，爲身瘡害。病疾癃殘，常不遠逮。[2]

無注。

坎

齊東郭盧，嫁於洛都。[3] 俊良美好，媒利過倍。

棠姜，齊棠公之妻，東郭偃之姊也。

離

齊魯爭言，戰於龍門。構怨連禍，三世不安。

按，《春秋・魯成公二年》：春，齊侯伐我北鄙，圍龍。頃公之嬖人盧蒲就魁門焉，龍人囚之，齊侯親鼓，三日取龍。

---

① "策"，士禮居本、津逮本作"册"。《集韻・麥韻》："册，通作'策'。"
② "病疾"，士禮居本、津逮本作"疾病"。"遠逮"，津逮本作"屬遠"。
③ "齊東"，士禮居本作"東齊"。"於"，原作"我"，據士禮居本、津逮本改。

咸

膏澤肥壤，農人豐敞。[①] 利居長安，歷世無患。

無注。

恒

倉盈庾億，[②]宜種黍稷。年豐歲熟，民得安息。

《詩・楚茨》篇："我倉既盈，我庾維億。"

遯

《鴟鴞》、《破斧》，邦人危殆。賴旦忠德，轉禍爲福，傾危復立。[③]

鴟鴞、破斧，皆《詩・豳風》篇名，言周公之事：誅管蔡以安周室。

大壯

歲飢無年，虐政害民。乾溪驪山，秦楚結冤。

《昭公十三年》：楚靈王被弑於乾溪。《史記》：秦始皇造作驪山。

晋

梱挐累累，[④]締結難解。嫫母衙嫁，媒不得坐，自爲

① "膏"，原作"芳"，據士禮居本改。"敞"，原作"敵"，據津逮本改。
② "億"，原作"憶"，據士禮居本、津逮本及《詩・小雅・楚茨》改。
③ "旦"，原作"其"；"傾"，原作"負"。皆據津逮本改。
④ "梱"，津逮本作"捆"，是。

身禍。

“樛挈”，一作“梸挈”，見《比》之《大有》。[1] 其義未詳。嫫母，黄帝次妃，貌醜而賢。“衙”，當作“衔”。

明夷

呰陬開門，鵲鳴彈冠。章甫進用，舞韶和鸞。三仁翼事，[2]國無災患。

章甫，冠名。舞韶，樂名。和、鸞，皆鈴也，在軾曰和，在鑣曰鸞，車馬之飾也。呰陬開門，未詳。

家人

弟姊合居，[3]與類相扶。願慕群醜，不離其處。

無注。

睽

邯鄲反言，父兄生患。[4] 涉叔憂恨，卒死不還。

涉叔，即陳涉。涉嘗令陳人武臣徇趙地，武臣到邯鄲自立爲趙，涉怒捕繫武臣家室，後因柱國之諫，遂立武臣爲趙王。武臣終於背，涉竟死於莊賈之難。出《陳涉傳》。

---

① “比之大有”，原作“蒙之比”，據複林林辭改。

② “呰陬”，誤，當作“娵呰”。《左傳·襄公三十年》：“及其亡也，歲在娵呰之口。”《爾雅·釋天》：“娵觜之口，營室東壁也。”娵呰，亦作“娵觜”。“仁”，原作“人”，據《井》之《鼎》改。

③ “弟姊合”，士禮居本作“弟妹合”，津逮本作“姊妹本”，《隨》之《无妄》作“茅茹本”。

④ “父兄”，原作“兄弟”，據津逮本及複林《謙》之《兑》、《晋》之《革》改。

蹇

三人逐兔，各爭有得。慶忌善走，①多獲鹿子。

無注。

解

北辰紫宫，衣冠立中。含和建德，常受天福。

北辰，北極，天之樞也。紫宫，即紫微。

損

拜跪請免，不得其哺。俛首銜指，②低頭北去。

無注。

益

鶴盜我珠，逃於東隅。求之郭墟，不見所居。

未詳。

夬

一簧兩舌，妄言謬語。三奸成虎，曾母投杼。

一簧者，即《詩》所謂“巧言如簧”。兩舌，言不一也。曾母，曾參之母，人有言曾參殺人者，曾母不信，及三人言之，曾母投杼下機而走。③

① “三人”，津逮本作“二人”。“慶忌”，原作“愛亡”，津逮本作“愛妾”，據翟云升《焦氏易林校略》改。《吴越春秋・吴王闔閭内傳》：“慶忌之勇，世所聞也。走追奔獸，手接飛鳥。”

② “指”，原作“枝”，士禮居本、津逮本作“枚”，據複林《謙》之《豐》改。

③ “投”，原作“殺”，據林辭“曾母投杼”及《史記・甘茂列傳》改。

姤

孤獨特處，莫與爲旅，身日勞苦。使布五穀，陰陽順序。又，伯虎仲熊，德乂四布。①

舜舉八元、八愷，有伯虎、仲熊。

萃

褰衣涉河，澗流浚多。賴遇舟子，濟脱無他。

無注。

升

憑河登山，道里阻難，②求事少便。

無注。

困

兔罝之容，不失其恭。和謙致樂，君子攸同。

按，《詩傳》云："雖兔罝之野人，而其才之可用。"

井

三女求夫，伺候山隅。不見復關，泣涕漣如。

《詩·氓》之篇云："不見復關，泣涕漣漣。""復關，指男子所居，不敢顯名，故托言之。"此詩刺淫泆也。

---

① 林辭，津逮本作"伯虎仲熊，德義洵美。使布五穀，陰陽順序"，其下有雙行小注"一作，孤獨特處，莫與爲旅。身自勞苦，使布五穀，陰陽順序"。"又"字前、後，原各空一格，以示其下爲異文。

② "里"，士禮居本、津逮本作"路"。

革

蝖蟲爲賊，害我黍穀。中霤空虛，[①]家無所食。

蝖蟲，食苗心者，害苗之蟲也。中霤，《月令》云"中室"也。

鼎

望尚阿衡，太宰周公。藩屏輔弼，福禄來同。

望，太公吕尚也。阿衡，伊尹也。太宰，官名，周公爲太宰。

震

三年生狗，以戍爲母。[②] 荆夷上侵，姬伯出走。

注：未詳。

艮

塗遏道塞，[③]求事不得。

無注。

漸

探懷得蚤，無有凶憂。所願失道，善居漸好。[④]

無注。

---

① "黍"，士禮居本、津逮本作"五"。"中霤"，津逮本、《需》之《明夷》、《剥》之《睽》皆作"箪笥"，是。

② "年"，津逮本作"牛"，第二句作"以戍其母"。

③ "遏"，津逮本作"回"。

④ 第二句、第四句，津逮本均無，然句末有雙行小注云："一本下有：無有凶憂，善居漸好。"

歸妹

飛樓屬道，趾多擾垣。居之不安，覆壓爲患。①

無注。

豐

義不勝情，以欲自營。幾利危躬，②折角摧頸。

無注。

旅

潼滃蔚薈，膚寸來會。津液下降，流潦滂霈。③

無注。

巽

白駒生芻，猗猗盛姝。赫咺君子，④樂以忘憂。

《詩·白駒》篇："生芻一束，其人如玉。"

兑

車馳人趨，卷甲相仇。齊魯寇戰，敗於犬丘。

按，《春秋》：齊師侵魯，戰于長勺，車馳卒奔，齊師敗績。事見莊公十年春。

---

① "壓"，士禮居本、津逮本作"厭"。壓、厭通。"擾"，原作"攪"，據津逮本改。

② "營"，原作"傾"，據《復》之《坤》改。"躬"，原作"寵"，據《小過》之《升》改。

③ "膚寸"，原作"林木"，士禮居本、津逮本作"扶首"，據《履》之《恒》改。"滂"，原作"霈"，據士禮居本、津逮本改。

④ "咺"，士禮居本作"喧"。喧、咺通。

涣

舉首望城，不見子貞，使我悔生。

無注。

節

龍鬭時門，失理傷賢。內畔外賊，則生禍難。

《春秋·昭公十九年》："鄭大水，龍鬭于時門之外洧淵，國人請爲禜焉。子産弗許，曰：'我鬭，龍不我覿也。龍鬭，我獨何覿焉？禳之，則彼室也，吾無求於龍，龍亦無求於我。'乃止。"

中孚

安如太山，福喜屢臻。[1] 雖有豺虎，不致危身。

無注。

小過

初憂後喜，與福爲市。八佾列陳，飲御嘉友。

八佾，舞列也。古者天子舞八佾。

既濟

持刃操肉，對酒不食。夫行從軍，小子入獄，抱膝獨宿。

無注。

未濟

陰衰老極，陽建其德。履離戴光，天下昭明。功業不長，

① "福喜"，津逮本作"禄祐"。

蝦蟆大王。①

未詳。

䷂震下坎上屯

兵征大宛，北出玉門。② 與胡寇戰，平城道西。七日絶糧，身幾不全。

大宛，國名。玉門，關名。冒頓單于圍漢高祖於白登七日，用陳平秘計，厚遺閼氏，説冒頓解圍。

之乾

汎汎柏舟，流行不休。耿耿寤寐，心懷大憂。仁不逢時，退隱窮居。③

《詩·柏舟》篇："言仁而不遇也。'汎彼柏舟，亦汎其流。耿耿不寐，如有隱憂。'"

坤

采薪得麟，大命隕顛。豪雄爭名，天下四分。

未詳。

蒙

山崩谷絶，天福盡竭。涇渭失紀，玉曆既已。④

---

① "大"，原作"代"，據津逮本改。大，音代。
② "門"，士禮居本、津逮本作"關"。
③ "退"，原作"復"，據《咸》之《大過》改。
④ "天"，津逮本作"大"。"盡"，原作"既"，據士禮居本、津逮本改。

涇、渭，二水名。

需

夏臺羑里，湯文所厄。鬼侯輸賄，商王解舍。①

夏臺、羑里，皆獄名。湯囚夏臺，文王拘羑里。

訟

泥滓污辱，棄捐溝瀆。爲衆所笑，终不顯録。②

無注。

師

李梅冬實，國多盜賊。擾亂並作，君不能息。③

《春秋・魯僖公三十三年》："冬，隕霜不殺草，李梅實。"《公羊傳》曰："紀異也。此禄去公室，政在公子遂之應。"

比

獐鹿逐牧，飽歸其居。反還次舍，無有疾故。

無注。

小畜

夾河爲婚，期至無船。摇心失望，不見所歡。

無注。

---

① "輸"，原本作"俞"，據津逮本改。"舍"，津逮本作"合"。

② "所笑"，原作"笑哭"，據《萃》之《履》改。"終"，原作"然"，據士禮居本、津逮本及《頤》之《師》、《萃》之《履》改。

③ "能"，津逮本作"得"。

履

百足俱行，相輔爲強。三聖翼事，王室寵光。

三聖，堯、舜、禹也。

泰

坐立失處，不能自居。賊破王邑，[①]陰陽顛倒。

無注。

否

登几上輿，駕駟南游。合從散衡，燕齊以強。

蘇秦主從，張儀主衡。秦事燕，儀事秦。按《禮部韻》："毛居正曰：以六攻一爲從，以一離六爲橫。"合之曰從衡。

同人

三孫荷弩，無益於輔。城弱不守，邦君受討。[②]

三孫，魯大夫孟孫、叔孫、季孫也。昭公二十五年九月伐季氏，三家反攻公，"公遜於齊，次於陽州"。

大有

河伯大呼，津不可渡。船空無人，往來亦難。

《援神契》云："河者，水之伯。"河伯，水神。

---

① "立"，士禮居本、津逮本作"位"。"賊破王邑"，津逮本作"調攝違和"。

② "孫荷"，津逮本作"系維"，翟云升《焦氏易林校略》作"絲維"。"邦"，津逮本作"郭"。

謙

甘露醴泉，太平機關。仁德感應，歲樂民安。

《瑞應圖》："王者德至於天，和氣感則甘露降于松柏。"《六帖》云："醴泉，美泉也，水之精，太平則出，出則其政和平。堯之時德茂清平則出。"

豫

重茵厚席，循皋采藿。雖躓不懼，反復其處。猿墮高木，不踒手足。還歸其室，保我金玉。①

踒，音渦。

隨

太一駕騮，從天上來。徵我叔季，封爲魯侯。②

大乙，星名。成王封周公之子伯禽於魯。

蠱

南巴六安，石斛戴天。所指不已，耋老復丁。弊室舊墟，③更爲新家。

無注。

① "反復"，津逮本作"後反"，"處"作"宅"。後四句，津逮本爲雙行小注"一本云"。

② 末句下，津逮本有"無有凶憂"。

③ "斛"，原作"解"，據津逮本改。"耋老復丁"，津逮本作"已老復一，將耋乃嫁"，"弊室舊墟"作"墟敝室舊"。

臨

家給人足，頌聲並作。四夷賓伏，干戈韜閣。

《書》："四夷咸賓。"①此言武王偃干戈事。

觀

東鄰嫁女，爲王妃后。莊公築館，以尊王母。歸于京師，季姜説喜。

《春秋·魯莊公元年》：王姬下嫁於齊，命同姓諸侯主之。魯以姬姓，故築館而迎之。"冬，王姬歸於齊。"《桓公九年》："春，紀季姜歸于京師。"爲桓王后。

噬嗑

陳媯敬仲，②兆興齊姜。營丘是適，八世大昌。

按《春秋傳》：陳，媯姓，敬仲即陳公子完，魯莊公二十二年奔齊，使爲工正。"初，懿氏卜妻敬仲，曰：'有媯之後，將育于姜。八世之後，莫之與京。'"姜，齊姓。營丘，齊所封之地。

賁

路多枳棘，步刺我足。不利旅客，爲心作毒。

無注。

---

① "咸"，原作"來"，據宋陳經《尚書詳解·旅獒》改。
② "媯"，原作"妻"，據津逮本改。

剥

天官列宿，五神共舍。宫闕完堅，①君安其居。

無注。

復

牧羊稻園，聞虎呻喧。懼畏惕息，終無禍患。

無注。

无妄

鳴條之災，②北奔犬胡。左袵爲長，國號匈奴。主君旄頭，立尊單于。

欒彦《括地譜》云："夏桀無道，湯放之鳴條，三年而死。其子葷粥妻桀之衆妾，避居北野，隨畜移徙，中國謂之匈奴。"單于者，廣大之貌，尊稱之也。

大畜

剋身潔己，逢禹巡守。錫我玄珪，拜受福祐。

《書·禹貢》云："禹錫玄圭，告厥成功。"言水土既平，禹以玄圭爲贄，而告成功于舜也。水色黑，故圭以玄云。

頤

冬華不實，③國多盜賊。疾病難醫，鬼哭其室。

---

① "天官"，原作"天宫"，據士禮居本、津逮本及《師》之《困》、《姤》之《豐》改。"共舍"，津逮本作"室屋"。"完"，原作"光"，據津逮本改。

② "災"，原作"圖"，據津逮本改。

③ "實"，原作"食"，據士禮居本、津逮本改。

無注。

大過

襄送季女，至于蕩道。齊子旦夕，留連久處。

季女、齊子，齊襄公妹，魯桓公夫人也。《桓公十八年》："公與夫人姜氏如齊。"《詩》云："魯道有蕩，齊子庸止。"

坎

朽根倒樹，花葉落去。卒逢火焱，隨風僵仆。

焱，音焰。

離

陰變爲陽，女化作男。治道得通，君臣相承。

無注。

咸

炎絶續光，火滅復明。簡易理得，以成乾功。[①]

《易·繫辭》："易簡而天下之理得矣。"

恒

多載重負，捐棄於野。予母稚子，[②]但自勞苦。

無注。

---

① "以"，津逮本作"仍"。

② "予"，津逮本作"王"。"稚"，原作"誰"，據《損》之《復》改。

遯

江河海澤，衆利室宅。① 可以富有，飲御嘉客。

無注。

大壯

冬采薇蘭，地凍堅難。② 利走室北，暮毋所得。

《詩・小雅・采薇》篇："采薇采薇，③薇亦作止。曰歸曰歸，歲亦莫止。"

晉

鳥鳴嘻嘻，天火將起。燔我館屋，災及妃后。④

按，《春秋・襄公三十年》："夏五月，或叫於宋太廟，曰'譆譆，出出'。鳥鳴於亳社，如曰'譆譆'。甲午，宋大災，宋伯姬卒。"

明夷

蠆室蜂户，螫我手足。不可進取，爲身害咎。一云，蠆螫我足，蜂螫我手。⑤

蠆，蜂屬，螫蟲也。蠆，丑邁切。螫，音釋。

---

① "室"，士禮居本、津逮本作"安"。

② "難"，原作"拆"，士禮居本作"坼"，據津逮本改。

③ "采"，原皆作"採"，據《詩經・小雅・采薇》改。

④ "鳥"，原作"烏"，據《兑》之《革》改。"妃"，原作"姬"，據津逮本改。"館"，士禮居本、津逮本作"室"。

⑤ "咎"，原作"速"，據津逮本改。"一云"云云，士禮居本、津逮本無。"一云"前、後，原各有一空格，標識其下爲異文。

家人

崔嵬北岳，天神貴客。温仁正直，主布恩德。開衣不已，蒙受大禄。①

崔嵬，高峻貌。《周禮》："并州，其山鎮曰恒山。"《唐·天文》："大梁、析木，其神主於恒山。辰星出焉。"謂之北嶽。

睽

伯蹇叔盲，莫爲守牀。失我衣裘，伐民除鄉。②

無注。

蹇

爲季求婦，家在東海。水長無船，不見所歡。

無注。

解

山陵丘墓，魂魄室舍。精神盡竭，③長寢不覺。

無注。

損

踦牛折角，下山傷軸，失其利禄。④

無注。

---

① "仁"，原作"人"，據士禮居本、津逮本改。"不已"，津逮本作"不見"，"禄"作"福"。

② 第二句，津逮本作"莫與守牧"，第四句作"代己除服"。

③ "神"，原作"誠"，據士禮居本、津逮本改。

④ "踦"，原作"騎"，據士禮居本、津逮本改。末句下，津逮本有"過在誰孰"。

益

水載舟船,無根以浮。往來濟濟,[①]心勞且憂。

無注。

夬

有鳥來飛,集于宫樹。鳴聲可惡,主將出去。

無注。

姤

東徙不時,觸患離憂。井泥無濡,思叔舊居。

《周易》曰:"井泥不食,舊井無禽。"

萃

黄帝所生,宓羲之宇。兵刃不至,利以居止。

宓羲都於陳。黄帝,有熊國君,少典之子。有熊,即今河南新鄭是也。

升

東山救亂,處婦思夫。[②] 勞我君子,役無休已。

《東山》,周公東征之詩。處婦思夫,《詩》曰:"鸛鳴于垤,婦嘆于室。"

---

① "濟濟",士禮居本、津逮本作"溶溶"。
② "救",津逮本作"拯"。

困

跛躓未起，失利後市，[①]不得鹿子。

無注。

井

大蛇當路，使季畏懼。湯火之災，切近我膚。賴其天幸，趨於王廬。

漢高祖，字季，嘗被酒夜徑澤中，有大蛇當道，高祖拔劍斬之。

革[②]

從容常閑，游戲南山。拜祠禱神，神使無患。[③]

無注。

鼎

區脱康居，慕義入朝。湛露之懽，三爵畢恩。復歸野廬，與母相扶。[④]

區脱，與"甌脱"同，土室也，胡人候望處。出《匈奴傳》。康居，國名。《湛露》，天子燕諸侯之詩。

---

① "失"，原作"先"，據津逮本改。

② "革"，原作"震"，據士禮居本、津逮本及《周易》六十四卦卦序改。

③ "常"，士禮居本、津逮本作"長"。二字通。"禱"，津逮本作"祀"。"神使"，原作"使神"，據津逮本改。

④ "義"，津逮本作"仁"。"復"，原作"後"，據士禮居本、津逮本改。"扶"，津逮本作"候"。

震[①]

魚鱉列市,河海饒有。長錢善賈,商李悦喜。[②]

無注。

艮

中年蒙慶,今歲受福。三夫采芑,[③]出必有得。

無注。

漸

二人俱東,道怒爭訟。意乖不同,使君恼恼。[④]

無注。

歸妹

樹栽藿豆,鹿兔爲食。[⑤] 君不恤護,秋無收入。

無注。

豐

黄鳥悲鳴,愁不見星。困於鷙鷂,使我心驚。[⑥]

無注。

---

① "震",原作"革",據士禮居本、津逮本及《周易》六十四卦卦序改。

② "賈",原作"價",據津逮本改。"錢",津逮本作"財","李"作"季"。

③ "中年",原作"年常",據《兑》之《晋》改。"夫",津逮本作"伏"。"芑",原作"葩",據津逮本改。

④ "怒",士禮居本、津逮本作"路"。"使君恼恼",津逮本作"使我凶凶"。

⑤ "栽",原作"我",據津逮本改。"鹿兔爲食",津逮本作"爲鹿兔食"。

⑥ 下二句,原作"因於鷙鳥,鷂使我驚",據士禮居本、津逮本改。

旅

雙鳧俱飛，欲歸稻池。① 經涉萑澤，爲矢所射，傷我胸臆。

無注。

巽

久客無依，思歸我鄉。雷雨盛溢，②道未得通。

無注。

兑

道路辟除，南至東遼。衛子善辭，使國無憂。

未詳。

涣

同枕同袍，中年分去。少婦無夫，③獨居愁思。

無注。

節

衆神集聚，相與議語。南國虐亂，百姓愁苦。興師征討，更立賢主。

---

① "俱"，原作"惧"，據士禮居本、津逮本改。"池"，原作"食"，據津逮本改。

② "雷"，津逮本作"霖"。

③ "同袍"，津逮本作"共袍"。首句，《需》之《大壯》作"同枕共牢"。"分去"，原作"相知"，據津逮本改。第三句，原作"少賈無失"，津逮本作"價少無利"，據翟云升《焦氏易林校略》改。賈、價皆"媍"之訛，"媍"同"婦"，《坎》之《革》作"婦"，"婦"是。

未詳。

中孚

北陸閉蟄，隱伏不出。目盲耳聾，道路不通。

《左傳》："古者日在北陸而藏冰。"注："陸，道也。謂夏十二月，日在虛、危，冰堅而藏之。"

小過

癡狂妄作，心誑善惑。① 迷行失路，不知南北。

無注。

既濟

棟隆輔強，②寵貴日光。福善並作，樂以高明。

《易·大過》九四："棟隆，吉。"象曰："棟隆之吉，不撓於下也。"

未濟

愛我嬰女，牽衣不與。冀幸高貴，反日賤下。③

無注。

䷃坎下艮上蒙

何草不黄，至未盡玄。室家分離，悲憂於心。④

---

① "誑"，原作"狂"，據士禮居本、津逮本改。
② "輔強"，原誤倒，據士禮居本、津逮本乙正。
③ "日"，士禮居本、津逮本作"曰"。
④ "憂"，士禮居本、津逮本作"愁"。

《詩・何草不黄》:“刺幽王也。四夷交侵,中國背叛,君子憂之,故作是詩也。曰:‘何草不黄,何日不行,何人不將,經營四方。’”又云:“何草不玄,何人不矜。哀我征夫,獨爲匪民。”

之乾

海爲水王,聰聖且明。百流歸德,無有叛逆,常饒優足。

《書・禹貢》云:“江漢朝宗于海。”注曰:“猶諸侯之朝宗于王也。”

坤

天之所佑,禍不過家。一云,左輔右弼,金玉滿堂。常盈不亡,富如敖倉。①

無注。

屯

安息康居,異國穹廬。非吾習俗,使我心憂。

安息、康居,皆外國名。穹廬,其室也。

需

范公鴟夷,善賈飾資。東之營丘,易字子皮。把珠載金②,多得利歸。

按,《史》:范蠡去越,乘舟裝其輕寶珠玉,浮海出齊,變姓名,自號鴟夷子皮,善營産業以致巨富。

---

① “佑”,原作“有”,據津逮本改。“一云”二字,士禮居本、津逮本無。“堂”,津逮本作“匱”。

② “載”,原作“戴”,據士禮居本、津逮本改。

訟

老楊日衰，條多枯枝。爵級不進，遂乃摧隤。①

無注。

師

小孤渡水，污濡其尾。利得無幾，與道合契。②

孤，當作“狐”。《易·未濟》：“亨，小狐汔濟，濡其尾，无攸利。”

比

豕生魚魴，鼠舞庭堂。奸佞施毒，上下昏荒，君失其國。

無注。

小畜

天地配享，六位光明。陰陽順叙，以成和平。③

《易·乾》卦彖曰：“六位時成。”

履

踝踵足傷，右指病癰。④ 失旅後時，利走不來。

無注。

---

① “乃”，原作“下”，據津逮本改。
② “契”，津逮本作“符”。
③ “和平”，津逮本作“厥功”。
④ 第二句，原作“右足病擁”，據士禮居本、津逮本改。

泰

異體殊俗，各有所屬。西鄰孤嫗，欲寄我室。主母罵詈，[1]求不可得。

無注。

否

操耜鄉畝，祈貸稷黍。飲食充口，安和無咎。[2]

無注。

同人

新受大喜，[3]福禄重來。樂且日富，蒙慶得財。

無注。

大有

舉杯飲酒，無益温寒。指直失取，[4]亡利不歡。

無注。

謙

日月相望，光明盛昌。三聖茂承，功德大隆。

---

① "殊俗"，原作"殊患"，津逮本作"同恩"，據《睽》之《謙》改。"主"，原作"王"，據津逮本改。

② "耜"，原作"稆"，津逮本作"耟"，據《莊子・天下》"禹親自操耜"及《淮南子・氾論訓》"古者剡耜而耕"改。"祈貸"，原作"折貨"；"安和"，原作"安利"，皆據津逮本改。

③ "新"，原作"所"，據津逮本改。

④ 第二、三句，津逮本倒置。

三聖，堯、舜、禹也。

豫

猾夫爭強，民去其鄉。公孫叔子，戰於瀟湘。①

未詳。

隨

猿墮高木，不踒手足。保我金玉，還歸其室。②

踒，音渦。

蠱

逐狐東山，水遏我前。深不可涉，失利後便。

無注。

臨

鑿井求玉，非卞氏寶。名因身辱，③勞無所得。

因，當作"困"。卞和獻玉璞於楚懷王。

觀

黄玉温厚，④君子所服。甘露溽暑，萬物生茂。

《古今合璧事類備要》外集《財用門》"財貨源流"云："玉，天地之精也，黄中正色，君子在位之稱。"又，《瑞應圖》："王者德至

---

① "瀟湘"，津逮本作"城南"。

② 第三、四句，原誤倒，據津逮本乙正。"金玉"，津逮本作"全生"。

③ "因"，士禮居本、津逮本作"困"，是。元抄本注是。

④ "厚"，津逮本作"德"。

於天，和氣感則甘露降于松柏。”[1]

噬嗑

畫龍頭頸，文章不成。甘言美語，[2]説辭無名。

無注。

賁

招禍來螫，害我邦國。[3] 病在手足，不得安息。

無注。

剥

履位乘勢，靡有絶斃。替爲隸圉，與衆庶伍。[4]

齊人有言曰：“雖有智慧，不如乘勢。”

復

獐鹿雉兔，群聚東囿。盧黄白脊，俱往趨逐。[5] 九齚十得，君子有喜。

齚，仕革切，齧也。

无妄

織錦未成，緯盡無名。長子逐兔，塵起失路。後利不得，

① “古今”至“源流”，原作“財貨源”，據《古今合璧事類備要》外集改。又“瑞應圖”云云，皆引自《古今合璧事類備要》前集卷十九《祥瑞門》“甘露”事類。

② “美”，原作“善”，據津逮本改。

③ 首二句，原作“招禍致凶，來弊我邦”，據《乾》之《坤》改。

④ “替”，原作“皆”，津逮本作“贊”，據翟云升《焦氏易林校略》“當作‘替’”改。“伍”，原作“位”，據士禮居本、津逮本改。

⑤ “囿”，津逮本作“圃”，“趨”作“追”。

困無所據。①

無注。

大畜

天厭周德，命與仁國。以禮静民，②兵革休息。

無注。

頤

重譯貢芝，③來除我憂。善説遂良，與喜相求。

漢武帝元封元年，甘泉宫産芝，九莖連葉，乃作芝房之歌，以薦郊廟也。

大過

膏壤肥澤，人民孔樂。宜利居止，長安富貴。④

無注。

坎

白龍黑虎，起鬐暴怒。戰於涿鹿，⑤蚩尤敗走。居止不

① “塵”，原作“鹿”，據翟云升《焦氏易林校略》引牟庭“‘鹿’當作‘塵’”改。《坎》之《咸》曰：“風塵暝迷，不見南北。行人失路，復反其室。”亦證“塵”是。“後”，津逮本作“見”，末句無。“困”，原作“因”，據尚秉和《焦氏易林注》“‘因’疑‘困’之訛字”改。《周易·坤》六三：“困於石，據於蒺藜。入於其宫，不見其妻，凶。”亦證“困”是。

② “静”，士禮居本、津逮本作“靖”。“静”通“靖”。

③ “貢”，原作“賀”，津逮本作“買”，據尚秉和《焦氏易林注》改。

④ “膏壤肥澤”，士禮居本、津逮本作“膏澤肥壤”。“富貴”，津逮本作“富有”。

⑤ “鬐”，津逮本作“伏”，“涿鹿”作“阪泉”。

殆，君安其所。

《正義》曰："《龍魚河圖》云：黄帝攝政，有蚩尤兄弟八十一人，獸身人語，銅頭鐵額，[1]能作大霧，食沙，造五兵，威震天下，誅殺無道。萬民欽命黄帝，行以仁義，不能禁止，乃仰天而嘆，天遣玄女，下授黄帝兵符，與蚩尤戰於涿鹿之野，遂禽殺之。"

離

抱關傳語，聾跛摧殆。衆賤無下，災殃所在。[2]

無注。

咸

憂禍解除，喜至慶來。坐立歡門，與樂爲鄰。

無注。

恒

折鋒載殳，轝馬放休。行軍依營，[3]天下安寧。

無注。

遯[4]

至德之君，仁政且温。伊吕股肱，國富民安。

湯舉伊尹，文王舉吕望，相與輔治，以安天下。

---

① "龍魚河圖"，原作"河圖龍魚"；"頭"，原脱。均據《史記·五帝本紀》"而蚩尤最爲暴，莫能伐"正義改。

② "殆"，津逮本作"筋"，三、四句作"破賊無災，不安其所"。

③ "載"，原作"戴"，據士禮居本、津逮本改。"行軍"，士禮居本、津逮本作"狩軍"。"轝"，津逮本作"與"，疑爲"輿"之訛。"轝"同"輿"。

④ "遯"，原本作"遁"，據《周易》卦名改。後卦，如《解》、《巽》、《節》、《中孚》等林中的卦名"遁"，則徑改作"遯"，不出校。

大壯

千里望城，不見山青。[①] 老兔蝦蟆，遠絶無家。

老兔，月中玉兔。蝦蟆，月中蟾蜍。

晋

有莘季女，爲夏妃后。貴夫壽子，母字四海。

按，《本紀》索隱注曰：[②]"鯀取有莘氏女，謂之女志，是生高密。宋衷云：'高密，禹所封之國。'"

明夷

不虞之患，禍至無門。奄忽暴卒，痛傷我心。

無注。

家人

飛鷹退去，不食雉雞。憂患解除，主君安居。[③]

無注。

睽

跇差側跌，申酉爲祟。亥戌滅明，[④]顔子隱藏。

未詳。

---

① "山青"，士禮居本、津逮本作"青山"。

② "索隱注曰"，原本無，據《史記·夏本紀》索隱補。

③ "雉雞"，原作"鄒鳥"，據津逮本改。"主君"，士禮居本、津逮本作"君主"。

④ "差"，士禮居本、津逮本作"蹉"。差，蹉也。"戌"，原作"戍"，據士禮居本，津逮本改。

蹇

司禄憑怒，謀議無道。商氏失政，殷人乏祀。

商紂無道，武王伐之，封紂子武庚，命三叔監殷。武王崩，成王立，三監以武庚叛，周公東征討之，遂乏祀焉。

解

望雞得雛，冀馬獲駒。大德生少，有瘳從居。①

無注。

損

忉忉怛怛，如將不活。黍稷之恩，靈輒以存。②

《左傳》："晉靈公不君。趙盾諫，公患之。飲盾酒，伏甲將攻之。初，盾田，舍於翳桑，見靈輒病，不食三日。盾食之，爲簞食而與之。既而與爲公介，倒戟以禦公徒而免之。問何故，對曰：'翳桑之餓人也。'不告名而退。"

益

莫莫輯輯，夜作晝匿。謀議我資，來攻我室。空盡己財，③幾無以食。

無注。

---

① "雛"，原作"雉"，據津逮本改。"冀"，津逮本作"求"，"瘳"作"廖"。

② 末句下，津逮本多"獲生保年"。

③ 首句，《節》之《艮》作"噂噂囁囁"。"己"，原作"以"，士禮居本、津逮本作"我"，據複林《節》之《艮》改。"來"，原作"求"，據津逮本改。

夬

天之所壞，不可強支。衆口指笑，雖貴必危。

無注。

姤

目動睫瞤，喜來加身。舉家蒙歡，吉利無殃。

瞤，目動貌。《漢書》：眼瞤得酒肉。

萃

黿羹芬香，染指拂裳。口飢於手，子公恨饞。[1]

楚人獻黿於鄭靈公，子公食指動，以示子家，曰："他日我如此，必嘗異味。"宰夫解黿，而笑，公問之，子家以告，召子公而弗與。子公怒染指於鼎，嘗之。出《春秋傳》。

升

天福所豐，兆如飛龍。成子得志，六二以興。

陳成子得政於齊，乃敬仲八世孫。

困

氓伯易絲，抱布自媒。棄禮急情，卒離悔憂。[2]

《詩·氓》之篇云："抱布貿絲，匪來貿絲，來即我謀。"

---

① "拂裳"，原作"弗嘗"，據津逮本改。"饞"，津逮本作"讒"。

② "易絲"，士禮居本、津逮本作"以婚"；"離"作"罹"。離、罹同。

井

三人爲旅,俱歸北海。入門上堂,拜謁王母。勞賜我酒,歡樂無疆。①

無注。

革

陽曜旱疾,傷害稼穡。喪制病來,農人無食。②

無注。

鼎

攫飯把肉,以就口食。所往必得,無有虚乏。③

無注。

震

夏姬親附,心聽悦喜。利以搏取,無言不許。④

《左傳·成公七年》:夏姬,鄭穆公女,陳大夫御叔妻。巫臣嘗止子反取夏姬。

---

①《井》辭,津逮本作"夏姒親附,心聽悦喜。利以博取,無言不許"。"三人爲旅"云云,津逮本作《鼎》辭,無"歡樂無疆"四字。

②《革》辭,津逮本作"南山昊天,刺政閔身。疾悲無辜,背憎爲仇"。"陽曜旱疾"云云,津逮本作《震》辭。"陽曜",原作"愆淫",津逮本作"陽淫",據《小過》之《革》改。"疾",津逮本作"病","制"作"刈"。

③《鼎》辭,津逮本作"三人爲旅,俱歸北海。入門上堂,拜謁王母,勞賜我酒"。"攫飯把肉"云云,津逮本作《艮》辭。惟"所",原作"萬"據士禮居本、津逮本改。

④《震》辭,津逮本作"陽淫旱病,傷害稼穡。喪刈病來,農人無食"。"夏姬親附"云云,津逮本作《井》辭。

艮

南山昊天，刺政閔身。疾悲無辜，背憎爲仇。①

《詩·小雅·節南山》云："節彼南山。"又曰："不弔昊天。"又曰："昊天不平。"此詩家父所作，刺周王用尹氏爲太師，秉國之均，不能毗輔天子，用威虐政，以召禍亂，民所憎惡甚於仇讎也。

漸

鳥飛無翼，兔走折足。雖欲會同，未得所欲。②

無注。

歸妹

體重飛難，未能踰關。行坐憂愁，③不離室垣。

無注。

豐

桀跖並處，人民愁苦。擁兵西東，④不得安所。

無注。

---

① 《艮》辭，津逮本作"攫飯把肉，以就口食。所往必得，無有虚乏"。"南山昊天"云云，津逮本作《革》辭。

② "所欲"，津逮本作"已惑"，《恒》之《解》元抄本作"醫工"。

③ 第三句，原本無，據津逮本補。"未能"，士禮居本、津逮本作"不得"。

④ "桀跖"，原作"四雄"，據《謙》之《剥》、《復》之《離》、《咸》之《萃》、《豐》之《井》林辭改。"西東"，津逮本作"東西"。

旅

重譯開牢，求解己憂。心感乃成，[1]與喜俱居。

無注。

巽

患解憂除，皇母相於。[2] 與喜俱來，使我安居。

無注。

兑

冬生不華，老女無家。霜冷蓬室，更爲枯株。[3]

無注。

涣

震慄恐懼，多所畏惡。行道留難，不可以步。

無注。

節

三人共妻，莫適爲雌。子無名氏，公不可知。

無注。

---

① “重譯”，原作“重驛”，士禮居本、津逮本作“譯重”，據《蒙》之《頤》改。“開”，原作“關”，據津逮本改。“感”，原作“惑”，據士禮居本、津逮本改。

② “皇”，士禮居本、津逮本作“王”。“王”通“皇”。“於”，津逮本作“予”。

③ “更”，津逮本作“競”。

中孚

早雕被霜，花葉不長。非時爲落，[1]家受其殃。

無注。

小過

雉兔之東，狼虎所從。貪叨凶惡，[2]不可止息。

無注。

既濟

馬驚車破，主墮深溝。[3] 身死魂去，離其室廬。

無注。

未濟

山林麓藪，非人所處。鳥獸無禮，使我心苦。

無注。

---

① "早"，原作"草"，據士禮居本、津逮本改。"落"，士禮居本、津逮本作"災"。

② "叨"，津逮本作"饕"。

③ "車破"，士禮居本、津逮本作"破車"。"主"，津逮本作"王"。

卷第二

䷄乾下坎上需

久旱三年，草木不生。粢盛空乏，無以供靈。

《説文》："粢、盛，黍稷在器中以祀者也。"

之乾

火滅復息，君明其德。仁人可遇，身受利福。[1]

無注。

坤

温山松柏，常茂不落。鸞鳳以庇，得其歡樂。

無注。

屯

西誅不服，[2]恃强負力。倍道趨敵，師徒敗覆。

按《史記》：楚項梁西擊秦，破章邯，引兵至定陶，再破秦軍。項羽、沛公大破秦兵於雍，斬李由。梁益輕秦，有驕色，宋義諫，

---

① "福"，津逮本作"禄"。

② "西"，津逮本作"四"。"服"，原作"復"，據士禮居本、津逮本改。

弗聽。秦悉起兵益章邯，擊楚軍，大破之定陶，項梁死焉。

蒙

三塗五岳，陽城太室。神明所伏，①獨無兵革。

三塗，山名，在河南伊闕縣。陽城，山谷名，在嵩山下。太室，山名。

訟

二牛生狗，②以戌爲母。荆夷上侵，姬伯出走。

二牛，一作"三年"；一作"三馬生駒"，見《否》之《姤》。

師

皃游江海，没行千里。以爲死亡，復見空桑，長生樂鄉。③

無注。

比

太一駕騮，從天上求。④徵召叔季，封爲魯侯，無有凶憂。

太乙，星名。成王封周公之子伯禽於魯。

---

① "所伏"，津逮本作"之保"。
② "二"，津逮本作"三"。
③ "没"，"桑"，"生樂鄉"，原作"役"，作"素"，作"主凶憂"，均據津逮本改。"凶憂"乃涉下林末句"無有凶憂"而誤。
④ "求"，士禮居本、津逮本作"來"。

小畜

紝績獨居，寡處無夫。陰陽失志，①爲人僕使。

無注。

履

兵征大宛，北出玉門。與胡寇戰，平城道西。七日絶糧，身幾不全。

大宛，國名。玉門，關名。冒頓單于圍漢高祖於白登七日，用陳平秘計，厚遺閼氏，説冒頓解圍。

泰

楚靈暴虐，罷極民力。禍起乾谿，棄疾作毒。扶伏奔逃，死申亥室。

楚靈王汰侈已甚，成章華之臺。至狩於州來，次於乾谿，公子比作亂，遂縊于芋尹申亥氏。

否

雌單獨居，歸其本巢。毛羽憔悴，志如死灰。

無注。

同人

兩矛相刺，勇力鈞敵。交綏結和，不破不缺。

無注。

---

① "志"，原作"忘"，據津逮本改。

大有

乘船渡濟，載水逢火。賴幸免患，①蒙我生全。

無注。

謙

褒寵溢尤，敗政傾家。覆我宗國，②秦滅周室。

無注。

豫

冬無藏冰，春陽不通。陰流爲賊，國被其殃。

無注。

隨

田鼠野雞，意常欲逃。拘制籠檻，不得動摇。

無注。

蠱

佩玉蕊兮，無所繫之。旨酒一盛，莫與笑語。孤寡獨特，常愁憂苦。

無注。

臨

没游原口，求鮫爲寳。家危自懼，復出生道。

---

① "患"，士禮居本、津逮本作"禍"。

② "褒"，原作"喪"；第二、三句，原作"政傾家覆，我宗失國"。皆據《鼎》之《咸》改。

無注。

觀

河水孔穴，壞敗我室。水深無岸，魚鱉傾側。①

無注。

噬嗑

教羊逐兔，使魚相捕。② 任非其人，費日無功。

無注。

賁

升户入室，就温燠食。冰凍北陸，不能相賊。③

無注。

剥

孤竹之墟，失婦無夫。④ 傷於蒺藜，不見少妻。東郭棠姜，武氏破亡。

孤竹，國名。《易》繇曰："困於石，據於蒺藜。入于其宫，不見其妻，凶。"棠姜，齊棠公之妻，東郭偃之姊也。武氏，崔武子杼。見《左傳》。

---

① "側"，津逮本作"倒"。

② "逐"，原作"牧"，據《需》之《噬嗑》改。"相捕"，津逮本作"捕鼠"。

③ "冰"，原作"水"，據士禮居本、津逮本改。末句，津逮本作"寒不得賊"。

④ "失"，原作"老"，據津逮本改。"無"，津逮本作"亡"。無、亡義同。

復

凶憂災殃，日益明章。祸不可鳌，三郤夷傷。①

按《春秋》：三郤，晋大夫郤錡、郤犨、郤至。《成公十七年》："晋厲公侈，多外嬖，欲盡去群大夫而立其左右，遂殺三郤。"

无妄

載璧秉珪，②請命于河。周公作誓，沖人瘳愈。

初，成王少時病，周公乃自揃其蚤，沈之河，以祝於神曰："王少未有識，奸神命者乃旦也。"王病有瘳。見《史記》。

大畜

烏升鵲舉，照臨東海。龙降庭堅，爲陶叔後。封圻英六，履禄綏厚。

龙降、庭堅，皆顓頊之後，即舜舉八愷之列。

頤

危坐至暮，請求不得。膏澤不降，政戾民忒。

無注。

大過

宜昌娶婦，東家歌舞。燕樂有序，長樂嘉喜。③

---

① "憂"，津逮本作"禍"。"祸"，原作"福"，據《噬嗑》之《剥》改。"夷"，原作"痍"，據士禮居本、津逮本改。

② "載"，原作"戴"，據《離》之《否》改。

③ "序"，津逮本作"緒"。序、緒通。"長樂"作"長安"。

無注。

坎

鑿井求玉，非卞和寶。名困身辱，勞無所得。

楚卞和得玉，獻懷王。王以爲欺，刖其一足。懷王死，子平王立，和復獻之，王又以爲欺，刖其一足。平王死，子荆王立，和復獻之，恐復見害，乃抱其璞而哭，晝夜不止，涕盡繼之以血，荆王遣問之，於是和隨使獻玉，王使剖之，中果得玉。

離

鵠思其雄，欲隨鳳東。順理羽翼，出次須日。中留北邑，[1]復反其室。

無注。

咸

早霜晚雪，傷害禾麥。損功棄力，飢無所食。

無注。

恒

蝙蠼生子，深目黑醜。雖飾相就，衆人莫取。

蝙蠼，即蝙蝠也，又名仙鼠，又名眼翼。

遯

去如飛鴻，避凶直東。[2] 遂得全脱，與福相逢。

---

① “出次須日。中留北邑”，津逮本作“出次日中。須留北邑”。
② “直”，士禮居本、津逮本作“且”。

無注。

大壯

婚姻合配，同枕共牢。以降嘉休，子孫封侯。

無注。

晉

咸陽辰巳，長安戌亥。丘陵生止，非魚鰌市。可以避水，①終无悔咎。

無注。

明夷

螟蟲爲賊，害我五穀。簞笥空虛，②家無所食。

螟，食苗心者，害苗之蟲也。

家人

謝恩拜德，東歸吾國。慷慨宴笑，③歡樂有福。

無注。

睽

齎貝贖貍，不聽我辭。繫於虎鬚，牽不得來。

無注。

---

① 第五句，原作“不可辭阻”，津逮本“辭”作“避”，據《恒》之《謙》津逮本改。

② “笥”，原作“食”，據津逮本改。

③ “謝”，原作“謀”，津逮本作“蒙”，據《訟》之《中孚》改。“宴”，原作“歡”，據士禮居本、津逮本改。

蹇

比目附翼，歡樂相得。行止集周，[1]終不離忒。

比目，魚也。附翼，比翼鳥也。

解

一指食肉，口無所得。染其鼎鼐，舌饞於腹。

《左傳》："鄭公解黿，召子公而弗與。子公怒，染指於鼎，嘗之而出。"

損

曳綸江海，釣挂魴鯉。王孫利得，[2]以饗仲友。

《詩·小雅·六月》篇："我行永久，飲御諸友。炰鱉鱠鯉，侯誰在矣？張仲孝友。"

益

商紂牧野，顛敗所在。賦斂重數，黎元愁苦。

牧野，商郊。武王伐紂，戰于牧野，敗紂師于此。

夬

北辰紫宫，衣冠立中。[3]含和建德，常受天福。

北辰，北極，天之樞也。

---

① "附"，《比》之《離》作"四"。"集周"，津逮本作"集同"。

② "江海"，津逮本作"汀洲"。"利得"，原作"利德"，士禮居本、津逮本作"得利"，據《豐》之《坤》、《未濟》之《豫》元抄本校。

③ "立中"，原作"中立"，據士禮居本、津逮本改。

姤

輕戰上勇，不知兵權。爲敵所制，從師北奔。

無注。

萃

大口宣唇，神使伸言。黄龍景星，出應德門。與福上堂，[①]天下安昌。

禹渡江，黄龍負舟。景星，一名德星。

升

凶子禍孫，仗劍向門。[②] 凶訟讙嚚，驚駭我家。

無注。

困

祝伯善言，能事鬼神。辭祈萬歲，[③]使君延年。

祝伯，即祝鮀，掌宗廟祭祀之官。孔子稱其巧佞。

井[④]

珪璧琮璋，執贄見王。百里寧戚，[⑤]應聘齊秦。

百里奚事秦，寧戚事齊。

---

① “伸”，原作“仲”；“堂”，原作“天”。均據津逮本改。
② “仗”，士禮居本、津逮本作“把”。
③ “辭祈”，原作“拜辭”，據士禮居本、津逮本改。
④ 《井》林，原在《革》林下，據士禮居本、津逮本及《周易》六十四卦卦序改。
⑤ “戚”，原作“越”，據《未濟》之《革》改。注文原亦作“越”，今據改。

革

昧旦乘車，履危陷溝。亡失裙襦，摧折兩軸。

《史記》：漢臨江王徵還京，發車軸折。

鼎

膠著木連，不出牛欄。斯享羔羊，[1]家室相安。

無注。

震

卷領遁世，仁德不舍。三聖攸同，周國茂興。[2]

三聖，大王、王季、文王也。

艮

黍稷禾稻，[3]垂秀方造。中旱不雨，傷風枯槁。

無注。

漸

冠帶南游，與福喜期。邀於嘉國，[4]拜爲公卿。

無注。

---

① "享"，士禮居本、津逮本作"饗"。享、饗通。
② "國"，士禮居本、津逮本作"家"。
③ "禾"，原作"苗"，據津逮本改。
④ "期"，原作"逢"；"邀"，原作"期"。皆據津逮本改。"國"，原作"貞"，津逮本作"徵"，據《无妄》之《頤》改。

歸妹

一巢九子,同公共母。柔順利貞,出入不殆,福禄所在。

無注。

豐

韓氏長女,嫁於東海。宜家富主,柔順以居,利得過倍。①

無注。未詳。

旅

因禍受福,喜盈我室,②所願必得。

無注。

巽

晋平有疾,迎醫秦國。病乃大患,分爲二豎。逃匿膏肓,③和不能愈。

《春秋·成公十年》:"春,晋侯求醫於秦。秦伯使醫緩爲之,未至,公夢疾爲二豎子,曰:'彼良醫也。懼傷我,焉逃之?'其一曰:'居肓之上,膏之下,若我何?'醫至,曰:'疾不可爲也。在肓之上,膏之下,攻之不可,達之不及,藥不至焉,不可爲也。'"

---

① 三、四句,津逮本作"多貌美好,宜家福壽";"過"作"十"。
② "室"下,津逮本有"先人後己"。
③ "患",津逮本作"秘","逃匿膏肓"作"逃匿肓上,伏於膏下"。

兑

牡飛門啓，[①]患憂大解。修福行善，不爲身禍。

修福行善，一作"去老乘馬"。見《同人》之《夬》。

渙

追亡逐北，呼还稚叔。至山而得，[②]反其室廬。

無注。

節

鳥鳴葭端，[③]一呼三顛。摇動東西，危慄不安，疾病無患。

無注。

中孚

龍化爲虎，太山之陽。衆多從者，莫敢敉藏。[④]

無注。

小過

猋風忽起，車馳揭揭。棄古追亡，失其和節，憂心惙惙。[⑤]

① "牡"，原作"杜"，據津逮本改。

② "山"，原作"止"，據《未濟》之《大過》改。二、三句，原作"至止而得，稚叔相呼"，據津逮本改。

③ "葭"，原作"厩"，據《復》之《井》改。

④ 首句，《需》之《中孚》作"爲虎所齧"。"敉"，士禮居本、津逮本作"救"。

⑤ "古"，原作"名"，據《睽》之《大過》、《渙》之《乾》改。"惙惙"，士禮居本、津逮本作"惙惙"。

揭，起竭切。怞，竹律切。

既濟

游居石門，禄安身全。受福西鄰，歸飲玉泉。

石門，地名。《論語》云："子路宿於石門。"

未濟

登高上山，見王自言。申理我冤，①得職蒙恩。

無注。

䷅坎下乾上訟

文巧俗弊，將反大質。僵死如麻，流血漂櫓。② 皆知其母，不識其父。干戈乃止。

無注。櫓，音魯。

之乾

文王四乳，仁愛篤厚。子畜十男，夭折無有。

按，《韻府群玉》引《淮南子》云："文王有四乳。"

坤

日入望東，③不見子家。長女無夫，左手搔頭。

無注。

---

① "冤"，原作"讒"，據津逮本改。
② "漂"，原作"濡"，據津逮本改。
③ "東"，津逮本作"車"。

屯

東上太山，見堯自言。申理我冤，以解憂患。

無注。

蒙

奎軫温湯，[1]過角宿房。宣時布和，無所不通。

奎、軫、角、房，皆宿名。

需

引髯牽頭，雖拘無憂。[2] 王母善禱，禍不成災。

無注。

師

鳧得水没，喜笑自啄。毛羽悦澤，[3]利以攻玉。公出不復，伯氏客宿。

無注。

比

水流趨下，欲至東海。求我所有，買魴與鯉。[4]

無注。

---

① “温湯”，津逮本作“湯湯”。
② “髯”，原作“船”，據津逮本改。“頭”，津逮本作“須”，“拘”作“懼”。
③ “澤”，原作“懌”，據士禮居本、津逮本改。
④ 末句下，原衍“足關路止”，據津逮本删。

小畜

獐鹿逐牧，飽歸其居。[①] 反還次舍，無有疾故。

無注。

履

樹植藿豆，不得芸鋤。王事靡盬，[②]秋無所收。

無注。

泰

弱水之西，有西王母。生不知死，與天相保。行者危殆，利居善喜。[③]

《書》："弱水既西。"柳宗元曰："西海之山，有水散涣無力，不能負芥。"

否

數窮廓落，困於歷室。卒登玉堂，[④]與堯侑食。

按《史》，舜微時耕於歷山，堯舉而任之，加諸上位。

同人

子鉏執麟，春秋作元。陰聖將終，尼父悲心。

《左傳・哀公十四年》："春，西狩於大野，叔孫氏之車子鉏

---

① "飽歸"，原作"安飽"，據《屯》之《比》、《同人》之《坤》改。
② "靡"，原作"無"，據士禮居本、津逮本改。
③ 五、六句，原無，據津逮本補。
④ "卒"，津逮本作"幸"。

商獲麟，孔子作《春秋》。”

大有

尹氏伯奇，父子生離。無罪被辜，長舌所爲。

伯奇，尹吉甫之子。父娶後妻而譖伯奇于吉甫，父逐之。言無罪而見逐，皆後母長舌所爲也。

謙

蟠枚折枝，與母别離。九皋難和，①絶不相知。

無注。

豫

弱雞無距，與鵲格鬭。翅折目盲，爲鳩所傷。②

無注。

隨

甲乙丙丁，俱歸我庭。三丑六子，入門見母。

無注。

蠱

桑葉腐蠹，③衣弊如絡。女功不成，絲布爲玉。

無注。

① “和”，原作“扣”，據津逮本改。
② “弱”，津逮本作“眵”；末句下，多“復歸野廬，與母相扶”。
③ “腐”，原作“螟”，據《晉》之《豫》改。

臨

開牢闢門，[1]巡狩釋冤。夏臺羑里，湯文悦喜。

湯囚夏臺，文王拘羑里，至後皆有天下。

觀

欽明之德，坐前玉食。必保嘉美，[2]長受安福。

無注。

噬嗑

武夫司空，多口爭訟。金火當户，民不安處，年飢無有。

無注。

賁

紫閣九重，[3]尊嚴在中。黄帝堯舜，履行至公。冠帶垂裳，天下康寧。

無注。

剥

負牛上山，力劣行難。烈風雨雪，遮遏我前。中道復還，[4]憂者自歡。

無注。

---

① “開”，原作“闢”，據士禮居本、津逮本改。
② “美”，津逮本作“善”。
③ “閣”，津逮本作“闕”。
④ “中”，原作“出”，據《同人》之《无妄》改。

復

蹇兔缺脣，行難齒寒。口病不言，[①]爲身生患。

無注。

无妄

合體比翼，嘉偶相得。與君同好，使我有福。

無注。

大畜

口啄卒卒，憂從中出。喪我寶貝，亡妾失位。[②]

無注。

頤

兩心不同，或欲西東。明論終日，莫適相從。[③]

無注。

大過

啞啞笑言，與善飲食。[④] 長樂行觴，千秋起舞，拜受大福。

無注。

---

① "病"，士禮居本、津逮本作"痛"。

② 首句，津逮本作"憒憒不脱"。"亡妾"，原作"妻妾"，據津逮本改。

③ "欲"，原作"從"，據《隨》之《兑》改。"相從"，津逮本作"我從"。"終"，原作"中"，據士禮居本、津逮本改。

④ "善"，津逮本作"喜"。

坎

初憂後喜，與福爲市。八佾列陳，飲御嘉友。

八佾，舞列也。古者天子舞八佾。

離

西徙無家，破其新車。王孫失利，不如止居。

無注。

咸

鳳凰在左，麒麟處右。仁聖相遇，伊吕集聚。時無殃咎，福爲我母。

無注。

恒

甌脱康居，慕仁入朝。湛露之懽，三爵畢恩，復歸舊廬。

區脱，與"甌脱"同，土室也，胡人候望處。出《匈奴傳》。康居，國名。《湛露》，"天子燕諸侯"之詩。

遯

疾貧望幸，使伯行販。開牢擇羊，多得大牂。一云，疾貧望幸，賈販市井。①

無注。

---

① 第二句下，津逮本多"賈販市井"，無"一云"諸語。"開"，原作"關"，據津逮本改。

大壯

處高不傷，雖危不亡。握珠懷玉，還歸其鄉。

無注。

晋

右手棄酒，左手收桙。① 行逢禮御，餌得玉杯。

箕子言："紂彼爲象箸，必爲玉杯。"

明夷

養虎牧狼，還自賊傷。大勇小捷，雖危不亡。

無注。

家人

戴堯扶禹，松喬彭祖。② 西過王母，道路夷易，無敢難者。

堯，唐帝名。禹，姒姓。喬，王喬，仙人。彭祖，堯時人，壽至八百。

睽

秋冬探巢，不得鵲雛。銜指北去，愧我少姬。③

無注。

---

① "收桙"，原作"牧牂"，據津逮本改。

② "松"，原作"從"，據士禮居本改。

③ "愧"，原作"塊"，津逮本作"慚"，據士禮居本改。

蹇

兩羝三羘，俱之代鄉。[①] 留連多難，損其食糧。

無注。

解

南徙無廬，鳥破其巢。[②] 伐木思初，不利動摇。

無注。

損

爭訟不已，更相擊詾。[③] 張季弱口，披髮北走。

無注。

益

延頸望酒，不入我口。初喜後否，利得無有。[④]

無注。

夬

被髮傾走，寇逐我後。亡失刀兵，身全不傷。

無注。

---

① “代”，津逮本作“我”。

② “鳥”，原作“烏”，據士禮居本、津逮本改。

③ “擊詾”，原作“擊劍”，津逮本作“牽擊”。“詾”據《明夷》之《臨》改。

④ “利得”，原誤倒，據津逮本乙正。

姤

鱗鳳所游，安樂無憂。君子撫民，世代千秋。①

鱗，仁獸，不踐生草，不食生蟲，毛蟲之長也。鳳，靈鳥，文王時鳴于岐山，羽蟲之長也。

萃

褰衣涉河，水深漬罷。賴幸舟子，濟脱無他。

無注。

升

憒憒不悦，憂從中出。喪我金罍，②无妄失位。

憒，音潰。

困

絆跳不遠，心與言反。尼父望家，菡萏未華。

《史記・孔子世家》：③孔子，名丘。仲尼，字也。

井

大壯肥牸，④惠我諸舅。内外和穆，不憂飢渴。

《詩・小雅・伐木》篇："既有肥牡，以速諸舅。"按，此"壯"當作"牡"。

---

① 三、四句，津逮本無。

② "喪"，原作"咎"，據士禮居本、津逮本改。"罍"，原作"罌"，據《詩經・周南・卷耳》"我姑酌彼金罍，維以不永傷"改。

③ "孔子"，原無，據四庫本《史記・孔子世家》補。

④ "壯"，各本皆同，非。注作"牡"，是。

革

黄裳建元，文德在身。禄若陽春，封爲魯君。①

無注。

鼎

虎聚摩牙，以待豚猪。往必傷亡，宜利止居。一云，虎厲其牙，以待犬猪。往必殘傷，催敗無餘，利以止居。②

無注。

震

天地配享，六位光明。陰陽順序，以成厥功，天下和平。③

《周易·乾》卦彖曰："六位時成。"

艮

猿墜高木，不踒手足。保我金玉，還歸其室。

踒，音渦。

漸

營室紫宫，堅不可攻。明神建德，君受大福。

《漢·天文》："紫宫爲皇極之居。"

---

① "裳"，原作"帝"，據《離》之《小過》改。"魯"，《離》之《小過》、《艮》之《兑》作"齊"。

② "一云"諸語，士禮居本無；津逮本爲雙行小注，"一云"作"一作"，"催"作"懼"。

③ 末二句，原作"以成和平"，據津逮本改。

歸妹

孤翁寡婦，獨宿悲苦。目張耳鳴，①無與笑語。

無注。

豐

低頭竊視，有所畏避。行作不利，酒酸魚敗，②衆莫貪嗜。

販，當作"敗"。

旅

載金販狗，利棄我走。藏匿淵底，悔折爲咎。

無注。

巽

行觸天罡，與司命啎。執囚束縛，拘制於吏，幽人有喜。③

無注。

兑

執玉歡喜，佩之解攣。危詳反安，④使我無患。

---

① "鳴"，原作"明"，據士禮居本、津逮本改。

② "竊"，原作"窺"，據津逮本改。"作"，原作"者"，據《旅》之《益》改。"敗"，各本皆同，是。注曰"販當作敗"，不知"販"之所本。

③ "天罡"，原作"大忌"，津逮本作"大諱"，據《涣》之《比》改。末句，原本無，津逮本"幽"作"憂"，據《剥》之《剥》元抄本、士禮居本改。

④ "反"，津逮本作"及"。

無注。

涣

機杼紛擾，女功不成。① 長妹許嫁，衣無襦袴。聞禍不成，凶惡消去。

無注。

節

金人鐵距，火燒左右。雖懼不恐，獨得全處。

無注。

中孚

謝恩拜德，東歸吾國。舞蹈欣躍，歡樂受福。

《詩序》云："不知手之舞之，足之蹈之。"

小過

青牛白咽，呼我俱田。歷山之下，可以多耕。歲樂時節，民人安寧。

舜耕於歷山，歷山之人皆讓畔。

既濟

白雉群雊，慕德朝貢。② 湛露之恩，使我得歡。

周公爲冢宰，越裳氏重譯來朝，獻白雉。《詩・湛露》，天子宴諸侯之詩也。

---

① "紛"，津逮本作"騰"。"功"，原作"巧"，據士禮居本、津逮本改。
② "朝貢"，津逮本作"貢朝"。

未濟

避患東西，反入禍門。糟糠不足，憂愁我心。①

無注。

䷆坎下坤上師

鳥鳴呼子，哺以酒脯。高樓之處，子來歸母。穡人成功，年歲大有，妒婦無子。②

無注。

之乾

一簧兩舌，佞言諂語。三奸成虎，③曾母投杼。

一簧者，即《詩》所謂"巧言如簧"。兩舌，言不一也。曾母，曾參之母。人有言曾參殺人者，曾母不信，及三人言之，曾母投杼下機而走。

坤

春桃生花，季女宜家。受福且多，在師中吉，男爲邦君。④

《詩·桃夭》篇："桃之夭夭，灼灼其華。之子於歸，宜其室家。"

---

① "愁"，津逮本作"思"。
② "鳥"，原作"烏"，據津逮本改。"妒"，原作"妬"，據士禮居本、津逮本改。
③ "諂"，原作"謟"，乃字誤。
④ "邦"，原作"封"，據津逮本改。

屯

殊類異路，心不相慕。牝牛牡猳，鰥無室家。一本末句，心不相下。①

無注。

蒙

折苦蔽目，②不見稚叔。三足孤烏，遠其元夫。

折苦蔽目，一作“折若蔽日”。按《楚詞》：“折若木以拂日兮。”注：“若木，木名，在崑崙西極，其華光照下地。”

需

雀東求粒，誤入罔罭。賴仁君子，脱復歸息。③

無注。

訟

王孫季子，相與孝友。明允篤誠，升擢薦舉，④爲國幹輔。

《史記》：“高陽氏有才子八人，謂之八愷。高辛氏有才子八人，謂之八元。堯未及舉，舜於是舉八愷使主后土，舉八元使布

---

① “牝”，原作“壯”，據士禮居本、津逮本改。“鰥”，原作“獨”，據《革》之《蒙》改。“一本末句”云云，士禮居本、津逮本無。

② “苦”，士禮居本、津逮本作“葉”；“目”，各本同，誤。均當據《蠱》之《屯》作“若”，作“日”。元抄本注是。

③ “罭”，原作“域”，據《益》之《革》改。“復”，原作“腹”，據士禮居本、津逮本改。

④ “薦”，原作“家”，據士禮居本、津逮本改。

五教。”

比

削樹無枝，與子分離。飢寒莫食，獨泣哀悲。①

無注。

小畜

舜升大禹，石夷之野。徵詣玉闕，②拜理水土。

《書》：“帝曰：‘咨，禹，汝平水土，惟時懋哉！”石夷，未詳。

履

義不勝情，以欲自營。覬利危躬，③滅君令名。

無注。

泰

三人北行，六目光明。④ 道逢淑女，與我驥子。

無注。

否

羿張烏號，彀射天狼。柱國雄勇，鬬死滎陽。⑤

---

① “削”，原作“刖”，據津逮本改。“泣”，津逮本作“立”。

② “玉”，津逮本作“王”。

③ “覬”，各本均作“見”，據《豐》之《漸》改。“躬”，原作“寵”，據《小過》之《升》改。

④ “目”，原作“位”，據《姤》之《升》改。

⑤ “柱”，《噬嗑》之《旅》、《无妄》之《復》作“趙”。“滎”，原作“榮”，據士禮居本、津逮本改。

羿，后羿，善射。烏號，弓名。天狼，獸名。

同人

季姬踟躕，結衿待時。終日至暮，百兩不來。

《詩·靜女》篇："靜女其姝，俟我於城隅。愛而不見，搔首踟躕。"

大有

鴻雁翩翩，始怨苦勞。[1] 災疫病民，鰥寡愁憂。

無注。

謙

穿胸狗邦，僵離旁美。[2] 天地易紀，日月更始。

穿胸、狗邦，皆外夷國名。旁美，一卦作"旁春"，見《剥》之《乾》。

豫

北山有棗，使叔壽考。東嶺多栗，[3]宜行賈市。陸梁雌雉，所至利喜。

無注。

隨

干旄旌旗，執幟在郊。[4] 雖有寳玉，無路致之。

---

① "怨"，津逮本作"若"。"苦勞"，士禮居本、津逮本作"勞苦"。
② "旁美"，士禮居本、津逮本作"旁春"，是。
③ "栗"，原作"粟"，據士禮居本、津逮本改。
④ "執"，原作"撫"，據津逮本改。

《詩・干旄》篇:“孑孑干旄,在浚之郊。”干旄,以旄牛尾注於旗干之首,而建之車後也。

蠱

精潔淵塞,爲讒所言。證訊詰問,繫於枳温。甘棠聽斷,怡然蒙恩。

《詩・甘棠》篇:召伯循行南國,以布文王之政,舍甘棠之下以聽訟焉。後人思其德。

臨

玄黄瘣隤,行者勞罷。役夫憔悴,①逾時不歸。

《詩・卷耳》篇:“陟彼高岡,我馬玄黄。”又曰:“陟彼崔嵬,我馬虺隤。”又云:“我僕痡矣,云何吁矣。”後,當作“役”。

觀

膚敏之德,發憤晨食。虜豹禽説,爲王求福,以成主德。②

《史記》:韓信虜魏王豹,又引兵擊趙,禽夏説。

噬嗑

采唐沬鄉,要我桑中。失信不會,憂思約帶。

《詩・桑中》篇:“爰采唐矣,沬之鄉矣。”唐,菜也。沬,衛邑名。又云:“期我乎桑中。”

---

① “瘣”,士禮居本、津逮本作“虺”。“役”,各本皆同,而注曰“後當作役”,則元抄本之底本作“後”。“後”非。

② 第四句,原脱,據津逮本補。“主德”,原誤倒,據士禮居本、津逮本乙正。

賁

伯寧子福，惠我邦國。蠲除苛殘，使季无患。

無注。

剥

讒言佞雄，賊亂邦國。生雖忠孝，敗困不福。①

無注。

復

淵泉堤防，水道利通。② 順注湖海，邦國富有。

無注。

无妄

江南多蝮，螫我手足。冤繁詰屈，痛徹心腹。

無注。

大畜

三人俱行，别離獨食。一身五心，反覆迷惑，亂無所得。

無注。

頤

鴉鳴庭中，以戒災凶。重門擊柝，備不速客。

① "言"，士禮居本、津逮本作"父"。"困"，原作"恩"，據津逮本改。"賊"、"不福"，原作"敗"、"不足"，均據士禮居本、津逮本改。

② "利通"，士禮居本、津逮本作"通利"。

《易·繫辭》云:"重門擊柝,以待暴客,蓋取諸《豫》。"豫,備也。

大過

功成事就,拱手安居。立德有言,坐飾貢賦。[①]

《書·禹貢》蔡沈傳云:[②]"上之所取謂之賦,下之所供謂之貢。"

坎

回隤不安,[③]兵革爲患。掠我妻子,家中飢寒。

無注。

離

戴堯扶禹,松喬彭祖。[④] 西過王母,道路夷易,無敢難者。

堯,唐帝名。禹,姒姓。喬,王喬,仙人。彭祖,堯時人,壽至八百。

咸

長尾蝼蛇,畫地成河。深不可涉,絶無以比,惆悵嘳息。[⑤]

無注。

---

① "飾",津逮本作"飭"。飾、飭通。
② "蔡沈傳",原本無,據宋蔡沈《書經集傳》卷二補。
③ "回隤",原作"國亂",據《大壯》之《賁》改。
④ "松",原作"從",據《訟》之《家人》士禮居本改。
⑤ "比",津逮本作"北"。"嘳",原作"會",據津逮本改。

恒

乘龍從霓，徵詣北闕。乃見宣室，拜守東城。① 鎮慰黎元，舉家蒙福。

未詳。

遯

土與山連，終身無患。天地高明，萬歲長安。

無注。

大壯

天早水涸，②枯槁無澤。虛修其德，未有所獲。

無注。

晋

依天倚地，凶危不至。上清下浄，受福大明，③君受其利。

無注。

明夷

火烈不去，必殪僵仆。燔我衣裾，禍不可悔。

無注。

---

① "城"，津逮本作"域"。
② "天"，原作"久"，據《巽》之《同人》改。
③ "天"，津逮本作"山"；第四句，無。

家人

配合相迎，利之四鄉。欣喜奭懌，[1]所言得當。

無注。

睽

清人高子，久屯外野。逍遥不歸，思我慈母。

《詩·清人》篇："清人在消，駟介麃麃。二矛重喬，河上乎逍遥。"

蹇

武庫軍府，甲兵所聚。非里邑居，不可舍止。

無注。

解

三德五才，和合四時。陰陽順叙，國無咎災。

按《書》："六，三德：正直、剛克、柔克。"五才，金、木、水、火、土也。

損

解衣毛羽，飛入大都。晨門戒守，鄭忽失家。

忽，鄭莊公世子。莊公娶鄧曼，生子忽，又娶宋雍氏，生公子突。桓十一年，莊公卒，忽立，四月而出奔衛。

---

① "奭"，原作"興"，據《大畜》之《小畜》津逮本改。"懌"，原作"釋"，據津逮本改。

益

刖根燒株，不生肌膚。[1] 病在心腹，日以焦枯。

無注。

夬

文山紫芝，雍梁朱草。生長和氣，福禄來處。[2]

《芝草論》："芝生於土，土氣和則芝草生。王者慈仁則有芝草生矣。"

姤

多載重負，棄捐于野。予母稚子，[3]但自勞苦。

無注。

萃

鳧雁啞啞，以水爲家。雌雄相和，心志娱樂，得其所欲。[4]

無注。

升

耳目盲聾，所言不通。佇立以泣，事無成功。

《詩・燕燕》："衛莊姜送歸妾也。'瞻望弗及，佇立以泣'。"

---

① "肌"，原作"飢"，據津逮本改。

② "來"，原作"多"，據士禮居本、津逮本改。

③ 第三句，津逮本作"小任其大"。"稚"，原作"誰"，據《損》之《復》改。

④ "志"，原作"至"，據津逮本改。"所"，原作"歡"，據《頤》之《鼎》、《震》之《屯》改。

困

天官列宿，五神所舍。宫闕堅固，君安其居。

無注。

井

范子妙材，戮辱傷膚。然後相國，封爲應侯。

范子，即范雎。按《史記》：范雎初事魏，嘗從須賈使齊。齊賜雎金及牛酒，賈知之，大怒，以爲雎以國陰事告齊，故得此饋，歸告魏相魏齊，大怒，使舍人笞擊雎，折脅摺齒，雎佯死，置厠中，雎告守者，得脱，變姓名，後歸秦，秦以爲客卿，封應侯。

革

秋冬探巢，不得鵲雛。銜指北去，慚我少夫。

無注。

鼎

子畏於匡，厄困陳蔡。德行不危，竟脱厄害。

孔子過匡，匡人以爲陽虎而拘之，在陳蔡絶糧。言聖人道全德備，雖遇患而不危殆也。

震

鴻飛在陸，公出不復。仲氏任止，①伯氏客宿。

《詩·豳風·九罭》篇："美周公也。鴻飛遵陸，公歸不復，於女信宿。"又《詩·燕燕》篇："仲氏任只。"仲氏，戴嬀字也。

① "止"，津逮本作"只"。止、只皆語辭。

艮

鶴鳴九皋，避世隱居。抱朴守真，竟不隨時。①

《詩·鶴鳴》篇："鶴鳴于九皋，聲聞于野。"葛玄，號仙翁，又號抱朴子。

漸

舜升大禹，石夷之野。徵諸玉闕，拜治水土。

《書》："帝曰：'咨，禹，汝平水土，惟時懋哉！'"石夷，未詳。

歸妹

左輔右弼，金玉滿堂。常盈不亡，富如敖倉。

無注。

豐

崔嵬北岳，天神貴客。衣冠不已，蒙被恩德。②

大梁、析木，其神主於恒山，爲北岳。

旅

空槽注器，③豶豵不到。張弓祝雞，雄父飛去。

無注。

---

① "真"，津逮本作"貞"。真、貞義同。

② "被"，原作"彼"，據士禮居本、津逮本改。

③ "器"，原作"猪"，據《咸》之《困》改。尚秉和《焦氏易林注》曰："《莊子·達生》篇：'以瓦注者巧。'《釋文》：'注，擊也。'注器者，擊器。"

巽

胡蠻戎狄，大陰所積。涸冰沍寒，①君子不存。

無注。

兑

甘露醴泉，太平機關。仁德感應，歲樂民安。

《瑞應圖》："王者德至於天，和氣感則甘露降于松柏。"《六帖》云："醴泉，美泉也，水之精，太平則出。出則其政和平，堯之時德茂清平則出。"

涣

惡來呼伯，慎驚外客。甲守閉宅，以備凶急。臨折之憂，將滅無災。②

惡來，紂臣名，即飛廉、惡來也。

節

日月相望，光明盛昌。三聖茂功，仁德大隆。

三聖，堯、舜、禹也。

中孚

葛藟蒙棘，華不得實。讒佞亂政，使恩壅塞。

《葛藟》，《詩》篇名。蒙棘，《詩·葛生》篇云："葛生蒙棘，蘞蔓于域。予美亡此，誰與獨息？"

---

① "沍"，原作"涷"，據《既濟》之《謙》津逮本改。
② "急"、"將"，津逮本作"黠"，作"雖"。

小過

鄰不我顧，而望玉女。身多癩疾，誰肯媚者？①

無注。

既濟

精誠所在，神之爲輔。德教尚中，彌世長久。三聖尚功，②多受福祐。

三聖，夏尚忠，商尚質，周尚文。按《史記》：夏歷世四百七十八年，商歷世六百二十八年，周歷世八百六十七年。

未濟

鑽木求火，掘地索水。主母飢渴，手爲心禍。

無注。

䷇坤下坎上比

鹿得美草，鳴呼其友。九族和穆，不憂飢乏。③

《詩・小雅・鹿鳴》："燕群臣嘉賓也。呦呦鹿鳴，食野之苹。我有嘉賓，鼓瑟吹笙。"

之乾

繼祖復宗，追明成康。光照萬國，享世久長。

---

① "媚"，津逮本作"媍"。
② "中"，原作"忠"，據津逮本改。"尚功"，津逮本作"與爲"。
③ 末句下，原衍"長子入獄，霜降族哭"，據津逮本删。

周成、康之際，天下太平，刑措四十餘年不用。

坤

取火流泉，釣魴山顛。魚不可得，火不肯燃。①

無注。

屯

麟子鳳雛，生長嘉國。和氣所居，康樂温仁，邦多聖人。②

麟，仁獸；鳳，靈鳥，能知安危，故世治則出，出則聖人生焉。

蒙

彭名爲娱，白龍作災。盜堯舜裳，桀跖荷兵。青禽照火，③三日夷傷。

按，《革》之《大過》"名"作"君"，"娱"作"妖"，"白"作"暴"，"舜"作"衣"，"桀"作"聚"，"火"作"夜"。未詳。

需

黍稷醇醲，敬奉山宗。神嗜飲食，甘雨嘉降。庶物蕃殖，獨蒙福祉。④

---

① 林辭，士禮居本、津逮本作《屯》林。惟首句，津逮本作"灼灼泉源"，"魴"作"鯉"，士禮居本作"鰟"。

② 林辭，士禮居本、津逮本作《坤》林。惟"温仁"作"無憂"。"聖"，津逮本作"哲"。"嘉"，原作"家"，據津逮本改。

③ "彭名"，士禮居本、津逮本作"彭生"。"娱"，津逮本作"豕"，《革》之《大過》、《鼎》之《遯》、《旅》之《遯》作"妖"，"妖"是。"舜"，士禮居本、津逮本作"衣"，是。"火"，津逮本作"夜"，是。

④ 末句下，津逮本多"時災不至"一句。

《詩·楚茨》首章云:"我黍與與,我稷翼翼。我倉既盈,我庾維億。以爲酒食,以享以祀。"又四章云:"神嗜飲食,卜爾百福。"

訟

李花再實,鴻飛降集。仁哲以興,①蔭國受福。

無注。

師

千歲之墟,大國所居。② 不見子都,城空無家。

無注。

小畜

公子王孫,把彈攝丸。發輒有得,室家饒足。

無注。

履

驪姬譖喜,與二嬖謀。譖殺恭子,害賊忠孝。③ 申生以縊,重耳奔逃。

《春秋左傳》:晋獻公嬖驪姬,欲立其子奚齊,賂外嬖梁五、東關嬖五,譖毁群公子及世子申生。恭子,即申生也。重耳,晋文公名。

① "飛",津逮本作"卵"。"以興",原作"權輿",據《小畜》之《離》改。
② "國",津逮本作"兵"。
③ "喜",津逮本作"嬉","害賊"作"賊害"。

泰

長生無極，子孫千億。柏柱載梁，[1]堅固不傾。

無注。

否

失意懷憂，如幽狴牢。亡子喪夫，附托寄居。

無注。

同人

仁智隱伏，麟不可得。龍蛇潛藏，虛居堂室。

無注。

大有

挒絜累累，締結難解。嫫母衒嫁，媒不得坐，自爲身禍。

樹挈，一作"栵絜"，見《比》之《蒙》。[2] 其義未詳。嫫母，黄帝第三妃，貌醜而賢。

謙

蜩飛墮木，[3]不毁頭足。保我羽翼，復歸其室。

蜩，蟬也。《詩》："五月鳴蜩。"

豫

陳嬀敬仲，兆興齊姜。乃適營丘，八世大昌。

---

① "梁"，原作"青"，據津逮本改。

② 按，注文與林辭不合，當爲：栵絜，一作"樹挈"，見《坤》之《晋》。

③ "蜩"，津逮本作"鳥"。"墮"，士禮居本、津逮本作"墜"。

按,《春秋傳》:陳,嬀姓。敬仲,即陳公子完,魯莊公二十二年奔齊,使爲工正。初,懿氏卜妻敬仲,曰:"有嬀之後,將育于姜。八世之後,莫之與京。"姜,齊姓。營丘,齊所封之地。

隨

過時不歸,雄雌苦悲。徘徊外國,與母分離。

無注。

蠱

齊魯爭言,戰於龍門。構怨結禍,[①]三世不安。

按,《春秋·魯成公二年》:"春,齊侯伐我北鄙,圍龍。頃公之嬖人盧蒲就魁門焉,龍人囚之。齊侯親鼓,三日取龍焉。"

臨

府藏之富,王以振貸。捕魚河海,笱網多得。[②]

無注。

觀

鳴鶴北飛,下就稻池。鱣鮪鰋鯉,衆多饒有。一笱獲兩,[③]利得過倍。

無注。

噬嗑

蒼梧鬱林,道易利通。元龜象齒,寶貝南金,爲吾福功。

---

① "結",津逮本作"連"。

② "笱網",原作"苟願",據津逮本改。

③ "笱",原作"狗",津逮本作"苟",據《益》之《晋》元抄本、士禮居本改。

蒼梧、鬱林，皆地名。

賁

兩火爭明，雖鬬不傷。分離且忍，全我弟兄。

無注。

剥

伯夷叔齊，貞廉之師。以德防患，憂禍不存。

伯夷、叔齊，孤竹君之二子，武王伐紂，諫之，不食周粟，遂餓而死。《論語》云："伯夷叔齊，餓於首陽之下，民到于今稱之。"

復

伯去我東，[1]髮櫛如蓬。展轉空抹，内懷憂傷。

抹，當作"牀"。

无妄

百足俱行，相輔爲強。三聖翼事，王室寵光。

三聖，堯、舜、禹也。

大畜

壅遏堤防，水不得行。火盛陽光，陰霓伏藏，退還其鄉。

無注。

① "伯"，原作"季"，據《姤》之《遯》改。

頤

賸蛇乘龍，[①]年歲飢凶，民食草蓬。

《春秋·魯襄公二十八年》："梓慎曰：'蛇乘龍。龍，宋、鄭之星也，宋、鄭必飢。'"

大過

鉛刀攻玉，堅不可得。盡我筋力，胝躉爲疾。[②]

無注。

坎

恒山浦壽，高邑所在。陰氣不臨，洪水不處，勞人開户。[③]

無注。

離

比目四翼，來安我國。福善上堂，與我同牀。

無注。

咸

杜口結舌，心中怫鬱。凶災生患，[④]莫所告冤。

無注。

---

① "賸"，原作"滕"，據尚秉和《焦氏易林注》改。

② "躉"，津逮本作"繭"。"躉"同"繭"。"疾"，原作"候"，據津逮本改。

③ "不臨"，原作"下淋"，據《剥》之《夬》改。"勞"，士禮居本、津逮本作"牢"。

④ "怫"，原作"拂"，據士禮居本、津逮本改。"凶災生患"，原作"去菑患生"，津逮本作"去災生患"，據《否》之《井》元抄本、士禮居本改。

恒

牽尾不前，逆理失臣，衛朔以奔。①

按，《春秋・桓公十二年》："衛侯晋卒，朔立。"《十三年》："左公子泄、右公子職立公子黔牟，朔奔齊。"

遯

早霜晚雪，傷害禾麥。損功棄力，飢無所食。

無注。

大壯

適戍失期，患生無聊。② 懼以懷憂，發藏閉塞，邦國騷愁。

按，《春秋・魯莊公八年》："齊侯使連稱、管至父戍葵丘，瓜時而往，及瓜而代。期戍，公問不至。請代，弗許，故謀作亂。"

晋

昊天白日，照臨我國。萬民康寧，③咸賴嘉福。

無注。

明夷

元吉无咎，安寧不殆。時行則行，勿之有悔。④

---

① 第二句下，原衍"忠莫往來"，據津逮本删。"衛"，士禮居本、津逮本作"惠"。

② "戍"，原作"戌"；"聊"，原作"斯"。皆據士禮居本、津逮本改。

③ "寧"，士禮居本、津逮本作"樂"。

④ 末二句，津逮本無。

無注。

家人

懿公淺愚，不受深謀。[1] 無援失國，爲狄所賊。

《春秋·閔公三年》："狄人伐衛。懿公好鶴，鶴有乘軒者。將戰，國人皆曰：'使鶴。'遂爲狄所滅。"

睽

城上有烏，自名破家。唤呼鴆毒，[2]爲國患災。

無注。

蹇

長股善走，趨步千里。王良嘉喜，伯樂在道，申見王母。[3]

王良，古之善馭者。

解

耕石山顛，費種家貧。無聊虚作，[4]苗髮不生。

無注。

損

二人異路，東趨西步。千里之外，不相知處。

---

[1] "受深"，原作"深受"，據《睽》之《師》、《革》之《益》津逮本改。

[2] "名"，士禮居本、津逮本作"號"，"唤呼"作"呼唤"。

[3] "喜"，原作"言"；"樂"，原作"來"。皆據津逮本改。末句下，津逮本多"下有由子"。

[4] "虚"，原作"處"，據津逮本改。

無注。

益

純服黄裳，載主以興。[①] 德義茂生，天下歸仁。

純服，色不雜也。《易·坤》卦六五象曰：[②]“黄裳元吉，文在中也。”

夬

玉銑鐵頤，[③]倉庫空虚。賈市無盈，與利爲仇。

按，《韻注》：鍾口兩傍曰銑。又云：銑，金之澤者。鉄頤，未詳。

姤

登崑崙，入天門，過糟丘，宿玉泉，問惠觀，[④]見仁君。

崑崙山在西北，去嵩山五萬里，其山高萬一千里。河水出其東北陬。天門，泰山有大小天門，視天門如從穴中望天窗。糟丘，紂爲酒池、糟丘。玉泉，未詳。

萃

團團白日，爲月所食。損上毁下，鄭昭出走。

《春秋·魯桓公十一年》：“鄭昭公，名忽，立四月出奔衛。”

---

① “主”，原作“土”，據津逮本改。
② “象曰”，原本無，據《周易·坤》卦補。
③ “玉”，原作“五”，據津逮本改。
④ “問”，津逮本作“開”，“觀”作“歡”。

升

倉盈庾億，宜稼黍稷。年歲有息，[1]國家富有。

《詩・楚茨》篇："我黍與與，我稷翼翼。我倉既盈，我庾維億。"

困

狼虎結謀，相聚爲保。伺齧牛羊，道絶不通，傷我商人。

無注。

井

中年摧折，[2]常恐不活。老賴福慶，光榮輔相。

無注。

革

同載共輿，中道分去。喪我元夫，獨與孤居。[3]

無注。

鼎

飲酒醉酗，跳躍爭鬭。[4] 伯傷叔僵，東家治喪。

無注。

---

① "年歲有息"，津逮本作"年豐歲熟"。
② "中"，原作"木"，據津逮本改。
③ "與"，原作"爲"，據津逮本改。
④ "跳躍"，津逮本作"距跳"。

震

出值凶災，逢五赤鷂。操矢無括，扶伏聽命，①不敢動摇。

未詳。

艮

狼虎爭強，禮義不行。兼吞其國，齊晋無王。②

齊桓、晋文假仁義以尊周室，自桓、文之後，天下失霸，則諸侯無主，愈僭亂矣。

漸

南國少子，才略美好。求我長女，薄賤不與。③ 反得醜惡，後乃大悔。

無注。

歸妹

一身兩頭，莫適其軀，亂不可治。④

無注。

豐

李耳彙鵲，更相恐怯。偃爾以腹，不能距格。

---

① "鷂"，原作"頭"；第三句，原作"姚言死格"，士禮居本作"跳言死格"，津逮本作"跳言無祐"；"聽命"，原作"伏聽"。均據《无妄》之《中孚》改。

② "王"，原作"主"，據津逮本改。

③ "薄賤"，津逮本作"賤薄"。

④ 第二句下，津逮本多"無見我心"。末句下，原衍"孰爲湯漢"，據津逮本删。

《史記・龜策傳》云:"猬辱於鵲。"郭璞曰:"猬能制虎,見鵲仰地。"淮南萬畢曰:①"鵲令猬反腹者,猬憎其意而心惡之也。""彙鵲"之"彙",當作"猬"。李耳,未詳。

旅

松柏棟梁,相輔爲強。入敷五教,②王室寧康。

舜命高辛氏才子八人,分布五教於四方。

巽

雀行求食,暮歸孚乳。反其室舍,安寧無故。

無注。

兑

四尾六頭,爲凶作妖。陰不奉陽,上失其明。

無注。

涣

一衣三闕,③結緝不便。歧道異路,日暮不到。

無注。

節

牙孽生齒,室堂啓户。④幽人利貞,鼓翼起舞。

---

① "萬畢",原誤倒,據四庫本《史記・龜策列傳》集解改。
② "松柏",津逮本作"柏桂"。"入敷",原作"八哲",據津逮本改。
③ "衣",津逮本作"旅","闕"作"闗"。
④ "孽",津逮本作"蘖"。"堂",原作"當",據津逮本改。

一作“牙孽生達”，見《遯》之《兑》。

中孚

春鴻飛東，以馬貿金。利得十倍，重載歸鄉。

無注。

小過

歡悦以喜，子孫具在。守發能忍，[1]不見殃咎。

無注。

既濟

精華消落，形體醜惡，齬齚挫頓，[2]枯槁腐蠹。

齬，齒不相值也。齚，齧也。挫頓，“伊人去軒騰，兹宇遂頓挫”，[3]按《韻府群玉》，出韓文。

未濟

登高上山，見王自言。申理我冤，得職蒙恩。

無注。

---

① “具”，士禮居本、津逮本作“俱”。“守發”，津逮本作“守強”。
② “華”，士禮居本、津逮本作“神”。“齬齚”，津逮本作“齟齬”。
③ “頓挫”，韓愈《合江亭》作“頹挫”，是《韻府群玉》誤引。

卷第三

䷈乾下巽上小畜

白鳥啣餌，鳴呼其子。榦枝張翅，來從其母。①

無注。

之乾

東過虎地，牛馬奔驚。道絶不通，商困無功。②

無注。

坤

子鉏執麟，春秋作元。陰聖將終，尼父悲心。③

《左傳・哀公十四年》："春，西狩於大野，叔孫氏之車子鉏商獲麟。孔子作《春秋》。"

---

① 末句下，原衍"伯仲叔季，尤賀舉手"，津逮本"尤"作"元"，據《晋》之《震》、《升》之《解》、《涣》之《咸》删。

② "過"、"地"，津逮本作"遇"、"蛇"。"商"，原作"南"，據津逮本改。

③ 下三句，津逮本作"庶士開元，豪雄爭名，都邑倍游"，玆從元抄本、士禮居本。第三句，原作"陰將以終"，據《訟》之《同人》改。

屯

取火泉源，[1]釣魴山巔。魚不可得，火不可燃。

無注。

蒙

機關不便，不能出言。[2] 精誠不通，爲人所冤。

無注。

需

故室舊廬，稍弊且除。不如新巢，可以樂居。[3]

無注。

訟

蝼蛇循流，東求大魚。預且舉網，庖人歌謳。

無注。

師

鑿山通道，南至嘉國。周公祝祖，襄適荆楚。

《春秋》："魯昭公將往楚。子服惠伯曰：'先君未嘗適楚，故周公祖以道之，襄公適楚，而祖以道，君不行何之？'"

---

① "取"，津逮本作"灼"。

② "能"，津逮本作"得"。

③ "弊且除"，士禮居本作"弊且徐"，津逮本作"蔽紱組"。"以"，原作"治"，據《萃》之《小過》改。

比

鵲頸卻縮,[①]不見頭目。日以困急,不能自復。

無注。

履

五舌啄難,各自有言。異國殊俗,使心迷惑,所求不得。

無注。

泰

天門開闢,牢户寥廓。桎梏解脱,拘囚縱釋。

無注。

否

堅冰黄鳥,啼哀悲愁。[②] 數驚鷙鳥,雛爲我憂。

無注。

同人

日走月步,趨不同舍。夫妻反目,主君失居。

《易·小畜》卦:"輿脱輹,夫妻反目。"

大有

金牙鐵齒,西王母子。無有患殃,扶舍涉道,到來

① "頸",原作"近",津逮本作"足",據《困》之《家人》改。
② 次句,原作"當哀悲愁",士禮居本作"常哀愁悲",據津逮本改。

不久。①

王母,神仙,以東華至真之氣化生。

謙

式微式微,憂禍相絆。② 隔以巖山,室家分散。

無注。

豫

衆神聚集,相與議語。南國虛亂,③百姓勞苦。興師征伐,更立賢主。

虛,當作"虐"。

隨

狼虎爭強,禮義不行。兼吞其國,齊魯無主。④

春秋自齊桓、晋文失霸,中國無主。

蠱

寄生無根,如過浮雲。立本不固,斯須落去,更爲枯樹。

無注。

臨

子啼索哺,母行求食。反見空巢,訾我長息。⑤

---

① "扶",津逮本作"候","到"作"别"。

② 首句,原作"拭牧拭牧",據士禮居本、津逮本改。"絆",原作"半",據津逮本改。

③ "虛",津逮本作"虐",是。元抄本注是。

④ "強",原作"食",據《比》之《艮》改。"魯",津逮本作"晋"。

⑤ 末句,原作"長息訾弋",津逮本作"紫弋長息",據《乾》之《同人》改。

無注。

觀

駕騆逐狐，輪挂荆棘。車不結轍，公子無得。

無注。

噬嗑

方喙廣口，仁智聖厚。釋解倒懸，唐國大安。

按，《節》之《睽》"方啄宣口"，此卦作"方喙廣口"，義通。唐國，即陶唐。

賁

駕福乘喜，東至嘉國。戴慶南行，離我安居。①

無注。

剥

孔鯉伯魚，北至高奴。乘馬金車，駕游大都。王母送我，騋牝字駒。②

高奴，漢上郡。

復

三足無頭，不知所之。心狂精傷，莫使爲明，不見日光。

未詳。

① 次句，原作"來至家國"，據津逮本改。末句，津逮本作"移居安宅"。

② "母"，原作"毋"，據士禮居本、津逮本改。"騋"，原作"來"，據《詩·鄘風·定之方中》"騋牝三千"改。

无妄

駷牝龍身，日取三千。南上蒼梧，[①]與福爲婚。道里夷易，安全無患。

《詩·定之方中》："駷牝三千。"蒼梧，地名。

大畜

辰次降婁，王駕巡狩。廣祐施惠，安國無憂。[②]

降婁，宿名，戌分。

頤

望幸不到，文章未就。王子逐兔，馬踦銜傷，失迹不得。[③]

無注。

大過

中原有菽，以待饔食。飲御諸友，所求大得。

無注。

坎

亂茅縮酒，靈巫拜禱。神怒不許，瘁愁憂苦。

---

① "駷"，原作"獵"；"日"，原作"刃"。皆據士禮居本、津逮本改。"取"，士禮居本作"馭"，津逮本作"越"。"上"，原作"止"，據《觀》之《比》改。

② "狩"，原作"時"，據津逮本改。末句下，津逮本衍"望季不來"。

③ 次句，津逮本脱。"兔"，原作"走"，據《謙》之《既濟》改。"踦"，原作"騎"，據《涣》之《涣》改。"失"，原作"昳"，據津逮本改。末句下，原衍"曷其有常"，據《涣》之《涣》、《既濟》之《坎》刪。

楚有三脊茅，祭則用以縮酒也。

離

李花再實，鴻卵降集。仁哲以興，蔭國受福。

無注。

咸

源出陵足，行於山趾。不爲暴害，民得安處。①

無注。

恒

客入其門，奔走東西。童女不織，士棄耕畝。暴骨千里，歲寒無年。②

無注。

遯

天之所予，福禄常在，不憂危殆。③

無注。

大壯

蝗食我稻，驅不可去。實穗無有，但見空藁。

蝗，蟲屬，腹下有梵字，魚子在水化成，食苗之蟲也。

---

① "處"，士禮居本、津逮本作"居"。

② 末句，津逮本作"歲飢民苦"。

③ "予"，原作"子"，據士禮居本、津逮本改。"常在"下，原衍"以永康寧"，據津逮本删。

晋

牛驥同槽，郭氏已亡。國破空虚，君奔走逃。①

按，《胡傳》："莊公二十四年，齊桓公問郭父老曰：'郭何以亡？'父老曰：'見善而不能舉，惡惡而不能去，所以亡。'"

明夷

狗無前足，陰謀叛北。爲身害賊，②何以安息？

無注。

家人

兩輪並轉，南上大阪。四馬共轅，無有重難，與禹笑言。鶴鳴竅穴，不離其室。③

禹，夏禹。竅，苦弔切。

睽

牙孽生達，④陽昌於外。左手執籥，公言錫爵。

《詩》云："左手執籥，右手秉翟。赫如渥赭，公言錫爵。"按，《詩傳》："籥，如笛而六孔，或三孔。翟，雉羽也。執籥、秉翟者，文舞也。公言錫爵，即《儀禮》'燕飲而獻工'之禮也。"

---

① "槽"，原作"堂"，據《升》之《小畜》改。"已"，津逮本作"以"。已、以通。

② "害賊"，士禮居本、津逮本作"賊害"。"叛"，原作"其"，據《謙》之《鼎》改。

③ "並"，原作"自"，據《賁》之《需》改。"重"，原作"屯"，據士禮居本、津逮本改。末二句，複林《賁》之《需》、《既濟》之《小過》均無，乃衍文，宜删。

④ "孽"，津逮本作"蘖"。"孽"通"蘖"。

蹇

秋華冬蕚，數被嚴霜。甲兵當庭，萬物不生。雄父夜鳴，①民擾大驚。

無注。

解

霜降閉户，蟄蟲隱處。不見日月，與死爲伍。

無注。

損

身載百里，功加四海。爲文開基，武立大柱。②

文王以百里之國修德行仁，至武王遂有天下。

益

禹作神鼎，伯益銜指。斧斤高閣，憧立獨坐。賈庸不讎，枯槁爲禍。③

禹分九州，收天下美銅，鑄爲九鼎，以象九州。伯益，舜之虞官。禹嘗薦益於天，後益避位箕山，天下之人不歸益而歸啓。

---

① “雄父”，原作“雄犬”，津逮本作“雄火”，據《損》之《否》改。

② “加”，原作“如”，據津逮本改。“大”，津逮本作“天”。

③ “益”，當作“倕”。翟云升《焦氏易林校略》引丁晏：“《吕覽》：‘周鼎著倕而齕其指。’注：‘倕，尧之巧工也，以巧闻于天下。’”“立”，原作“位”，據津逮本改。“賈庸不讎”，原作“賣庸不讎”，士禮居本作“賣庸不售”，津逮本作“賣賈不售”，據《詩・邶風・谷風》“賈用不售”改。讎、售通。“枯槁”，原作“苦困”，據《漸》之《臨》改。

夬

福祚之家，喜至憂除。如風兼雨，出車入魚。又云，如魚逢水，長樂受喜。①

無注。

姤

蒼龍隱伏，麟鳳遠匿。寇賊同處，②未得安息。

無注。

萃

旦生夕死，名曰嬰鬼，不可得祀。③

無注。

升

白鶴銜珠，夜食爲明。懷吾德音，身受光榮。④

《搜神記》云："有鶴爲弋人所射，窮而歸噲參。參收養療治，瘡愈而放之，後鶴夜到門外，參執燭視之，鶴雌雄雙至，各銜明珠以報參焉。"

---

① 三四句，津逮本作"如魚逢水，長樂受喜"。是元抄本所言之"又本"。

② "蒼"，原作"倉"，據士禮居本、津逮本改。"寇賊"，原作"冠履"，士禮居本作"寇來"，據津逮本改。

③ 林辭，津逮本作《升》林。"祀"，原作"視"，據津逮本改。

④ 林辭，津逮本作《萃》林。"吾"，原作"安"，津逮本作"胡"，據《謙》之《泰》津逮本改。

困

行役未已，[1]新事復起。姬姜勞苦，不得休息。

無注。

井

憂患解除，喜至慶來。坐立歡門，[2]與樂爲鄰。

無注。

革

晨風文翰，[3]大舉就温。昧過我邑，羿無所得。

晨風，鸇也。《詩》："鴥彼晨風。"昧，暗也。羿，古之善射者。

鼎

下田稷黍，方華生齒。大雨淋集，[4]紛滂滿瓮。

無注。

震

君子碌碌，鳥庇茂木。心樂願得，見者有穀。[5]

無注。

① "行役"，原誤倒，據士禮居本、津逮本改。
② "門"，原作"忻"，據《蒙》之《咸》改。
③ "文"，原作"之"，津逮本作"天"，據《大過》之《豫》改。
④ "淋集"，原作"集降"，據津逮本改。
⑤ 三四句，原作"見春百穀，心勞願德"，據津逮本改。

艮

折臂踒足，不能進酒。祠祀曠闊，①神怒不喜。

無注。

漸

學靈三年，聖且神明。先見善祥，吉喜福慶。鴟鵠知來，②告我無憂。

無注。

歸妹

三婦同夫，忽不相思。心懷不平，志常愁悲。

無注。

豐

中田膏黍，以享王母。受福千億，所求大得。

王母，神仙，以東華至真之氣化生。

旅

陽火不災，喜至慶來。降福送喜，鼓琴歌謳。③

無注。

---

① "曠闊"，原作"曠開"，津逮本作"闊曠"。"闊"據津逮本改。

② "先"，原作"光"，據《晉》之《艮》改。"鴟鵠知來"，原作"鳴鳩飛來"，士禮居本、津逮本作"鳴鳩飛來"，據士禮居本《焦氏易林·後序》引顧千里語改。顧千里曰："《淮南·氾論訓》：'乾鵠知來而不知往。'鄭注《大射儀》引作'鴟'。""鴟鵠知來"是。

③ 此林，津逮本作"陽火不憂，二耕喜至。慶來降福，爲我鼓瑟，歌謠送喜"。

巽

陽明不息，君無恩德。伯氏失利，農喪其力。①

無注。

兑

燕雀銜茅，以生孚乳。兄弟六人，姣好悌孝。各得其願，和悦相樂。

無注。

涣

鶉尾奔奔，火中成軍。虢叔出奔，下失其君。

僖公五年，童謡云："鶉之賁賁。天策焞焞。火中成軍，虢公其奔。"冬十二月，晋伐虢，②虢公醜奔京師。

節

兩人相距，止不同舍。夫妻離散，衛侯失居。

《春秋·成公十四年》："夏四月己未，衛侯出奔齊。"注："諸侯之策書，孫寧逐衛侯。《春秋》以其自取奔亡之禍，故不書逐君之賊也。"

中孚

魃爲蕃虐，風吹雲卻。③ 欲上不得，反歸其宅。

---

① "農"，津逮本作"民"。

② "晋"，原作"虞"，據《春秋左傳注疏·僖公五年》"冬十二月丙子朔，晋滅虢"改。

③ 首句，原作"魁爲畓虎"，據津逮本改。"吹"，原作"推"，據士禮居本、津逮本改。

無注。

小過

關雎淑女，配我君子。少齊在門，①君子嘉喜。

《周南·關雎》："后妃之德也。關關雎鳩，在河之洲。窈窕淑女，君子好逑。"

既濟

慈母赤子，饗賜得士。蠻夷服降，②以安王家。

無注。

未濟

三足孤烏，靈明督郵。司過罰惡，③自賊其家。

《漢·天文志》："日中有三足烏。"

䷉兑下乾上履

十烏俱飛，羿射九雌。雄雖得全，且驚不危。④

堯時，十日並出，草木焦枯，命羿射其九日。九烏皆死，墮其羽翼，留其一日。

---

① "齊"，原作"妻"，津逮本作"姜"，據《否》之《渙》改。

② "蠻夷"，原作"襄夷"，士禮居本、津逮本作"夷狄"，據《漸》之《咸》改。"降"，原作"除"，據津逮本改。

③ "明"，原作"鳴"；"司"，原作"伺"，士禮居本、津逮本作"思"。皆據《噬嗑》之《鼎》、《坎》之《渙》改。"罰"，原作"討"，據士禮居本、津逮本改。

④ "射"，原作"得"，據津逮本改。末二句，津逮本作"雄得獨全，雖驚不危"。

之乾

東嚮藩垣，相與笑言。子般執鞭，圉人作患。

魯莊公三十二年，雩，講于梁氏，女公子觀之。圉人犖自牆外與之戲，子般怒，使鞭之。公曰："不如殺之，是不可鞭。犖有力焉，能投蓋于稷門。"十月，圉人犖賊子般于黨氏。

坤

循河榜舟，[①]旁淮東游。漁父舉網，先得大鰌。

無注。

屯

轅折輪破，馬倚僕卧。後旅先宿，[②]右足跌踒。

無注。

蒙

兩人俱醉，相與悖戾。心乖不同，爭訟恟恟。[③]

無注。

需

北辰紫宫，衣冠立中。含和建德，常受天福。

北辰，北極，天之樞也。紫宫，爲皇極之居。出《漢・天文

① "榜"，原作"摘"，士禮居本作"樀"，據津逮本改。

② "先"，津逮本作"失"。

③ "俱醉"，原作"相絆"，津逮本作"俱伴"；后二句，原作"心不同爭，訟恟恟然"。皆據《益》之《未濟》改。

志》。

訟

游居石門，禄身安全。受福西鄰，歸飲玉泉。

無注。

師

羊腸九縈，相推稍前。[1] 止須王孫，乃能上天。

羊腸，山名，其形屈辟如羊腸。

比

爭訟相倍，和氣不處。陰陽俱否，谷風毋子。[2]

無注。

小畜

郭叔距頤，爲棘所拘。龍額重顙，[3] 禍不成殃，復歸其鄉。

未詳。

泰

蠆室蜂户，螫我手足。不得進取，[4] 爲吾害咎。

蠆，丑邁切。螫，音釋。

---

① "稍"，原作"併"，據《蠱》之《剥》改。

② "毋"，原作"母"，據津逮本改。"谷"，原作"穀"，據《同人》之《家人》元抄本注"穀當作谷。《谷風》：'刺夫婦失道也。'"改。

③ "龍額"，津逮本作"童顔"。

④ "取"，原作"止"，據《屯》之《明夷》改。

否

怒非其怨，因物有遷。貪妒腐鼠，[①]而呼鴞鳶，失反被困。

無注。

同人

嬰孩求乳，母歸其子。黄麑悦喜，得其甘餌。[②]

麑，五兮切，鹿子也。

大有

针縷勝服，錦綉不成。鷹逐雉兔，爪折不得。

無注。

謙

雨潦集降，河梁不通。鄒魯閉塞，[③]破費市空。

鄒、魯，二國名。

豫

封豕溝瀆，水潦空谷。客止舍宿，泥塗至腹，處無黍稷。

無注。

---

① "物"，原作"拘"；"妒"，原作"垢"。皆據津逮本改。
② 末句，原作"自樂甘餌"，津逮本無，據《无妄》之《節》改。
③ "鄒"，津逮本作"齊"。

隨

三奸相擾,桀跖爲交。[①] 上下騷離,隔絶天道。

桀,夏桀。跖,盜跖。

蠱

齊景惑疑,爲孺子牛。嫡庶不明,賊孽爲患。

按《春秋傳》:孺子名荼,齊景公妾鬻姒所生。景公嘗銜繩爲牛,使荼牽之,故曰"爲孺子牛"。《哀公五年》:"景公疾,使國惠子、高昭子立荼,置群公子於萊。"六年,"僖子使召公子陽生,遂殺荼"。

臨

三羊俱亡,走奔南行。會暮失迹,不知所藏。[②]

無注。

觀

諸伯行賈,岱山之野。夜歷險阻,不逢危殆,利如澆酒。[③]

無注。

噬嗑

葉之將落,[④]隕其黄葉。失勢傾側,而無所立。

---

① "交",津逮本作"友"。

② "所",津逮本作"其"。

③ "諸",原作"請",據《咸》之《訟》津逮本、《豐》之《豐》元抄本、士禮居本改。"岱",原作"代",據津逮本改。末句,《无妄》之《升》作"利得過倍"。

④ "葉",士禮居本作"桑",是。元抄本注是。

葉，當作“桑”。《詩》：“桑之落矣，其黄而隕。”

賁

上山求魚，入水捕貍。市非其歸，自令久留。

無注。

剥

名成德就，項領不試。景公耋老，尼父逝去。

《論語》：“齊景公欲用孔子。孔子曰：‘吾老矣，不能用也。’孔子行。”

復

天之奥隅，堯舜所居。可以存身，保我國家。①

堯、舜，唐虞二帝也。

无妄

雎鳩淑女，賢聖配偶。宜家受福，吉慶長久。②

《關雎》詩云：“關關雎鳩，在河之洲。窈窕淑女，君子好逑。”言“周文王生有聖德，又得聖女姒氏以爲之配”。

大畜

兩人俱爭，莫能有定。心乖不同，爭訟恟恟。③

無注。

---

① 第三句，原作“以存保身”；“保我”，原作“爲我”。皆據津逮本改。

② 林辭，津逮本作《頤》林。“受”，原作“壽”，據津逮本改。

③ 末句，原作“訟言起凶”，據《益》之《未濟》改。

頤

涉伯徇名，棄禮誅身。不得其道，成子奔燕。①

魯定公九年，晉趙鞅圍衛，討衛之叛，曰："由涉佗、成何。"遂殺涉佗，成何奔燕。君子曰："此之謂棄禮。《詩》曰：'人而無禮，胡不遄死？'涉佗然矣哉。"

大過

逾江求橘，並得大栗。烹羊食肉，②飲酒歌笑。

無注。

坎

山險難升，澗中多石。車馳轊擊，重載傷軸。擔負差躓，③跌踒右足。

轊，音遂。躓，音致。踒，音渦。

離

元利孔福，④神所子畜。般樂無苦，得其歡欲。

無注。

咸

烏鵲食穀，⑤張口受哺。蒙被恩福，長大成就。柔順利

---

① 林辭，津逮本作《无妄》林。第三句，津逮本無。

② "肉"，津逮本作"炙"。

③ "載傷"，原誤倒，津逮本作"載折"，據《姤》之《渙》改。"差"，原作"善"，據《乾》之《謙》津逮本改。"差"同"蹉"。

④ "元"，津逮本作"允"。

⑤ "烏"，津逮本作"鳥"。

貞，君臣合好。

無注。

恒

潼滃蔚薈，膚寸來會。津液下降，流潦滂沛。

滃，上聲。薈，音穢。

遯

路多枳棘，步刺我足。不利旅客，爲心作毒。

無注。

大壯

虺蝮所聚，難以居處。毒螫痛甚，瘡不可愈。

虺，音卉。螫，音釋。

晋

麟鳳相隨，觀察安危。東郭聖人，后稷周公。共和政令，[1]君子攸同。利以居止，長无憂凶。

麟，仁獸；鳳，靈鳥，能知安危，故世治則出。周自后稷始封於邰，積功累仁，至於周公，制禮作樂，以成文武之烈。

明夷

桀亂不時，使民恨憂。六趾爲笑，[2]君危臣騷。

無注。

---

① “東郭”，津逮本作“東國”。“共和政令”，津逮本無。
② “桀”，原作“築”；“六”，原作“立”。皆據津逮本改。

家人

黄帝所生，伏羲之宇。① 兵刃不至，利以居止。

大昊，伏犧氏。黄帝，軒轅氏。黄帝造五兵以征不享。

睽

雀行求食，暮歸孚乳。反其室舍，②安寧無故。

無注。

蹇

大倉積穀，天下饒食。陰陽和調，年歲時熟。

無注。

解

履危蹈顛，墮入寒淵。行不能前，足跛不便。③

無注。

損

干旄旌旗，執幟在郊。雖有賓珠，無路致之。④

《詩·干旄》篇云："孑孑干旄，在浚之郊。"又："孑孑干旌，在浚之城。"

---

① "宇"，原作"宅"，據津逮本改。

② "孚乳"，原作"屋宿"，津逮本作"喔嚅"，據《比》之《巽》改。"反"，原作"及"，據津逮本、士禮居本改。

③ 林辭，津逮本作《損》林。"危"，原作"機"，據津逮本改。

④ 林辭，津逮本作《解》林。"干"，原作"竿"，據津逮本改。

益

銜命上車，和合兩家。蛾眉皓齒，二國率僵。[①]

無注。

夬

吉日車攻，田弋獲禽。宣王飲酒，以告嘉功。

《吉日》、《車攻》，皆宣王詩，言田獵之事。

姤

金帛黄寳，宜與我市。[②] 嫁娶有息，利得過母。

無注。

萃

延頸望酒，不入我口。深目自苦，[③]利得無有。

無注。

升

牧爲代守，饗食甘賜。得吏士意，戰大破胡，長安國家。

按，《史》："李牧爲趙將，居代雁門，備匈奴，以便宜置吏，市租皆輸入幕府，爲士卒費，日擊數牛饗士，習騎射，謹烽火，約曰：'匈奴即入寇，急入收保，敢有捕虜者斬。'匈奴每入，不戰，以爲怯。邊士日得賞賜而不用，皆願一戰，於是大破匈奴，十餘

---

① "率僵"，津逮本作"不殆"，疑作"率彊"。
② "金帛"，原作"重伯"；"與"，原作"以"。皆據津逮本改。
③ 第三句，原作"深以自喜"，據《歸妹》之《兑》、《旅》之《蠱》改。

歲不敢近趙邊。”

困

日出温谷,臨照萬國。高明淑仁,虞夏配德。

虞,舜有天下之號也。夏,禹有天下之號也。

井

逐兔索鳥,破我弓車。日暮不及,失利後時。

無注。

革

訛言妄語,傳相詿誤。道左失迹,不知所處。

無注。

鼎

履虎蹋蛇,貶損我威。君子失車,去其國家。

無注。

震

本根不固,花葉落去。更爲孤嫗,不得相親。

無注。

艮

五軛四軏,優得饒有。陳力就列,騶虞喜悦。

騶虞,獸名,白虎黑文不食生物者。

漸

黄帝紫雲，聖且神明。先見善祥，[①]告我无殃。

《史記》："黄帝生而神靈，長而聰明。"應劭曰：[②]"受命有雲瑞，故以雲紀事。"

歸妹

五利四福，俱佃高邑。黍稷盛茂，多獲藁稻。

無注。

豐

群虎入邑，求索肉食。大人御守，[③]君不失國。

無注。

旅

烏子鵲雛，常與母居。[④] 顧慕群侣，不離其巢。

無注。

巽

蹇驢不材，駿驥失時。筋勞力盡，罷於沙丘。

無注。

---

① 第三句，原作"光見福祥"，津逮本作"光明見祥"，據《晋》之《艮》改。

② "劭"，原作"邵"，據《史記・曆書》"於是有天地神祇物類之官"《正義》引"應劭云"改。

③ "御"，原作"衛"，據《頤》之《賁》、《旅》之《謙》改。

④ "常"，原作"嘗"，據《既濟》之《小畜》改。

兑

玄鬣黑顙,東歸高鄉。朱鳥道引,靈龜載裝。遂抵天門,見我貞君。①

無注。

渙

探巢得雛,鳩鵲來俱,使我心憂。②

無注。

節

安上宜官,一日九遷。升擢超等,牧養常山,君臣獲安。③

漢車千秋一日九遷其官。

中孚

大頭目明,載受嘉福。④ 三雀飛來,與祿相得。

無注。

小過

遠視千里,不見黑子。離婁之明,無益於光。

離婁,古之明目者。

① "裝",原作"莊",據翟云升《焦氏易林校略》引牟庭"莊當作裝"改。末句下,津逮本多"人馬安全"四字。

② "心憂",原作"音娱",津逮本作"欣娱",據《節》之《坤》改。

③ 末句,津逮本無。

④ "載",原作"戴",據士禮居本、津逮本改。

既濟

三女爲奸，俱游高園。倍室夜行，與伯笑言。不忍主母，爲失醴酒，冤尤誰告。[1]

無注。

未濟

日辰不良，強弱相振。一雌兩雄，[2]客勝主人。

無注。

☷☰乾下坤上泰

求玉陳國，[3]留連東域。須我王孫，四日來復。主君有德，蒙恩受福。

無注。

之乾

伯夷叔齊，貞廉之師。以德防患，憂禍不存。

伯夷、叔齊，孤竹君之二子，武王伐紂，諫之，不食周粟。又《語》云："伯夷叔齊餓於首陽之下，民到于今稱之。"

坤

濟深難渡，濡我衣袴。五子善櫂，脱無他故。

---

① "爲失醴酒，冤尤誰告"，原作"失禮酒冤，皇天誰告"，上句據津逮本改，下句據津逮本及《離》之《訟》改。

② "良"，原作"和"，據津逮本改。第三句，津逮本作"一鳥兩雛"。

③ "求玉"，津逮本作"有求"。

無注。

屯

倚立相望，適得道通。驅駕奔馳，比目同牀。

無注。

蒙

葛藟蒙棘，花不得實。[1] 讒佞爲政，使恩壅塞。

《葛藟》，《詩》篇名。蒙棘，《詩・葛生》篇云："葛生蒙棘，蘝蔓于域。予美亡此，誰與獨息？"

需

四足無角，[2]君子所服。南征述職，與福相得。

征者，上伐下也。諸侯朝王曰述職。

訟

踝踵足傷，[3]左指病癰。失旅後時，利走不來。

無注。

師

春城夏國，生長之域。可以服食，保全家國。

無注。

---

① "花"，津逮本作"華"。

② "四足無角"，津逮本作"四牡兼用"，非。

③ "足"，原作"之"，據津逮本、《需》之《履》改。

比

望驥不來，駒蹇爲憂。[①] 雨驚我心，風撼我肌。

無注。

小畜

久客無依，思歸我鄉。雷雨涌盈，[②]道不得通。

涌，當作“滿”。《易·屯》卦：“雷雨之動滿盈。”

履

舫船備水，傍河燃火。積善有徵，終身無禍。[③]

無注。

否

陟岵望母，役事未已。王政靡盬，[④]不得相保。

《陟岵》，《國風·齊詩》篇名。既云“望母”，“岵”當作“屺”。《詩》云：“陟彼岵兮，瞻望父兮。陟彼屺兮，瞻望母兮。”

同人

多載重負，捐棄於野。予母稚子，[⑤]但自勞苦。

---

① “駒”，津逮本作“拘”。

② “依”，原作“牀”，據《屯》之《巽》元抄本、士禮居本改。“涌”，津逮本作“浸”，《周易·屯》彖辭“雷雨之動滿盈”，以見“滿”是。元抄本注是。

③ “傍河”，原作“旁可”，據津逮本改。末句下，津逮本多“天福吉昌，永得安康”。

④ “靡”，原作“無”，據津逮本改。

⑤ “予”，津逮本作“王”。“稚”，原作“誰”，據《損》之《復》改。

無注。

大有

生直地乳，上皇大喜。賜我福祉，貴壽無極。[①]

無注。

謙

翕翕輷輷，隕墮崩顛。[②] 滅其令名，長没不全。

翕，音吸。輷，音田。

豫

東鄰嫁女，爲王妃后。莊公築館，以尊王母。歸于京師，季姜悦喜。

《春秋·魯莊公元年》：王姬下嫁於齊，命同姓諸侯主之。魯以姬姓，故築館而迎之。“冬，王姬歸於齊。”《桓公九年》：“春，紀季姜歸于京師，爲桓王后。”

隨

伯虎仲熊，德義淵閎。使布五教，[③]陰陽順叙。

按《史》：高辛氏之子有曰伯虎、仲熊，舜舉八愷，使主后土，爲伯益之佐。

---

① “貴壽”，原作“受命”，津逮本作“壽算”，據《睽》之《未濟》改。末句下，津逮本多“賓於作命”四字。

② “隕”，原作“稍”，據津逮本改。

③ “教”，原作“穀”，據津逮本改。

蠱

敏捷勁疾，[①]如猿升木。彤弓雖調，終不能獲。

無注。

臨

舉被覆目，不見日月。衣衾簟席，[②]就長夜室。

按《史記》：越伐吴，吴三戰三北。夫差上姑蘇，亦請成於越。范蠡不可，夫差曰："吾無以見子胥。"爲幎冒乃死。

觀

忍醜少羞，無面有頭。耗減寡虚，日以削消。[③]

未詳。

噬嗑

固陰沍寒，常冰不温。凌人惰怠，[④]雹大爲災。

凌人，冰人也。按《詩傳》，蘇氏曰："古有藏冰發冰以節陽氣之盛，是以無災霜雹也。"

賁

夏麥麸䴬，霜擊其芒。疾君敗國，使民夭傷。[⑤]

---

① "勁"，原作"敬"，據津逮本改。

② "被"，津逮本作"袂"。"席"，原作"床"，據津逮本改。

③ 三四句，原作"虚日以弊，消寡耗減"，津逮本"消"作"酒"，據《豫》之《涣》津逮本校。

④ "固"，原作"涸"，據津逮本改。"惰"，原作"墮"，據《蠱》之《未濟》津逮本改。

⑤ "民夭"，津逮本作"我夭"，《損》之《泰》作"年夭"。

無注。

剥

淵涸龍憂，箕子爲奴。午叔殞命，①殷破其家。

箕子，紂親戚，諫紂不聽，佯狂爲奴。午叔，當作“干叔”，紂之諸父比干也，直言諫紂，紂怒殺之，刳視其心。

復

跛踦相隨，日暮牛罷。陵遲後旅，失利亡雌。

無注。

无妄

桑之將落，隕其黄葉。失勢傾側，如無所立。

《詩·氓》篇云：“桑之落矣，其黄而隕。”又云：“女也不爽，士貳其行。”

大畜

生長以時，長育根本。陰陽和德，②歲樂無憂。

無注。

頤

童女無夫，未有匹配。③ 陰陽不和，空坐獨宿。

無注。

① “午”，津逮本作“干”，是。元抄本注是。
② “和德”，津逮本作“相和”。
③ “夫”，津逮本作“室”，“匹配”作“配合”。

大過

卷领遁世，仁德不舍。[1] 三聖攸同，周國茂興。

三聖，大王、王季、文王也。

坎

金精耀怒，帶劍過午。兩虎相距，雖驚无咎。

無注。

離

危坐至暮，請求不得。膏澤不降，政戾民忒。

無注。

咸

老楊日衰，條多枯枝。爵級不進，日下摧隤。

無注。

恒

蔡侯適楚，留連江濱。逾時歷月，思其君后。

魯定公三年，冬，蔡昭侯適楚，獻佩裘於昭王。昭王服之以享蔡侯，蔡侯亦服其一，子常欲之，弗與，三年止之。

遯

右撫劍頭，左援鉤帶。凶訟不止，相與爭戾，失利

---

① 首句，原作"春令原宥"；"舍"，原作"合"，津逮本作"周"。皆據《需》之《震》改。

而歸。①

無注。

大壯

水流趨下,遠至東海。求我所有,買鮪與鯉。

無注。

晋

登几上輿,駕駟南游。合從散衡,燕齊以強。②

蘇秦主從,張儀主衡。秦事燕,儀事秦。按《禮部韻》毛居正曰:"以六攻一爲從,以一離六爲横,合之曰從衡。"

明夷

求兔得獐,過其所望。歡以相迎,高位夷傷。

無注。

家人

過時不歸,道遠且迷。旅人心悲,使我徘徊。

無注。

睽

魂孤無室,銜指舍食。盜張民潰,見敵失福。③

---

① "援",原作"受",據津逮本改。"而歸",原作"市肆",據《歸妹》之《訟》改。

② "齊",原作"秦",據《屯》之《否》改。

③ "舍",原作"含";"潰",原作"饋"。皆據津逮本改。"肉",津逮本作"内",《豐》之《革》作"福"。

無注。

蹇

居如轉丸，危不得安。東西不寧，動生憂患。

無注。

解

坤厚地德，庶物蕃息。平康正直，以綏大福。

《易》曰："地勢坤，君子以厚德載物。"

損

樹蔽牡荆，生蘙山旁。① 仇敵背憎，孰肯相迎？

無注。

益

鳳凰銜書，賜我玄珪，封爲晋侯。

成王與叔虞戲，削桐葉爲珪，以與叔虞，曰："以此封若。"史佚曰："天子無戲言，請擇日成之。"遂封叔虞於唐。唐叔子爕改唐爲晋。

夬

作凶不善，相牽入井。溺陷辜罪，禍至憂有。②

無注。

---

① "樹"，原作"捌"，津逮本作"洌"；"蘙"，原作"賢"。皆據《未濟》之《姤》改。
② "至"，津逮本作"生"，"有"作"滋"。

姤

悲鳴北行,[1]失其長兄。伯仲不幸,骸骨散亡。

無注。

萃

羔衣豹裘,高易我家,[2]君子惟好。

《詩·羔裘》篇云:“羔裘豹飾,孔武且力。”

升

日中爲市,各抱所有。交易資貨,函珠懷寶,[3]心悦歡喜。

《周易·繫辭》云:“日中爲市,致天下之民,聚天下之貨,交易而退。”

困

振急絶理,常暘不雨。[4]物病焦乾,華實無有。

無注。

井

狐貉載剥,徙温厚蓐。寒棘爲疾,有所不足。

---

① “鳴”,《否》之《歸妹》作“號”。

② “家”,津逮本作“宇”。

③ “資貨”,津逮本作“貨貲”。“函珠”,原作“貪珠”,津逮本作“含味”,據《震》之《无妄》改。

④ “常”,津逮本作“恒”。常、恒義同。“暘”,原作“陽”,據翟云升《焦氏易林校略》、尚秉和《焦氏易林注》改。

無注。

革

履踐危難,脱執去患。① 入福喜門,見誨大君。

無注。

鼎

四亂不安,東西爲患。退身止足,②毋出國城。乃得全完,賴其生福。

無注。

震

南國少子,才略美好。求我長女,賤薄不與。反得醜惡,後乃大悔。

無注。

艮

妄怒失理,陽孤無輔。物病焦枯,年饑於黍。③

無注。

漸

釋然遠咎,避患高阜。田獲三狐,以貝爲寶。④

① "執",複林《謙》之《否》、《震》之《家人》皆作"厄"。

② 第三句,原作"退止我足",據《觀》之《小過》改。

③ "饑",原作"飢",字誤。

④ "釋",原作"倬";"以貝",原作"見民",津逮本作"巨貝"。皆據《賁》之《謙》改。"患高阜",原作"患害早",津逮本作"害早阜",據《賁》之《謙》津逮本改。

《周易·解》九二:"田獲三狐。""狐者,邪媚之獸。三狐,指卦之三陰,時之小人也。獲,謂能變化除去之,[1]如田之獲狐也"。

歸妹

逐鹿山顛,利去我西。維邪南北,無所不得。[2]

無注。

豐

龍蛇所聚,大水來處。泱泱霈霈,[3]使我無賴。

無注。

旅

從風吹火,牽騏驥尾。易爲功力,因權受福。[4]

無注。

巽

澤狗水凫,難畜少雛。不爲家饒,心其函憂。[5]

未詳。

兑

水壞我里,東流爲海。龜凫讙囂,不睹慈母。

① "謂",原作"如",據《伊川易傳·解》卦九二傳改。

② 末句,津逮本《謙》之《涣》作"所求不得"。

③ "泱泱",原作"滑滑",據《賁》之《涣》改。"霈霈",原作"沛沛",津逮本作"沛沛",據《賁》之《涣》津逮本改。霈霈、沛沛同。

④ "權",原作"催",津逮本作"摧",據《井》之《臨》改。

⑤ "函憂",士禮居本、津逮本作"亟逋"。

無注。

涣

褰衣涉河，水深漬罷。[1] 賴幸舟子，濟脱無他。

無注。

節

鼀厭河海，陸行不止。自令枯槁，失其都市，憂悔爲咎。[2]

無注。

中孚

同本異葉，樂仁上德。[3] 東鄰慕義，來興我國。

無注。

小過

桃李花實，累累日息。長大成熟，甘美可食，爲我利福。

無注。

既濟

重瞳四乳，聰明順理。無隱不形，微視千里。災害不作，君子集聚。

---

① 首二句，"河"原作"行"，"罷"原作"多"，津逮本作"褰衣涉水，深漬請罷"，據《訟》之《萃》、《韻補》卷二《下平聲》改。

② 末句下，原衍"亦無及己"，據津逮本删。

③ "葉"，原作"業"，據津逮本改。"上"，原作"政"，津逮本作"正"，據《謙》之《履》改。

《淮南子》云:“舜目重瞳,文王四乳。”

未濟

實沈參墟,以義討尤。次止結盟,以成霸功。

實沈,參神。參虚,晋地也。

䷋坤下乾上否

秦爲虎狼,與晋爭強。併吞其國,號曰始皇。

秦號爲虎狼之國,併六國,號始皇。

之乾

江河淮濟,[①]天之奥府,衆利所聚。可以饒有,樂我君子。

無注。

坤

天之所災,凶不可居。轉徙獲福,留止危憂。

無注。

屯

名成德就,項領不試。景公耋老,尼父逝去。

《論語》:“齊景公欲用孔子,孔子曰:‘吾老矣,不能用也。’孔子行。”

① 首句,原脱,據津逮本補。

蒙

持猾避患，福禄長存。雖有豺虎，不能危身。[①]

無注。

需

避患東西，反入禍門。糟糠不足，[②]憂動我心。

無注。

訟

珪璧琮璋，執贄見王。百里寧戚，[③]應聘齊秦。

百里奚事秦，寧戚事齊。

師

揚水潛鑿，使石潔白。衣素表朱，游戲皋沃。[④] 得君所願，心志娱樂。

《詩·揚之水》："刺晋昭公也。昭公分國以封沃，曰：'揚之水，白石鑿鑿。素衣朱襮，從子于沃。既見君子，云胡不樂。'"沃，當作"沃"。

---

① "持"，原作"特"，據津逮本改。"猾"，原作"善"，據《无妄》之《兑》"持猾逢虎，患厭不起"改。"身"，原作"患"，據《同人》之《遯》改。

② "足"，原作"屬"，據津逮本改。

③ "戚"，原作"越"，據津逮本改。元抄本注原亦作"越"，誤，據上而改。

④ "石"，原作"君"；"表朱"，原誤倒，據津逮本改。"沃"，津逮本、士禮居本皆作"沃"，是。元抄本注是。

比

官爵相保，居之无咎。求兔不得，使伯恨悔。①

無注。

小畜

戴元無褌，②鸁裎出門。小兒作笑，君爲憂患。

未詳。

履

把珠入口，爲我利寶。得吾所有，欣然嘉喜。

無注。

泰

行不如還，直不如曲。③ 進不若退，可以安吉。

無注。

同人

衆鳥所聚，中有大怪。④ 九身無頭，魂驚魄去，不可以居。

未詳。

---

① “使伯”，原作“怕使”，據津逮本改。

② “戴元”，士禮居本作“載元”，津逮本作“載車”。

③ “還”，津逮本作“止”。“曲”，原作“屈”，據津逮本改。

④ “鳥”，原作“鬼”；“所”，原作“凡”，津逮本作“瓦”。皆據《坎》之《訟》、《震》之《蒙》改。“中有”，原作“還生”，據津逮本及《坎》之《訟》、《震》之《蒙》改。

大有

家給人足，頌聲並作。四夷賓服，干戈橐閣。①

此言武、成偃干戈，振兵釋旅之事。

謙

人面鬼口，長舌爲斧。斲破瑚璉，殷商絶祀。

商紂無道，微子抱祭器奔周，其後武王伐紂，遂滅商焉。

豫

南山之蹊，真人所游。德配唐虞，天命爲子。保祐歆享，②身受大慶。

唐虞，堯舜有天下之號也。

隨

春桃生花，季女宜家。受福多年，男爲邦君。

《詩・桃夭》："后妃之所致也。桃之夭夭，灼灼其華。之子于歸，宜其室家。"

蠱

鴟鴞破斧，沖人危殆。賴旦忠德，③轉禍爲福，傾危復立。

---

① "頌"，原作"訟"，據士禮居本、津逮本改。"橐"，原作"囊"，據津逮本改。
② "在"，《復》之《比》元抄本、士禮居本作"游"。"蹊"，原作"峻"；"歆"，原作"飲"。皆據《賁》之《解》改。
③ "旦"，原作"其"，據《革》之《歸妹》改。

《鴟鴞》、《破斧》，皆《詩・豳風》篇名，言周公之事：誅管蔡以安周室。

臨

猿墮高木，不踒手足。保我金玉，還歸其室。

無注。

觀

天之奧隅，堯舜所居。可以存身，保我邦家。

堯舜，唐虞二帝也。

噬嗑

伯蹇叔盲，足病難行。① 終日至暮，不離其鄉。

無注。

賁

日月相望，光明盛昌。三聖茂功，仁德大隆。

三聖，堯、舜、禹也。

剥

桃李花實，累累日息。長大成就，甘美可食，爲我利福。②

無注。

---

① “病”，津逮本作“痛”。
② 末句，原脱，據津逮本補。

復

入暗出明，動作有光。運轉休息，常樂尤康。①

無注。

无妄

陰冥老極，陽建其德。履離戴光，天下昭明。功業不長，蝦蟆大王。②

冥，一作“衰”，見《坤》之《未濟》。未詳。

大畜

行役未已，新事復起。姬姜勞苦，不得休息。③

《詩·陟岵》篇云：“父曰：嗟，予子行役，夙夜无已。上慎旃哉，猶來无止。”

頤

狐鳴苑北，飢無所食。④ 困於空丘，莫與同力。

無注。

大過

雄聖伏，名人匿，麟遠走，鳳飛北，擾亂未息。

---

① “暗”，原作“和”，據《隨》之《坎》改。“常樂”，原作“動作”，津逮本作“所爲”，據《隨》之《坎》、《噬嗑》之《同人》改。“尤”，津逮本作“允”。

② “冥”，津逮本作“衰”，是。“戴”，原作“載”，據《坤》之《未濟》改。“大”，原作“代”，據津逮本改。大，音代。

③ “息”，津逮本作“止”。

④ “苑”，津逮本作“室”。

無注。

坎

疾貧望幸,[①]使伯行販。開牢擇羊,多得大牂。

無注。

離

翕翕輷輷,隕墮崩顛。[②] 滅其令名,長没不存。

翕,音吸。輷,音田。

咸

桑葉腐蠹,[③]衣弊如絡。女功不成,絲布如玉。

無注。

恒

温山松柏,常茂不落。鸞鳳所庇,得其歡樂。[④]

無注。

遯

失恃毋友,嘉偶出走。玃如失兔,傫如虐狗。[⑤]

---

① "疾",原作"病",據津逮本改。

② "隕",原作"稍",據《泰》之《謙》津逮本改。"墮",原作"稍",據《泰》之《謙》元抄本、士禮居本改。

③ "桑葉",原作"花落",津逮本作"華薄",據《訟》之《蠱》改。"腐蠹",原作"實槁",據《晋》之《豫》改。

④ "庇",原作"止";"其",原作"以"。皆據津逮本改。

⑤ "虐",津逮本作"喪",是。元抄本注是。"玃",津逮本作"攫",非,疑當作"戄"。

虐，作“喪”。孔子去魯，傫若喪家之狗。

大壯

太一駕騮，從天上求。[1] 徵我叔季，封爲魯侯。

太乙，星名。成王封周公之子伯禽於魯。

晋

雙鳧俱飛，欲歸稻池。經涉萑澤，爲矢所射，傷我胸臆。

無注。

明夷

深坑復平，天下安寧。意娱心樂，賴福長生。

無注。

家人

俱爲天民，雲過吾西。風伯雨師，[2]與我無恩。

無注。

睽

野鳥山鵲，弈棋六博。三梟四散，[3]主人勝客。

六博，古者象棋有六博。

---

① “求”，津逮本作“來”。
② “雨師”，津逮本作“疾雨”。
③ “弈棋”，原作“來集”，據《豫》之《剥》改。“梟”，原作“鳥”，據津逮本改。

蹇

固陰沍寒，堅冰不温。凌人惰怠，①大雹爲災。

凌人，冰人也。按，《詩傳》蘇氏曰："古有藏冰發冰，以節陽氣之盛，是以無災霜雹也。"

解

伊尹智士，去桀耕野。執順以傳，②反和无咎。

伊尹耕于有莘之野，湯三使往聘之。使之就桀，③桀不能用，復歸于湯，遂相湯伐桀。

損

北風牽手，相從笑語。④ 伯歌季舞，宴樂以喜。

《詩·北風》篇云："北風其涼，雨雪其雱。惠而好我，携手同行。"

益

徙巢去家，南過白馬。⑤ 東西受福，與母相得。

無注。

---

① "固陰沍"，原作"北陰司"，據《蠱》之《未濟》改。"惰"，原作"情"，據《蠱》之《未濟》津逮本改。

② "傳"，津逮本作"待"，《无妄》之《小過》作"彊"，疑當作"傅"。

③ "之"，原作"五"，據元胡炳文《四書通·孟子通》引《朱子集注》改。

④ "從"，津逮本作"提"。

⑤ "徙"，原作"從"，據津逮本改。"過"、"馬"，《兑》之《姤》元抄本、士禮居本作"遇"，作"鸟"。

夬

鳥飛跌跛，兩兩相和。不病四支，但去莫疑。

無注。

姤

三馬生駒，以戌爲母。[1] 荆夷上侵，姬伯出走。

三馬，[2]一作"二牛"，見《需》之《訟》；一作"三年生狗"，見《坤》之《震》。

萃

破筐弊筥，棄捐於道。壞落穿敗，不復爲寶。

無注。

升

結紐得解，憂不爲禍。食利供家，受福安坐。

無注。

困

白日揚光，[3]雷車避藏。雲雨不行，各自止鄉。

無注。

---

① "馬"，士禮居本作"年"，津逮本作"牛"。"駒"，津逮本作"狗"。"戌"，原作"戍"，據士禮居本、津逮本改。

② "馬"，原作"年"，據林辭"三馬"改。

③ "揚"，原作"陽"，據《震》之《未濟》改。

井

杜口結舌，心中怫鬱。凶災生患，無所告冤。

無注。

革

齎貝贖貍，不聽我辭。繫於虎鬚，[1]牽不得來。

無注。

鼎

持鶴抱子，見蛇何咎？室家俱在，不失其所。

無注。

震

逐兔山西，利走入門。賴我仁德，獲爲我福。

無注。

艮

興役不休，與民爭時。牛生五趾，行危爲憂。

無注。

漸

春栗夏梨，[2]少鮮希有。斗千石萬，貴不可販。

無注。

---

① "鬚"，原作"髯"，據津逮本改。

② "栗"，原作"粟"，據津逮本改。"梨"，《損》之《訟》作"棗"。

歸妹

悲號北行，失其長兄。伯仲不幸，骸骨散亡。

無注。

豐

賦斂重數，政爲民賊。杼柚空盡，[①]家去其室。

《詩・大東》篇云："小東大東，杼柚其空。"

旅

履服白縞，殃咎並到，憂不敢笑。[②]

無注。

巽

杜口結舌，言爲禍母。代伯受患，無所禱冤。

無注。

兑

免冠進賢，步出朝門。儀體不正，[③]賊孽爲患。

《漢書》："貢禹爲河南令，以職事爲府官見責，[④]免冠謝。"《輿服志》："進賢，古緇布冠，文儒者之服。"

---

① "柚"，原作"軸"，據《詩・大東》改。下注引《詩》亦誤作"杼軸"，徑改。

② "白縞"，津逮本作"自敝"，"敢"作"能"。

③ 第二、三句，原作"步行出朝，門體不正"，據津逮本改。

④ "職"，原作"賊"，據《漢書・貢禹列傳》改。

涣

娶於姜女,[1]駕迎新婦。少齊在門,夫子悦喜。

按,《春秋·昭公二年》:"夏四月,韓須如齊逆女。齊陳無宇送女,致少姜,少姜有寵於晋侯,晋侯謂之少齊。"姜,齊姓。

節

牧羊稻園,聞虎喧嚾。畏恐悚息,[2]終無禍患。

無注。

中孚

老妾据機,緯絶不知。女功不成,冬寒無衣。

無注。

小過

乘龍吐光,使闇復明。[3] 燎獵載聖,六師以昌。

無注。

既濟

東鄰嫁女,爲王妃后。莊公築館,以尊王母。歸于京師,季姜悦喜。

《春秋·魯莊公元年》:王姬下嫁於齊,命同姓諸侯主之,魯以姬姓,故築館而迎之。"冬,王姬歸於齊"。《桓公九年》:"春,

---

① "女",《同人》之《涣》、《家人》之《屯》作"吕"。
② "畏",原作"思",據津逮本改。
③ "闇",原作"陰",據《既濟》之《需》改。

紀季姜歸于京師，爲桓王后。”

未濟

灌鵠東從，道頓趺蹄。日辰不良，[①]病爲身禍。

無注。

① “鵠”，津逮本作“頡”。“趺蹄”，原作“趺跱”，士禮居本作“趺跱”；“辰不良”，原作“食不退”。皆據津逮本改。

卷第四

䷌離下乾上同人

櫜置山顛，銷鋒鑄刃。示不復用，天下大歡。①

《史》：武王勝殷，戢弭干戈，以示弗用。

之乾

一臂六手，不便於口。莫肯與用，②利棄我走。

未詳。

坤

獐鹿逐牧，飽歸其居，安寧無悔。

無注。

屯

鴻魚逆流，至人潛處。③ 蒿蓬代柱，大屋顛倒。

無注。

---

① "櫜置"，原作"密櫜"；"歡"，原作"勸"。皆據津逮本改。
② "與"，津逮本作"爲"。
③ "處"，原作"渚"，據津逮本改。

蒙

三羖五�，相隨俱行。迷入空澤，經涉六駮，爲所傷賊。

無注。

需

黄帝出游，駕龍乘馬。東上太山，南過齊魯，邦國咸喜。

黄帝邑於涿鹿之阿，遷徙無常，以兵師爲營衛，後得六相而天地治，神明至，遠夷之國莫不入貢。

訟

履危不安，心欲東西。步走逐鹿，空無所得。

無注。

師

望尚阿衡，太宰周公。藩屏湯武，立爲侯王。

望，太公吕尚也。阿衡，伊尹也。太宰，官名，周公爲太宰。

比

白龍黑虎，起伏俱怒。戰於阪泉，蚩尤敗走，[1]死於魯首。

《正義》曰："《龍魚河圖》云：'黄帝攝政，有蚩尤兄弟八十一

[1] "泉"，原作"兆"，據《蒙》之《坎》津逮本改。"敗走"，原誤倒，據《蒙》之《坎》改。

人，獸身人語，銅頭鐵額，①能作大霧，食沙，造五兵，威震天下，誅殺無道，萬民欽命黄帝行以仁義，不能禁止，乃仰天而嘆。天遣玄女下授黄帝兵符，與蚩尤戰於涿鹿之野，遂禽殺之。'"魯首，未詳。

小畜

載石上山，步跌不前。顰眉之憂，不得所歡。

無注。

履

周德既成，杼軸不傾。申酉昳暮，②耋老衰去，箴石不祐。

無注。

泰

乘風帶雨，③與飛鳥俱。動舉千里，見我慈母。

無注。

否

齎貝贖貍，不聽我辭。繫於虎鬚，④牽不得來。

無注。

---

① "龍魚河圖"，原作"河圖龍魚"；"銅頭"，原脱"頭"。均據《史記·五帝本紀》"而蚩尤最爲暴，莫能伐"正義改。

② 第三句，"昳"原作"趺"，津逮本作"中酉趺墓"。"昳"，據翟云升《焦氏易林校略》引牟庭曰"趺當作昳"改。昳，《说文》曰："日昃也。"

③ "風"，原作"雲"，據《明夷》之《鼎》津逮本改。

④ "於"，原作"我"，據津逮本改。

大有

三翼飛來，自我逢時。[①] 俱行先至，多得大利。

未詳。

謙

兩足四翼，飛入家國。寧我伯姊，[②]與母相得。

無注。

豫

按民呼池，玉杯文案。[③] 魚如白雲，一國獲願。

紂爲酒池、玉杯、象箸以侈，[④]周武王伐之，有白魚入舟之兆。

隨

季姬踟躕，望我城隅。終日至暮，不見齊侯。[⑤]

按，《詩·静女》篇："静女其姝，俟我於城隅。愛而不見，搔首踟躕。"

蠱

龍渴求飲，黑雲影從。河伯奉觴，跪進酒漿，流潦滂滂。

---

① "自"，原作"是"，津逮本作"字"，據《震》之《夬》、《豐》之《姤》改。

② "姊"，原作"子"，據津逮本改。

③ 首句，津逮本作"案民湖池"，"文案"作"天授"。

④ "箸"，原作"筯"，據《鼎》之《節》元抄本注改。"筯"同"箸"，"筋"与"筯"形近而誤。

⑤ 末句下，原衍"君上無憂"，津逮本爲"居室無憂"，據《謙》之《巽》、《涣》之《遯》删。

河伯,水神也。

臨

出門逢患,與禍爲怨。[①] 更相擊刺,傷我手端。

無注。

觀

播天舞地,神明所守,[②]安樂無咎。

無注。

噬嗑

兩金相擊,勇氣鈞敵。終日大戰,不破不缺。

無注。

賁

車雖駕,兩靷絶。馬奔出,雙輪脱。行不至,道遇害。[③]

無注。

剥

文山紫芝,雍梁朱草。長生和氣,王以爲寳。[④] 公尸侑食,福禄來處。

芝草,《論衡》:"芝生於土,土氣和則芝草生。"《古瑞命記》:

---

① "禍",原作"福",津逮本作"怒",據《艮》之《小過》改。

② 首句,津逮本作"播衣樂天","神明"作"乾坤"。

③ 本林,津逮本作"大車難駕,兩靷如繩。馬奔山後,輪脱不行,中道遇害"。"靷",原作"紖",據《噬嗑》之《震》元抄本改。

④ "王",原作"玉",據士禮居本改。

“王者慈仁，則有芝草生矣。”朱草，《瑞應圖》：“王者德無所不通則生。”①

復

把珠入口，爲我畜寶。得吾所有，忻然嘉喜。②

無注。

无妄

負牛上山，力劣行難。烈風雨雪，遮遏我前。中道復還，憂者得歡。

無注。

大畜

陶朱白珪，善賈息資。三致千金，德施上人。③

陶朱，即范蠡。白珪，名丹，周人，《史》言“能薄飲食，忍嗜欲”。二人皆善賈貨，生息資財以致巨富。

頤

子鉏執麟，春秋作元。陰聖將終，尼父悲心。

《左傳・哀公十四年》：“春，西狩於大野。叔孫氏之車子鉏商獲麟，孔子作《春秋》。”

---

① “論衡”，原脱“衡”；“古瑞命記”，原作“瑞命論”。均據《重修廣韻》卷一“芝”注改。“瑞應圖”，原脱，據《古今合璧事類備要》前集卷十九“朱草”事類注補。

② “忻”，士禮居本、津逮本作“欣”。二者義同。

③ “人”，津逮本作“仁”。

大過

春日載陽，福履齊長。四時不忒，與樂爲昌。①

無注。

坎

孔德如玉，出於幽谷。飛上喬木，鼓其羽翼，輝光照國。②

鼓，未詳，必有誤。

離

區脱康居，慕仁入朝。湛露之歡，三爵畢恩。復歸穹廬，③以安其居。

區脱，與"甌脱"同，土室也，胡人候望處。出《匈奴傳》。康居，國名。湛露，天子燕諸侯之詩。

咸

秋冬夜行，照覽星辰。道里利通，④終身何患？

無注。

恒

持鵠抱子，⑤見蛇何咎？室家俱在，不失其所。

---

① "昌"，原作"倡"，據士禮居本、津逮本改。

② "鼓"，津逮本、士禮居本皆作"鼓"，是。"輝"，原作"大"，津逮本作"耀"，據《震》之《漸》改。

③ "穹"，原作"窮"，據津逮本改。

④ "里"，原作"理"，據《咸》之《乾》改。尚秉和《焦氏易林注》曰："理，應作里。"

⑤ "持"，原作"鳴"，據《否》之《鼎》改。

無注。

遯

安如太山，[1]福禄屢臻。雖有豺虎，不能危身。

無注。

大壯

老目瞢眠，不知東西。君失理命，以直爲傴，王珍爲寶。[2]

無注。

晋

植璧秉珪，請命于河。周公克敏，[3]冲人瘳愈。

初，成王少時，病，周公乃自揃其蚤沈之河，以祝於神，曰："王少，未有識，奸神命者乃旦也。"王病有瘳。見《史記》。[4]

明夷

太王執政，歲熟民富。國家豐有，主者有喜。[5]

太王遷于岐山之下，及他旁國聞其賢，亦多歸之。

---

① "如"，原作"和"，據津逮本改。

② "珍"，原作"珎"，津逮本作"稱"，據士禮居本改。"爲"，原作"其"，據津逮本改。

③ "克"，原作"剋"，據《離》之《否》津逮本改。

④ "記"，原作"注"，據《史記・魯周公世家》改。

⑤ "太"，士禮居本、津逮本作"大"。"主"，津逮本作"王"。

家人

爭訟相背，和氣不處。陰陽俱否，穀風無子。①

穀，當作"谷"。《谷風》："刺夫婦失道也。"

睽

齊魯爭言，戰於龍門。構怨結禍，三世不安。

按，《春秋·魯成公二年》："春，齊侯伐我北鄙，圍龍。頃公之嬖人盧蒲就魁門焉，龍人囚之，齊侯親鼓，三日取龍。"

蹇

鹿得美草，鳴呼其友。九族和穆，②不離邦域。

《詩·小雅·鹿鳴》篇："呦呦鹿鳴，食野之苹。我有嘉賓，鼓瑟吹笙。"

解

百里南行，雖微復明。③ 去虞適秦，爲穆國卿。

百里奚，虞人也，知虞之將亡，遂去適秦，相穆公，遂霸西戎。

損

梅李冬實，國多寇賊。亂擾並作，王不能制。

《春秋·魯僖公三十三年》："冬，隕霜不殺草。李梅實。"

---

① "穀"，各本同，誤，當據《詩經·邶風·谷風》篇改作"谷"。元抄本注是。
② "穆"，津逮本作"睦"。二字義同。
③ "微"，原作"徵"，據津逮本改。

《公羊傳》曰："紀異也。此禄去公室，政在公子遂之應。"

益

府藏之富，王以振貸。捕魚河海，笱網多得。①

無注。

夬

牡飛門啓，患憂大解。去老乘馬，②不爲身禍。

去老乘馬，一作"修福行善"。見《需》之《兑》。

姤

宜昌娶婦，東家歌舞，長樂歡喜。

無注。

萃

正陽之央，甲氏以亡。禍及留吁，湮滅爲墟。

按，《春秋·魯宣公十六年》："春正月，晋人滅赤狄甲氏及留吁。"《傳》云："甲氏，潞之遺種。留吁，其殘邑也。"

升

梟過稻廬，③甘樂䵃鏽。雖驅不去，田畯懷憂。

䵃，古猛切。鏽，自秋切。田畯，農官也。

---

① "振"，《損》之《睽》作"賑"。二者皆有"賑濟"義。"笱網"，原作"苟罔"，據津逮本改。末句下，原衍"巨蛇大鰌，戰於國郊，君遂走逃"，據《損》之《睽》、《比》之《臨》删。又，"鰌"，乃"鏽"之誤。

② "牡"，原作"杜"，據津逮本改。第三句，津逮本無。

③ "梟"，原作"鳥"，據津逮本改。

困

跛踦俱行，日暮車傷，失旅乏糧。①

無注。

井

龍門水穴，流行不害。民安其土，君臣相保。

按《書・禹貢》：龍門屬雍州，在今馮翊夏陽縣。以下皆言禹治水之功。

革

山陵四塞，遏我徑路。欲前不得，復還故處。

《書・堯典》："蕩蕩懷山襄陵。"

鼎

兩虎爭鬬，血流漂杵。② 城郭空墟，蒿藜塞道。

《書・武成》篇："血流漂杵。"

震

依叔牆隅，志下心勞。楚亭晨食，韓子低頭。

淮陰人韓信，家貧，嘗寄食於南昌亭長，並受辱於袴下。詳見本傳。

① "失"，《同人》之《歸妹》、《蹇》之《坎》、《解》之《艮》作"後"。
② "漂"，津逮本作"浮"。

艮

龍生無常，或托空葉。憑乘風雲，①爲堯立功。

葉，當作"桑"。未詳。

漸

魁行摇尾，逐雲吹水。② 污泥爲陸，下田爲稷。

魁，斗首四星。天文，凡爲首者曰魁。

歸妹

跛踦相隨，日暮牛罷。陵遲後旅，失利亡雌。

無注。

豐

三人俱行，北求大牂。長孟病足，倩季負囊。柳下之貞，③不失驪黄。

無注。

旅

鳳凰在左，麒麟處右。仁聖相遇，伊吕集聚。傷害不至，時無殃咎，福爲我母。

鳳凰，靈鳥。麒麟，仁獸。伊尹相湯，吕望興周。

---

① "葉"，津逮本作"桑"，是。元抄本注是。"雲"，津逮本作"雨"。

② "魁"，各本同，誤，當據《詩·大雅·雲漢》"旱魃爲虐，如惔如焚"改作"魃"。"水"，原作"火"，據士禮居本改。

③ "倩"，原作"請"，據《革》之《恒》改。"貞"，原作"賓"，津逮本作"責"，據《革》之《恒》、《中孚》之《漸》改。

巽

乘筏渡海，雖深不殆。曾孫皇祖，累累具在，受其大福。[①]

無注。

兑

比目四翼，來安吾國。賫福上堂，與我同牀。

無注。

涣

娶於姜吕，駕迎新婦。少齊在門，夫子悦喜。

姜吕，齊姓。按，《春秋傳》："齊女少姜，歸于晋，有寵於晋侯。晋侯謂之少齊。"

節

螟蟲爲賊，害我稼穡。盡禾單麥，[②]秋無所得。

螟蟲，食苗心者也。

中孚

衣裳顛倒，爲王來呼。成就東周，邦國大休。

《詩・東方未明》："顛倒衣裳，[③]自公召之。"

---

① 末句，原脱，據津逮本補。
② "單"，津逮本作"殫"。二字通。
③ "衣裳"，原誤倒，據《詩經・齊風・東方未明》改。

小過

王孫季子，相與爲友。明允駕誠，升擢薦舉。① 駕，當作“篤”。

《史記》：“高陽氏有才子八人，謂之八愷。高辛氏有才子八人，謂之八元。堯未及舉，舜於是舉八愷，使主后土；舉八元，使布五教。”

既濟

涌泉滈滈，流行不絶。洿爲江海，敗毀邑里，家無所處。聞虎不懼，②向我笑喜。

無注。

未濟

桑扈竊脂，啄粟不宜。亂政無常，使心孔明。③

桑扈，鳥名。竊脂，即桑扈也。

䷍乾下離上大有

白虎張牙，征伐東來。朱雀前驅，贊道説辭。④ 敵人請

---

① “駕”，士禮居本、津逮本作“篤”，是。“薦”，原作“慶”，據津逮本改。

② “涌”，原作“踊”，據《蠱》之《既濟》改。“滈滈”，原作“滑滑”，據《明夷》之《既濟》改。“洿”，原作“污”，據《蠱》之《既濟》津逮本改。洿、污通。“懼”，津逮本作“悖”。

③ “扈”，原作“户”，據津逮本改。二字通。元抄本注據改。“明”，翟云升《焦氏易林校略》曰：“明當作傷。”

④ “來”，津逮本作“華”，當據《谦》之《师》作“萊”。“贊道説”，津逮本作“贊導悦”。

服,銜璧前趨。

無注。

之乾

南上大行,困於空桑。左沙右石,牛馬無糧。[①]

無注。

坤

蟠枝折枝,[②]與母别離,絶不相知。

無注。

屯

噂噂所言,莫如我垣。[③] 歡樂堅固,可以長安。

無注。

蒙

雹梅零墜,[④]心思憒憒。懷憂少愧,亂我魂氣。

無注。

需

火雖熾,在吾後。寇雖多,在吾右。身安吉,不危殆。

無注。

---

① "上",原作"山";"左",原作"老";"右",原作"爲"。皆據《鼎》之《家人》改。"糧",津逮本作"食"。

② 首句,原作"蟠枝失歧",據《訟》之《謙》改。

③ "噂噂",原作"譐譐";第二句,原作"莫知我恒"。皆據津逮本改。

④ "雹",原作"李",據《頤》之《否》、《未濟》之《震》改。

訟

虎卧山隅,鹿過後朐。弓矢設張,猬爲功曹,伏不敢起。遂至平野,[①]得我美草。

《史記・龜策傳》郭璞注云:"猬能制虎。"

師

三火起明,雨滅其光。高位疾顛,[②]驕恣誅傷。

無注。

比

匹居楚烏,遇讒無辜,久放離憂。[③]

晋公子重耳遇驪姬之讒,在外十九年而後反國。

小畜

一室百子,[④]同公異母。以義防患,禍災不起。

無注。

履

商人行旅,資無所有。貪貝利珠,留連王市。還轅内

---

① "遂",原作"逐",據《大畜》之《泰》改。

② "雨",原作"兩";"顛",原作"巔",據津逮本改。

③ "居",原作"君",據津逮本改。"烏",原作"馬",津逮本作"烏";"放",原作"旅",津逮本作"散"。皆據《大有》之《賁》改。

④ "百",津逮本作"十"。

顧,①公子何咎?

無注。

泰

禹將爲君,北入崑崙。稍進陽光,登入温湯。代舜爲治,②功德昭明。

禹治水有功,舜以天下禪焉。

否

乾行天德,覆幬無極。嘔呴成熟,③使各自得。

《易·乾》卦:"飛龍在天,乃位乎天德。"

同人

南國盛茂,黍稷醴酒。可以享老,④樂以嘉友。

無注。

謙

方船備水,旁河然火,終身無禍。

無注。

豫

雷行相逐,無有休息。戰于平陸,爲夷所覆。

---

① "無所",原誤倒,據津逮本改。"轅",原作"旋",津逮本作"家",據《蠱》之《中孚》改。

② "陽",原作"揚",據津逮本改。"代舜爲治",津逮本無。

③ "呴",原作"呼";"成",原作"烹",津逮本作"享"。皆據《旅》之《巽》改。

④ "享",《夬》之《離》作"饗"。"饗"爲長。

未詳。

隨

躑躅踟蹰，拊心搔頭。五晝四夜，睹我齊侯。

未詳。

蠱

大口宣脣，神使伸言。黄龍景星，出應德門。[①] 與福上堂，天下安昌。

禹渡江，黄龍負舟。景星，一名德星。

臨

陰衰老極，陽建其德。履離戴光，[②]天下昭明。

無注。

觀

三塗五岳，陽城太室。神明所伏，獨無兵革。

三塗，山名，在河南伊闕縣。陽城，山谷名，在嵩山下。太室，山名。

噬嗑

年豐歲熟，政仁民樂。利以居止，旅人獲福。

無注。

---

① "德"，原作"侯"，據津逮本改。

② 第三句，原作"離陽載光"，津逮本作"離載陽光"，據《坤》之《未濟》改。

賁

楚烏逢矢，不時久放。離居無群，意味精喪。① 作此哀詩，以告孔憂。

無注。

剥

出門大步，與凶惡忤。駡公詈母，爲我憂耻。

無注。

復

火至井谷，揚芒生角。犯歷天門，闚觀太微。登上玉牀，家易其公。②

天文：③"太微爲五帝之庭，明堂之房。"

无妄

牧羊逢狼，雖憂不傷。畏怖惕息，④終無禍殃。

無注。

大畜

璽栗犧牲，敬奉鬼神。神嗜飲食，⑤受福多孫。望季不

① "矢"，原作"天"，據津逮本改。第四句，津逮本無。

② "揚"，原作"陽"，津逮本作"楊"；"天門"，原作"天户"，津逮本作"天市"；"其"，原作"六"。皆據《鼎》之《臨》津逮本改。

③ "天文"，誤，"太微"云云出自《後漢書・天文志》劉昭補注引張衡《靈憲》文。

④ "惕"，原作"既"，據津逮本改。

⑤ "鬼"，原作"貴"；"神嗜"，原作"享者"。皆據津逮本改。

來，孔聖厄陳。

按，《內則》："祭天地之牛，角繭栗。"又云："祭天地宗廟曰犧，卜得吉曰牲。"《語》云："孔子嘗厄於陳蔡之間。"

頤

大蓋治裝，南歸羖羊。[①] 長伯爲我，多得牛馬，利於徙居。

無注。

大過

枯樹無枝，[②]與子分離。飢寒莫養，獨立哀悲。

無注。

坎

天地九重，堯舜履中。正冠垂裳，宇宙平康。

堯，唐帝名。舜，虞帝名。《易》曰："堯舜垂衣裳而天下治。"

離

鳧鷖游淫，[③]君子以寧。履德不愆，福禄來成。

《詩·鳧鷖》："守成也。太平之君子，能持盈守成，神祇祖考安樂之也。曰：鳧鷖在涇，公尸燕飲，福禄來成。"淫，當作"涇"。

---

① "蓋"，津逮本作"澤"，"歸"作"販"。"裝"，原作"牀"，津逮本作"妝"，據翟云升《焦氏易林校略》引牟庭曰"牀當作裝"改。"羖羊"，津逮本作"牧牂"。

② "枯"，《師》之《比》津逮本作"削"。

③ "淫"，士禮居本、津逮本作"涇"，是。元抄本注是。

咸

羸襢逐狐，爲人觀笑。牝雞雄晨，主作亂根。

《書》曰："牝雞無晨。牝雞司晨，爲家之索。"

恒

典策法書，藏在蘭臺。雖遭亂潰，獨不遇災。

《漢官儀》："御史臺，内掌蘭臺秘書。"

遯

三癡俱狂，①欲之平鄉。迷惑失道，不知昏明。

無注。

大壯

瘿瘤瘍疥，爲身瘡害。疾病瘥疴，②常不屬逮。

無注。

晋

三豕俱走，鬬於谷口。③ 白豕不勝，死于阪下。

無注。

明夷

賴先之光，受德之佑。雖遭顛沛，獨不凶咎。

---

① "俱"，津逮本作"且"。
② "疴"，原作"痾"，據津逮本改。
③ "谷"，原作"虎"，據津逮本改。

《語》注云："顛沛，傾覆流離之際。"

家人

上義崇德，以建大福。明哲且聰，[1]周武立功。

《周書・武成》篇："惇信明義，崇德報功，垂拱而天下治。"

睽

四亂不安，東西爲患。退身止足，[2]不出國城。乃得全完，賴其生福。

無注。

蹇

金牙鐵齒，西王母子。無有患殆，減害道利。[3]

無注。

解

駕喜從福，日利蕃息，[4]歡樂有得。

無注。

損

昊天白日，照臨我國。萬民康寧，咸賴嘉福。

無注。

---

① 第三句，津逮本作"吉宜詰旦"。
② 第三句，原作"身止無功"，據《觀》之《小過》改。
③ 末句，津逮本作"涉道大利"。
④ "駕"，原作"賀"，據《解》之《睽》改。"日"，原作"曰"，據津逮本改。

益

左眇右盲，視闇不明。下民多孽，君失其常。

無注。

夬

吾家黍粱，委積道傍。有囊服箱，[1]運到我鄉，藏於嘉倉。

無注。

姤

殊類異路，心不相慕。牝豭無猳，鰥無室家。[2]

豭，丑延切。猳，音加。鰥，即"鰥"字。

萃

雀行求食，出門見鷂。顛蹶上下，幾無所處。

蹶，音厥。

升

野有積庾，[3]穡人駕取。不逢虎狼，暮歸其宇。

無注。

---

① "家"，津逮本作"有"。"委積"，原作"積委"，據津逮本改。"囊"，津逮本作"架"。

② "豭"，津逮本作"豕"，"鰥無"作"鰥居"。士禮居本作"鰥無"，是，元抄本注是。

③ "積庾"，原作"種庚"，士禮居本作"積庚"，據津逮本改。

困

膚敏之德，發憤晨食。虎豹禽説，①爲王求福。

《史記》："韓信虜魏王豹，又引兵擊趙，禽夏説。"虎，當作"虜"。

井

光祀春成，陳寳雞鳴。② 陽明失道，不能自守。

按，《秦紀》索隱注曰："《漢書·郊祀志》云：'文公獲若石云，於陳倉北坂城，祠之，其神來，若雄雉，其聲殷殷云。野鷄夜鳴，以一牢祠之，③號曰陳寳。'又臣瓚云：'陳倉縣有寳夫人祠，歲與葉君神會，祭於此者也。'"

革

左抱金玉，右得熊足。常盈不亡，④獲心所欲。

熊足，即熊掌，味之美者。

鼎

履泥污足，名困身辱。兩仇相得，身爲痛瘧。

無注。

---

① "晨"，原作"忘"，據《師》之《觀》元抄本、士禮居本改。"虎"，津逮本作"虜"，是。元抄本注是。

② "祀"，津逮本作"禮"。"寳"，原作"項"，據《困》之《未濟》改。

③ "一"，原脱，據《史記·秦本紀》索隱補。

④ "亡"，原作"忘"，據士禮居本、津逮本改。

震

安居重遷，不去其廛。禾米相聞，[①]樂得常産。

耿都爲河水所圮，盤庚欲遷於殷，而大家世族安土重遷，盤庚“誕告用亶其有衆曰：‘往哉，生生。永建乃家。’”

艮

天災所游，凶不可居。轉徙獲福，留止危憂。

無注。

漸

昧昧墨墨，不知白黑。景雲亂擾，光明隱伏。犬戎來攻，幽王失國。[②]

按《史記》：周幽王黜申后，廢太子宜臼。申侯與鄫人召犬戎，伐王，犬戎遂殺王於驪山下。

歸妹

鳧雁啞啞，以水爲宅。雌雄相和，心志娱樂，得其所欲。

無注。

豐

長生無極，子孫千億。柏柱載梁，[③]堅固不傾。

無注。

① “廛”，原作“亶”；“禾米”，原作“未來”。皆據津逮本改。
② 第五句，津逮本無。“王”，原作“主”，據津逮本改。
③ “梁”，原作“器”，據津逮本改。

旅

麒麟鳳凰，善政得祥。陰陽和調，國無災殃。

麒麟，仁獸；鳳凰，靈鳥，太平之世見。

巽

天之奥隅，堯舜所居。可以存身，保我室家。

堯舜，唐虞二帝也。

兑

配合相迎，利之四鄉。[①] 昏以爲期，與福笑喜。

無注。

涣

砥德礪材，果當成周。拜受大命，封爲齊侯。

太公辟紂，居東海之濱，聞文王作而歸之。其後，武王伐紂有天下，遂封爲齊侯。

節

與福俱坐，畜水備火。思患豫防，終無殃禍。[②]

無注。

中孚

畏昏潛處，候時昭昭。[③] 卒遭白日，爲世榮主。

---

① "鄉"，原作"鄰"，據津逮本改。
② 第三句，津逮本無，"殃"作"災"。
③ "時"，原作"明"，據津逮本改。

無注。

小過

視曰載光,與天相望。長生歡悦,以福爲兄。①

曰,當作"日"。

既濟

大頭明目,載受嘉福。三雀飛來,與禄相得。②

無注。

未濟

梗生荆山,命制輪班。袍衣剥脱,夏熱冬寒。飢餓枯槁,③衆人莫憐。

荆山多産異材。班,公輸子魯班也。

䷎艮下坤上謙

王喬無病,苟頭不痛。亡破失履,乏我送從。④

王喬,古仙人名。苟頭不痛,未詳。

---

① "曰",士禮居本、津逮本作"日",是。"載",士禮居本、津逮本作"再",《坤》之《未濟》作"戴"。"以",津逮本作"與"。二字通。"兄",原作"多",據津逮本改。

② "得",原作"單",據《履》之《中孚》改。

③ "制",原作"載",津逮本作"屬";"飢",原作"立"。皆據《乾》之《既濟》改。

④ "苟",津逮本作"狗","送"作"徒"。"破",津逮本作"跛",《艮》之《革》元抄本、士禮居本作"屐",津逮本作"破"。

之乾

嗤囁處曜，昧冥相傳。[①] 多言少實，終無成事。

無注。

坤

北辰紫宫，衣冠立中。含和建德，常受大福。[②]

北辰，北極，天之樞也。紫宫，爲皇極之宫。見《漢·天文志》。

屯

東壁餘光，數闇不明。主母妒嫉，亂我事業。

東壁，星名。

蒙

下背其上，盜明相讓。子嬰係頸，[③]陳破其虚。

未詳。

需

鳳生會稽，稍巨能飛。翺翔桂林，[④]爲衆鳥雄。

---

① "處曜"，津逮本作"噱嘤"。"傳"，原作"待"，津逮本作"持"，據《明夷》之《豫》及《乾》之《解》士禮居本、津逮本改。

② 末句下，原衍"鉛刀攻玉，堅不可得"，據《坤》之《觀》、《需》之《夬》删。

③ "子嬰"，原誤倒，據津逮本乙正。"係頸"，原作"兩頭"，據《史記·秦始皇本紀》"子嬰即係頸以組"改。

④ "能飛"，原作"飛翔"，據士禮居本、津逮本改。"桂林"，原作"往來"，據津逮本改。

鳳，靈鳥。會稽，山名。

訟

鑿井求玉，非卞氏室。① 名困身辱，勞無所得。

室，當作"寶"。

師

邦桀載殳，②道至東萊。百僚具舉，君王嘉喜。

《詩·衛風·伯兮》之篇曰："邦之桀兮。"又曰："自伯之東。"注云："婦人以夫久從征役而作是詩也。文王之遣戍卒，周公之勞歸士，故其民悦而忘死焉。"

比

安息康居，異國穹廬。非吾邦域，使伯憂戚。③

安息、康居，皆外國名。

小畜

江河淮海，天之都市。商人受福，國家富有。

無注。

履

同本異葉，樂仁上德。東鄰慕義，來興吾國。

無注。

---

① "室"，津逮本、士禮居本作"寶"，是。元抄本注是。
② "殳"，原作"役"，據《詩·衛風·伯兮》"伯也執殳"改。
③ "穹"，原作"同"；"戚"，原作"惑"。皆據津逮本改。

泰

白鶴銜珠，夜食爲明。懷吾德音，身受光榮。

《搜神記》云："有鶴爲弋人所射，窮而歸噲參。參收養療治，瘡愈而放之。後鶴夜到門外，參執燭視之，鶴雌雄雙至，各銜明珠以報參焉。"

否

踐履危難，脱厄去患。入福喜門，見吾邦君。

無注。

同人

宫商既和，聲音相隨。驪駒在門，主君以歡。

無注。

大有

天地配享，六位光明。陰陽順序，以成厥功。

天、地，即乾、坤二卦。六位，震、巽、坎、離、艮、兑。

豫

江河淮海，天之奧府。衆利所聚，可以饒有，樂我君子。

無注。

隨

雙鳧俱飛，①欲歸稻池。經涉萑澤，爲矢所射，傷我

① "鳧"，原作"鳥"，據《否》之《晋》改。

胸臆。

無注。

蠱

伯仲叔季，日暮寢寐。醉卧失明，喪我貝囊，[1]銜卻道傍。

無注。

臨

受終文祖，承衰復起。以義自閑，[2]雖苦無咎。

《虞書》云："舜受終于文祖。"按，舜，黄帝八代孫，父頑母嚚象傲，堯舉於側陋。

觀

据斗運樞，順天無憂，與樂並居。

斗，北斗，星名。樞，北極，天之樞也。

噬嗑

周師伐紂，戰於牧野。甲子平旦，天下悦喜。

武王伐紂，甲子昧爽，王朝至于商郊，與紂戰於牧野，勝殷殺受，大賚于四海，萬姓悦服。

---

① "伯"，原作"留"，據津逮本改。"醉"，原作"羸"，津逮本作"裸"，據《節》之《涣》改。"明"，原作"限"；"喪"，原作"虐"；"貝"，原作"具"。皆據津逮本改。

② "閑"，原作"閉"，據津逮本改。

賁

十雌百雛，[1]常與母俱。抱雞搏虎，誰敢害諸？

無注。

剥

桀跖並處，人民愁苦。擁兵荷粮，戰於齊魯。

桀，夏桀。跖，盜跖。

復

南山昊天，刺政閔身。疾悲無辜，背憎爲仇。

《詩·小雅·節南山》云："節彼南山。"又曰："不弔昊天。"又曰："昊天不平。"此詩家父所作，刺周王用尹氏爲太師，秉國之均，不能毗輔天子，用威虐政，以召禍亂，民所憎惡甚於仇讎也。

无妄

百川朝海，流行不止。道雖遼遠，無不到者。

無注。

大畜

目不可合，憂來搖足。怵惕危懼，[2]去我邦域。

無注。

---

① "百"，原作"伯"，據士禮居本、津逮本改。

② "搖"，《萃》之《睽》、《兑》之《解》作"搔"。"搔"爲長。"危"，原作"爲"，據津逮本改。

頤

烏升鵲舉，照臨東海。厖降庭堅，爲陶叔後。封圻英六，福履綏厚。①

高陽氏才子八人，厖降、庭堅，其二子也。庭堅，即皋陶字。英、六，春秋時二小國。見《春秋·魯文公十八年》。

大過

北山多棗，橘柚所聚。荷囊載畚，②盈我筐筥。

無注。

坎

懸狟素飡，③食非其任。失望遠民，實勞我心。

《詩·伐檀》篇云："胡瞻爾庭有懸貆兮，彼君子兮，不素餐兮。"貆，貉類。

離

羔羊皮革，君子朝服。輔政扶德，以合萬國。

《詩》："羔羊之皮，素絲五紽。羔羊之革，素絲五緎。"言"南國化文王之德，在位皆節儉正直，故詩人美其衣服有常也。"

---

① "厖"，士禮居本作"龍"，津逮本作"龙"。厖、龙義同。"圻"，原作"於"，據《觀》之《頤》改。"福履"，原誤倒，士禮居本作"履禄"，據津逮本改。"綏"，原作"爲"，據士禮居本、津逮本改。

② "山"，原作"方"，據《剥》之《屯》改。"畚"，原作"黍"，津逮本作"香"，據《左傳》宣公二年"置諸畚，使婦人載以過朝"及《太平御覽》卷九百六十六《橘》改。

③ "飡"，士禮居本、津逮本作"餐"。

咸

齊魯爭言，戰於龍門。構怨致禍，三世不安。

按，《春秋·魯成公二年》："春，齊侯伐我北鄙，圍龍，頃公之嬖人盧蒲就魁門焉，龍人囚之。齊侯親鼓，三日取龍。"

恒

久陰霖雨，塗行泥潦。商人休止，市空無有。①

無注。

遯

桃雀竊脂，巢於小枝。摇動不安，爲風所吹。寒心慄慄，②常憂殆危。

桃雀即桃蟲。《詩》曰："肇允彼桃蟲。"注云："鷦鷯也。"竊脂，桑扈也。

大壯

防患備災，凶惡不來。雖困無憂。③

無注。

晉

引頸絶糧，④與母異門。不見所歡，孰與共言？

---

① 末句，原作"市無所有"，據津逮本改。
② "慄慄"，津逮本作"悚慄"。
③ "惡"，津逮本作"禍"。末句下，原衍"未獲安休"，據津逮本删。
④ "頸"，原作"順"，據津逮本改。

無注。

明夷

鰌鰕去海，游於枯里。街巷褊隘，不得自在。南北無極，[1]渴餒成疾。

無注。

家人

恭寬信敏，功加四海。辟去不祥，喜來從母。

《語》云："子張問仁於孔子。孔子曰：'能行五者於天下爲仁矣。''請問之'，曰：'恭、寬、信、敏、惠。恭則不侮，寬則得衆，信則人任焉，敏則有功。'"

睽

歲飢無年，虐政害民。乾谿驪山，秦楚結怨。

昭公十三年，楚靈王被弑于乾谿。《史記》：秦始皇造作驪山。

蹇

右目無瞳，偏視寡明。十步之外，不知何公。

無注。

解

蜩螗歡喜，草木嘉茂。百果蕃熾，日益多有。[2]

---

① "游"，原作"藏"，據《无妄》之《小畜》改。"無極"，原作"極遠"，據津逮本改。

② "多"，津逮本作"庶"。

《詩·豳風·七月》篇："五月鳴蜩。"蜩，蟬也。宋曰螗蜩，鄭曰蜋蜩。

損

常德自如，安坐無尤。幸入貴鄉，[1]到老安榮。

無注。

益

狡兔趯趯，良犬逐咋。雄雌爰爰，[2]爲鷹所獲。

無注。

夬

春桃生華，季女宜家。受福多年，男爲封君。

《詩·周南·桃夭》篇言："后妃之德也。桃之夭夭，灼灼其華。之子于歸，宜其室家。"

姤

山石朽弊，消崩隳落。[3] 上下離心，君受其祟。

無注。

萃

水壞我里，東流爲海。龜鼃讙囂，不睹我家。

---

① "常德"，原作"當得"，據士禮居本、津逮本改。"幸"，原作"華"，士禮居本作"莘"，據津逮本改。

② 第三句，原作"雄雉受害"，據《未濟》之《師》改。

③ "消"，原作"稍"，據《夬》之《姤》改。

無注。

升

七竅龍身,造易八元。法天則地,順時施恩,富貴長存。

聖人心有七竅。伏犧蛇身人首,遇河中龍馬負圖,則而書之,以畫八卦。

困

四夷慕德,來興我國。文君陟降,同受福德。

《詩·大雅·文王》之詩曰:"文王陟降,在帝左右。"

井

華首山頭,仙道所游。利以居止,長無咎憂。

太華、首陽之山也。

革

鸜鴝徙巢,西至平州。遭逢雷電,闢我葦廬。[①] 室家飢寒,思吾故初。

無注。

鼎

狗無前足,陰謀叛背,[②]爲身害賊。

未詳。

---

① "電",原作"雹",據《咸》之《隨》改。"闢",津逮本作"損"。
② "背",津逮本作"北"。

震

陽孤亢極，多所恨惑。車傾蓋亡，身常驚惶。乃得其願，雌雄相從。

陽孤亢極，《易·乾》卦上九："亢龍有悔。"

艮

空槽注器，豚彘不到。張弓祝雞，雄父飛去。①

無注。

漸

長夜短日，陰爲陽賊。萬物空枯，藏於北陸。

《書》曰："日短星昴，以正仲冬。"又《春秋左傳》："日在北陸而藏冰。"

歸妹

爪牙之士，怨毒祈父。轉憂與己，傷不及母。

《詩·小雅·祈父》篇云："祈父，予王之爪牙，胡轉予于恤，有母之尸饔。"

豐

拜跪請免，不得其哺。俛首銜指，②低頭北去。

無注。

---

① "器"，原作"猪"，據《咸》之《困》改。詳見《師》之《旅》校記。

② "免"，原作"兔"；"其哺"，原作"臭腐"。皆據《坤》之《損》改。"俛首"，原作"挽眉"，據津逮本改。

旅

有莘季女，爲夏妃后。[①] 貴夫壽子，母字四海。

按，《本紀》索隱：[②]"鲧取有莘氏女，謂之女志，是生高密。"宋衷云："高密，禹所封之國。"

巽

季姬踟躕，待孟城隅。終日至暮，不見齊侯。

按，《詩·静女》篇："静女其姝，俟我於城隅。愛而不見，搔首踟躕。"

兑

邯鄲反言，父兄生患。涉叔憂恨，卒死不還。[③]

涉叔，即陳涉。涉嘗令陳人武臣徇趙地，武臣到邯鄲，自立爲趙，涉怒，捕繫武臣家室，後因柱國之諫，遂立武臣爲趙王。武臣終於背，涉竟死於莊賈之難。出《陳涉傳》。

涣

逐鹿山顛，利去我西。維邪南北，利無不得。[④]

無注。

節[⑤]

虎豹熊羆，游戲山谷。君子仁賢，皆得所欲。

---

① "夏"，津逮本作"王"。
② "索隱"，原脱，據《史記·夏本紀》"名曰文命"索隱補。
③ "憂恨"，原作"援俎"；"卒"，原作"一"。皆據津逮本改。
④ "利無"，津逮本作"所求"。
⑤ 卦名，士禮居本、津逮本作"中孚"。

無注。

中孚①

穿鼻繫株，爲虎所拘。王母祝福，②禍不成災，突然自來。

無注。

小過

梅李冬實，國多賊盜。擾亂並作，王不能制。

《春秋·魯僖公三十三年》："冬，隕霜不殺草，李梅實。"《公羊傳》曰："紀異也。此禄去公室，政在公子遂之應。"

既濟

望幸不到，文章未就。王子逐兔，犬踦不得。

無注。

未濟

千柱百梁，終不傾僵。仁智輔聖，周宗寧康。

周大封同姓，以爲藩屏，子孫安寧，享祀八百。

䷏坤下震上豫

冰將泮散，鳴雁噰噰。丁男長女，可以會同，生育聖人。

按，《詩·匏有苦葉》篇："雝雝鳴雁，旭日始旦。士如歸妻，

---

① 卦名，士禮居本、津逮本作"節"。
② "福"，原作"榴"，據津逮本改。

追冰未泮。”

之乾

罷馬上山,[①]絶無水泉。喉燋脣乾,口不能言。

無注。

坤

蔡侯朝楚,留連江濱。逾時歷月,思其后君。

魯定公三年冬,蔡昭侯適楚,獻佩裘於昭王,昭王服之以享蔡侯,蔡侯亦服其一,子常欲之,弗與,三年止之。

屯

文厄羑里,湯拘夏臺。仁聖不害,數困何憂?免於縲索,爲世雄侯。[②]

文王囚於羑里,成湯拘於夏臺。

蒙

典策法書,藏在蘭臺。雖遭亂潰,獨不遇災。

《漢官儀》:“御史臺,内掌蘭臺秘書。”

需

旃裘羶國,文禮不飭。跨馬控弦,伐我都邑。

無注。

---

① “罷”,原作“龍”,據《乾》之《訟》士禮居本改。

② “拘”,津逮本作“囚”,“索”作“絏”,“雄”作“明”。

訟

星隕如雨，力弱無輔。強陰制陽，[1]不得安土。

《春秋・莊公七年》："夏四月辛卯夜，恒星不見。夜中，星隕如雨。"《穀梁傳》注云："星既隕而復雨也。"

師

蝗齧我稻，驅不可去。實穗無有，但見空槁。

無注。

比

虎飢欲食，爲蝟而伏。禹導龍門，辟咎除患，元醜以安。

《史記・龜策傳》郭璞注云："蝟能制虎。"《書・禹貢》：龍門屬雍州，在今馮翊夏陽縣，禹治水導之。

小畜

蝙蝠夜藏，不敢晝行。酒爲酸漿，魴臭鮑羹。[2]

無注。

履

精華墮落，形體醜惡。齬齟挫頓，枯槁腐蠹。

無注。

泰

兩足不獲，難以遠行。疾步不能，後旅失時。

---

① "力"，原作"弓"；第三句，原作"強陽制陰"。皆據津逮本改。
② "鮑"，原作"飽"，據士禮居本、津逮本改。

無注。

否

令妻壽母,宜家無咎。君子之歡,得以長久。

無注。

同人

蠶飢作室,緡多亂纏,[①]緒不可得。

無注。

大有

子鉏執麟,[②]春秋作元。陰聖將終,尼父悲心。

《左傳·哀公十四年》:"春,西狩於大野。叔孫氏之車子鉏商獲麟。孔子作《春秋》。"

謙

螟蟲爲賊,害我稼穡。禾單麥盡,[③]秋無所得。

螟,蟲類,似蠶吐絲,食禾心者。

隨

憂在心腹,内崩爲疾。禍起蕭牆,意如制國。[④]

《語》曰:"季氏將伐顓臾。"季氏,魯大夫。顓臾,國名,魯附

---

① "緡",原作"昏",據津逮本改。

② "鉏",原作"鋤",據士禮居本、津逮本改。

③ 第三句,士禮居本"單"作"殫",津逮本作"盡禾殫麥"。單、殫通。

④ "心腹",原作"腹内";"内崩",原作"山崩";末句,原作"竟制其國"。皆據《夬》之《隨》改。

庸也。孔子曰:"吾恐季孫之憂不在顓臾,而在蕭牆之內也。"

蠱

茹芝餌黄,飲食玉瑛。與神流通,長無憂凶。

無注。

臨

一夫兩心,袨刺不深。[①] 所爲無功,求事不成。

袨,章移切。

觀

十里望烟,散涣四分。形容滅亡,終不見君。一本云,膠車木馬,不利遠駕。出門有害,安止得全。[②]

無注。

噬嗑

張弓廓弩,經涉山道。雖有豺虎,[③]誰敢害諸?

無注。

賁

泉閉澤竭,主母飢渴。[④] 君子困窮,乃徐有説。

無注。

① "袨",津逮本作"技",當據《噬嗑》之《豐》作"歧"。
② "分",士禮居本、津逮本作"方"。"一本"云云,津逮本、士禮居本均無。
③ "廓",津逮本作"控"。"豺",原作"伏",據《否》之《蒙》改。
④ "主",原作"王",據津逮本改。

剥

野鳶山鵲，弈棋六博。三梟四散，主人勝客。

六博、三梟，皆古局戲名。

復

牛驚馬走，上下渾擾。① 鼓音不絶，頃公奔敗。

《春秋·魯成公二年》："衛孫桓子、魯臧宣叔、晋郤克與齊頃公戰。晋人援桴而鼓，馬逸不能止，師從之，頃公敗績。"

无妄

黄帝神明，八子聖聰。俱受大福，天下康平。②

高陽氏有才子八人，天下謂之八愷。

大畜

住車醊酒，疾風暴起。泛亂福器，飛揚位草。明神降祐，③道無害寇。

無注。

頤

螣蛇乘龍，④宋鄭飢凶，民食草蓬。

《春秋·魯襄公二十八年》："梓愼曰：'蛇乘龍。龍，宋、鄭

---

① "牛"，原作"羊"；"渾"，原作"揮"。皆據《明夷》之《節》改。

② "康平"，津逮本作"平康"。

③ "位"，各本同，疑當作"枯"。"祐"，原作"禄"，津逮本作"佑"，據《坎》之《巽》改。

④ "螣"，原作"滕"，津逮本作"騰"，據尚秉和《焦氏易林注》改。

之星也。宋、鄭必飢。'"

大過

揚水潛鑿，使石潔白。衣素表朱，遨游皋沃。[1] 得君所願，心志娱樂。

《詩·揚之水》："刺晋昭公也。昭公分國以封沃，沃盛強，曰：'揚之水，白石鑿鑿。素衣朱襮，從子于沃。既見君子，云胡不樂。'"

坎

西過虎廬，驚其前驅，雖憂無危。[2]

無注。

離

衣成無袖，[3]不知所穿。客指東西，未得便安。

無注。

咸

晨風文翰，隨時就温。雌雄相和，[4]不憂危殆。

《詩·晨風》篇云："鴥彼晨風，鬱彼北林。未見君子，憂心欽欽。"注曰："婦人憂其君子，而以晨風自興也。"

① "衣"，原作"裏"，據《否》之《師》改。"遨游"，津逮本作"游戲"。"沃"，原作"澤"，據《否》之《師》士禮居本、津逮本改。

② "其"，津逮本作"我"。"驅"，原作"樞"；"危"，原作"尤"。皆據津逮本改。

③ "袖"，津逮本作"開"。

④ "雌雄"，原誤倒，據津逮本乙正。

恒

心多恨悔，出言爲怪。梟鳴室北，①聲醜可惡，請謁不得。

鴟梟，惡鳥也。

遯

列女无夫，②閔思苦憂。齊子無良，使我心愁。

《詩·南山》篇："魯道有蕩，齊子由歸。"

大壯

過時不歸，雌雄苦悲。徘徊外國，與叔分離。③

無注。

晋

鵲巢柳樹，鳩奪其處。任劣德薄，④天命不祐。

《詩·召南·鵲巢》篇云："維鵲有巢，維鳩居之。"

明夷

鶴盜我珠，逃於東都。懷怒追求，⑤郭氏之墟。不見踪迹，使伯心憂。

---

① "室"，原作"于"，據津逮本改。

② 首句，原作"離女去夫"，據《震》之《明夷》士禮居本、津逮本改。

③ "叔"，複林《比》之《隨》、《小過》之《艮》均作"母"。

④ "奪"，原作"集"；"德薄"，原誤倒。皆據津逮本改。"劣"，原作"力"，據《臨》之《未濟》改。

⑤ "懷"，津逮本作"鵠"。

未詳。

家人

夫婦相背，和氣弗處。陰陽俱否，莊姜無子。

按，《詩·緑衣》篇注云："衛莊公惑於嬖妾，夫人莊姜賢而失位，故作此詩。"

睽

日走月步，趣不同舍。[①] 夫妻反目，主君失位。

《易·小畜》卦："輿脱輹，夫妻反目。"

蹇

雒陽嫁女，善逐人走。三寡失夫，婦妒無子。

未詳。

解

周德既成，杼軸不傾。[②] 太宰東西，夏國康寧。

此言周家之德，周公之職也。

損

日中爲市，交易資寶。各利所有，心悦以喜。

《易·繫辭》云："日中爲市，致天下之民，聚天下之貨，交易而退，各得其所，蓋取諸《噬嗑》。"

---

① "趣"，原作"逃"，據津逮本改。

② "杼"，原作"抒"，據士禮居本、津逮本改。

益

童妾獨宿，長女未室，利無所得。

無注。

夬

奭旦輔成，[①]王政不傾。公劉兆基，文武綏之。

言周、召輔成王，及公劉、文、武之德。

姤

牛驥同堂，郭氏以亡。國破爲虚，主君奔逃。

按，《胡傳》："莊公二十四年，齊桓公問郭父老曰：'郭何以亡？'父老曰：'見善而不能舉，惡惡而不能去，所以亡。'"

萃

中原有菽，以待饔食。[②] 飲御諸友，所求大得，

《詩・小宛》篇："中原有菽，庶民采之。"

升

多虚少實，語不可覆。樽虚無酒，飛言如雨。

無注。

困

青蠅集藩，君子信讒。[③] 害賢傷忠，患生婦人。

---

① "奭旦"，原作"忠言"，據《節》之《革》改。
② "饔"，原作"雍"，據《小畜》之《大過》改。
③ 次句，津逮本作"君信讒言"。

《詩・青蠅》:“刺幽王也。營營青蠅,止于棘。讒人罔極,交亂四國。”

井

履株覆輿,馬驚傷車,步爲我憂。

無注。

革

商風召寇,來呼外盜。① 間諜内應,與我爭鬬。殫己寶藏,主人不勝。

《春秋》:“秦穆公聽杞子,謀伐鄭,遂敗。”

鼎

逸豫好游,不安其家。惑於少姬,久迷不來。

未詳。

震

吾有騂騮,畜之以時。東家翁孺,來請我駒。價極可與,後無賤悔。

無注。

艮

阨窮上通,與堯相逢。登升大麓,國無凶人。

堯舉舜於側微,而納之大麓。

---

① “來呼外盜”,原作“呼我北盜”,據《既濟》之《井》改。

漸

衆兔俱走,熊羆在後。踦不能進,失信寡處。

無注。

歸妹

旁行不遠,三思復反。心多畏惡,日中止舍。①

無注。

豐

倉唐奉使,中山以孝。文侯悦喜,擊子徵召。

魏文侯封太子擊於中山,三年不問。舍人趙倉唐入見,文侯悦之,遂召還國。

旅

入天門,守地户。居安樂,不勞苦。一説,②文山蹲鴟,肥腯多脂。王孫獲願,載福巍巍。

《食貨志》:"岷山之下,沃野有蹲鴟。"即蹟也。

巽

登階上堂,見吾父兄。左酒右漿,與福相迎。

無注。

兑

秋蛇向穴,不失其節。夫人姜氏,自齊復入。

---

① "日中",原作"中日",據《震》之《噬嗑》乙正。

② "一説"二字,津逮本無,非。

按《春秋》：魯桓公夫人文姜有邪行，復歸于齊，故言秋蛇猶知向穴而不失其節，文姜不守理而復歸于齊也。

涣

忍醜少羞，無面有頭。滅耗寡虚，日以削銷。[①]

未詳。

節

景星照堂，麟鳳游翔。[②] 仁施大行，頌聲以興。

《物理論》："景星者，星之精也，王者不私人以官，使賢者在位則見。"麟，仁獸；鳳，靈鳥，世治則見也。

中孚

干旄旌旗，[③]執幟在郊。雖有寶珠，無路致之。

《衛詩・干旄》篇云："孑孑干旄，在浚之郊。"《小序》云："美好善也。"

小過

李華再實，鴻卵降集。仁哲以興，蔭國受福。[④]

無注。

---

① "滅耗"，津逮本作"耗滅"，"銷"作"消"。
② "鳳游"，津逮本作"游鳳"。
③ "干"，原作"竿"，據津逮本改。
④ "哲"，原作"德"，據《比》之《訟》、《小畜》之《離》改。"蔭"，原作"陰"，據津逮本改。

既濟

白馬赤烏,戰於東都。天輔有德,①敗悔爲憂。

《詩》曰:“有客有客,亦白其馬。”蓋白馬,殷人所尚。《史記》:“武王渡河,有火流爲烏。”蓋興周之祥也。東都,指牧野朝歌而言。

未濟

采薪得麟,大命隕顛。豪雄爭名,天下四分。

無注。

① 第三句,津逮本無。

卷第五

☱☳震下兑上**隨**

烏鳴東西，[①]迎其群侣。不得自專，空返獨還。

無注。

之乾

鼻目易處，不知香臭。君迷於事，失於共居。一云，失其寵位。[②]

無注。

坤

唐虞相輔，鳥獸喜舞。安樂無事，國家富有。

《虞書》："夔曰：'於！予擊石拊石，百獸率舞。'"

屯

左輔右弼，金玉滿櫃。常盈不亡，富如敖倉。

---

① "烏"，津逮本作"鳥"。

② 第四句，士禮居本、津逮本作"失其寵位"，其下無"一云"云云。

無注。

蒙

蒼龍單獨，與石相觸，摧折兩角。

無注。

需

鈞目厭部，[①]善逐人走。來嫁無夫，不安其廬。

無注。

訟

逐虎驅狼，避去不祥。[②] 凶惡北行，與喜相逢。

無注。

師

齎貝贖狸，不聽我辭。繫於虎鬚，牽不得來。

無注。

比

罔載共輿，[③]中道別去。喪我元夫，獨與孤居。

罔，當作"同"。

小畜

奮翅鼓翼，將之嘉國。愆期失時，反得所欲。

---

① "目"，津逮本作"日"。

② "去"，原作"者"，據津逮本改。

③ "罔"，士禮居本、津逮本作"同"，是。元抄本注是。

無注。

履

目傾心惑，夏姬在側。申公顛倒，巫臣亂國。

《春秋・宣公十年》："陳靈公通於夏姬，其子徵舒病之，出，自厩射而中之。"

泰

捕鳩彈鵲，逐兔山北。[1] 丸盡日暮，失獲無得。

無注。

否

鹿求其子，虎廬之里。唐伯李耳，[2]貪不我許。

無注。

同人

敗魚鮑室，臭不可息。上山履塗，歸傷我足。

無注。

大有

華燈百枝，消暗衰微。精光訖盡，奄如灰靡。[3]

無注。

---

① "捕"，原作"搏"，據《賁》之《歸妹》改。"逐"，津逮本作"獵"。
② "李"，原作"季"，據津逮本改。
③ "暗衰"，原誤倒，據津逮本改。"如"，原作"有"，據《艮》之《蹇》改。

謙

顔叔子夏,遨游仁宇。温良受福,不失其所。

顔叔,子淵之父,顔無繇也。子夏,姓卜名商。

豫

梁柱堅固,子孫蕃盛。① 福喜盈積,終無禍悔。

無注。

蠱

邊鄙不聳,民狎於野。② 穡人成功,年歲大有。

無注。

臨

鼃池鳴呴,③呼求水潦。雲雨大會,流成河海。

無注。

觀

志合意同,姬姜相從。嘉耦在門,夫子悦喜。

《春秋左傳》曰:"雖有姬姜,無棄憔悴。"

---

① "盛",津逮本作"熾"。

② "於",原作"其",據津逮本改。

③ "鼃池",原作"虵牛",津逮本作"蝸池",據尚秉和《焦氏易林注》改。尚氏曰:"鼃,津逮聲訛爲蝸,宋本又訛爲虵,池爲牛。以兩本形聲定之,必爲鼃字。鼃,古文蛙字也。按《春秋繁露》:'雨法,取五蝦蟆置池中,具酒脯陳請。'"

噬嗑

白馬驊騮，更生不休。富我商人，①利得如丘。

無注。

賁

大姒夏禹，經啓九道。各有攸處，②民得安所。

大禹，姒姓。九道，九州之道。《書》："禹别九州。"

剥

甲戊己庚，隨時轉行。不失其心，得且安寧。③

無注。

復

穆違百里，使孟厲武。將師襲戰，敗於殽口。④

秦穆公違蹇叔之言，使百里孟明視出師襲鄭。孟，即孟明視也。厲，謂嚴厲武事也。

无妄

茅茹本居，與類相扶。顧慕群旅，不離其巢。

《易·泰》卦曰："拔茅茹，⑤以其彙，征吉。"

---

① "驊騮"，原作"駁騮"，津逮本作"騮駁"，據《遯》之《大有》改。"我"，原作"有"，據《復》之《睽》改。

② "處"，原作"家"，據津逮本改。

③ "其心"，《噬嗑》之《坤》作"常節"，《臨》之《比》作"其常"。

④ "口"，津逮本作"右"。

⑤ "茅"下，原衍"連"，據四部叢刊本《周易注》删。

大畜

伯仲叔季，日暮寢寐。醉卧失明，[①]喪其貝囊。

無注。

頤

亡羊補牢，張氏失牛。騂騮奔走，鵲盜我魚。

無注。

大過

雀目燕頦，畏昏無光。思我狡童，不見子充。

《詩》曰："不見子充，乃見狡童。"注云："子充，猶子都也。"

坎

入暗出明，動作有光。運轉休息，常樂允康。

無注。

離

不勝私情，以利自嬰。北室出狐，[②]毁其良家。

無注。

咸

稱幸上靈，媚悦于神。受福重重，子孫蕃功。

無注。

---

① "醉"，原作"坐"，據《節》之《涣》津逮本改。

② "狐"，原作"孤"，據《否》之《頤》改。

恒

齊姜叔子，天文在手。實沈參墟，封爲晋侯。①

齊姜，武王后。叔子，即太叔。當齊姜方震太叔，夢帝謂己："余命而子曰虞。"及生，有文在手曰虞，遂以命之，及成王滅唐而封太叔焉。參爲晋星。實沈，參神也。出《左傳·魯昭公元年》。

遯

遨游無患，出入安全。長受其歡，君子萬年。

無注。

大壯

被服文德，升入大麓。四門雍肅，登受大福。②

《書》曰："納于大麓，烈風雷雨弗迷。"注："麓，山足也。"

晋

負金懷玉，南歸嘉國。蜂蠆不螫，利入我室。

蠆，音寨。螫，音釋。

明夷

日在阜顛，鄉昧爲昏。③ 小人成群，君子傷倫。

---

① "手"，原作"位"；"晋"，原作"康"。皆據《睽》之《坤》改。

② 末句下，津逮本有"慈烏鳴鳩，執一無尤。寢門内治，君子悦喜"，誤，當爲他林。

③ "鄉"，津逮本作"嚮"。二字通。

無注。

家人

水父海母，先來鳴响。澤皋之士，[①]從高而處。

無注。

睽

東鄰少女，爲王長婦。柔順利貞，宜夫壽子。

無注。

蹇

戴瓿望天，不見星辰。顧小失大，福逃於外。

瓿，音否。

解

王喬不病，狗頭不痛。三尸失履，乏我送從。[②]

王喬，古仙人名。三尸，按《韻府群玉》："有上尸、中尸、下尸。居人身中。凡庚申日，上詣天曹，言人罪福。出《酉陽雜俎》。"

損

使燕築室，身無庇宿。家不容車，瀸我衣服。[③]

---

① "士"，原作"土"，津逮本作"上"，據《臨》之《節》改。

② "三尸"，津逮本作"亡跛"。"送"，原作"逆"，津逮本作"徒"，據《謙》之《謙》改。

③ "瀸"，原作"微"，津逮本作"後"，據翟云升《焦氏易林校略》引牟庭語改。牟云："微當作瀸。"

無注。

益

威權分離,烏夜徘徊。[①] 爭蔽月光,大人誅傷。

無注。

夬

辯變白黑,巧言亂國。大人失福,君子迷惑。

無注。

姤

依踞甲鎧,敝筐受貝。大人不顧,少婦不取,棄捐於道。

無注。

萃

燕雀銜茅,以生乎乳。兄弟六人,姣好悌孝。得心歡忻,[②]和悦相樂。

無注。

升

登几上輿,駕駟南游。合從散衡,燕齊以彊。[③]

蘇秦主從,張儀主衡。秦事燕,儀事秦。按《禮部韻》:"毛

---

① "烏",原作"鳥",據士禮居本改。

② "姣",原作"妓",據《咸》之《小過》改。"忻",士禮居本、津逮本作"欣"。

③ "齊",原作"秦",據《屯》之《否》改。"彊",原作"僵",據《屯》之《否》、《泰》之《晉》改。

居正曰：'以六攻一爲從，以一離六爲橫，合之曰從衡。"

困

黷黷許許，仇偶相得。冰入炭室，消亡不息。

無注。

井

鴟鴞破斧，邦人危殆。賴旦忠德，轉禍爲福，傾危復立。①

《鴟鴞》、《破斧》，皆《詩·豳風》篇名。言周公誅管、蔡以安周室之事。

革

載金販狗，利棄我走。藏匿淵底，②悔折爲咎。

無注。

鼎

淵坑復平，宇室安寧。③憂患解除，賴福長生。

無注。

震

驪姬讒嬉，與二嬖謀。譖啄恭子，賊害忠孝。申生以縊，

① "旦"，原作"其"，據《革》之《歸妹》改。"危"，原作"亡"，據津逮本改。
② "底"，原作"渠"，據《訟》之《旅》改。
③ "淵"，原作"泉"，據津逮本改。"泉"乃爲避李淵名諱所改。

重耳奔逃。[①]

《春秋左傳》:"晋獻公嬖驪姬,驪姬欲立其子奚齊,賂外嬖梁五、東關嬖五,譖毁群公子及世子申生。"恭子,即申生也。

艮

封羊不當,[②]血少無羹。女執空筐,不得采桑。

無注。

漸

牧羊稻園,聞虎喧嚾。畏懼悚息,終無禍患。

無注。

歸妹

明德隱伏,麟鳳遠匿。周室傾側,不知所息。

孔子作《春秋》,絶筆於獲麟之後,周室衰焉。《語》云:"鳳鳥不至,吾已矣夫!"

豐

鄰不我顧,而求玉女。身多禿癩,[③]誰肯媚者?

無注。

---

① "嬉",《比》之《履》作"喜"。"嬖",原作"孽";末二句,原誤作"駕出嘉門,商伯有喜",士禮居本"嘉門"作"喜門",津逮本"有喜"作"有害"。皆據《比》之《履》改。

② "封",原作"刺",據津逮本改。

③ "禿",《損》之《中孚》津逮本作"疣"。"疣"爲長。

旅

初雖無輿，後得載車。① 賴幸逢福，不罹兵革。

無注。

巽

水壞我里，東流爲海。龜凫讙囂，不睹吾母。②

無注。

兑

兩心不同，或欲西東。明論終日，③莫適所從。

無注。

涣

天帝懸車，廢禮不朝。禳福不制，失其寵家。④

天文有帝車星。

節

交川合浦，遠濕難處。水土不同，思吾皇祖。

交川，即交州。合浦産明珠。

中孚

勾踐之危，栖於會稽。太宰機言，越國復存。

---

① "載"，原作"戰"，據津逮本改。
② "吾"，原作"王"，據《謙》之《萃》"我"改。
③ "日"，原作"始"，據《訟》之《頤》改。
④ "禳福"，津逮本作"攘服"，"其寵"作"寵其"。

按《史》,勾踐,越王名,爲吴所敗,以餘兵栖會稽。鳥宿曰栖,越依山林,故云。會稽,山名,在越。

小過

慈鳥鳲鳩,[①]執一無尤。寢門内治,君子悦喜。

無注。

既濟

當年早寡,獨立孤居。[②] 雞鳴犬吠,無敢問諸。我生不遇,獨離寒苦。

無注。

未濟

江河變服,[③]淫湎無側。高位顛崩,寵禄反覆。

無注。

☶☴巽下艮上蠱

魴生江淮,一轉爲百。周流四海,[④]無有難惡。

無注。

---

① "鳥",原作"烏",據《晋》之《同人》改。"鳲",原作"鳴",據津逮本改。
② 次句,津逮本作"孤與獨居"。
③ "河",津逮本作"海"。
④ "四海",原作"天下",津逮本作"四浸",據《咸》之《巽》改。

之乾

首澤與目，載受福慶。我有好爵，與汝相迎。[①]

《易·繫辭》："我有好爵，吾與爾靡之。"

坤

輷輷轀轀，歲莫偏蔽。寵名捐棄，君衰在位。

無注。

屯

折若蔽日，蘭屏王目。[②] 司馬無良，平子没傷。

《楚詞》："折若木以拂日兮。"若木，木名，在崑崙西極，其華光照下地。蘭屏，未詳。魯伐季平子，平子登臺，三請，弗許，叔孫氏之司馬鬷戾言於衆曰："凡有季氏與無，孰利?"皆曰："無季氏，是無叔孫也。"遂伐公徒。公孫于齊。

蒙

家在海隅，橈短深流。王孫憚行，無木以趨。[③]

無注。

需

執義秉德，不危不殆。延頸盤桓，安其室垣。[④] 屯秏未

① "澤"，津逮本作"釋"，"汝"作"喜"。

② "蘭屏"，津逮本作"屏遮"。

③ "橈短"，原作"撓繞"，津逮本作"繞旋"，據《觀》之《明夷》改。"憚"，原作"單"；"木"，原作"妄"。皆據《歸妹》之《大畜》改。

④ "垣"，原作"檀"，據津逮本改。

得，終無大恤。

無注。

訟

長舌亂家，大斧破車。陰陽不得，[1]姬姜衰憂。

無注。

師

二人異路，東趨西步。千里之外，不相知處。

無注。

比

視闇不見，[2]雲蔽日光。不見子都，鄭人心傷。

《詩・山有扶蘇》篇云："不見子都。"注云："子都，男子之美稱也。"

小畜

初憂後喜，與福爲市。八佾列陳，飲御嘉友。

八佾，舞列也。

履

童妾獨宿，長女未室，利無所得。

無注。

① "得"，津逮本作"順"。
② "見"，津逮本作"明"。

泰

玄黄四塞，陰雌伏謀。呼我牆屋，爲巫所識。

無注。

否

中歲摧頽，常恐衰微。老賴福慶，①五羖爲相。

百里奚亡之秦，楚鄙人執之，繆公以五羖羊皮贖之，號曰五羖大夫。

同人

伯氏殺牛，行悖天時。毫社夷燒，②朝歌丘墟。

毫，當作“亳”，商都也。朝歌，紂所都也。

大有

日短夜長，禄命不光。早離父兄，免見分張。③

無注。

謙

采唐沫鄉，徽期桑中。失信不會，④憂思約帶。

---

① “歲”，原作“復”，據津逮本改。“頽”，津逮本作“隤”。“賴福慶”，原作“復賴慶”，據《比》之《井》改。

② “牛”，原作“羊”，據津逮本改。“毫”，士禮居本、津逮本作“亳”，是。元抄本注是。

③ “不光”，原作“分張”；“分張”，原作“憂傷”。皆據津逮本改。

④ “徽期”，原作“期於”，據津逮本改。“信”，原作“期”，津逮本作“心”，據《師》之《噬嗑》改。

《詩·桑中》:“爰采唐矣,沬之鄉矣。云誰之思? 美孟姜矣。”唐蒙,菜也。沬,衛邑。

豫

昧視無光,夜不見明。冥抵空牀,季葉逃亡。

未詳。

隨

舉趾振翼,南至嘉國。見我伯姊,與惠相得。[①]

無注。

臨

則天順時,周流六虚。[②] 與樂並居,无有咎憂。

無注。

觀

蠆室蜂户,螫我手足。不可進取,爲吾害咎。

無注。

噬嗑

公孫駕驪,載游東齊。延陵悦産,遺季紵衣。

産,鄭大夫子産。季,吴公子季札,聘於鄭,子産獻以紵衣。出《左傳》。

---

① “惠”,《坎》之《蹇》作“母”。

② “六虚”,原作“其墟”,據《升》之《臨》改。

賁

轉作驪山，大失人心。劉季發怒，禽滅子嬰。

按《史記》，秦始皇大發天下工匠，徭役咸陽，建阿旁宫，直抵驪山表，以此失衆民之心，致漢高祖遂滅秦。

剥

羊腸九縈，相推稍前。止須王孫，乃能上天。

無注。

復

蝃蝀充側，佞人傾惑。女謁横行，正道壅塞。

《蝃蝀》："止奔也。蝃蝀在東，莫之敢指。女子有行，遠父母兄弟。"

无妄

福禄不遂，家多怪祟。麇鹿悲啼，[1]思其大雄。

無注。

大畜

雲雷因積，大雨重疊。久不見日，使心悒悒。[2]

無注。

---

① "啼"，津逮本作"鳴"。
② "心悒"，津逮本作"我心"。

頤

三河俱合，水怒踊躍。壞我王室，[①]民困無食。

三河，唐人都河東，殷人都河内，周人都河南。三河在天下之中。《史·貨殖傳》。

大過

旦雨夜行，早遍辟城。更相覆傾，終無所成。[②]

無注。

坎

褒后生蛇，垂老盲微。倒跌哀公，西滅黄離。[③]

褒后，即褒姒。初，夏之衰，褒人之神化爲二龍，以伺王庭，夏后卜，藏其漦。至周末發而觀之，漦化爲黿，童女遇之而孕，是生褒姒。

離

鴻雁南飛，隨時休息。轉逐天和，千歲不衰。

無注。

咸

後時失利，不得所欲。[④]

---

① “室”，津逮本作“屋”。

② “辟”，津逮本作“都”，末句下多“三頭兩眼，不見其真”二句。

③ “垂”，津逮本作“經”，“盲”作“育”，“酉”作“酒”，“滅”作“減”。“倒”，士禮居本、津逮本作“測”。

④ 末句下，原衍“莫亨偕結，自逐自逐”，據津逮本删。

無注。

恒

心多恨悔，出言爲怪。梟鳴室北，醜聲可惡，請謁不得。

《説苑》："齊景公爲露臺成，梟鳴其上，惡之，桓常騫請夜禳之，明日梟當陛布翼伏地而死。"

遯

駟馬過隙，時難再得。尼父孔聖，繫而不食。

《魏豹傳》："人生如白駒過隙。"孔子云："吾豈匏瓜也哉？焉能繫而不食？"

大壯

陰變爲陽，女化爲男。治道得通，君臣相承。

無注。

晋

崑崙源口，流行不止。龍門砥柱，民安其處。①

《書·禹貢》注云："崑崙之山即河源所出。""砥柱石，在大河中流，其形如柱。今陝州陝縣三門山是也。"

明夷

葛藟蒙棘，華不得實。讒佞亂政，使恩壅塞。

葛藟，《詩》篇名。蒙棘，《詩·葛生》篇云："葛生蒙棘，蘞蔓

① "安其"，原作"不安"；末句下，原衍"母歸孩子，黄麑悦喜"。皆據《臨》之《革》删改。

于域。予美亡此,誰與獨息?”

家人

公無長驅,大王駿馬。非其所當,①傷折爲害。

無注。

睽

大倉充盈,庶物蕃盛,②年歲熟榮。

無注。

蹇

執蕢照犧,爲風所吹。火滅無光,不見玄黄。

蕢,雜草香也。犧,宗廟牲也。

解

鳥反故巢,歸其室家。心平意正,與叔相和。③ 登高隕墜,失其寵貴。

無注。

損

弩弛弓藏,良犬不行。内無怨女,征夫在堂。

無注。

---

① “所當”,原誤倒,據津逮本改。
② “物”,原作“民”,據津逮本改。
③ “相和”,津逮本作“和鳴”。

益

特犧孔博，日新其德。文公燎獵，①姜氏受福。

此言西伯出獵，載吕望歸以爲師。

夬

季秋孟冬，寒露霜降。大陰在庭，品物不生。雞矢夜鳴，②家擾數驚。

矢，當作"犬"。

姤

心多恨悔，出門見怪。有蛇三足，醜聲可惡。嫫母爲媒，請求不得。

嫫母，黄帝次妃，貌醜而賢。

萃

虎豹爭強，道閉不通。小人讙訟，貪天之功。③

無注。

升

雞方啄粟，爲狐所逐。走不得食，惶懼惕息。

無注。

---

① "公"，津逮本作"君"。

② "雞矢"，《損》之《否》元抄本、士禮居本作"雄父"。

③ "天之功"，原作"夫受空"，據津逮本改。

困

陳嬀敬仲，兆興齊姜。乃適營丘，八世大昌。

按《春秋傳》：陳，嬀姓；敬仲，即陳公子完，魯莊公二十二年奔齊，使爲工正。初，懿氏卜妻敬仲曰：“有嬀之後，將育於姜。八世之後，莫之與京。”姜，齊姓。營丘，齊所封之地。

井

昊天白日，照臨我國。萬民康寧，咸賴嘉福。

無注。

革

雲夢大藪，嘉有所在。[1]虞人共職，驪駒樂喜。

荆州有澤藪曰雲夢，方八九百里。

鼎

獐鹿雉兔，群聚東囿。盧黄白脊，俱往逐追，[2]九齚十得，主君有喜。

齚，音責。

震

德惠孔明，雖衰復章，保其室堂。

無注。

---

① “嘉”，津逮本作“索”。

② “囿”，原作“國”，據《蒙》之《復》改。第三句，原脱，據津逮本補。“逐追”，津逮本作“追逐”。

艮

天之所壞，不可強支。衆口嘈嘈，雖貴必危。

無注。

漸

天之奧隅，堯舜所居。可以全身，保我邦家。

無注。

歸妹

下泉苞根，[1]十年無王。荀伯遇時，憂念周京。

根，當作"稂"。荀，當作"郇"。《下泉》詩云："洌彼下泉，浸彼苞稂。"又云："四國有王，郇伯勞之。"郇伯即郇侯，周文王之後，嘗爲周伯，治諸侯有功。

豐

江河海隅，衆利聚居。可以遨游，卒歲無憂。

無注。

旅

南山黄竹，三身六目。出令制命，東皇宣政。[2] 主尊君安，鄭國無患。

皇，當作"里"。東里，子産所居也。子産爲政，則鄭國

---

① "恨"，士禮居本、津逮本作"稂"，是。元抄本注是。

② "令"，原作"人"，據《離》之《損》元抄本、士禮居本改。"皇"，《離》之《損》作"里"，是。元抄本注是。

是恩。

巽

重譯貢芝，來除我憂。[①] 與喜俱居，同其福休。

無注。

兑

南山高岡，麟鳳室堂。含和履中，國無災殃。

無注。

涣

紫芝朱草，與仙爲侣。[②] 公尸侑食，福禄來下。

《芝草論》："芝生於土，土和及王者慈仁則生。"朱草，百草之精也，王者德無所不通則生。

節

宫成室就，進樂相舞。英俊在堂，福禄光明。

無注。

中孚

商人子孫，資無所有。貪貝逐利，[③]留連都市。還轅内鄉，嘉喜何咎？

---

① "譯"，原作"驛"；"芝"，原作"之"。皆據《蒙》之《頤》改。"貢"，原作"置"，據尚秉和《焦氏易林注》改。

② 次句，津逮本作"生長和氣"。

③ "貪貝"，原作"貪狼"，據津逮本改。"利"，原作"狐"，據《鼎》之《蠱》改。

無注。

小過

執贄入朝，獻其狐裘。元戎燮安，[①]沙漠以歡。

《書》："五玉、三帛、二生、一死贄。"傳云："此言諸侯之覲，皆執此贄也。"

既濟

涌泉滈滈，南流不絶，洿爲淮海。[②] 壞敗邑里，家無所處。

無注。

未濟

固陰沍寒，常冰不温。凌人惰怠，[③]大雹爲災。

凌人，冰人也。按《詩傳》，蘇氏曰："古有藏冰發冰，以節陽氣之盛，是以無災霜雹也。"

䷒兑下坤上臨

弱水之上，[④]有西王母。生不知老，與天相保。行者危殆，利居善喜。

《書》："弱水既西。"柳宗元曰："西海之山有王母，其下有

---

① "燮"，原作"變"，士禮居本、津逮本作"爕"。"爕"乃"燮"之誤。

② "滈滈"，原作"滑滑"，士禮居本、津逮本作"汩汩"，據《明夷》之《既濟》改。第三句，原本無，據津逮本補。

③ "惰"，原作"情"，據津逮本改。

④ "上"，津逮本作"西"。

水，散涣無力，不能負芥。”

之乾

黃貙生馬，以戌爲母。[①] 晋師在郊，虞公出走。

魯僖公二年，晋荀息請以屈産之乘、垂棘之璧假道於虞以伐虢，而虞公貪璧馬之獻，不聽宫之奇忠諫之言，遂爲晋所滅。

坤

倉唐奉使，中山以孝。文侯悦喜，擊子徵召。

魏文侯封太子擊於中山，三年不問。舍人趙倉唐入見，文侯悦之，遂召還國。

屯

機關不便，不能出言。精誠不通，爲人所冤。

無注。

蒙

白茅縮酒，[②]靈巫拜禱。神嗜飲食，使君壽考。

《書》曰："包匭菁茅。"荆楚有三脊茅，所以供祭祀縮酒之用。

需

重瞳四乳，耳聰目明。普爲仁表，聖作元輔。

《淮南子》云："舜目重瞳，文王四乳。"

---

① "以"，原作"白"，據《坤》之《震》、《需》之《訟》改。
② "縮"，原作"醴"，據《兑》之《咸》士禮居本、《小畜》之《坎》改。

訟

水長無船，破城壞堤。大夫從役，困于泥塗。一朝喪殞，不見少妻。

無注。

師

六人俱行，[①]各遺其囊。鴻鵠失珠，無以爲明。

無注。

比

隨時轉行，不失其常。咸樂厥類，身无咎殃。

無注。

小畜

蔡女蕩舟，爲國患憂。褒后在側，屏蔽王目，搔擾六國。

蔡姬蕩舟，以懼齊桓。出《左傳》。褒姒在幽王之側，則蠱惑其心。出《史記》。

履

駕龍騎虎，周遍天下。爲人所使，西見王母，不憂不殆。[②]

無注。

---

① "六"，原作"二"，據津逮本改。
② 第三句，津逮本作"爲神人使"，"不殆"作"危殆"。

泰

員怨之吴，晝策闔廬。鞭平服荆，除大咎殃。威震敵國，還受上卿。

員，楚人伍奢之子，字子胥，父奢爲平王所誅，亡之吴。闔廬，吴王名。

否

唐邑之墟，晋人之居。① 虞叔受福，實沈是國，世載其樂。

唐邑，晋地。虞叔封於晋。

同人

管鮑相知，至德不離。三言相桓，齊國以安。

管仲、鮑叔善交，二人嘗同貨，管仲多自與，鮑叔不以爲貪，知仲貧也。嘗三戰三北，鮑叔不以爲怯，知仲有老母也。管仲曰："生我者父母，知我者鮑叔。"後薦之桓公，任以爲相。

大有

三十無室，長女獨宿。心勞未得，憂在胸臆。

無注。

謙

散涣水長，風吹我鄉。火滅無光，墮敗桓公。②

---

① "之"，津逮本"以"。二字通。

② "公"，津逮本作"功"。

無注。

豫

蜎飛蠕動，[①]各有配偶。小大相保，咸得其所。

蜎，井蟲。又《詩》："蜎蜎者蠋。"

隨

安樂几筵，未出王門。[②]

無注。

蠱

火生月窟，上下恩塞，䑣亂我國。

無注。

觀

長生無極，子孫千億。柏柱載梁，[③]堅固不傾。

無注。

噬嗑

欽敬昊天，曆象星辰。宣授民時，陰陽和調。

《書·堯典》："乃命羲和，欽若昊天，曆象日月星辰，敬授人時。"

---

① "蜎飛"，原誤倒，據津逮本乙正。
② "王"，津逮本作"玉"。
③ "梁"，原作"青"，據津逮本改。

賁

三河俱合，水怒踊躍。壞我王屋，民困於食。

三河，唐人都河東，殷人都河内，周人都河南。三河在天下之中。《史·貨殖傳》。

剥

壽如松喬，與日月俱。常安康樂，不離禍憂。①

赤松、王喬，皆古仙人。

復

天之所予，福禄常在，不憂危殆。

無注。

无妄

受讖六符，招摇室虚。② 雖跌無憂，保我全財。

六符、招摇，皆星名。

大畜

齎金買車，失道後時。勞罷爲憂，我心則休。③

無注。

頤

華首山頭，仙道所游。利以居止，長无憂咎。

---

① "離"，原作"見"，據津逮本改。
② "室"，原作"空"，據津逮本改。
③ 末句，津逮本無。

太華、首陽，皆山名。

大過

采唐沬鄉，要期桑中。失信不會，憂思約帶。

《詩·桑中》：“爰采唐矣，沬之鄉矣。云誰之思，美孟姜矣。”唐蒙，菜。沬，衛邑名。

坎

人面九口，①長舌爲斧。斲破瑚璉，殷商絶後。

商紂無道，微子抱祭器，奔周，其後武王伐紂，遂滅殷焉。

離

臨溪蟠枝，②雖恐不危，樂以笑歌。

無注。

咸

泱泱沸溢，水泉爲害，使我無賴。

無注。

恒

蝗螟爲賊，傷害稼穡。秋饑于年，③農夫鮮食。

蝗，蝝屬，蟲名。螟，食苗心蟲，皆害稼者也。

---

① “人”，原作“八”，據津逮本改。“九”，《否》之《謙》作“鬼”。
② “蟠枝”，津逮本作“橋疢”，非。
③ “傷害”，津逮本作“害我”。“秋”，原作“愁”，據津逮本改。

遯

八百諸侯，不期同時。慕西文德，興我宗族，家門雍雍。[1]

按《史記》：武王伐紂，東觀兵於盟津，諸侯不期而會者八百。盟，音孟。

大壯

長男少女，相向笑語。來歡致福，和悦樂喜。

無注。

晋

平國不君，夏氏作亂。烏號竊發，靈公殞命。

陳靈公通於夏姬，其子徵舒病之，出，自厩射而中之。事見《宣公十年》。

明夷

春多膏澤，夏潤優渥。稼穡熟成，畝獲百斛。

無注。

家人

客宿卧寒，席蓐不安。行危爲害，留止得歡。[2]

無注。

---

① "雍雍"，津逮本作"雍睦"。
② "危爲"，津逮本作"爲危"，"止"作"不"。

睽

乘桴於海，[①]雖懼不殆。母載其子，終焉何咎？

《語》云："乘桴浮於海。"桴，筏也。

蹇

手拙不便，不能伐檀。車無軸轅，行者苦難。

《詩·伐檀》篇云："坎坎伐檀兮。"檀木可爲車者。

解

唐虞相輔，鳥獸喜舞。民安無事，國家富有。

《虞書》："夔曰：'於！予擊石拊石，百獸率舞。'"

損

秋蛇向穴，不失其節。夫人姜氏，自齊復入。

按《春秋》：魯桓公夫人文姜有邪行，復歸于齊，故言秋蛇猶知向穴，而不失其節，文姜不守理而復歸于齊也。

益

病篤難醫，和不能治。命終斯訖，下即蒿里。[②]

按《春秋》：晉侯有疾，求醫於秦，使醫和視之，曰："疾不可爲也。"

夬

青蛉如雲，城邑閉門。國君衛守，民困於患。

---

① "於"，津逮本作"浮"。

② "里"，原作"蘆"，士禮居本、津逮本作"廬"，據《豐》之《豫》改。

未詳。

姤

牙孽生齒，室堂啓户。幽人利貞，鼓翼起舞。

按，《小畜》之《睽》作"牙孽生達"，義通。

萃

鳧游江海，没行千里。以爲死亡，復見空桑，長生樂鄉。

無注。

升

黄帝出游，駕龍乘馬。東上太山，南過齊魯，[①]邦國咸喜。

黄帝邑於涿鹿之阿，遷徙无常，以兵師爲營衛，後得六相，而天地治，神明至。

困

履危不止，與鬼相視。驚恐失氣，如騎虎尾。

無注。

井

秋南春北，不失消息。涉和履中，時無隱慝。

無注。

---

① "過"，原作"游"，據《同人》之《需》改。

革

龍門砥柱，通利水道。百川順流，民安其居。

按《書・禹貢》：龍門屬雍州，在今馮翊夏陽縣。砥柱石，在大河中流，其形如柱，今陝州陝縣三門山是也。此皆言禹治水之功。

鼎

千歲廟堂，棟橈傾僵。[①] 天厭周德，失其寵光。

無注。

震

折若蔽目，[②]不見稚叔。三足孤烏，遠離室家。

《楚詞》："折若木以拂日兮。"若木，木名，在崑崙西極，其華光照下地。三足孤烏，日中有三足烏。目，當作"日"。

艮

望叔山北，陵隔我目。不見所得，使我憂惑。

無注。

漸

匏瓠之息，[③]一畝千室。萬國都邑，北門有福。

無注。

① "橈"，原作"撓"，據士禮居本改。
② "目"，《蠱》之《屯》作"日"，是。元抄本注是。
③ "息"，原作"恩"，據士禮居本、津逮本改。

歸妹

式微式微，憂禍相絆。[1] 隔以巖山，室家分散。

無注。

豐

騏驎騄耳，游食萍草。逍遥石門，循山上下，不失其所。

騏驎、騄耳，皆良馬名。石門，地名。

旅

天所祚昌，文以爲良。篤生武王，姬受其福。

文王，名昌。武王，文王之子。此言周有天下之德。周，姬姓。

巽

羊腸九縈，相推稍前。止須王孫，乃能上天。

無注。

兑

貧鬼守門，日破我盆。孤牝不駒，雞不成雛。

無注。

涣

飽食從容，出門上堂。不失其常，家無凶殃。

---

① "式微式微"，原作"域域牧牧"；"絆"，原作"半"，津逮本作"伴"。皆據《歸妹》之《困》改。

無注。

節

陰淫不止，白馬爲洶。[①] 皋澤之子，就高而處。

無注。

中孚

執戈俱立，以備暴急。千人守門，因以益卑，[②]終安何畏？

無注。

小過

夾河爲婚，水長無船。摇心失望，[③]不見歡君。

無注。

既濟

陰陽變化，各得其宜。上下順通，奏爲膚功。

無注。

未濟

任劣德薄，失其臣妾。田不見禽，犬無所齗。[④]

無注。

---

① “洶”，津逮本作“海”。
② “守門”，津逮本作“舉龍”，“因以益卑”作“困危得海”。
③ “摇”，原作“遙”，津逮本作“追”，據《屯》之《小畜》改。
④ “齗”，津逮本作“得”。

䷓坤下巽上觀

歷山之下，虞舜所處。躬耕致孝，名聞四海。爲堯所薦，纘位天子。

虞舜父頑母嚚，克諧以孝，躬耕于歷山之下，其後堯以天下禪焉。

之乾

蜎飛蠕動，各有所配。歡悦相逢，[①]咸得其處。

蜎，井中蟲。又《詩》："蜎蜎者蠋。"

坤

繼祀宗邑，追明成康。光照萬國，享世久長。[②]

成王、康王，皆周之明君，德被萬方，享祀八百。

屯

秋冬探巢，不得鵲雛。銜指北去，愧我少姬。

無注。

蒙

童妾獨宿，長女未室，利無所得。

無注。

---

① "逢"，津逮本作"迎"。

② 末句下，原衍"疾病不醫，下即蒿廬"，據《比》之《乾》删。此二句疑爲《臨》之《益》衍入。

需

鴻波逆流，主人潛去。① 蒿蓬代柱，大屋顛仆。

無注。

訟

日闇不明，讒夫在堂。左臂疾痺，②君失其光。

無注。

師

王孫季子，相與孝友。明允篤誠，升擢薦舉，爲國幹輔。

《史記》：“高陽氏有才子八人，謂之八愷。高辛氏有才子八人，謂之八元。堯未及舉，舜於是舉八愷，使主后土；舉八元，使布五教。”

比

麟趾龍身，日馭三千。③ 南上蒼梧，與福爲昏。道里夷易，安全无患。

《詩·麟之趾》篇云：“麟之趾，振振公子，于嗟麟兮。”傳云：“文王后妃德修於身，而子孫宗族皆化於善，故詩人美之。”

小畜

三子成駒，破其堅車。④ 輪載空輿，後時失期。

---

① “波”，津逮本作“魚”，“主”作“至”。

② “日”，原作“目”，據士禮居本、津逮本改。“臂”，原作“辟”；“痺”，原作“瘁”。皆據津逮本改。

③ “馭”，原作“取”，據津逮本改。

④ 次句，津逮本作“折損轅軸”。

無注。

履

逐禍除患，道德神仙。遏惡萬里，常歡以安。

無注。

泰

黄池之盟，吴晋爭強。勾踐爲患，夷門不安。[1]

《春秋·魯哀公十三年》："公會晋侯及吴子于黄池，吴晋爭先。"繼書於越入吴。

否

青牛白咽，呼我俱田。歷山之下，可以多耕。歲藏時節，[2]人民安寧。

無注。

同人

有頭無目，不見菽粟。[3] 消耗爲疾，三年不復。

無注。

大有

山没丘浮，陸爲水魚。燕雀無巢，民無室廬。

無注。

---

① "門"，原作"國"，據津逮本改。末句下，津逮本多"探鷇得冬，所願不喜"。

② "藏"，原作"露"，據津逮本改。

③ 次句，津逮本作"赫赫粟粟"。

謙

高岡鳳凰，朝陽梧桐。噰噰喈喈，菶菶萋萋。陳辭不多，以告孔嘉。

《詩・卷阿》篇云："鳳凰鳴矣，于彼高岡。梧桐生矣，于彼朝陽。"又曰："矢詩不多，維以遂歌。"

豫

鰥寡獨宿，憂動胸臆，莫與共食。①

無注。

隨

馬躓破車，惡婦破家。青蠅污白，共子離居。

無注。

蠱

長女三嫁，進退不羞。牝狐作妖，②行者離憂。

無注。

臨

人無定法，緩除才出，③地雄走歸。陽不制陰，男失其家。

無注。

---

① "共"，原作"宿"，津逮本作"笑"，據《升》之《損》改。
② "牝"，原作"逐"，據《頤》之《同人》改。
③ "除才出"，津逮本作"行長奸"。

噬嗑

茹芝餌黄，飲食玉英。與神流通，長無憂凶。

無注。

賁

東行無門，西出華山。道塞畏難，游子爲患。

華山爲西岳。見《爾雅》。

剥

壽如松喬，與日月俱。常安康樂，不罹禍憂。

赤松、王喬，皆古仙人名。

復

探鷇得螽，所願不喜。道宜小人，君子咎蹇。①

鷇，音扣。哺而活者曰鷇。

无妄

蝸螺生子，深目黑醜。雖飾相就，衆人莫取。

無注。

大畜

喜怒不時，雪霜爲災。稼穡無功，后稷飢憂。②

---

① 下二句，津逮本作"黄池之盟，吴楚爭強。勾踐爲患，夷門不安"，當爲本林《泰》卦所羼入。

② "飢憂"，士禮居本、津逮本作"飢寒"。

《書》曰:“汝后稷播時百穀。”

頤

烏升鵲舉,照臨東海。庬降庭堅,爲陶叔後。封圻蓼六,①履禄綏厚。

高陽氏才子八人,庬降、庭堅,其二子也。庭堅,即皋陶字。英、六,春秋時二小國。見《春秋·魯文公十八年》。蓼,當作“英”。

大過

黄離白日,照我四國。② 元首昭明,民賴其福。

《易·離》卦六二曰:“黄離元吉。”《書》曰:“元首明哉,股肱良哉,庶事康哉。”

坎

黍稷醇醲,敬奉山宗。神嗜飲食,甘雨嘉降。獨蒙福祉,③時災不至。

《詩·楚茨》篇云:“我黍與與,我稷翼翼。我倉既盈,我庾維億。以爲酒食,以享以祀。”又云:“神嗜飲食,卜爾百福。”

離

福過我里,④入門笑喜,與吾利市。

---

① “照臨”,原作“照流”,士禮居本作“照流”,據津逮本改。“庬”,津逮本作“龙”。“蓼”,《需》之《大畜》作“英”,是。元抄本注是。

② “照”,原作“招”,據士禮居本、津逮本改。

③ “醲”,原作“釀”,據士禮居本、津逮本改。“祉”,原作“力”,據《比》之《需》津逮本改。

④ 首句前,津逮本多“禍不更生”。

無注。

咸

晝卧里門，悚惕不安。目不得闋，[①]鬼搔我足。

闋，音礙。

恒

春草榮華，長女宜夫。受福多年，世有封禄。

無注。

遯

雍門内崩，賊賢傷仁。[②] 暴亂狂悖，簡公失位。

雍門，齊城門也。陳恒作亂，簡公被害。事見《哀公十四年》。

大壯

心志無良，昌披妄行。觸抵牆壁，不見户房。

無注。

晋

膠車木馬，不利遠駕。出門爲患，安止得全。[③]

無注。

① “闋”，津逮本作“闔”，是，當據改。
② “雍”，《既濟》之《節》作“應”。“仁”，原作“人”，據津逮本改。
③ “駕”，原作“賈”，據《豫》之《觀》元抄本“一本云”改。

明夷

家在海隅，橈短流深。企立望宋，無木以趨。

《詩·河廣》篇云："誰謂河廣？一葦杭之。誰謂宋遠？跂予望之。"

家人

冬葉枯槁，當風於道。蒙被塵埃，左右勞苦。

無注。

睽

過時不行，妄逐王公。老女無夫，[①]不安其居。

無注。

蹇

履泥污足，名困身辱。兩仇相當，身爲疾病。[②]

無注。

解

精華墮落，形體醜惡。齟齬挫頓，枯槁腐蠹。

無注。

損

長生无極，子孫千億。柏柱載梁，[③]堅固不傾。

---

① "無夫"，原作"失度"，據津逮本改。
② 末句，津逮本作"自爲通疾"。
③ 第三句，"梁"原作"青"，津逮本作"松柏爲梁"。"梁"據津逮本改。

無注。

益

去辛就蓼，毒愈酷甚。[1] 避阱入坑，憂患日生。

無注。

夬

行堯欽德，養賢致福。衆英積聚，國無寇賊。

《書》："曰若稽古，帝堯欽明，文思安安。"本其德性而言也。

姤

狗逐兔走，俱入谷口。與虎逢晤，迫不得去。

無注。

萃

望尚阿衡，太宰周公。藩屏湯武，[2]立爲侯王。

望，太公吕尚也。阿衡，伊尹也。太宰，官名。周公爲太宰。

升

清人高子，久屯外野。[3] 逍遥不歸，思我慈母。

高子，高克也。《詩》："清人在彭，駟介旁旁。"注云："鄭文公惡高克，使將清邑之兵，禦狄於河上，久而不召，師散而歸。

① "甚"，原作"毒"；次句下，原衍"不思我家"。皆據津逮本改、删。
② "藩"，原作"蕃"，據士禮居本、津逮本改。
③ "外野"，原誤倒，據津逮本改。

高克奔陳，鄭人爲作此詩也。”

困

三蟲作蠱，削迹無與。勝母盜泉，君子不處。①

按《史記》，鄒陽書：“里名勝母，曾子不入。”盜泉，水名，孔子不漱。

井

驢犛龍身，進所無前。三日五夜，得其所欲。②

無注。

革

黄裏緑衣，君服不宜。淫湎毁常，失其寵光。

《詩·緑衣》云：“緑兮衣兮，緑衣黄裏。”言“衛莊公惑於嬖妾，夫人姜氏賢而失位，故作此詩，以比賤妾尊顯而正嫡幽微”。

鼎

天所顧祐，禍災不至，安吉不懼。

無注。

震

盤紆九迴，行道留難。止須子丘，③乃睹所歡。

---

① 末句，原作“君不安處”，津逮本“君”作“居”，據《巽》之《剥》改。

② “驢”，津逮本作“獹”，“所無”作“無所”。“欲”，原作“欽”，據《大畜》之《蒙》改。

③ “子丘”，津逮本作“於丘”，《豐》之《升》作“王孫”。

無注。

艮

暴虐失國，爲下所逐。北奔陰胡，王君旄頭。①

夏桀無道，湯放於鳴條而死。其子葷粥妻桀之衆妾，避居北野，號曰匈奴。

漸

御騂從龍，至霍華東。與禹相逢，②送致于邦。

無注。

歸妹

銅人鐵距，雨露勞苦。終日卒歲，無有休息。

銅人即金人。秦鑄金人十二。

豐

大人失宜，盈滿復虧。長冬之禾，③盛者滅衰。

無注。

旅

梅李冬實，國多盜賊。亂擾並作，王不能制。

《春秋·魯僖三十三年》："冬，隕霜不殺草，李梅實。"《公羊傳》曰："紀異也，此禄去公室、政在公子遂之應。"

---

① "胡"，原作"月"，據津逮本改。"君"，原作"居"，據《屯》之《无妄》改。
② "霍"，原作"于"；"禹"，原作"離"。皆據津逮本改。
③ "長冬"，津逮本作"長成"。"禾"，士禮居本、津逮本作"木"。

巽

澤枯無魚，山童無株。長女嫉妒，使身空虚。

無注。

兑

天門東虚，既盡爲災。膃聧黯蒼，①秦伯受殃。

《漢官儀》曰："泰山東上七十里，至大小天門。"《白虎通》云："秦封泰山，禪梁父。"

涣

褰衣涉河，水深漬罷。② 賴幸舟子，濟脱無他。

無注。

節

推車上山，高仰重難。終日至暮，不見阜顛。③

無注。

中孚

鼎易其耳，熱不可舉。大路壅塞，旅人心苦。

《易·鼎》九三："鼎耳革，其行塞。"

小過

四亂不安，東西爲患。退身止足，無出邦域。乃得完全，

---

① "蒼"，《睽》之《損》作"聾"。

② "罷"，原作"衣"，據《訟》之《萃》改。

③ "不"，原作"唯"，據《大過》之《家人》改。

賴其生福。

無注。

既濟

班馬還師,以息勞罷。役夫嘉喜,入户見妻。

無注。

未濟

積德不怠,遇主逢時。載喜渭陽,身受榮光。

按《史》:太公釣於渭水之陽,後歸周,立爲師尚父。

卷第六

䷔震下離上噬嗑

麒麟鳳凰，善政德祥。[①] 陰陽和調，國無災殃。

麒麟，仁獸，中國有聖人則至。鳳凰，瑞應之鳥，太平之世則見。

之乾

北風牽手，相從笑語。[②] 伯歌叔舞，宴樂以喜。

無注。

坤

甲戊己庚，隨時轉行。不失常節，達性任情，各樂其類。[③]

無注。

屯

破亡之虚，神祇哀憂。進往無光，留止有慶。

① “德”，津逮本作“得”。二字通。

② “牽手”，原作“相牽”，據《否》之《損》改。第二句，原作“提笑語言”，據《否》之《損》元抄本、士禮居本改。

③ “不失常節”下，津逮本多“咸逢出生”。四、五句，津逮本倒置。

無注。

蒙

注斯膏澤，扞衛百毒。防以江南，虺不能螫。

無注。

需

日月相望，光輝盛昌。① 三聖茂功，仁德大隆。

三聖，堯、舜、禹也。

訟

大蛇巨魚，戰於國郊。上下隔塞，衛侯廬曹。

《春秋·魯閔公二年》："狄人伐衛，衛立戴公，以廬於曹。"

師

龍入天關，經歷九山。登高上下，道里險難。日晏不食，絶無甘酸。

無注。

比

沙漠北塞，絶無水泉。君子征凶，役夫苦艱。②

無注。

---

① "輝"，《師》之《節》作"明"。

② "苦艱"，津逮本作"力殫"。

小畜

關折門啓,衿帶解墮。福與善生,[①]憂不爲禍。

無注。

履

狼虎所嗥,患害必遭。不利有爲,宜以遁逃。

無注。

泰

金精耀怒,帶劍過午。兩虎相距,弓弩滿野,雖憂無苦。[②]

無注。

否

朽根枯樹,葉落花去。卒逢火焱,隨風僵仆。[③]

無注。

同人

入暗出明,動作有光。轉運休息,常樂永康。[④]

無注。

---

① “生”,原作“坐”,據津逮本改。

② “苦”,津逮本、《泰》之《坎》皆作“咎”。

③ 次句,津逮本作“華葉落去”。“隨風”,原作“相隨”,據《屯》之《坎》、《夬》之《恒》改。

④ “暗”,原作“和”,據《隨》之《大過》元抄本、士禮居本改。“永”,津逮本作“允”。

大有

國多忌諱,大人恒畏。結口無患,可以長存。

無注。

謙

天地配享,六位光明。[1] 陰陽順序,以成厥功。

無注。

豫

羸裎逐狐,[2]爲人觀笑。牝雞雄晨,主作亂妖。

《書》曰:"牝雞無晨。牝雞之晨,爲家之索。""孤",當作"狐"。

隨

陰升陽伏,桀失其室,相餧不食。

桀,夏桀,無道,成湯放之于南巢。

蠱

蜎飛蠕動,[3]各有配偶。小大相保,咸得其所。

蜎,井中蟲。又《詩》曰:"蜎蜎者蠋。"特行貌。

---

① "配享",原作"淳厚",津逮本作"淳亨";"位",原作"合"。皆據《訟》之《震》改。

② "狐",各本同,是。元抄本注曰:"孤當作狐。"是元抄本原作"孤"。"孤"誤。

③ "蠕",原作"蠢",據《臨》之《豫》改。

臨

鬼守我廬，欲呼伯去。曾孫壽考，司命不許，與生相保。

無注。

觀

禍走患伏，喜爲我福。凶惡消亡，災害不作。

無注。

賁

智不别揚，張狂妄行。蹈淵仆顛，傷殺伯身。

無注。

剥

凶憂災殃，日益章明。禍不可救，[①]三郤夷傷。

按《春秋》：三郤，晋大夫郤錡、郤犨、郤至。《成公十七年》：“晋厲公侈，多外嬖，欲盡去群大夫，而立其左右，遂殺三郤。”

復

長尾蛥蛇，畫地爲河。深不可涉，絶無以比，惆然噴息。[②]

無注。

---

① “救”，原作“休”，據津逮本改。

② 第四句，原作“阻絶以無”，“絶無以”據津逮本改；“比”，津逮本作“北”，據《師》之《咸》元抄本、士禮居本改。“惆”，津逮本作“怅”。“噴”，原作“憒”，據《師》之《咸》津逮本改。

无妄

愛我嬰女,牽引不與。冀幸高貴,反得賤下。[①]

無注。

大畜

鳧游江海,甘樂其餌。既不近人,雖驚不駭。

無注。

頤

明滅光息,不能復食。精魄既喪,以夜爲室。

無注。

大過

奇適無耦,習靖獨處。[②] 所願不從,心思勞苦。

無注。

坎

葛藟蒙棘,華不得實。讒佞亂政,使恩壅塞。[③]

葛藟,詩篇名。蒙棘,《詩・葛生》篇云:"葛生蒙棘,蘞蔓于域。予美亡此,誰與獨息。"

---

① 末句,津逮本作"反曰下賤"。
② "靖",津逮本作"靜"。
③ "恩",原作"忠",據《泰》之《蒙》改。

離

鵲笑鳩舞，來遺我酒。大喜在後，授吾龜紐。龍喜張口，起拜福祉。①

《漢舊儀》："列侯之印以黄金，爲龜鈕。"

咸

摇尾逐災，雲沉孽除。洿泥生粱，下田爲王。②

無注。

恒

白鶴銜珠，夜食爲明。膏潤優渥，國歲年豐。

《搜神記》云："有鶴爲弋人所射，窮而歸噲参。参收養療治，瘡愈而放之，後鶴夜到門外，参執燭視之，鶴雌雄雙至，各銜明珠以報参焉。"

遯

内執柔德，止訟以嘿。宗邑賴德，禍災不作。

無注。

大壯

犬吠驚駭，公拔戈起。玄冥厭火，消散瓦解。

《禮記·月令》："其神玄冥，冬月之神也。"

---

① "起"，津逮本作"超"。

② "田爲王"，原作"爲田主"，據《賁》之《革》改。

晋

公悦嫗喜，孫子俱在。榮譽日登，福禄來處。

無注。

明夷

鳥鳴哺鷇，長欲飛去。循枝上下，適與風遇。顛隕樹根，命不可救。

鷇，音扣。哺而活者曰鷇。

家人

析薪熾酒，使媒求婦。和合齊宋，姜子悦喜。

《詩·伐柯》篇："取妻如何？匪媒不得。"又《衡門》篇："豈其取妻？必齊之姜。豈其取妻？必宋之子。"

睽

鄰不我顧，而求玉女。身多疣癩，誰肯媚者？①

無注。

蹇

遠視無明，不知青黄。黈纊塞耳，使君闇聾。

黈纊塞耳而聽於無聲。

① "我"，原作"可"，據津逮本改。"疣"，原作"疾"，據《損》之《中孚》津逮本改。"肯"，原作"當"，據《師》之《小過》改。

解

剋身潔己，[1]逢禹巡狩。賜我玄珪，蒙受福祉。

《書·禹貢》云："禹錫玄珪，告厥成功。"言水土既平，禹以玄珪爲贄，而告成功于舜也。水色黑，故珪以玄云。

損

遠望千里，不見黑子。離婁之明，無益於光。

離婁，古之明目者。

益

斧斤所斫，瘡痏不息。针石不施，下即空室。

無注。

夬

南國少子，[2]材略美好。求我長女，賤薄不與。反得醜陋，後乃大悔。

無注。

姤

失儷後旅，天門地户。不知所在，安止無咎。

無注。

萃

烏孫氏女，深目黑醜。嗜欲不同，過時無偶。

---

① "潔己"，原作"己整"，津逮本作"整己"，據《屯》之《大畜》改。

② "南國"，原作"齊侯"，據《比》之《漸》改。

烏孫,國名,其女目深而醜黑也。

升

叔駕驊騮,南至東萊。求索車馬,道闕中止。①

無注。

困

二女寶珠,誤鄭大夫。交父無禮,②自爲作笑。

《列仙傳》:"江妃二女佩兩明珠,大如卵,游江漢之濱。鄭交甫逢而悦之,不知其神也,曰:'願請子之佩。'二女解而與之,行數步,二女不見,佩亦失之。"

井

陽城太室,神明所息。仁智之居,獨無兵革。

無注。

革

大蛇爲殃,使道不通。歲露尠少,③年穀敗傷。

尠,音鮮。

鼎

三足孤烏,靈明爲御。司過罰惡,自殘其家,毀敗爲憂。

---

① "驊",原作"純",據《鼎》之《夬》改。"萊",津逮本作"華"。"車",原作"駒";"闕",原作"悦"。皆據津逮本改。

② "交",原作"君",據《列仙傳》卷上改。

③ "露",津逮本作"收"。

《漢・天文志》:“日中有三足烏。”

震

車雖駕,兩靷絶。馬欲步,雙輪脱。行不至,道遇害。[1]

無注。

艮

欝怏不明,爲陰所傷。衆霧集聚,共奪日光。

無注。

漸

鶤鳩鴟鴞,治成禦災。周公勤勞,綏德安家。

鶤鳩,鳥名,一名飛桑,又名巧婦。《鴟鴞》,《詩》篇名,周公救亂也。

歸妹

名成德就,項領不試。景公耄老,尼父逝去。

《論語》:“齊景公謂孔子曰:‘吾老矣,不能用也。’孔子遂行。”

豐

一夫兩心,歧刺不深。所爲無功,求事不成。

無注。

---

① 本林,津逮本、士禮居本無“雖”字、“不”字,爲四字句。句末下,津逮本有雙行小注曰:“一本云,膠車乃駕,兩引如繩。馬絶靷走,雙輪脱去。”

旅

羿張烏號，彀射天狼。趙國雄勇，敗於滎陽。①

羿，后羿，善射。烏號，弓名。天狼，獸名。滎陽，地名。滎，當作"熒"。

巽

東家殺牛，污臭腥臊。神背西顧，命絶衰周。

《周易·既濟》九五："東鄰殺牛，不如西鄰之禴祭。"

兑

火起吾後，喜炙我廡。蒼龍銜水，泉噀屋柱，②雖憂無咎。

無注。

涣

桃雀竊脂，巢於小枝。揺動不安，爲風所吹。寒心慄慄，常憂殆危。③

桃雀，即桃蟲。《詩》曰："肇允彼桃蟲。"注云："鷦鷯也。竊脂，桑扈也。"

---

① "滎"，士禮居本、津逮本作"熒"，是。元抄本注是。

② "廡"，原作"鹿"，津逮本作"廬"，據《既濟》之《恒》改。"屋柱"，原作"柱屋"，據津逮本乙正。

③ "殆危"，原作"不殆"，據津逮本改。

節

徙足去域，飛入東國。有所畏避，深藏遠匿。①

無注。

中孚

瓊英朱草，仁政得道。鳧鷖在渚，福禄來下。

《詩》："尚之以瓊英乎而。"瓊英，石似玉，生如草木之英華。朱草，百草之精也。王者德無所不通則生。

小過

陳蔡之危，②從者飢罷。明德上通，憂不爲凶。

孔子嘗厄於陳蔡之間。又曰："從我於陳蔡者，皆不及門也。"危，當作"厄"。

既濟

春桃生花，季女宜家。受福多年，男爲邦君。③

《詩·周南·桃夭》篇："桃之夭夭，灼灼其華。之子于歸，宜其室家。"

未濟

徑邪賊田，政惡傷民。夫婦呪詛，泰山覆顛。④

---

① "遠"，原作"隱"，據津逮本改。
② "危"，津逮本作"厄"，是。元抄本注是。
③ "邦"，原作"封"，據津逮本改。
④ "泰山"，原作"太上"，據津逮本改。

無注。

䷕離下艮上賁

仁政不暴，①鳳凰來舍。四時順節，民安其居。

鳳凰，靈鳥，太平之世則見，黄帝時巢于阿閣，堯時來止于庭，舜時來儀，文王時鳴于岐山。

之乾

人面鬼口，②長舌破家。帝辛沉湎，商滅其墟。

帝辛，紂也。《書・泰誓》："武王數紂曰：'沈湎冒色。'"

坤

鬼守我門，呼伯入山。去其室家，舍其兆墓。

無注。

屯

日出阜東，山蔽其明。章甫薦屨，箕子佯狂。

章甫，禮冠。商紂無道，箕子佯狂而爲奴。

蒙

戴盆望天，不見星辰。顧小失大，福逃牆外。

無注。

---

① 首句，原作"政不暴虐"，據津逮本改。
② 首句，原作"八口九頭"，據《否》之《謙》改。

需

兩輪並轉，南上大阪。四馬共轅，無有重難，與禹笑言。①

無注。

訟

羊驚狼虎，聳耳群聚。② 行旅稽難，留連愁苦。一云，從風群聚。

無注。

師

梗生荆山，命制輸班。袍衣剥脱，夏熱冬寒。飢餓枯槁，③衆人莫憐。

荆山多産異材。班，公輸子魯班也。

比

鳥飛無翼，兔走折足。不常其德，自爲羞辱。

無注。

小畜

條風布氣，萬物生出。萌庶長養，④花葉茂榮。

---

① “禹”，原作“語”，據《既濟》之《小過》改。
② “聳”，原作“悚”，據津逮本改。
③ “飢”，原作“立”，據津逮本改。
④ “布”，原作“制”；“萌”，原作“明”。皆據《坤》之《乾》改。

無注。

履

坤厚地德，庶物蕃息。平康正直，以綏大福。

《易》曰："坤厚載物。德合無疆。"

泰

昴畢附耳，將軍乘怒。[①] 徑路隔塞，燕雀驚駭。

昴、畢、附耳，皆星名。

否

東風啓户，黔喙翻舞。[②] 各樂其類，咸得生處。

無注。

同人

兩足四翼，飛入家國。寧我伯姊，與母相得。

無注。

大有

歲暮花落，陽入陰室。萬物伏匿，藏不可得。

無注。

---

① "乘"，原作"求"，據津逮本改。
② "喙"，原作"啄"，據《周易正義·説卦傳》改。

謙

釋然遠咎，避患高阜。田獲三狐，以貝爲寶。[①]

《周易·解》九二："田獲三狐。""狐者，邪媚之獸。三狐，指卦之三陰，時之小人也。獲，謂能變化除去之，[②]如田之獲狐也"。

豫

鵲頸卻縮，[③]不見頭目。日以困急，不能自復。

無注。

隨

秋隼冬翔，數被嚴霜。雞犬夜鳴，家擾不寧。

隼，鳥名，鷂屬，即鶻也。

蠱

班馬還師，以息勞罷。役夫嘉喜，入户見妻。

《春秋》："齊師夜遁，有班馬之聲。"

臨

老陽日衰，條多枯枝。爵級不進，遂至摧隤。[④]

---

① "高阜"，原作"害早"，據津逮本改。末句下，津逮本衍"君子所在，安寧不殆"。

② "謂"，原作"如"，據《伊川易傳·解》九二傳改。

③ "頸"，原作"延"，據《困》之《家人》改。

④ "陽"，士禮居本、津逮本作"楊"，是。元抄本注是。"遂至"，原作"逐下"，據津逮本改。

陽，當作“楊”。

觀

順風吹火，牽騏驥尾。易爲功力，因權受福。①

無注。

噬嗑

六人俱行，各遺其囊。黄鶴失珠，②無以爲明。

無注。

剥

依叔牆隅，志下心勞。楚亭晨食，③韓子低頭。

淮陰人韓信，家貧嘗寄食於南昌亭長，並受辱於袴下。詳見本傳。

復

三牛生狗，以戌爲母。荆夷上侵，姬伯出走。

三牛，一作“三年”，見《坤》之《震》；一作“三馬生駒”，見《否》之《姤》。

无妄④

鶴盜我珠，逃於東都。鵠怒追求，郭氏之墟。不見踪迹，

---

① “騏”，原作“騎”，據《泰》之《旅》改。“權”，原作“懼”，據《井》之《臨》改。

② “鶴”，津逮本作“鵠”。

③ “心勞”，原作“勞苦”；“晨”，原作“辰”。皆據津逮本改。“亭”，原作“相”，津逮本作“王”，據《同人》之《震》改。

④ 《无妄》、《大畜》兩林，原錯置於《恒》林下，據《周易》六十四卦序乙正。

反爲患災。

未詳。

大畜

鵻飛中退,舉事不遂。哺糜毀齒,[1]失其道理。

無注。

頤

鴻鵠高飛,鳴求其雌。雌來在户,雄哺嘻嘻。甚獨勞苦,炰鱉膾鯉。[2]

炰,音炰。

大過

褰衣涉河,水深漬罷。賴幸舟子,濟脱無他。

無注。

坎

虎齧龍指,太山之陽。[3] 天命不祐,不見其雌。

無注。

離

明不處暗,智不履危。終日卒歲,樂以笑歌。

---

① "鵻飛",原作"升輿",津逮本作"外輿",據《乾》之《兑》改。"糜",原作"糜",據津逮本改。"哺",津逮本作"餔"。餔、哺義同。

② "炰",士禮居本、津逮本作"炰"。二字通。

③ "虎齧龍指",《涣》之《剥》作"爲虎所齧",《需》之《中孚》作"龍化爲虎"。"陽",原作"崖",據《需》之《中孚》改。

無注。

咸

三足俱行，傾危善僵。六指不便，[①]恩累弟兄。樹柱閡車，失其正當。

閡，音礙。

恒

舍車而徒，亡其駁牛。雖喪白頭，酒以療憂。

無注。

遯

析薪爔酒，使媒求婦。和合齊宋，姜子悦喜。

《詩·伐柯》篇："取妻如何？匪媒不得。"又《衡門》篇："豈其取妻？必齊之姜。豈其取妻？必宋之子。"

大壯

夜視無明，不利賈商。子反笑歡，與市爲仇。

無注。

晋

徒行離車，厭浥泥塗，[②]利以休居。

無注。

---

① "便"，原作"使"，據《復》之《訟》改。
② "厭浥"，原作"不冒"，津逮本作"冒厭"，據《未濟》之《損》改。

明夷

作室山根，人以爲安。一夕崩顛，①破我壺飧。

無注。

家人

東山西山，各自止安。② 雖相登望，竟未同堂。

無注。

睽

君子在朝，凶言消去。③ 驚駭逐狼，不見英雄。

無注。

蹇

轞轞填填，④火燒山根。不潤我鄰，獨不蒙恩。

轞，音隱。

解

南山之蹊，真人所在。⑤ 德配唐虞，天命爲子。保祐歆享，身受大慶。

唐虞，堯舜有天下之號也。

---

① "夕"，原作"昔"，據津逮本改。

② 首句，原作"山東山西"，據津逮本改。"止"，原作"言"，據《姤》之《坤》改。

③ "消去"，原誤倒，據津逮本乙正。

④ "轞轞"，《兑》之《困》作"隱隱"。二字通。"填填"，原作"墳墳"，津逮本作"慎慎"，據《兑》之《困》改。

⑤ "在"，津逮本作"遊"。

損

龍蛇所聚，大水來處。泱泱霈霈，[①]濴濴磕磕，使我無賴。

濴，音熒。磕，音盍。

益

旃裘苫蓋，慕德獻服。邊鄙不聳，以安王國。

無注。

夬

光禮春成，[②]陳倉雞鳴。陽明失道，不能自守，消亡爲咎。

按，《秦紀》索隱注曰："《漢書・郊祀志》云：文公獲若石云，於陳倉北坂城祠之，其神來若雄雉，其聲殷殷云。野鷄夜鳴，以牢祠之，號曰陳寶。又，臣瓚云：'陳倉縣有寶夫人祠，歲與葉君神會，祭于此者也。'"

姤

下泉苞稂，十年無王。荀伯遇時，憂念周京。

荀，當作"郇"。《下泉》詩云："洌彼下泉，浸彼苞稂。"又云："四國有王，郇伯勞之。"郇伯，郇侯，文王之後，嘗爲周伯，治諸侯有功。

---

① "霈霈"，原作"濡濡"，據津逮本改。第四句，津逮本作"淡淡磕磕"，當據《泰》之《豐》删。

② "禮"，原作"體"，據《明夷》之《賁》改。

萃

仁德不暴，五精就舍。四牧允釐，①民安其居。

無注。

升

隨和重寶，衆多貪有。② 相如睨柱，趙王危殆。

隋侯見蛇傷，取藥封之。後蛇銜珠以報，卞和得玉璞，獻於楚懷王。藺相如奉璧于秦，曰："臣頭與璧俱碎於柱矣。"遂全璧歸趙。

困

鳳生五雛，長於南郭。君子康寧，悦樂身榮。

無注。

井

二人爲侶，③俱歸北海。入門上堂，拜謁王母。勞賜我酒，女功悦喜。

無注。

革

逐雲除水，④洿泥生粱，下田爲王。

---

① "牧"，津逮本作"序"。
② "多"，津逮本作"所"。
③ "侶"，津逮本作"旅"。"旅"通"侶"。
④ "逐雲除水"，原作"逐憂去殃"，據《巽》之《師》元抄本、士禮居本改。

無注。

鼎

東門之壇，[1]茹藘在坂。禮義不行，與我心反。

《詩·東門之墠》："茹藘在阪。"言城東門之旁有墠，墠之外有阪，阪之上有草也。

震

皀遇稻廬，甘樂蟰䱇，[2]雖驅不去。

無注。

艮

清人高子，久屯外野。逍遥不歸，思我慈母。[3]

高子，高克也。《詩》云："清人在彭，駟介旁旁。"注云："鄭文公惡高克，使將清邑之兵禦狄于河上，久而不召，師散而歸，高克奔陳，鄭人爲之作此詩也。"

漸

讒人所言，語不成全。虎狼之患，不爲我殘。

無注。

---

① "壇"，津逮本作"墠"，非。士禮居本《焦氏易林後序》引顧千里曰："《賁之鼎》'東門之壇'，乃《詩·鄭風》文。《正義》云：'遍檢諸本，字皆作壇。'又云：'今定本作墠。'《釋文》云：'壇，音善。依字當作墠。'可見作《易林》時固是'壇'字，今作'墠'者誤，依定本以後《毛詩》所改似是實非。"

② "蟰"，原作"趨"，據《同人》之《升》改。

③ "慈"，原作"君"；末句下，原衍"公子奉請，王孫嘉許"。皆據《師》之《睽》改、删。

歸妹

張羅捕鳩，鳥罹其災。雌雄俱得，爲罔所賊。

無注。

豐

安仁尚德，東鄰慕義，來安吾國。

無注。

旅

猾醜假誠，[1]前後相違。言如鱉咳，語不可知。

無注。

巽

懷璧越鄉，不可遠行。蔡侯兩裘，久苦流離。

《左傳·定公三年》："蔡昭侯爲兩佩两裘以如楚，[2]獻一佩一裘於昭王，昭王服之以享蔡侯。"

兑

伯氏歸國，多所恨惑。車傾蓋亡，身常驚惶。乃得其願，雄雌相從。

無注。

---

① "假"，原作"如"，據津逮本改。
② "两裘"之"兩"，原脱，據《春秋左傳注疏·定公三年》改。

涣

火石相得，乾無潤澤。利少囊縮，秖益促迫。[①]

無注。

節

君知聖哲，鳴求其友。顯德之徒，可以履事。[②]

無注。

中孚

騎豚逐羊，不見所望。經涉虎廬，亡羝失羊。

無注。

小過

玄黄瘣隤，[③]行者勞罷。役夫憔悴，處子畏哀。

《詩·卷耳》篇："陟彼高岡，我馬玄黄。"又曰："陟彼崔嵬，我馬虺隤。"又云："我僕痡矣，云何吁矣。"

既濟

右手揜目，不見長叔。失其所得，悔吝相仍。

無注。

---

① "秖"，士禮居本作"秪"。秖、秪、衹通。

② "求"，原作"呼"，據《夬》之《震》改。"顯"，原作"鎮"，據津逮本改。"履事"，原作"禮仕"，據《夬》之《震》元抄本、津逮本改。

③ "瘣"，津逮本作"虺"。

未濟

免冠進賢，步出朝門。儀體不正，賊孽爲患。

《漢書》：貢禹爲河南令，以職事爲府官見責，①免冠謝。《輿服志》："進賢，古緇布冠，文儒者之服。"

䷖坤下艮上剥

行觸天罡，②與司命牾。執囚束縛，拘制於吏，幽人有喜。

無注。

之乾

穿胸狗邦，僵離旁春。天地易紀，日月更始。

穿胸、狗邦，皆外夷國名。

坤

從風縱火，荻芝俱死。三害集房，十子中傷。

芝，靈草。荻，蘆荻。被火則俱死，即玉石俱焚之義。

屯

北山有棗，橘柚所聚。荷囊載畚，③盈我筐筥。

---

① "職"，原作"賊"，據《漢書・貢禹列傳》改。

② "天罡"，原作"大忌"，津逮本作"大諱"，據《涣》之《比》改。

③ "所"，原作"於"，據津逮本改。"畚"，原作"香"，津逮本作"擔"，據《左傳》宣公二年"置諸畚，使婦人載以過朝"及《太平御覽》卷九百六十六《橘》改。

無注。

蒙

齎貝贖貍，不聽我辭。繫於虎鬚，牽不得來。

無注。

需

上下唯邪，戾其元夫。[1] 歡心隔塞，君子離居。

無注。

訟

二人輂車，徙去其家。井沸釜鳴，不可安居。

無注

師

蹇驢不才，駿驥失時。筋力勞盡，罷於沙丘。[2]

無注。

比

明傷之初，爲穆出郊。[3] 以讒復歸，名曰豎牛。剥亂叔孫，餧於空丘。

餧，當作"餒"。《春秋・成公十六年》："魯穆子去叔孫氏奔齊，及庚宗遇婦人，宿焉，生子曰牛。後復歸魯，立爲卿，遂使牛

---

① 次句，津逮本作"寡婦無夫"。
② "駿"，原作"俊"；三四句，原誤倒。皆據津逮本改。
③ "郊"，原作"交"，據津逮本改。

爲豎，有寵，長使爲政。牛不食叔孫，叔孫不食而卒。”

小畜

天火大起，飛鳥驚駭。作事不時，自爲身咎。

無注。

履

土與山連，共保歲寒。終無災患，萬世長安。

無注。

泰

日出阜東，山蔽其明。章甫薦屨，箕子佯狂。

章甫，禮冠。屨，履也。商紂無道，箕子佯狂而爲奴。

否

罷馬上山，[1]絶無水泉。喉燋唇乾，口不能言。

無注。

同人

雄處弱水，雌在海濱。别將持食，悲哀於心。

《書》：“弱水既西。”柳宗元曰：“西海有水，散涣無力，不能負芥。”

大有

庭燎夜明，追嗣日光。陽軟不制，陰雄坐戾。

---

① “罷”，原作“龍”，據《乾》之《訟》士禮居本改。

《記·郊特牲》:"庭燎之百,自齊桓公始。"燎五十,公用之;燎三十,侯伯子男用之;燎百,天子用之。以物百枚纆束燎之,[1]今用松葦灌脂在地曰燎。

謙

三婦同夫,忽不相思。志恒悲愁,顔色不怡。

無注。

豫

鶴盜我珠,逃於東都。鵠怒追求,郭氏之墟。不見武迹,反爲患災。

未詳。

隨

獼猴冠帶,盜載非位。衆犬共吠,礱走蹶足。[2]

《項羽傳》云:"沐猴而冠。"言其無知也。

蠱

黍稷禾稻,垂秀方造。中旱不兩,傷風病槁。[3]

兩,當作"雨"。

臨

雄聖伏,名人匿,麟遠走,鳳飛北,亂禍未息。

---

① "束",原作"木",據《詩傳旁通·小雅彤弓之什》改。

② "獼",津逮本作"沐","礱走"作"倉狂"。

③ "秀方造",原作"畝方好",據《晋》之《比》改。"兩",士禮居本、津逮本作"雨",是。元抄本注是。"槁",原作"燺",據津逮本改。

無注。

觀

王母多福，天禄所伏。居之寵光，君子有福。

《列仙傳》：“王母道氣，無爲自然，先以東華至真之氣化生。”

噬嗑

班馬還師，以息勞罷。役夫忻喜，入户見妻。[①]

《春秋》：“齊師夜遁，有班馬之聲。”

賁

褰裳涉河，流深漬罷。[②] 賴幸舟子，濟脱無他。

無注。

復

被服文德，升入大麓。四門雍肅，登受大福。[③]

《書》曰：“納于大麓，烈風雷雨弗迷。”注：“麓，山足也。”

无妄

東鄰嫁女，爲王妃后。莊公築館，以尊王母。歸於京師，季姜悦喜。

《春秋・魯莊公元年》：王姬下嫁於齊，命同姓諸侯主之。

---

① 本林，津逮本作《復》林，次序在《賁》林下。“忻”，津逮本作“嘉”。
② “罷”，原作“衣”，據《訟》之《萃》改。
③ 本林，津逮本作《噬嗑》林，次序在《觀》林下。

魯以姬姓，故築館而迎之。“冬，王姬歸于齊。”《桓公九年》：“春，紀季姜歸于京師，爲桓王后。”

大畜

百足俱行，相輔爲強。三聖翼事，王室寵光。

三聖，堯、舜、禹也。

頤

危坐至暮，請求不得。膏澤不降，政戾民忒。

無注。

大過

百川朝海，流行不止。路雖遼遠，[1]無不到者。

《書・禹貢》：“江漢朝宗于海。”

坎

乘騮駕驪，東至于齊。遭遇仁友，送我以資，厚得利歸。

無注。

離

禮壞樂崩，成子傲慢。欲求致理，力疲心爛。陰請不當，爲簡生殃。[2]

按，《春秋左傳・哀公十四年》：“齊簡公之在魯也，闞止有

① “雖”，原作“難”，據士禮居本、津逮本改。

② 本林，津逮本作“禮壞樂崩，陰請不當。成子傲慢，爲簡生殃。欲求致理，力疲心爛”。“陰請不當”，原作“陰陽不調，成子驕傲”，據津逮本改。

寵焉。及即位，使爲政，陳成子憚之。諸御鞅言於公曰：'陳、闞不可並也，君其擇焉。'弗聽。庚辰，陳恒執公于舒州。公曰：'吾早從鞅之言不及此。'"甲午，將簡公弑之。

咸

三人輦車，乘入虎家。王母貪叨，①盜我犂牛。

無注。

恒

羊頭兔足，少肉不飽。漏囊貯粟，②利無所得。

無注。

遯

新田宜粟，上農得穀。君子唯德，以干百福。③

無注。

大壯

夷羿所射，發輒有獲。雙鳧俱得，利以伐國。

羿，古之善射者。

晋

鳧舞鼓翼，嘉樂堯德。虞夏美功，要荒賓服。

堯，唐帝名。虞夏，舜禹有天下之號。《書·禹貢》："五百

① "叨"，津逮本作"饕"。二字同。
② "貯"，原作"敗"，據《既濟》之《訟》改。
③ "德"，原作"好"；"干"，原作"紆"。皆據津逮本改。

里要服，五百里荒服。”

明夷

登丘上山，對酒遇歡。[①] 終年卒歲，優福無患。

無注。

家人

歲暮花落，陽入陰室。萬物伏匿，藏不可得。

無注。

睽

螟蟲爲賊，害我禾穀。簞瓶空虚，飢無所食。

螟，食苗心之蟲，害稼穡者也。

蹇

陽虎脅主，使德不通。[②] 火離爲殃，年穀病傷。

陽虎，季氏家臣，嘗囚季桓子而專國政。

解

四馬共轅，東上太山。騂驪同力，無有重難，與君笑言。

無注。

損

牧羊稻園，聞虎喧嚾。懼畏悚息，終無禍患。

① “遇歡”，原作“道觀”，據津逮本改。
② “德”，原作“得”，據津逮本改。

無注。

益

揚華不時，冬實生危。憂多横賊，生不能服。崑崙之玉，所求不得。

《仙傳拾遺》：[1]"西王母所居崑崙之圃，有玉樓十二。"

夬

高阜所在，陰氣不臨。洪水不處，爲家利寶。

無注。

姤

釋然遠咎，辟患高阜。田獲三狐，以貝爲寶。[2] 君子所在，安寧不殆。

《周易·解》九二："田獲三狐。"狐者，邪媚之獸。三狐，指卦之三陰。

萃

兩目失明，日暮無光。[3] 脛足跛曳，不可以行，頓于丘旁。亡妾莫逐，嵬然獨宿。

無注。

---

① 按，此出自《錦繡萬花谷》前集卷三十《神仙》所引《仙傳拾遺》文。

② "高阜"，原作"害早"，據《賁》之《謙》津逮本改。"貝"，原作"具"，據士禮居本、津逮本改。

③ "暮"，原作"奪"，據《革》之《履》改。

升

鴻飛循陸，公出不復，伯氏客宿。

《詩・豳風・九罭》篇云："鴻飛遵陸，公歸不復，於汝信宿。"

困

葉方將落，隕其黄葉。失勢傾側，如無所得。①

葉，當作"桑"。《詩》："桑之落矣，其黄而隕。"

井

載船渡海，雖深何咎？② 孫子俱在，不失其所。

無注。

革

鵠求魚食，道過射邑。③ 繒加我頸，繳縛羽翼。欲飛不能，爲羿所得。

羿，古之善射者。

鼎

泥面亂頭，忍耻少羞。日以削消，凶其自招。④

---

① 林辭，津逮本作"佩玉纍蘂，無以繫之。孤怨獨處，愁哀相憂"。"葉"，士禮居本及《剥》之《震》津逮本作"桑"，是。元抄本注是。"方"，原作"芳"，據《剥》之《震》津逮本改。

② "何"，原作"難"，據津逮本改。

③ "邑"，原作"矢"，津逮本作"弋"，據《豐》之《臨》改。

④ 末句，津逮本無。

無注。

震

佩玉櫐蕊，無以繫之。孤悲獨處，愁哀相憂。①

無注。

艮

巨蛇大鰌，戰於國郊。上下隔塞，主君走逃。②

無注。

漸

已動死，連商子。揚沙石，狐狢擾。軍鼓振，吏士苦。③

未詳。

歸妹

二人俱行，別離特食。一身五心，亂無所得。④

無注。

豐

三聖相輔，鳥獸喜舞，安樂富有。又云，三人偕偶。⑤

---

① 林辭，津逮本作“桑方將落，損其黄葉。失勢顛倒，如無所立”，此據元抄本、士禮居本。

② “主”，原作“逐”，據津逮本改。

③ “石”下，原衍“流”；“苦”，原作“恐落”。皆據津逮本删、改。

④ 此林，津逮本作“張羅搏鳩，兔罹其災。雌雄俱得，爲網所賊”，其雙行小注曰“一本作”云云，與元抄本、士禮居本近同，惟“俱”作“共”，“特”作“持”。

⑤ “又云”，士禮居本、津逮本無，非。“三人”句，津逮本作“二人諧偶”，士禮居本作“三人偕偶”。

三聖，堯、舜、禹也。按，《書》："夔曰：'於，予擊石拊石，百獸率舞。'"

旅

三奇六耦，相隨俱市。王孫善賈，先得利寶。居止不安，洪水爲咎。①

無注。

巽

三人俱行，一人言北，②伯仲欲南。少叔不得，中路分爭，道鬭相賊。

無注。

兑

播天舞，光地乳。神所守，樂無咎，言不信。③

無注。

涣

坐爭立訟，紛紛洶洶。④卒成禍亂，災及家公。

無注。

節

蛇行蜿蜒，不能上阪。履節安居，可以無憂。

---

① "安"，津逮本作"移"，"洪水"作"大盜"。
② "一"，原作"二"，據津逮本改。
③ 第二句，津逮本作"地擾亂"，"守"作"居"，"信"下多"誤"字。
④ "洶洶"，原作"匆匆"，據津逮本改。

無注。

中孚

郤大牆壞,蠹衆木折。狼虎爲政,天降罪罰。高殺望夷,胡亥以斃。①

無注。

小過

陽不違德,高山多澤。顔子逐兔,未有所得。

無注。

既濟

心多畏惡,時愁日懼。② 雖有小咎,終無大悔。

無注。

未濟

衆神集聚,相與議語。南國虐亂,百姓愁苦。興師征伐,更立賢主。

無注。

䷗震下坤上復

周師伐紂,剋於牧野。甲子平旦,天下悦喜。

---

① “郤”,津逮本作“隙”。“郤”通“隙”。“罰”,原作“伐”,據《乾》之《大壯》改。末二句,原脱,據津逮本補。

② “日”,原作“自”,據津逮本改。

按,《書·牧誓》:"時甲子昧爽,王朝至于商郊牧野以伐紂。"又《武成》:"一戎衣而天下大定,萬姓悦服。"

之乾

任重負力,東征不伏。蹈泥履塗,①雄師敗覆。

無注。

坤

義不勝情,以欲自營。覬利危躬,②折角摧頸。

無注。

屯

懸狟素飧,③食非其任。失輿剥廬,休坐徙居,室家何憂。

《詩·伐檀》篇云:"胡瞻爾庭有縣貆兮,彼君子兮,不素餐兮。"貆,貉類。《易·剥》卦上九:"君子得輿,小人剥廬。"

蒙

鷂鴟娶婦,④深目窈身。折腰不媚,與伯相背。

無注。

---

① "重",津逮本作"武"。第三句,士禮居本"蹈"作"陷",津逮本作"陷履泥塗"。

② "覬",原作"觀",據士禮居本、津逮本改。"躬",原作"寵",據津逮本改。

③ "飧",原作"飱",士禮居本、津逮本作"飡","飱"爲刻字之誤,"飧"、"飡"同。

④ "鷂",津逮本作"鷂"。

需

東風解凍，河川流通。西門子産，升擢有功。

此言西門豹、鄭子産。二人皆古之良臣也。

訟

三足俱行，傾危善僵。六指不便，悤累弟兄。樹柱閡車，①失其正當。

無注。

師

京庾積倉，黍稷已極。行者疾至，可以饜飽。②

按，《詩·楚茨》云："我黍與與，我稷翼翼。我倉既盈，我庾維億。"

比

南山之蹊，③真人所游。德配唐虞，天命爲子。保祐歆享，身受大慶。

唐虞，堯舜有天下之號也。

小畜

車馳人趨，卷甲相仇。齊魯寇戰，敗於犬丘。

---

① "悤累"，原作"恩累"，津逮本作"累悤"，據《賁》之《咸》改。"閡車"，原作"闗中"，據津逮本、《賁》之《咸》元抄本、士禮居本改。

② "已極"，原作"以興"；三、四句，原作"已極行疾，至以饜飽"，津逮本作"極其疾至，以饜飽食"。皆據《損》之《咸》改。

③ "蹊"，原作"跡"，據津逮本改。

按《春秋》：齊師侵魯，戰于長勺。車馳卒奔，齊師敗績。事見《莊公十年》。

履

十五許室，柔順有德。霜降既嫁，文以爲合。① 先王日至，不利出域。

無注。

泰

任力劣薄，遠托邦國。輔車不強，②爲瘫所傷。

無注。

否

千歲舊室，將有困急。荷粮負囊，出門直北。

無注。

同人

凶憂災殃，③日益彰明。禍不可救，三郤夷傷。

按《春秋》：三郤，晋大夫郤錡、郤犨、郤至。《成公十七年》："晋厲公侈，多外嬖，欲盡去群大夫，而立其左右，遂殺三郤。"

大有

冠危戴患，身驚不安。與禍馳逐，凶來入門。

---

① "既"，津逮本作"歸"，"文"作"夫"。
② "輔"，原作"轉"，據津逮本改。
③ 首句，原作"惡災殆盈"，據《噬嗑》之《剥》改。

無注。

謙

虎狼並處，不可以仕。忠謀輔政，禍必及己。退隱深山，身乃不殆。

無注。

豫

卵與石鬬，糜碎無處。挈缾之智，[①]不爲憂懼。

無注。

隨

五心六意，歧道多怪。非君本志，生我恨悔。

無注。

蠱

雨雪載塗，東行破車。旅人無家，利益咨嗟。[②]

《詩·出車》："勞還率也。曰：昔我往矣，黍稷方華。今我來思，雨雪載塗。王事多難，不遑啓居。"

臨

尚刑懷義，月出平地。國亂無常，[③]咎徵滅亡。

---

① "糜"，原作"麋"，據津逮本改。"智"，原作"使"，據翟云升《焦氏易林校略》改。

② 第四句，津逮本無。"利"，《豐》之《小過》作"動"。

③ "刑"，津逮本作"利"。"無"，原作"天"，據《同人》之《未濟》、《艮》之《中孚》改。

無注。

觀

東行破車，步入危家。衡門穿射，無以爲主。賣袍續食，糟糠不飽。

無注。

噬嗑

逐禽出門，并失玉丸。往來井上，破瓮缺盆。

無注。

賁

孟春醴酒，使君壽考。南山多福，宜行賈市。稻粱雌雉，所至利喜。

按，《詩》云："爲此春酒，以介眉壽。"又云："如南山之壽，不騫不崩。"

剥

持刀操肉，對酒不食。夫亡從軍，少子入獄，抱膝獨宿。

無注。

无妄

蹄牛傷暑，不能成畝。草萊不墾，年歲無有。

無注。

大畜

南邦大國，鬼魅滿室。讙聲相逐，①爲我行賊。

無注。

頤

噂噂所言，莫如我垣。② 歡樂堅固，可以長安。

無注。

大過

堯舜禹湯，四聖敦仁。允施德音，民安無窮。旅人相望，未同朝鄉。③

堯，唐帝名。舜，虞帝名。禹，夏禹。湯，成湯。四聖皆仁德之君也。

坎

桎梏拘獲，身入牢獄。髠刑受法，終不得釋。耳闕道塞，④求事不得。

無注。

離

桀跖並處，民困愁苦。行旅遲遲，留連齊魯。

---

① "讙"，原作"讓"，據士禮居本、津逮本改。
② "垣"，原作"恒"，據津逮本改。
③ "鄉"，士禮居本、津逮本作"卿"。
④ "闕"，原作"閉"，據《巽》之《小畜》改。

桀，夏桀。跖，盜跖。

咸

求雞獲雛，買鱉失魚。出入鈞敵，利得無餘。① 齊姜宋子，婚姻孔嘉。

《詩·衡門》篇："豈其取妻？必齊之姜。豈其取妻？必宋之子。"

恒

雨師駕駟，②風伯吹雲。秦楚爭強，施不得行。

秦楚，春秋戰國時二強國。

遯

仲冬無秋，③鳥鵲飢憂。困於米食，數驚鸕雕。

無注。

大壯

三羝上山，俱至陰安。遂到南陽，見其芝香。④ 兩崖相望，未同枕牀。

無注。

---

① "雛"，津逮本作"雉"。"餘"，原作"饒"，據津逮本改。
② "駕駟"，《遯》之《師》作"駕西"。
③ "無"，津逮本作"兼"。
④ "見"，津逮本作"完"。

晋

飛至日南，還歸遼東。雌雄相從，和鳴雍雍，解我胸春。①

無注。

明夷

堯飲舜舞，禹拜上酒。禮樂所豐，可以安處，保我淑女。

堯、舜、禹，三聖人也。

家人

太一置酒，樂正起舞。萬福攸同，可以安處，綏我齠齒。

無注。

睽

白馬驊騮，生乳不休。富我商人，得利饒優。②

無注。

蹇

宛馬疾步，③盲師坐御。目不見路，中止不到。

漢，大宛有善馬。

---

① "至"，津逮本作"之"。"胸春"，原作"迿春"，士禮居本作"迿春"，據津逮本改。

② "驊"，原作"騧"，津逮本作"騂"，據《遯》之《大有》改。"優"，原作"憂"，據士禮居本、津逮本改。

③ "宛"，津逮本作"踠"。

解

春桃萌生，萬物華榮。邦君所居，國樂無憂。

無注。

損

把珠入口，蓄爲玉寶。得吾所有，忻然嘉喜。[①]

無注。

益

襦燒袴𤄚，羸剥飢寒，病虐凍攣。

無注。

夬

水沫沉浮，沮濕不居，爲心疾憂。

無注。

姤

行如桀紂，雖禱不祥。命衰絶周，文王乏祀。[②]

桀，夏之后。紂，商之后。周自平王至威烈王日以衰微，傳至赧王爲秦所滅。

---

① 第二句，《同人》之《復》作"爲我畜寶"。"忻"，士禮居本作"欣"，津逮本作"歡"。忻、欣義同。

② "祥"，津逮本作"祐"，"王"作"君"。

萃

蜱蜉戴盆,不能上山。脚摧跛蹶,頓傷其顔。①

蚍蜉,蠹有翼者。蜱蜉戴盆,即蚍蜉撼大樹之義,量小而望大也。

升

長子入獄,婦饋母哭。霜降旬日,②鄉晦伏法。

無注。

困

求犬得兔,請新遇故。雖不當路,踰吾舊舍。

無注。

井

鳥鳴葭端,一呼三顛。摇動東西,危慄不安。③ 靈祝禱祉,疾病無患。

無注。

革

天厭禹德,命興湯國。祅社釁鼓,④以除民疾。

夏桀無道,成湯放之于南巢。祅,當作"祓";釁,當作"釁"。

---

① "摧",原作"推",據津逮本改。"頓",津逮本作"損","顔"作"頭"。
② "旬日",原作"愈甚",津逮本作"旬甚",據《鼎》之《履》改。
③ "慄",原作"而",據《需》之《節》改。
④ 第三句,士禮居本、津逮本均作"祓社釁鼓"。元抄本注是。

鼎

陰霧作匿,不見白日。邪徑迷道,使君亂惑。

無注。

震

猿墮高木,不踒手足。握珠懷玉,還歸我室。

無注。

艮

三驪負衡,南取芝香。秋蘭芬馥,盈滿匣匱,[1]利我少姜。

無注。

漸

春生夏乳,[2]羽毛成就。舉不失宜,君臣相好。盜走奔北,終無有悔。

無注。

歸妹

東行破車,還反室家。[3] 天命訖終,無所禱凶。

無注。

---

① "盈",原作"盛",據津逮本及《歸妹》之《益》改。

② "夏",津逮本作"孚"。《震》之《萃》作"春生孳乳",疑"夏"、"孚"皆爲"孳"之誤。

③ "還",原作"遠",據津逮本改。"室",原作"失",據士禮居本、津逮本改。

豐

九雁列陳，雌獨不群。爲罾所舉，死於庖人。

無注。

旅

二人輦車，徙去其家。井沸釜鳴，不可以居。

井沸、釜鳴，皆不祥之兆也。

巽

閉塞復通，與善相逢。甘棠之人，解我憂凶。

《甘棠》，美召伯之詩也。召伯循行南國，以布文王之政，舍於其下。

兑

賦歛重數，政爲民賊。杼柚空虚，去其家室。[①]

《詩・大東》篇："小東大東，杼柚其空。"杼，持緯者也。柚，受經者也。

涣

怒非其怨，貪妒腐鼠。而呼鵲鴟，自令失餌，[②]致被殃患。

無注。

---

① "柚"，原作"軸"，據《詩・小雅・大東》改。末句，津逮本作"家去其室"。

② "貪妒"，原作"含垢"，士禮居本作"貪垢"；"令"，原作"分"。皆據津逮本改。

節

簪短帶長，幽思窮苦。瘠蠢小瘦，以病疾癃。①

無注。

中孚

三人俱行，各别采桑。藴其筐筥，留我嘉旅。② 得歸無咎，四月來處。

無注。

小過

逐鳩南飛，與喜相隨。並獲鹿子，多得利歸，雖憂不危。

無注。

既濟

驅羊南行，與禍相逢。狼驚吾馬，虎盜我子，悲恨自咎。

無注。

未濟

東鄰西國，福喜同樂。出得隨珠，留獲和玉，俱利有喜。③

隋侯見蛇傷，取藥封之，後蛇銜珠以報。卞和得玉璞，獻於楚懷王。

---

① “短”，原作“跌”；“蠢”，原作“貌”；“癃”，原作“降”。皆據《恒》之《咸》津逮本改。

② “旅”，津逮本作“侶”。“旅”通“侶”。

③ “有喜”，津逮本作“有息”。

卷第七

䷘震下乾上无妄

夏臺羑里，湯文厄處。皋陶聽理，岐人悦喜。西望華首，[1]東歸无咎。

湯囚夏臺，文王拘羑里。皋陶，舜命作士，理官也。

之乾

儋耳穿胸，僵離旁春。天地易紀，日月更始。蝮螫我手，痛爲吾毒。

儋耳、穿胸，皆外國名。

坤

慈母之恩，長大無孫。消息襁褓，害不入門。

無注。

屯

僞言妄語，傳相詿誤。道左失迹，不知鄉處。[2]

① “羑”，原作“牖”，據士禮居本、津逮本改。“首”，原作“夏”，據津逮本改。
② “鄉”，津逮本作“郎”。

無注。

蒙

欝怏不明，陰積無光。曰在北陸，[①]萬物雕藏。

《左傳》："日在北陸而藏冰。"又《漢志》：[②]"日行四陸：春，東陸；夏，南陸；秋，西陸；冬，北陸。"曰，當作"日"。

需

王母多福，天禄所伏。居之寵光，君子有昌。[③]

王母，神仙，以東華至真之氣化生。

訟

不耕而獲，家食不給。中女無良，長子跛足。疏齒善市，商人有息。[④]

無注。

師

火起上門，不爲我殘。跳脱東西，獨得生完。不利出鄰，病疾憂患。

無注。

---

① "曰"，士禮居本、津逮本作"日"。元抄本注校作"日"，是。

② 按，"日行四陸"云云見於《韻府群玉》，非引自《漢志》。

③ "王"，津逮本作"主"，"光"作"昌"，"昌"作"光"。"居"，原作"君"，據士禮居本、津逮本及《剥》之《觀》、《涣》之《姤》改。

④ "跛"，原作"徒"，據津逮本改。"息"，津逮本作"喜"。

比

持刃操肉，對酒不食。夫亡從軍，長子入獄，[①]抱膝獨宿。

無注。

小畜

鰌鰕去海，游於枯里。街巷迫狹，不得自在。南北無極，[②]渴餒成疾。

無注。

履

啞啞笑語，[③]與歡飲酒。長樂行觴，千秋起舞，拜受大福。

無注。

泰

登高上山，賓於四門。吾士得歡，[④]福爲我根。

《書》曰："賓于四門，四門穆穆。納于大麓，烈風雷雨弗迷。"言舜之德也。

---

① "長"，津逮本作"少"。
② "無"，原作"四"，據《謙》之《明夷》津逮本改。
③ "語"，原作"喜"，據津逮本改。
④ "吾士"，津逮本作"士伍"。

否

天猒周德，命與南國。[1] 以禮靜民，兵革休息。

無注。

同人

壅遏堤防，水不得行。火光盛陽，陰霓伏匿，走歸其鄉。

無注。

大有

海河都市，國之奥府。商人受福，少子玉食。

無注。

謙

東行避兵，南去不祥，西逐凶惡，北迎福生，與喜相迎。

無注。

豫

東家中女，嫫母最醜。三十無室，媒伯勞苦。

嫫母，古之醜婦，最賢。

隨

破亡之國，天所不福，難以止息。

無注。

---

① “與”，原作“我”，據津逮本、《咸》之《蹇》改。

蠱

驂駕蹇驢，日暮失時。居者無憂，保我樂娛。

無注。

臨

蝃蝀充側，佞幸傾惑。女謁横行，正道壅塞。

《詩・蝃蝀》："止奔也。蝃蝀在東，莫之敢指。女子有行，遠兄弟父母。"

觀

三羖五牂，相隨俱行。迷入空澤，循谷直北。經涉六駁，爲所傷賊。

無注。

噬嗑

載喜抱子，與利爲友。天之所命，不憂危殆。荀伯勞苦，未來王母。①

《詩・下泉》篇云："四國有王，郇伯勞之。"荀，當作"郇"。

賁

織縷未就，勝折無複。女工多態，②亂我政事。

無注。

---

① "未"，津逮本作"西"。

② 第二句，原"複"作"後"，津逮本作"針折不復"，據《説文》"複，重衣也"改。後、復皆"複"之形誤。"態"，原作"能"，據津逮本改。

剥

行露之訟，貞女不行。君子無食，使道壅塞。①

《詩》云："厭浥行露。"言女子有能以禮自守而不爲強暴所污，喻道間之露方濕，恐沾濡而不敢行耳。

復

羿張烏號，彀射天狼。鐘鼓夜鳴，將軍振旅。趙國雄勇，鬬死滎陽。②

羿，后羿，善射。烏號，弓名。天狼，獸名。

大畜

延頸望酒，不入我口。商人勞苦，利得無有。夏臺牖里，③雖危復喜。

牖，當作"羑"。湯囚夏臺，文王拘羑里。

頤

冠帶南游，與喜相期。徼於嘉國，拜爲逢時。④

無注。

---

① 本林，原誤置於《復》林下，據士禮居本、津逮本及《周易》六十四卦次序乙正。

② "鐘"，原作"鍾"，據《井》之《大過》士禮居本、津逮本改。"夜"，原作"不"，據《井》之《大過》改。"滎"，原作"榮"，據士禮居本、津逮本改。

③ "牖"，士禮居本、津逮本皆作"羑"，是。元抄本注是。

④ "嘉"，原作"家"，據士禮居本、津逮本改。"徼"，原作"儌"，據《坎》之《井》改。"爲"，津逮本作"位"。

大過

東西觸垣，不利出門。魚藏深水，無以樂賓。爵級摧頹，光威減衰。

無注。

坎

兩母十子，轉息無已。五乳百雛，騂駁驪駒。①

無注。

離

重黎祖後，司馬太史。陸氏之災，離害悲苦。②

《書》傳："重，少昊之後。黎，高陽之後。重即羲，黎即和也。"司馬談爲太史，子迁繼其職，仍稱太史公。

咸

内執柔德，止訟以嘿。宗邑賴福，禍災不作。

無注。

恒

采唐沬鄉，要期桑中。失信不會，憂思約帶。一本云，牛驥同堂，郭氏以亡。國破爲墟，君奔走逃。③

① "十子"，津逮本作"千子"，"驪"作"驥"。

② "陸"，津逮本作"陽"，"害"作"宫"。

③ "要"，津逮本作"邀"。二字通。"一本云"，士禮居本、津逮本作"一作"，其下爲雙行小字。

《詩・桑中》云："爰采唐矣，沬之鄉矣。云誰之思，美孟姜矣。"唐蒙，菜也。沬，衛邑名。按，《胡傳》："莊公二十四年，齊桓公問郭父老，曰：'郭何以亡？'父老曰：'見善而不能舉，惡惡而不能去，所以亡。'"

遯

宮成立政，衣就缺袂。恭謙爲衛，終無禍尤。

無注。

大壯

麒麟鳳凰，子孫盛昌。少齊在門，利以合婚。振衣彈冠，貴人所歡。①

按，《春秋・昭公二年》："夏四月，韓須如齊逆女，齊陳無宇送女，致少姜，少姜有寵於晋侯，晋侯謂之少齊。"

晋

亂危之國，不可涉域。機發身頓，遂至僵覆。②

無注。

明夷

千雀萬鳩，與鷂爲仇。威勢不敵，③雖衆無益，爲鷹所擊。

無注。

---

① 第五句，津逮本無。"振"，原作"招"，據翟云升《焦氏易林校略》改。翟云："招當作振。""所"，津逮本作"大"。

② 下二句，津逮本作"機機發發，身頓僵覆"。

③ "勢"，原作"挈"，據津逮本改。

家人

衆神集聚，相與議語。南國虐亂，百姓愁苦。興師征討，更立聖主。

無注。

睽

顔淵閔騫，以禮自閑。君子所居，禍災不存。

顔淵，即顔回；閔騫，閔子騫也，皆孔子弟子。

蹇

三桓子孫，世秉國權。爵世上卿，富於周公。

三桓即三家，皆桓公之後。自季武子始專國政，歷悼、平、桓子凡四世，平子逐君，康子廢父命而殺嫡，僭八佾，歌雍以徹，皆專權僭竊之至。

解

鶴鳴九皋，處子失時。載土販鹽，難爲功巧。

無注。

損

方軸圓輪，車行不前。組囊以錐，失其事便。還師振旅，兵革休止。①

無注。

---

① "車"，原作"東"，據津逮本改。末句下，士禮居本、津逮本皆注曰："二句疑衍文。"

益

魚擾水濁，桀亂我國。駕龍出游，東之樂邑。天賜我禄，與生爲福。

無注。

夬

白虎黑狼，伏伺山陽。[1] 遮遏牛羊，病我商人。

無注。

姤

履危不安，跌頓我顔，傷腫爲癩。[2]

無注。

萃

三人輦車，乘入虎家。[3] 王母貪叨，盜我資財，亡失犂牛。

無注。

升

三雁南飛，俱就稻池。[4] 鰕鰌饒有，利得過倍。

無注。

---

① “伺山陽”，原作“司亦長”，據津逮本改。

② “腫”，原作“踵”，據津逮本改。“癩”，津逮本作“瘢”。

③ “虎”，原作“旁”，據《剥》之《咸》改。

④ “稻”，原作“井”，津逮本作“塘”，據《比》之《觀》改。“池”，原作“地”，據津逮本、《比》之《觀》改。

困

鷹栖茂樹，候雀往來。一擊獲兩，伏不枝梧。①

無注。

井

堯舜欽明，禹稷股肱。伊尹往來，進禮登堂。② 顯德之徒，可以輔王。

堯、舜、禹，皆古之仁聖也。稷教稼穡，伊尹相湯，皆古之良輔也。

革

枯旱三年，草萊不生。③ 粢盛空乏，無以供靈。

無注。

鼎

方口宣唇，爲和樞門。④ 解釋鈎帶，商旅以歡。

無注。

震

大麓魚池，⑤高陸爲海。江河横流，魚鱉成市。千里無

① "候"，原作"猴"，據津逮本改。第四句，津逮本作"利在枝柯"。

② "禮"，津逮本作"履"。

③ "萊"，原作"葉"，據津逮本改。

④ "宣"，原作"緩"，津逮本作"圓"，據《需》之《萃》、《大有》之《臨》改。"和"，津逮本作"知"。

⑤ 首句，原作"凫鷖池水"，津逮本作"凫池水溢"，據《夬》之《節》改。

牆，鴛鳳游行。

無注。

艮

烹魚失刀，駕車馬亡。鉛刀不及，[①]魴鯉腥臊。

無注。

漸

戎狄蹲踞，無禮貪叨。[②] 非吾族類，君子攸去。

無注。

歸妹

渡河踰水，狐濡其尾，[③]不爲禍憂。捕魚遇蟹，利得無幾。

無注。

豐

河水小魚，[④]不宜勞煩。苛政苦民，君受其患。

無注。

旅

偃武修文，兵革休安。淯人逍遥，未歸空閑。

---

① "車馬"，原誤倒，據津逮本乙正。"及"，津逮本作"入"。
② "踞"，原作"居"，據士禮居本、津逮本改。"叨"，津逮本作"饕"。
③ "狐濡"，原作"濡洿"，據津逮本改。
④ "水"，津逮本作"出"。

《書·武成》:“乃偃武修文,歸馬於華山之陽,放牛於桃林之野,示天下弗服。”又《清人》詩云:“河上乎逍遥。”

巽

九疑鬱林,沮濕不中。鸞鳥所去,君子不安。

無注。

兑

持猬逢虎,患厭不起。遂至歡國,與福笑語,君王樂喜。①

《史記·龜策傳》郭璞注云:“猬能制虎。”

涣

狗生龍馬,公勞嫗苦。家無善駒,②折悔爲咎。

無注。

節

嬰孩求乳,慈母歸子。黄麑悦喜,得其甘餌。

麑,鹿子也。

中孚

有兩赤鷂,從五隼噪。操矢無括,趣釋爾射。③ 扶伏聽命,不敢動摇。

---

① “君王”,津逮本作“君子”。
② “善駒”,津逮本作“筐筥”。
③ “括”,津逮本作“筈”。二字同。“射”,原作“財”,據津逮本改。

隼，鳥名，顔師古曰："即今所謂鶻也。"

小過

伊尹智士，去桀耕野。執順以強，文和无咎。①

伊尹，有莘之處士，湯聘而用之，遂進于桀。桀不能用，復歸于湯，乃相湯伐桀以有天下。

既濟

逐鹿西山，利入我門。陰陽和調，國無災殃。長子東游，須其仁君。②

無注。

未濟

龍興之德，周武受福。長女宜家，與君相保。③ 長股遠行，狸且善藏。

武王伐紂而有天下，以元女大姬嫁胡公而封諸陳。

☶乾下艮上大畜

朝鮮之地，箕伯所保。宜人宜家，業處子孫，求事大吉。

箕子，紂諸父，武王伐紂，遂歸周，封於朝鮮。

---

① "文和"，津逮本作"天祐"。

② 末句下，士禮居本、津逮本皆注曰："二句疑衍文。""仁君"，原作"三仇"，據《旅》之《既濟》改。

③ "受"，津逮本作"成"，"保"作"德"。

之乾

金柱鐵關,堅固衛災。君子居之,安無憂危。

無注。

坤

轉禍爲福,喜來入屋。春成夏囤,[①]可以飲食,保全家室。

無注。

屯

水暴橫行,緣屋壞牆。[②] 泱泱溢溢,市師驚惶。居止不殆,與母相保。

無注。

蒙

虎豹熊羆,游戲山隅。得其所欲,君子無憂。[③]

無注。

需

躬禮履仁,[④]尚德止訟。宗邑以安,三百無患。

齊管仲奪伯氏駢邑三百,没齒無怨言。

---

① "春成夏囤",津逮本作"春城夏國"。
② "緣",津逮本作"浮"。
③ 末句下,各本均有"旅人失利,市空無人",據《漸》之《艮》删。
④ "禮",原作"體",據津逮本改。

訟

江淮易服，玄黄朱飾。靈公夏徵，衷袒无極。[①] 高位崩顛，失其寵室。

按，《左傳》："陳靈公與孔寧、儀行父通於夏姬，皆衷其袒服以戲于朝。後陳靈公與孔寧、儀行父飲於夏氏，公謂行父曰：'徵舒似汝。'對曰：'亦似君。'徵舒病之，出，自其厩而射之，遂傷靈公。"衷，懷也。袒，近身之衣。

師

不虞之患，禍至無門。奄忽暴卒，痛傷我心。

無注。

比

三塗五岳，去危入室，凶禍不作。桀盜堯服，失其寵福，貴人有疾。

三塗，山名，在河南伊闕縣。

小畜

配合相迎，利之四鄉。昏以爲期，明星煌煌。欣喜奭懌，[②]所言得當。

《詩·東門之楊》云：[③]"昏以爲期，明星煌煌。"注曰："此亦

---

① "衷袒"，原作"哀相"，津逮本作"哀禍"，據《春秋左傳注疏·宣公九年》改。

② "之"，原作"心"；"煌煌"，原作"熠熠"。均據津逮本改。"奭懌"，原作"君奭"，津逮本作"奭澤"，"奭"據津逮本改，"懌"據《師》之《大有》津逮本改。

③ "楊"，原作"揚"，據《詩經·東門之楊》改。

男女期會而有負約不至者，故因其所見以起興也。”

履

三手共身，莫適所閑。更相放接，動失事便。[1] 箕子佯狂，國乃不昌。

箕子，紂諸父，紂爲不道，乃佯狂而爲奴。

泰

虎卧山隅，鹿過後眗。弓矢設張，會爲功曹。伏不敢起，遂全其軀，[2]得我美草。

會，當作“猬”。見《大有》之《訟》。《史記·龜策傳》郭璞注云：“猬能制虎。”

否

麟鳳執獲，陰雄失職。[3] 自衛返魯，猥昧不起，禄福訖已。

《左傳·哀公十四年》：“春，西狩於大野。叔孫氏之車子鉏商獲麟，孔子自衛返魯，作《春秋》。”

同人

欒子作殃，伯氏誅傷。州黎奔楚，失其寵光。

《春秋·成公十五年》：“冬十月，晋三郤害伯宗，譖而殺之，

---

① “共”，原作“六”；“放接”，原作“摇動”；第四句，原作“失事便安”。皆據《損》之《蒙》改。

② “會”，津逮本作“猬”。元抄本注是。“軀”，原作“驅”，據士禮居本、津逮本改。

③ “陰”，津逮本作“英”。

及欒弗忌。伯州犂奔楚。”

大有

黄帝出游，駕龍乘馬。東至太山，南過齊魯。王良御后，[①]文武何咎，不利市賈。

黄帝邑於涿鹿之阿，遷徙无常，以兵師爲營衛，後得六相，而天地治，神明至。

謙

齊魯爭言，戰於龍門。遘怨致禍，三世不安。

按，《春秋·魯成公二年》：“春，齊侯伐我北鄙，圍龍，頃公之嬖人盧蒲就魁門焉，龍人囚之，齊侯親鼓，三日取龍。”

豫

道理和德，[②]仁不相賊。君子往之，樂有其利。

無注。

隨

嫗妒公姑，毁盆亂類。[③] 使我家憒，利得不遂。

無注。

蠱

一巢九子，同公共母。柔順利貞，出入不殆，福禄所在。

---

① “乘”，原作“騎”，據津逮本改。“后”，原作“左”，津逮本作“右”，據《夬》之《旅》改。

② “理”，津逮本作“禮”。

③ “姑”，原作“妮”，士禮居本、津逮本作“姥”；“盆”，原作“益”。均據《頤》之《訟》改。“類”，原作“頼”，據津逮本改。

無注。

臨

崔嵬北岳，天神貴客。温仁正直，主布恩德。閔哀不已，蒙受大福。

北岳，《周禮》："并州，其山鎮曰恒山。"《唐·天文》："大梁、析木，其神主於恒山，辰星出焉。"

觀

三蛆逐蠅，陷墮釜中。灌沸弇殪，與母長訣。①

弇，音掩。殪，音意。

噬嗑

東山西陵，高峻難升。滅夷掘壘，②使道不通。商旅無功，復反其邦。

無注。

賁

常得自如，不逢禍災。樂只君子，③福禄自來。

無注。

---

① "蛆"，原作"睢"，據津逮本改。"弇"，津逮本作"淹"，是。"訣"，原作"決"，據《鼎》之《訟》改。

② "掘壘"，原作"握纍"，據士禮居本、津逮本改。

③ "得"，津逮本作"德"。"樂只君子"，士禮居本、津逮本無。

剥

范子妙材，戮辱傷膚。然後相國，[①]封爲應侯。

范子，即范雎。[②] 按，《史記》：范雎初事魏，嘗從須賈使齊，齊賜雎金及牛酒，賈知之大怒，以爲雎以國陰事告齊，故得此饋，歸告魏相魏齊，大怒，使舍人笞擊雎，折脅摺齒，雎佯死。置厠中，雎告守者，得脱，變姓名。後歸秦，秦以爲客卿，封應侯。

復

狼虎結謀，[③]相聚爲保。伺齧牛羊，道絶不通，病我商人。

無注。

无妄

不直杜公，與我爭訟。媒伯無禮，自令塞壅。

未詳。

頤

上天樓臺，登降受福，喜慶自來。[④]

無注。

大過

三羊上山，東至平原。黄龍服箱，南至魯陽。完其佩囊，

---

① 第三句，津逮本作"後相秦國"。

② "雎"，原作"睢"，據《史記·范雎蔡澤列傳》改。下同。

③ "謀"，原作"集"，據津逮本及《比》之《困》改。

④ "降"，津逮本作"拜"。

執綏車中,行人無功。①

無注。

坎

天地閉塞,仁智隱伏。商旅不行,利深難得。

《易·坤·文言》曰:"天地閉,賢人隱。"又《復》象傳:"先王以至日閉關,商旅不行。"

離

延陵適魯,觀樂太史。車轔白顛,知秦興起。卒兼其國,一統爲主。

《春秋·襄公二十九年》:"延陵吴季札適魯,觀周樂,及聞歌秦詩,曰:'此之謂夏聲。夫能夏則大,大之至也,其周之舊乎?'"

咸

櫜戢甲兵,歸放馬牛。徑路開通,國無凶憂。②

《史記》:武王勝殷,包藏弓矢,戢弭干戈,以示弗用,歸馬于華山之陽,放牛于桃林之野。

恒

牛驥同槽,③郭氏以亡。國破爲墟,君奔走逃。

---

① "完",原作"貌";"綏",原作"綬"。皆據津逮本改。"無功",津逮本作"有慶"。

② "櫜",原作"槖",據士禮居本、津逮本改。末句下,原衍"朽牆不鑿,病疾難治",據津逮本删。

③ "槽",原作"堂",據《小畜》之《晉》改。

按,《胡傳》莊公二十四年:"齊桓公問郭父老曰:'郭何以亡?'父老曰:'見善而不能舉,惡惡而不能去,所以亡。'"

遯

大尾小腰,重不可摇。棟撓榱壞,臣爲君憂。湯火之言,[①]消不爲患,使我復安。

無注。

大壯

太一置酒,樂正起舞。萬福攸同,可以安處,綏我鯢齒。[②]

無注。

晉

飲酒醉酗,跳起爭鬭。伯傷叔僵,東家治喪。

無注。

明夷

山險難登,澗中多石。車馳轊擊,重載傷軸。擔負差躓,[③]跌踒右足。

轊,音衛。跌,徒結切。踒,於爲切。

---

① "湯火",原作"陽大",據津逮本改。

② 末句下,原衍"指空無餌,不利爲旅",據津逮本、《復》之《家人》删。

③ "澗",原作"渭";"擔負",原作"載擔"。皆據津逮本改。"差",原作"善",據《乾》之《謙》津逮本改。

家人

爭訟不已，更相擊詢。張季弱口，被髮北走。耳順從心，躬行至仁，不須以兵，天下太平。①

《語》："六十而耳順，七十而從心所欲。"

睽

心志無良，昌披妄行。觸牆觝壁，②不見户房。先王閉關，商旅委棄。

《易·復》象傳："先王以至日閉關，商旅不行。"

蹇

寧鴂鴟鴞，③治成禦災。綏德安家，周公勤勞。

寧鴂，一名飛桑，一名巧婦。《鴟鴞》，《詩》篇名，言周公救亂也。

解

清人高子，久在外野。逍遥不歸，思我慈母。

高子，高克也。《詩》云："清人在彭，駟介旁旁。"注云："鄭文公惡高克，使將清邑之兵，禦狄于河上，久而不召，師散而歸，高克奔陳，鄭人爲之作此詩也。"

---

① "擊詢"，原作"咨詢"，據《明夷》之《臨》改。"季"，原作"事"，據津逮本及《明夷》之《臨》改。末四句，津逮本及《訟》之《損》、《明夷》之《臨》皆無，是。

② "昌披"，原作"傷破"，據《觀》之《大壯》元抄本改。"牆"，原作"廧"，據津逮本改。

③ "鴂"，原作"夬"，據津逮本、元抄本注改。

損

兩虎爭鬭，股創無處。[1] 不成仇讎，行解卻去。

無注。

益

天女踞牀，不成文章。南箕無舌，飯多沙糖。[2] 虛象盜名，雄雞折頸。

天女，織女也。牀，未詳，疑"機"字之誤。織女推機，則不能成其文錦也。箕，星名，夏秋之間見於南方，故云南箕。舌，下二星也。言南箕無舌，則不可以簸揚糠秕也。糖，當作"糠"。

夬

太子扶蘇，走出遠郊。[3] 佞幸成邪，改命生憂。慈母之恩，無路致之。

扶蘇，始皇長子，使北監軍於上郡，後趙高等矯詔殺扶蘇，立胡亥。

姤

寒暑相推，一明一微。赫赫宗周，光榮滅衰。

無注。

---

① "股"，原作"服"，據津逮本改。

② "踞"，原作"推"，據《小過》之《比》改。"糖"，《小過》之《比》作"糠"，是。元抄本注是。

③ "走出"，津逮本作"出於"。

萃

雞狗相望，仁道篤行。不吠昏明，各安其鄉。周鼎和餌，國富民有，八極蒙祐。

《孟子》云："雞鳴狗吠相聞，而達乎四境。"又《春秋·魯宣公三年》：①"周成王定鼎於郟、鄏，卜世三十，卜年七百。"

升

窗牖户房，通利明光。② 賢智輔聖，仁施大行。家給人足，海内殷昌。

無注。

困

雨雪三日，鳥獸飢乏，旅人失宜，利不可得。幾言解患，以療紛難，危者復安。

無注。

井

白鵠銜珠，夜食爲明。膏潤優渥，③國歲年豐。中子來同，見惡不凶。

鵠，當作"鶴"。《搜神記》云："有鶴爲弋人所射，窮而歸噲參。參收養療治，瘡愈而放之。後鶴夜到門外，④參執燭視之，

---

① "三"，原作"十三"，據《春秋左傳注疏·宣公三年》改。

② "房"，原作"旁"；"通"，原作"道"。皆據津逮本改。

③ "鵠"，士禮居本、津逮本作"鶴"，是。元抄本注是。"優渥"，原誤倒，據津逮本乙正。

④ "到"，原脱，據《謙》之《泰》元抄本注補。

鶴雌雄雙至，各銜明珠以報參焉。”

革

從豕牽羊，與虎相逢，雖驚不凶。

無注。

鼎

鳧雁啞啞，以水爲宅。雌雄相和，心志娱樂。得其所欲，絶其患惡。①

無注。

震

逐狐平原，水遏我前。深不可涉，暮無所得。

無注。

艮

窟室蓬户，寒賤所處。十里望烟，散涣四方。形體滅亡，下入深淵，終不見君。

無注。

漸

桀紂之主，悖不可輔。貪榮爲人，必定其咎。聚斂積實，野在鄙邑，未得人室。②

---

① 末句，津逮本無。

② “可”，津逮本作“堪”，“鄙”作“都”，“得人”作“來我”。“斂”，原作“斂”，據津逮本改。

夏桀、商紂，皆無道之君。

歸妹

倉庚盈億，[1]年歲有息。商人留連，雖久有得。陰多陽少，因地就力。

無注。

豐

火山不然，釣鯉失綸。魚不可得，利去我北。一作，[2]三仁同福，以興周國，君子安息。

三仁，大王、王季、文王。

旅

童女無媒，不宜動摇。安其居廬，傅母何憂？

無注。

巽

載風雲母，游觀東海。鼓翼千里，見吾愛子。

無注。

兑

鴻盜我襦，逃於山隅。不見武迹，使伯心憂。

未詳。

---

① “庚”，原作“庫”，據《比》之《升》改。
② “一作”，原脱，據津逮本補。津逮本下爲雙行小注，惟“仁”作“人”。

涣

夜視無明，[①]不利遠鄉。閉門塞牖，福爲我母。

無注。

節

三狗逐兔，於東北路。[②] 利以進取，商人有得。

無注。

中孚

武王不豫，周公禱謝。載璧秉珪，安寧如故。

《書·金縢》："王有疾，弗豫。周公植璧秉珪，乃告大王、王季、文王。王翼日乃瘳。"

小過

同載共車，中道别去。爵級不進，君子不興。[③]

無注。

既濟

六雁俱飛，游戲稻池。大飲多食，食飽無患。[④]

無注。

---

① "夜視"，原誤倒，據津逮本乙正。

② "於"，原作"子"，據津逮本改。

③ "不興"，津逮本作"下輿"。

④ 末句下，原衍"舉事不遂，商旅作憒"，據汲古本删。

未濟

符左契右，相與合齒。乾坤利貞，乳生六子。長大成就，風言如母，不利爲咎。① 一云，不利爲旅。

《易》乾坤生六子。乾父坤母，三男：震、坎、艮；三女：巽、離、兑。

䷚震下艮上頤

家給人足，頌聲並作，四夷賓服，干戈卷閣。

《書》："明王慎德，四夷咸賓。"又《詩・時邁》篇："明昭有周，式序在位。載戢干戈，載櫜弓矢。"

之乾

思初悼古，哀吟無輔。陽弱不制，②上失其所。

無注。

坤

江河淮海，天之奥府。衆利所聚，可以饒有，③樂我君子。

無注。

---

① "合齒"，原作"虐亂"；"風言"，原作"颯然"。皆據津逮本改。"乳"，原作"幸"，津逮本作"季"，據《兑》之《大過》改。"一云"云云，士禮居本、津逮本無。

② "悼"，士禮居本、津逮本作"道"。"弱"，原作"明"，據《頤》之《損》改。

③ "可以"，原作"賓服"，據津逮本改。

屯

三雁俱行，避暑就涼。適與矰遇，[①]爲繳所傷。

無注。

蒙

秋南春北，隨時休息。處和履中，安無憂凶。

無注。

需

履危無患，跳脱獨全。不利出門，傷我左踝。疾病不食，鬼哭其室。

無注。

訟

東家凶婦，怒其公姑，[②]毁柈破盆，棄其飯飧，使吾困貧。

無注。

師

泥滓洿辱，棄捐溝瀆。爲衆所笑，終不顯録。[③]

無注。

---

① "行"，津逮本作"飛"。"矰"，原作"繒"，據士禮居本、津逮本改。

② "怒"，士禮居本、津逮本作"怨"。

③ "録"，原作"禄"，據津逮本改。第三句，原作"衆所笑哭"，據《萃》之《履》改。

比

旦往暮還，各與相存，身無凶患。

無注。

小畜

六翮長翼，夜過射國。高飛冥冥，[1]羿氏無得。

無注。

履

蜂蠆之門，[2]難以止息。嘉媚之士，爲王所食，從去其室。

無注。

泰

放狐乘龍，爲王道東。過時不及，[3]使我憂聾。

無注。

否

雹梅零墮，心思憒憒，[4]亂我魂氣。

無注。

---

① “高飛冥冥”，津逮本無。

② “門”，津逮本作“國”。

③ “放”，津逮本作“被”。“及”，士禮居本、津逮本作“返”。

④ “憒憒”，原作“情憒”，津逮本作“情憒”，據士禮居本、《大有》之《蒙》元抄本改。第二句下，津逮本多“懷憂少愧”四字。

同人

長女三嫁，進退多態。牝狐作妖，夜行離憂。

無注。

大有

轟轟輷輷，驅車東西。[①] 盛盈必毀，高位崩顛。

輷，音田。

謙

乘船渡濟，載水逢火。賴得無患，蒙我生全。[②]

無注。

豫

至德之君，政仁且温。伊吕股肱，國富民安。

伊尹相湯，吕望興周，二人皆良輔。

隨

生不逢時，困且多憂。無有冬夏，心常悲愁。

無注。

---

① 第二句，津逮本作"馳東逐西"。

② "渡"，原作"道"，津逮本作"涉"，據《需》之《大有》、《坎》之《大壯》改。"生全"，津逮本作"全生"。

蠱

南歷玉山,東入玉門。登上福堂,[1]飲萬歲漿。

無注。

臨

大斧破木,[2]讒人敗國。東關二五,禍及三子。晋人亂危,懷公出走。

按《春秋傳》:晋獻公三子,申生、重耳、夷吾也。獻公聽驪姬之讒,殺申生,重耳奔蒲,夷吾奔屈。懷公,夷吾子也,僖公二十三年自秦逃歸,嗣立,明年文公立,遂出之。

觀

一室百孫,公悦嫗歡。[3] 相與笑言,家樂以安。

無注。

噬嗑

隨陽轉行,不失其常。君安於鄉,國無咎殃。

無注。

賁

群虎入邑,求索肉食。大人禦守,君不失國。

---

① "玉門",原作"生門";"上福",原誤倒。皆據《損》之《豫》、《中孚》之《鼎》改。

② "破",津逮本作"斫"。

③ "嫗",原作"婦",據津逮本改。

無注。

剥

弱足刖跟，不利出門。市賈無赢，折崩爲患。[①] 湯火之憂，轉解喜來。

無注。

復

夏臺幽户，文君厄處。鬼侯飲食，岐人悦喜。[②]

幽户，當作"羑里"。見《震》之《大壯》。湯囚夏臺，文王拘羑里。《史記》："西伯、九侯、鄂侯爲紂三公。紂醢九侯。"徐廣曰："九侯，一作鬼侯。"

无妄

楝撓榱壞，廊屋大敗。宫闕空廓，[③]如冬枯樹。

無注。

大畜

讒以内安，不利其國。室家大懼，[④]幽囚重閉。疾病多求，罪亂憒憒。

無注。

---

① "崩"，原作"明"，據津逮本改。

② "幽户"，各本同，《屯》之《需》、《无妄》之《无妄》皆作"羑里"。元抄本注是。"岐"，原作"歧"，據士禮居本、津逮本改。

③ "空廓"，原作"空廊"，據津逮本改。

④ "讒"，原作"説"；"利"，原作"離"；"大懼"，原作"相歡"。皆據津逮本改。

大過

六龍俱怒，戰於坂下。倉黄不勝，[①]旅人難苦。

《易·坤》上六："龍戰于野。"注："陰從陽者也，然盛極則抗而爭，六既極矣，復進不已，則必戰，故云'戰于野'。"

坎

天下雷行，塵起不明。市空無羊，疾人憂凶。三木不辜，脱歸家邦。

無注。

離

一指食肉，口無所得。染其鼎鼐，舌饞於腹。

《左傳》："鄭公解黿，召子公而弗與也。子公怒，染指於鼎，嘗之而出。"

咸

喜笑不常，失其福慶。口辟言斿，[②]行者畏忌。

無注。

恒

毛生豪背，國樂民富，侯王有德。

無注。

---

① "倉"，津逮本作"蒼"。
② "辟"，津逮本作"辨"。

遯

豶豕童牛，害傷不來。三女同堂，生我福人。①

豶，音墳。《易》："豶豕之牙，吉。童牛之牿。"

大壯

江河淮濟，②盈溢爲害。邑被其瀨，年困無歲。

無注。

晉

兩虎爭鬭，股瘡無處。不成仇讎，行解卻去。③

無注。

明夷

五岳四瀆，潤洽爲德。行不失理，民賴恩福。

五岳，山名。四瀆，江、河、淮、濟。

家人

載車乘馬，南逢君子。與我嘉喜，④雖憂無咎。

無注。

---

① "害"，原作"童"，據津逮本改。"人"，津逮本作"仁"。
② "濟"，原作"海"，據津逮本改。
③ "卻"，原作"欲"，據津逮本改。
④ "喜"，津逮本作"福"。

睽

缺囊破筐，空無黍稷。不媚姑公，①棄於糞牆。

無注。

蹇

殺行桃園，見虎東西。② 螳蜋之敵，使我無患。

按，《莊子》："猶螳蜋怒臂以當車軼，③必不勝任矣。"

解

飢人入室，政衰弊極。抱其彝器，奔于他國，因禍受福。

商紂無道，微子抱彝器奔周，其後武王伐紂，遂封微子於宋。

損

庭燎夜明，追古傷今。陽弱不制，陰雄坐戾。

《記·郊特牲》："庭燎之百，自齊桓公始。"燎，公五十，侯伯子男三十，天子百。以物百枚纏木燎之，今用松葦灌脂在地曰燎。

益

懸狟素飧，食非其任。失輿剥廬，休坐徙居。④

---

① "稷"，津逮本作"粱"。"姑"，原作"如"，津逮本作"始"，據《頤》之《需》改。
② "西"，津逮本作"還"。
③ "軼"，原作"轍"；"臂"，原脱。皆據《莊子·天地》改。
④ "狟"，津逮本作"貆"。"狟"同"貆"。"徙"，原作"從"，據津逮本改。

《詩·伐檀》篇云:"胡瞻爾庭有縣貆兮,彼君子兮,不素餐兮。"貆,貉類。《易·剥》上九:"君子得輿,小人剥廬。"

夬

嘉門福喜,繒帛盛熾。日就爲得,財寶敵國。①

無注。

姤

執綏登車,驂乘東游。説齊解燕,霸國以安。

《語》云:"升車必正立執綏。"《史記》:蘇秦説燕易王曰:"臣居燕,不能使燕重,而在齊則燕重。"乃僞得罪於燕而奔齊,説齊王高宫室、大苑囿以明得意,欲以敝齊而爲燕。

萃

水深無桴,蹇難何游? 商伯失利,庶人愁憂。

桴,筏也。

升

三凫鴛鴦,②相隨俱行。南到饒澤,食魚與粱。君子樂長,見惡不傷。

無注。

---

① "嘉",原作"喜";"喜",原作"善";"繒",原作"繪"。均據津逮本改。第四句,津逮本無。

② "凫",原作"鳥",據《鼎》之《中孚》改。

困

遠視目盼，臨深苦眩。不離越都，旅人留連。①

無注。

井

終風東西，散涣四方。終日至暮，不見子歡。

《詩》云："終風且暴。"注言："終風，終日之風也。暴，疾也。以比莊公暴慢無常，而莊姜正静自守，所以忤其意而不見荅也。"

革

言無要約，不成券契。殷叔季姬，公孫爭之。強入委禽，不悦于心。

鄭徐吾犯之妹美，公孫楚聘之矣，公孫黑又使強委禽焉。《注》云："禽，雁也。納采用雁。"事見《春秋·魯昭公元年》。殷叔，未詳。

鼎

牛馬聾聵，不知聲味。遠賢賤仁，自令亂憒。②

無注。

震

從商近游，飽食無憂。囹圄之困，中子見囚。

---

① "連"，津逮本作"難"。

② "令"，原作"合"，據津逮本改。末句下，原有"疾病無患，生福在門"八字，據《小過》之《謙》删。

陶朱公中男殺人,囚於楚。事見《史記·越世家》。

艮

據斗運樞,順天無憂,與樂並居。

斗,北斗。樞,北極,天之樞也。

漸

姬奭姜望,爲武守邦。蕃屏燕齊,周室以強,子孫億昌。

姬奭,召公也,封於燕。姜望,太公也,封於齊。二人夾輔周室,爲燕齊之屏翰,以致周家強盛,子孫衆多也。

歸妹

亡羊東澤,循堤直北。子思其母,復返其所。

無注。

豐

張頷開口,[①]舌直距齒。然諾不行,政亂無緒。

無注。

旅

載船逢火,憂不爲禍。家在山東,入門見公。

無注。

巽

絶類異路,[②]心不相慕。蛇子兩角,使我心惡。

---

① "頷開",原作"鳥闗",津逮本作"鳥開",據《家人》之《大過》改。

② "類",原作"言",津逮本作"國",據《大有》之《姤》、《革》之《蒙》改。

無注。

兑

鼻項移徙,君不安坐。[①] 枯竹復生,失其寵榮。

無注。

涣

火息無光,年歲不長,殷湯失明。[②]

紂王無道,武王伐之,乃滅商。

節

文王四乳,仁愛篤厚。子畜十男,無有折夭。[③]

夭,當作“夭”。文王四乳,出《淮南子》。按《春秋傳》曰:“管、蔡、郕、霍、魯、衛、毛、聃、郜、雍、曹、滕、畢、原、酆、郇,文之昭也。”注云:“十六國,皆文王子也。”

中孚

熊羆豺狼,在山陰陽。伺鹿取獐,道候畏難。

無注。

小過

凋葉被霜,獨蔽不傷。駕入喜門,與福爲婚。

---

① “項”,原作“頂”,據津逮本改。“君”,津逮本作“居”。

② 首句前,原有“殷商以亡”,據津逮本删。“失”,原作“光”,津逮本作“遠”,據《大過》之《臨》改。

③ “夭”,津逮本作“夭”,是。元抄本注是。

無注。

既濟

黄離白日，照我四國。元首昭明，民賴恩福。漢有游女，人不可得。①

《易·離》六二曰："黄離，元吉。"《詩·漢廣》篇云："漢有游女，不可求思。"

未濟

順風直北，與歡相得。歲熟年樂，邑無寇賊。一本有，長女行嫁，子孫不昌，係疾爲殃。②

無注。

䷛巽下兑上大過

典策法書，藏閣蘭臺。③ 雖遭亂潰，獨不遇災。

《漢官儀》："御史臺，内掌蘭臺秘書。"

之乾

日在北陸，陰蔽陽目。萬物空虛，不見長育。

《左傳》："日在北陸而藏冰。"又《漢志》：④"日行四陸，春，東陸；夏，南陸；秋，西陸；冬，北陸。"

---

① 末二句，津逮本及《觀》之《大過》皆無，是。

② "一本有"，原脱，據津逮本補。惟津逮本"一下有"云云爲雙行小注，"係"作"棄"。

③ "閣"，津逮本作"在"。

④ 按，"日行四陸"云云見於《韻府群玉》，非引自《漢志》。

坤

鬼泣哭社，悲商無後。甲子昧爽，殷人絶祀。

《書》曰："甲子昧爽，王朝至于商郊牧野，伐紂，社稷既遷，殷遂滅焉。"

屯

涉塗履危，不利有爲。安坐垂裳，乃無災殃。門户自開，君憂不昌。

無注。

蒙

陽失其紀，枯木復起。秋華冬實，[①]君不得息。

無注。

需

大樹之子，百條共母。當夏六月，枝葉盛茂。鸞鳳以庇，召伯避暑。翩翩偃仰，甚得其所。[②]

無注。

訟

秉钺執殳，挑戰先驅。不從元帥，敗破爲憂。

《春秋》：邲之戰，晋軍師不用命，遂敗。

---

① 第三句，士禮居本作"秋葉冬華"。

② "鳳"，原作"鳥"；"翩翩"作"偏偏"。均據津逮本改。"甚"，津逮本作"各"。

師

啓室開門，巡狩釋冤。夏臺牖里，[1]湯文悦喜。

牖，當作“羑”。湯囚夏臺，文王拘羑里。

比

衰滅無成，淵溺在傾。狗吠夜驚，家乃不寧。枯者復華，幽人無憂。[2]

無注。

小畜

西鄰少女，未有所許。志如委衣，不出房户。心無所處，傅母何咎？

無注。

履

狗吠夜驚，履鬼頭頸。危者弗傾，患滅不成。

無注。

泰

當年少寡，獨與孤處。雞鳴狗吠，無敢問者。[3] 我生不辰，獨嬰寒苦。

---

① “門”，原作“關”；“巡狩”，原作“逃得”。均據津逮本改。“牖”，士禮居本、津逮本作“羑”，是。元抄本注是。

② 《比》林，原在《小畜》林下，據士禮居本、津逮本及《周易》六十四卦卦序改。“成”，津逮本作“幾”，“傾”作“項”。末二句，津逮本無。

③ “問”，原作“誰”，津逮本作“難”，據《隨》之《既濟》改。

無注。

否

無道之君，鬼哭其門。命與下國，絶得不食。①

無注。

同人

乘龍南游，夜過糟丘，脱厄無憂。矰絶弩傷，羿不得羹。②

無注。

大有

馬躓車傷，長舌破家。東關二五，晋君出走。

《春秋左傳》："晋獻公嬖驪姬，驪姬欲立其子奚齊，賂外嬖梁五、東關嬖五，譖毁群公子。"故重耳出奔。

謙

瓜葩匏實，百女同室。苦醯不熟，未有妃合。

妃，當作"配"。

豫

晨風文翰，大舉就温。昧過我邑，羿無所得。

《詩·晨風》篇云："鴥彼晨風，欝彼北林。"晨風，鸇也。羿，后羿，古之善射者。

---

① "得不"，津逮本作"不得"。

② 末二句，津逮本作"一下有"之雙行小注，惟"弩"作"魯"，"羹"作"美"。

隨

瀺瀺浞浞，塗泥至轂。馬濘不進，虎齧我足。[①]

瀺，音讒。浞，音濯。

蠱

膠車駕東，與雨相逢。五槳解墮，頓輈獨坐，憂爲身禍。[②]

無注。

臨

六家作權，公室剖分。陰制其陽，唐叔失明。

六家，即晋卿范氏、中行氏、智氏及韓、趙、魏，爲晋六卿。後，三家皆爲韓、趙、魏所滅，三分晋地。

觀

去室離家，來奔大都。火息復明，姬伯以昌，商人失功。

姬，周姓。文王爲西伯，致武王伐紂，遂滅商焉。

噬嗑

牧羊稻園，聞虎喧嚾。畏懼悚息，[③]終無禍患。

無注。

---

① “我足”，津逮本作“不得”。

② “五槳解墮”，原作“故革懈惰”，津逮本作“放革懈惰”；“頓輈”，原作“頹輪”，津逮本作“頓禹”，且“禹”下注曰“一作輪”；“爲身”，原作“不爲”。均據《遯》之《益》改。

③ “畏”，原作“危”；“悚”，原作“惴”。皆據《隨》之《漸》改。

賁

嬰孩求乳，母歸其子。黄麑歡喜，乃得甘飽。①

無注。

剥

廓落失業，跨禍度福，②利無所得。

無注。

復

出入不時，憂禍爲災。行人失牛，利去不來。老馬少駒，③勿與久居。

無注。

无妄

風怒漂木，女惑生疾。陽失其時，④陰孽爲賊。

《春秋》："女，陽物晦時，淫則生惑蠱疾。"

大畜

車馬病傷，不利越鄉。幽人元亨，去晦就明。

無注。

---

① 末句，原脱，據津逮本補。
② "度"，津逮本作"變"。
③ "禍"，津逮本作"患"，"少"作"遺"。
④ "木"，原作"水"；"時"，原作"服"。皆據津逮本改。

頤

三奇六偶，各有所主。《周南》、《召南》，聖人所在。德義流行，民悦以喜。

《詩序》："《周南》、《召南》，正始之道，王化之基。"注云："王者之道始於家，終於天下，而二南正家之事也。"

坎

坐爭立訟，紛紛匈匈。① 卒成禍亂，災及家公。

無注。

離

憂凶爲殘，②使我不安。從之南國，以除心疾。

無注。

咸

愛我嬰女，牽引不與。冀幸高貴，反得下賤。③

無注。

恒

宜行賈市，所聚必倍。載喜抱子，與利爲友。④

---

① "匈匈"，原作"忽忽"，津逮本作"詾詾"，據《大壯》之《大畜》、《夬》之《同人》改。

② "憂凶"，津逮本作"凶憂"。

③ 末句，原作"反得不興"，津逮本作"反目下賤"，"反得"據元抄本、士禮居本改，"下賤"據津逮本改。

④ "聚"，津逮本作"取"。"友"，原作"市"，據津逮本改。

無注。

遯

坐席未温，憂來扣門。踰牆北走，兵交我後，脱於虎口。

無注。

大壯

赤帝懸車，廢職不朝。叔帶之災，居于氾廬。

周襄王以叔帶之難，出居鄭，處於氾。氾音凡。氾在襄城縣南。

晉

子畏於匡，厄困陳蔡。明德不危，竟自免害。①

孔子過匡，匡人以爲陽虎而拘之，在陳蔡絶糧。言聖人道全德備，雖遇患而不危殆也。

明夷

逐雁南飛，馬疾牛罷。不見魚池，失利憂危。牢户之冤，脱免無患。

無注。

家人

推輦上山，高仰重難。終日至暮，不見阜巔。

無注。

---

① “免”，原作“克”，據士禮居本、津逮本改。

睽

憂不爲患，福在堂門，使吾偃安。

無注。

蹇

春桃始華，[①]季女宜家。受福多年，男爲邦君。

《詩・桃夭》篇云："桃之夭夭，灼灼其華。之子于歸，宜其室家。"

解

高山之巔，去谷億千。[②] 雖有兵寇，足以自守。

無注。

損

過時歷月，役夫顦頦。[③] 處子嘆室，思我伯叔。

頦，當作"顇"。

益

太微復明，説升傅巖，乃稱高宗。一作，疾在頭頸，和不能生，滅其令名。[④]

太微，星名。高宗夢得聖人，名曰説，以夢所見視群臣，百

---

① "始"，津逮本作"生"。

② "谷"，津逮本作"地"。

③ "頦"，津逮本作"悴"，當據士禮居本、元抄本注作"顇"。

④ "宗"，原作"室"，據津逮本改。"一作"，原本脱，據津逮本補。末三句，津逮本作雙行小注。

吏皆非也，於是乃使百工營求，得之於傅巖，舉以爲相。晋求醫於秦，秦使醫和視之，曰："疾不可爲也。"

夬

旁多水星，[①]三五在東。早夜晨行，勞苦无功。

水，當作"小"。《詩・召南・小星》云："嘒彼小星，三五在東。肅肅宵征，夙夜在公。"此詩言"夫人無妒忌之行，而賤妾安於其命，所謂上好仁而下必好義者也"。

姤

東鄉藩垣，[②]相與笑言。子般鞭犖，圉人作患。

魯莊公三十二年，"雩，講于梁氏。女公子觀之，圉人犖自牆外與之戲。子般怒，使鞭之。公曰：'不如殺之，是不可鞭，犖有力焉，能投蓋於稷門。'十月，圉人犖賊子般於黨氏"。

萃

鼻移在頭，枯葦復生。下朽上榮，家乃不寧，失其金城。[③]

未詳。

升

蝦蟆群聚，從天請雨。雲雷疾聚，應時輒下，得其願所。[④]

---

① "水"，士禮居本、津逮本作"小"，是。元抄本注是。
② "藩垣"，原作"煩煩"，據《履》之《乾》元抄本、士禮居本改。
③ 末句，原作"其金不成"，津逮本作"其舍不成"，據《革》之《臨》改。
④ "下"，津逮本作"與"，"願所"作"所願"。

無注。

困

大步上車，南到喜家。送我貂裘，與福載來。

無注。

井

賊仁傷德，天怒不福。斬刈宗社，失其本域。①

無注。

革

從猬見虎，雖危不殆，終已无咎。

《史記·龜策傳》郭璞注云："猬能制虎。"

鼎

履素行德，卒蒙祐福。與堯侑食，君子有息。

《孟子》："帝館甥于貳室而享舜，迭爲賓主。"帝，堯帝。

震

利在北陸，寒苦難得。憂危之患，福爲道門，商叔生存。

《易通統圖》："日行北方，黑道，曰北陸。"

艮

四蹇六盲，足痛難行。終日至暮，不離其鄉。

---

① "本域"，原作"宇守"，津逮本作"土宇"，據《解》之《升》改。

無注。

漸

臺駘昧子，明知地理。障澤宣流，封君河水。①

臺駘，《春秋》："晋平公有疾，卜人曰實沈、臺駘爲祟。子産曰：昔金天氏有裔子曰昧，爲玄冥師，生臺駘，能業其官，宣汾洮，障大澤，帝用嘉之，封諸汾川。"注云："帝，顓頊也。"事在《昭公元年》。

歸妹

畜水待時，②以備火災。柱車絆馬，郊行出旅，可以无咎。

無注。

豐

歲暮華落，君衰於德。榮寵損墮，③陰奪其室。

無注。

旅

夏販蔡悲，④千里爲市。黄葉殪鬱，利得無有。

未詳。

---

① "君"，津逮本作"居"，"水"作"涘"。
② "待"，原作"得"，據津逮本改。
③ "榮"，原作"勞"，據津逮本改。
④ "販"，津逮本作"敗"。

巽

仲春巡狩，東見群后。昭德允明，不失其所。

《書》：“歲二月，東巡守，至於岱宗，柴，望秩于山川，肆覲東后。”又《孟子》曰：“天子適諸侯曰巡守。”東后，東方之諸侯也。

兑

梱挈縲縲，綿結難解。[①] 嫫母衒嫁，媒不得坐，自爲身禍。

嫫母，黄帝次妃，貌醜而賢。

涣

烏鳴庭中，以戒災凶。重門擊柝，備憂暴客。

《易・繫辭》：“重門擊柝，以待暴客，蓋取諸《豫》。”

節

朝霽暮露，瀸我衣襦，退無得牛。[②]

無注。

中孚

抱璞懷玉，與桀相觸。詘坐不申，[③]道無良人。

卞和得玉璞，獻楚懷王。凡三獻，至荆王剖之，果得玉。

---

① “挈”，原作“潔”；“綿結”，原誤倒，津逮本作“綿構”。均據《坤》之《晋》、《比》之《大有》改。

② “露”，原作“霞”，據津逮本改。第三句，津逮本作“道無行牛”。

③ “申”，原作“中”，據津逮本改。“相觸”，津逮本作“跖觸”。

小過

兩心相悦，共其柔筋。[①] 夙夜在公，不離房中，得君子意。

無注。

既濟

載餽如田，破鉏失食。苗穢不辟，獨飢於年。

無注。

未濟

甘露醴泉，太平機關。仁德感應，歲樂民安。

甘露，仁澤也，聖德上及太清，下及萬靈則降。醴泉，水之精也，聖德下及太寧，中及萬靈則出。

① "柔筋"，津逮本作"茀蓏"，其舊注云"一作茅蒫"。

子海精華編

主编　王承略　聶濟冬

易　林　下

（漢）焦延壽 著　（元）無名氏 注　馬新欽 點校

鳳凰出版社

卷第八

䷜坎上坎下坎

有鳥黄足，①歸呼季玉。從我睢陽，可辟刀兵。與福俱行，有命久長。

未詳。

之乾

太王爲父，季歷孝友。文武聖明，仁德興起。弘張四國，②載福綏厚。

季歷，周太王子，篤生文王。商紂無道，文王三分天下有其二，武王伐紂，遂有天下。

坤

猿墮高木，不踒手足。保我金玉，還歸其室。

無注。

---

① "鳥黄"，原誤倒，據津逮本改。

② "弘"，津逮本作"孔"。

屯

重耳恭敏，遇讒出處。北奔狄戎，經涉齊楚，以秦代懷，[①]誅殺子圉，身爲霸主。

重耳，晋文公名，被驪姬之譖，處於蒲，歷奔諸國，及反，秦伯誘殺懷公而代立。圉，懷公名。

蒙

倚鋒據戟，傷我胸臆，耗折不息。[②]

無注。

需

狗冠雞步，[③]君失其居。出門抵山，行者憂難。水灌我園，高陸爲泉。

無注。

訟

衆鳥所聚，中有大怪。九身無頭，[④]爲我驚憂。

無注。

師

雷行相逐，無有休息。戰於平陸，爲夷所覆。

---

① "代"，翟云升《焦氏易林校略》曰"代當作伐"，是。

② "耗"，原作"拜"，據津逮本改。

③ "雞"，原作"雛"，據津逮本改。

④ "聚"，原作"翔"，據《否》之《同人》改。"怪"，原作"壯"，據津逮本改。"九身無頭"，原作"爪牙長頭"，津逮本作"丈身長頸"，據《震》之《蒙》、《漸》之《蒙》改。

無注。

比

禹鑿龍門，通利水泉。東注滄海，民得安全。①

按《書·禹貢》：龍門屬雍州，在今馮翊夏陽縣。以下皆言禹治水之功。

小畜

堯舜仁德，養賢致福。衆英積聚，國無寇賊。②

堯，唐帝名。舜，虞帝名。皆仁德之君也。《書·大禹謨》："野無遺賢，萬邦咸寧。"

履

陸居少泉，山高無雲。車行千里，塗不污輪，渴爲我怨。③

無注。

泰

朝視不明，夜不見光。冥抵空牀，④季女奔亡，愴焉心傷。

無注。

---

① "東"，原作"同"；"全"，原作"土"，津逮本作"然"。皆據《升》之《升》改。
② 末句下，原衍"商人失利，來爭寶貨"二句，據津逮本删。
③ 末句下，原衍"佳思廣得"四字，據津逮本删。
④ 首二句，津逮本作"朝不見光，夜不見明"。"冥"，原作"皆"，津逮本作"暝"，據《蠱》之《豫》改。

否

齊魯仇國，[1]仁聖輔德。進禮雅言，定公以安。

《春秋·定公十年》："會齊侯于夾谷，孔子相之。黎彌言於齊侯曰：'孔子知禮而無勇。若使萊人以兵劫之，必得志。'齊侯從之。兩君就壇，兩相相揖，齊人鼓譟而進，欲以執魯君。孔子歷階升，曰：'吾兩君之好，夷狄之民何爲來爲？'命司馬止之。齊侯乃謝曰：'寡人之過也。'退而與二三大夫曰：'魯以君子之道輔其君，子以夷狄之俗教寡人。'遂歸所侵鄆、汶、龜陰之田以謝魯。"

同人

束帛玄珪，君以布德。伊吕百里，應聘輔國。

按，《書·舜典》"五玉三帛"，皆諸侯所執以覲者也。又《禹貢》云："禹錫玄圭，[2]告厥成功。"伊尹相湯，吕望興周、百里奚事秦，皆國之良輔也。

大有

棘鉤我襦，爲絆所拘。靈巫拜禱，禍不成災。東山之邑，中有土服，[3]可以饒飽。

無注。

謙

門燒屋燔，爲下所殘。西行出户，順其道里。虎卧不起，

---

① "仇"，原作"求"，津逮本作"永"，據《巽》之《復》改。
② "錫"，原作"執"，據《尚書·禹貢》改。
③ "土服"，津逮本作"肥土"。

牛羊歡喜。

無注。

豫

牆高蔽日，崑崙翳月。[①] 遠行無明，不見歡叔。

崑崙之墟，在西北方，去嵩高五萬里，地之中，其高萬一千里。出賦題。[②]

隨

天地際會，不見内外。祖辭遣送，與世長決。[③]

無注。

蠱

深水難涉，泥塗至轂。牛罷不進，濘陷我履。[④]

無注。

臨

羊驚狼虎，聳耳群聚。無益威彊，[⑤]爲齒所傷。

無注。

觀

履蛇躡虺，與鬼相視。驚恐失氣，[⑥]如騎虎尾。

---

① "日"，津逮本作"目"，"月"作"日"。

② "賦題"，非書名，誤。

③ "決"，津逮本作"訣"。二字通。

④ "泥塗"，原作"塗難"，據津逮本改。"履"，原作"疾"，據《坎》之《旅》改。

⑤ 第二句，原作"獮猴群走"；"威彊"，原作"於僵"。均據《既濟》之《巽》改。

⑥ "恐"，原作"哭"，據津逮本改。

蛇、虺,皆陰物。按,《詩·何人斯》篇:"爲鬼爲蜮,則不可得。有靦面目,視人罔極。"

噬嗑

車驚人墮,兩輪脱去。行者不至,主人憂懼。結締復解,夜明爲喜。

無注。

賁

南販北賈,與怨爲市,利得百倍。①

《語》云:"放於利而行,多怨。"

剥

延陵適魯,觀樂太史。車轔白顛,②知秦興起。卒兼其國,一統爲主。

《史記》:吴季札,號延陵季子,聘上國,觀樂于周。《詩》:"有車鄰鄰,有馬白顛。"鄰鄰,車聲。白顛,額有白毛。是時秦始有車馬,故知其興起也。

復

出門逢患,與禍爲怨。更相擊刺,傷我手端。

無注。

---

① "怨",津逮本作"喜"。"百倍",原作"自治",據津逮本改。
② "顛",原作"巔",據士禮居本、津逮本改。

无妄

獐鹿同走，自燕嘉喜。① 公子好游，他人多有。

無注。

大畜

恭寬信敏，②履福不殆。從其邦域，與喜相得。

孔子曰："恭則不侮，寬則得衆。"

頤

欲飛無翼，鼎重折足。失其福利，苞羞爲賊。上妻之家，喜除我憂，解吾思愁。③

《易・鼎》卦九四："鼎折足，覆公餗。"苞，當作"包"。《否》卦六三："包羞。"象曰："位不當也。"

大過

府藏之富，王以振貸。捕魚河海，罟網多得。

無注。

離

陰生麋鹿，鼠舞鬼哭。靈龜陸處，釜甑草生。④ 仁智盤桓，國亂無緒。

---

① "同"，津逮本作"群"，第二句作"自然燕喜"。

② "信敏"，原作"相信"，據津逮本改。

③ "福"，原作"喜"，據津逮本改。末三句，津逮本爲"一下有"之雙行小注，惟"喜除我憂"作"富其家宰"。

④ "處"，原作"蒙"；"生"，原作"土"。均據津逮本改。

無注。

咸

風塵暝迷，不見南北。行人失路，①復反其室。

無注。

恒

金帛黄寳，宜利我市。② 嫁娶有息，商人悦喜。

無注。

遯

匏瓜之德，宜繫不食。君子失輿，③官政懷憂。

匏，瓠也。孔子曰："吾豈匏瓜也哉？焉能繫而不食？"

大壯

乘船渡濟，載水逢火。賴得免患，蒙我所恃。④

無注。

晉

道塗多石，⑤傷車折軸。與市爲仇，不利客宿。

無注。

---

① 第三句，津逮本作"行迷失利"。

② "帛"，原作"革"；"寳"，原作"黄"；"我"，原作"戒"，津逮本作"戎"。均據《未濟》之《泰》改。"黄"，原作"白"，據《未濟》之《泰》津逮本改。

③ "輿"，原作"與"，據津逮本改。

④ "水"，原作"冰"，據津逮本改。"蒙我"，津逮本作"我有"。

⑤ "塗"，津逮本作"險"。

明夷

托寄之徒,不利請求。結衿無言,乃有悔患。

無注。

家人

三羊爭妻,相逐奔馳。終日不食,精氣竭罷。

無注。

睽

遏惡防患,見在心苗。日中之恩,[①]解釋倒懸。

無注。

蹇

兩足四翼,飛入家國。[②] 寧我伯姊,與母相得。

無注。

解

寒露所凌,漸至堅冰。[③] 草木瘠傷,華落葉亡。

《易·坤》卦:"履霜堅冰,陰始凝也。"

損

后稷農功,富利我國。南畝治理,一室百子。

---

① 第二句,津逮本無,第三句作"日之中息"。"遏",原作"退",據《明夷》之《渙》改。

② "家",原作"嘉",據津逮本改。

③ "所凌",原作"所降";"漸至",原作"凌制",據津逮本改。

《書・舜典》:“帝曰:‘棄,黎民阻飢,汝后稷播時百穀。’”

益

設網張羅,捕魚園池。網罟自決,雖得復失。危訴之患,受其忻歡。[①]

無注。

夬

路與縣休,侯伯恣驕。上失其威,[②]周室衰微。

周自平王東遷之後,諸侯強大,王室遂衰。路與縣休,未詳。

姤

逐走追亡,相及扶桑。復見其鄉,使我悔喪。

無注。

萃

履禄綏厚,載福受祉。衰微復起,繼世長久。疾病獻凌,[③]晉人赴告。

按,《春秋・魯成公十年》:“六月,晉侯疾,欲麥,使甸人獻麥,饋人爲之,將食,張,如厠,陷而卒。”凌,當作“麥”。

---

① “忻”,原作“低”,據津逮本改。

② “威”,原作“盛”,據津逮本改。

③ “禄”,原作“福”,據士禮居本、津逮本改。“獻凌”,士禮居本作“獻麥”,是。元抄本注是。

升

鰥寡孤獨，禄命苦薄。入宫無妻，武子哀悲。

按，《春秋・魯襄公二十五年》："崔武子欲娶棠姜，筮之，其繇曰：'入其宫，不見其妻，凶。'"

困

山没丘浮，陸爲水魚。燕雀無巢，民無室廬。

無注。

井

冠帶南游，與福喜期。徼於嘉國，拜爲逢時。[1]

無注。

革

東行亡羊，失其羝牂。少婦無夫，獨坐空廬。

無注。

鼎

探巢捕魚，耕田捕鰌。費日無功，右手空虚。

無注。

震

東行飲酒，與喜相抱。福爲吾家，利來從母。[2] 水澤之

---

① "爲"，津逮本作"位"。

② 三四句，原作"福吾家利，來從父母"，據津逮本改。

徒,望邑而處。

無注。

艮

妄怒失精,自令畏悔。忪忪之懼,[1]君子無咎。

無注。

漸

白雲如帶,往往旗處。[2] 飛風送迎,大雹將下。擊我禾稼,僵死不起。

無注。

歸妹

南至之日,陽消不息。北風烈寒,萬物藏伏。

按,《春秋·魯僖公五年》:"日南至,公登觀臺以望雲氣。"周正月,今十一月。冬至之日,日南極是也。

豐

火中仲夏,鴻雁來舍。體重難移,未能高舉。[3] 君子顯名,不失其譽。

《書·堯典》:"日永星火,以正仲夏。"火謂大火,夏至昏之中星也。

---

① 第三句,津逮本作"怡怡之歡"。
② "旗",津逮本作"來"。
③ "舉",原作"舞",據津逮本改。

旅

北行出門,履陷躓顛。踒足據塗,污我襦袴。

無注。

巽

輕車醊祖,猋風暴起。泛亂祭器,飛揚錯華。[1] 明神降祐,道無害寇。

無注。

兑

酒爲歡伯,除憂來樂。福喜入門,與君相索,使我有德。[2]

無注。

涣

三足孤烏,靈明督郵。司過罰惡,自賊其家,毀敗爲憂。

《漢·天文》:"日中有三足烏。"

節

三河俱合,水怒涌躍。壞我王屋,民飢於食。

三河,河東、河内、河南,在天下之中。

---

① "猋",原作"焱",津逮本作"疾",據《需》之《小過》改。"泛",原作"促",據《豫》之《大畜》改。"錯華",津逮本作"鼓舞"。

② "德",津逮本作"得"。

中孚

南行棗園，惡虎畏班。執火消金，[①]使我無患。

無注。

小過

求鹿過山，與利爲怨。闇聾不言，誰知其歡？

無注。

既濟

行旅困蹴，失明守宿。囹圄之憂，啓蟄出游。[②]

囹圄，獄名。

未濟

據棘履杞，[③]跌刺爲憂。夫婦不和，亂我良家。

無注。

䷝離下離上離

時乘六龍，爲帝使東。達命宣旨，無所不通。

《易·乾》卦："時乘六龍以御天。"

之乾

執轡四驪，王以爲師。陰陽之明，載受東齊。

---

① "金"，津逮本作"鋒"。

② "蟄"，原作"執"，據津逮本改。

③ "杞"，原作"危"，據津逮本改。

太公遇文王，立爲師，後封於齊。

坤

春秋禱祝，解禍除憂，①君子無咎。

無注。

屯

坐朝乘軒，據德子民。② 虞叔受命，六合和親。

武王克殷，求泰伯、仲雍之後，得周章，已爲吴君，别封其弟虞仲於周之北，故夏墟爲西吴，後世謂之虞公。

蒙

開户下堂，與福相迎。禄于公室，曾孫以昌。

無注。

需

高木腐巢，漏濕難居。不去甘棠，使我無憂。

《甘棠》，美召伯也。《詩》云："蔽芾甘棠，勿翦勿伐。"甘棠，杜梨也。

訟

三女爲奸，俱游高園，倍室夜行，與伯笑言。不忍主母，爲失醴酒，③冤尤誰禱。

---

① "禍"，原作"過"，據津逮本改。
② "朝"，原作"車"，據津逮本改。"德"，原作"國"，據《鼎》之《益》改。
③ 第六句，原作"爲設歡酒"，據《履》之《既濟》津逮本改。

按,《列女傳》:“周大夫主父妻淫於鄰人,恐主父覺其淫者,爲毒酒,使媵婢進之。媵婢心知之,計進之則殺主父,不義;言之,又殺主母,不忠。因陽僵覆酒,主父怒而笞之,妻恐媵婢言其事,以他過笞,欲殺之。媵婢知將死,終不言。”

師

漏巵盛酒,無以養老。春貸黍稷,年歲實有。履道坦坦,平安何咎?

無注。

比

松柏枝葉,常茂不落。君子惟體,日富安樂。[①]

目,當作“日”。

小畜

夫婦不諧,爲燕攻齊。良弓不張,騎劫憂亡。[②]

未詳。

履

出令不勝,反爲大災。強不剋弱,君受其憂。

無注。

---

① “惟體”,津逮本作“歡寧”。“日”,元抄本注曰“目當作日”,则“日”乃刊刻者所改。

② 第四句,原作“騎騶憂凶”,據津逮本改。

泰

奔走相錯，[①]敗亂緒業，民不得作。

無注。

否

載璧秉珪，請命於河。周公剋敏，沖人瘳愈。

初，成王少時病，周公乃自揃其蚤，沈之河，以祝於神曰："王少，未有識，奸神命者乃旦也。"王病有瘳。

同人

素車僞馬，不任重負。王侯出征，憂危爲咎。

無注。

大有

大樹之子，百條共母。[②] 比至火中，枝葉盛茂。

無注。

謙

壅遏堤防，水不得行。火盛陽光，陰霓伏藏，走歸其鄉。[③]

無注。

---

① "奔走"，原作"奔牛"，據津逮本改。
② "百"，原作"同"，據津逮本及《大過》之《需》改。
③ 末句，原作"走婦其歸"，據津逮本改。

豫

五岳四瀆，洽潤爲德。[①] 行不失理，民賴恩福。

五岳，山名。四瀆，江、河、淮、濟。

隨

駕駿南游，虎驚我羊。陰不奉陽，其光顯揚。言之謙謙，[②]奉義解患。

無注。

蠱

早霜晚雪，傷害禾麥。損功棄力，飢無所食。

無注。

臨

岐周海隅，獨樂無憂。[③] 可以辟難，全身保財。

周太王辟狄人之患，邑於岐山之下。伯夷辟紂，居北海之濱。

觀

陰蔽其陽，日闇不明。君憂其國，求騂得黃，駒犢從行。

無注。

---

① "洽"，原作"合"，據《頤》之《明夷》改。
② "羊"，津逮本作"牛"，"言"作"訾"，"顯揚"作"滅蹤"。
③ "岐"，原作"歧"；"獨"，原作"有"。皆據津逮本改。

噬嗑

金城鐵郭，上下同力。政平民歡，寇不敢賊。

漢關中，金城千里，天府之國也。

賁

平公有疾，迎醫秦國。和不能治，晋人赴告。①

《春秋》："晋侯有疾，求醫於秦，使醫和視之，曰：'疾不可爲也。'公遂卒而訃焉。"

剥

戴堯扶禹，松喬彭祖。② 西過王母，道里夷易，無敢難者。

堯，唐帝名。禹，夏禹，姒姓。喬，王喬，古仙人名。彭祖，堯時人，壽至八百。王母，仙子也。

復

羔羊皮革，君子朝服。輔政扶德，③以合萬國。

《詩》："羔羊之皮，素絲五紽。羔羊之革，素絲五緎。"言"南國化文王之德，在位皆節儉正直，故詩人美其衣服有常也"。

---

① "平公"，當作"景公"，據《左傳・成公十年》"晋景公有疾，秦伯使醫緩爲之醫"校。"治"，原作"知"，據津逮本改。"赴告"，原作"赴國"，津逮本作"疑惑"，據《坎》之《萃》改。

② "松"，原作"從"，據《夬》之《夬》、《歸妹》之《升》元抄本、士禮居本改。

③ "扶"，原作"天"，據《謙》之《離》改。

无妄

振鐘鼓樂，將軍受福。安帖之家，虎狼爲憂。履危不殆，①師行何咎？

無注。

大畜

嫡庶不明，孽亂生殃，陳失其邦。

《春秋·魯昭公八年》：陳哀公嬖二妃，諸公子爭立，楚遂滅陳。

頤

鳥驚狐鳴，國亂不寧。上弱下強，爲陰所刑。

無注。

大過

六月采芑，征伐無道。張仲方叔，剋勝飲酒。②

《六月》、《采芑》，皆《詩》名。六月，建未之月也，時玁狁内侵，宣王命尹吉甫帥師伐之，有功而歸，詩人作歌以叙其事。《司馬法》："冬夏不興師。"今六月而出師者，以玁狁之故也。《采芑》之詩，言蠻荆背叛王命，方叔南征，軍行采芑而食，故賦其事。張仲，吉甫之友。是時燕飲，張仲在焉。

---

① "振鐘"，原作"據鍾"，士禮居本作"據鐘"；"鼓樂"，原作"鼓翼"；"爲"，原作"與"；"殆"，原作"強"。皆據津逮本改。

② 林辭，津逮本作《坎》林。

坎

被繡夜行，不見文章。安坐玉堂，乃無咎殃，長子帥師，得其正常。①

項羽云："富貴不歸故鄉，如衣錦而夜行。"又《易·師》卦六五："長子帥師，以中行也。"

咸

昧暮乘車，東至伯家。踰梁越河，濟脱無他。

無注。

恒

東風解凍，和氣兆升，年歲豐登。

無注。

遯

三貍搏鼠，遮遏前後。死於圜城，②不得脱走。

無注。

大壯

綏德孔明，履禄久長。貴且有光，疾病憂傷。

無注。

---

① 林辭，津逮本作《大過》林。

② "死於圜城"，原作"無於還域"，士禮居本作"無於圜域"，據津逮本改。

晋

三虎搏狼,力不相當。如雉鷹格,[①]一擊破亡。

無注。

明夷

使伯東乘,拒不肯行。[②] 與叔爭訟,更相毁傷。

無注。

家人

抱空握虚,[③]鴞驚我雛,利去不來。

無注。

睽

李華再實,鴻卵降集。仁哲以興,蔭國無賊。[④]

無注。

蹇

東山皋洛,勇悍不服。金玦玩好,衣爲身賊。[⑤]

《春秋·閔公二年》:"冬,晋侯使太子申生伐東山皋洛氏,

---

① "雉鷹格",原作"摧壅祐",津逮本作"摧腐枯",據《兑》之《漸》改。

② "東乘",津逮本作"采桑"。"拒",原作"恨",津逮本作"狠",據《小過》之《需》改。

③ "抱",原作"把",據士禮居本、津逮本改。

④ "華",士禮居本、津逮本作"花"。音義同。"卵",原作"升",據津逮本、《小畜》之《離》改。"蔭",原作"隆",據《比》之《訟》、《豫》之《小過》改。

⑤ 首句下,原衍"一朝隕落"四字,據士禮居本、津逮本删。"悍",士禮居本作"捍"。"捍"通"悍"。末句下,津逮本衍"絲麻不作"四字。

衣之偏衣，佩之金玦。衣，身之章也；佩，衷之旗也。故敬其事則命以始，服其身則衣之純，用其衷則佩之度。今命以時卒，閟其事也；衣之厖服，遠其躬也；佩以金玦，棄其衷也。服以遠之，時以閟之，厖涼冬殺，金寒玦離，胡可恃？"

解

飛文污身，爲邪所牽。青蠅污白，[①]貞孝放逐。

《詩・青蠅》篇："營營青蠅，止於棘。"注："青蠅污穢，能變白黑，以比讒人也。"

損

南山大木，文身其目。制命出令，東里宣政。尊主安君，[②]鄭國無患。

子産爲鄭國之政，都鄙有章，上下有服，田有封洫，廬井有伍。輿人誦之曰："取我衣冠而褚之，取我田疇而伍之，孰殺子産，吾其與之！"及三年，又誦之曰："我有子弟，子産誨之；我有田疇，子産殖之。子産之死，誰其嗣之？"

益

泉起崑崙，東出玉門。流爲九河，無有憂患。

按《禹貢》：崑崙，即河源，所出在臨羌縣。又云："九河既道。"《爾雅》："一曰徒駭，二曰太史，三曰馬頰，四曰覆鬴，五曰胡蘇，六曰簡潔，七曰鉤盤，八曰鬲津。其一則河之經流也。"

---

① "文"，津逮本作"蚊"。"污白"，原作"分白"，據《革》之《解》改。

② 第二句，津逮本作"丈身六目"。"宣政"，原作"田畝"，津逮本作"宣敷"，據《蠱》之《旅》改。"君"，原作"居"，據津逮本改。

夬

命短不長，中年夭傷。鬼泣哭堂，哀其子亡。

無注。

姤

君臣不和，上下失宜，宋子哭歌。[①]

無注。

萃

苛政日作，螟食華葉。割下啖上，民被其賊，秋無所得。

無注。

升

南行戴鎧，登履九魁。[②] 車傷牛罷，日暮咨嗟。

無注。

困

春東夏南，隨陽有功，與利相逢。

無注。

井

頭尾顛倒，不知緒處，君失其國。

---

① 末句，士禮居本作"宗子哭歌"，津逮本作"宗子哀歌"。

② "戴"，津逮本作"載"。"履"，原作"埸"，據津逮本改。"魁"，疑當據《无妄》之《巽》作"疑"。

無注。

革

言無要約，不成券契。殷叔季姬，公孫爭之。強入委禽，不悦于心，乃適子南。①

"鄭徐吾犯之妹美，公孫楚聘之矣，公孫黑又使強委禽焉"。注云："禽，雁也。納采用雁。"事見《春秋・魯昭公元年》。殷叔，未詳。

鼎

缺破不成，胎卵不生，不見兆形。②

無注。

震

見蛇交悟，惜蚖畏惡，③心乃無悔。

無注。

艮

河水孔穴，壞敗我室。水深無涯，魚鱉傾側。④

無注。

漸

五岳四瀆，地得以安。高而不危，敬慎避患。⑤

---

① "于心，乃適"，原脱，據《頤》之《革》、《姤》之《小畜》補。
② "兆"，原作"其"，據《晋》之《益》、《震》之《觀》改。
③ "悟"，津逮本作"卧"，"蚖"作"蜒"。
④ "側"，士禮居本、津逮本作"倒"。
⑤ "敬慎"，津逮本作"驚懼"。

無注。

歸妹

南至之日，陽消不息。北風烈寒，萬物伏藏。

《春秋·僖公五年》："春正月，辛亥朔，日南至。"周正月，今十一月。冬至之日，日南極是也。

豐

五利四福，俱佃高邑。黍稷盛茂，多獲稿稻。①

無注。

旅

公孫駕車，載游東齊。延陵説産，遺季紵衣。②

《左傳》：鄭大夫，子産。吴公子季札嘗聘鄭，與子産相得，子産以紵衣獻季札。

巽

桀跖當道，③民困愁苦。望羊置群，長子在門。

無注。

兑

金玉滿室，④忠直乘危。三老凍餓，鬼奪其室。求魚河

---

① "高"，原作"居"；"稿稻"，原作"高積"。皆據津逮本改。

② "説"，原作"子"；末句下，原衍"疾病哀悲"四字。皆據《乾》之《益》、《兑》之《賁》删改。

③ "桀跖"，原作"交亂"，津逮本作"蛟虬"，據《乾》之《大過》改。

④ "室"，津逮本作"堂"。

海,網舉必得。

無注。

涣

日入幽蟨,陽明隱伏。[①] 小人勞心,求事不得。

無注。

節

頻逢社飲,失利後福。不如子息,舊居故處。申請必與,[②]乃無大悔。

無注。

中孚

南有嘉魚,駕黄取鯆。[③] 魴鱮詡詡,利來無憂。

《南有嘉魚》,《詩》篇名,燕享而作也。

小過

黄裳建元,文德在身。禄祐洋溢,封爲齊君。賈市無門,股肱多根。[④]

《易·坤》卦六五:"黄裳,元吉,文在中也。"

---

① "幽蟨",津逮本作"明匿","明"作"晶"。
② 第四句,津逮本作"舊器故杵","必與"作"必得"。
③ "鯆",原作"游",據《睽》之《泰》改。
④ 末二句,津逮本無。

既濟

口不從心，欲東反西。與意乖戾，動步失便。①

無注。

未濟

虎狼之鄉，日爭凶訟。叨爾爲長，不能容縱。②

無注。

䷞艮下兑上咸

雌單獨居，歸其本巢。毛羽憔悴，志如死灰。

無注。

之乾

十窗多明，道里通利。仁智君子，國安不僵。③

無注。

坤

心惡來怪，衝衝何懼？顏伯子騫，尼父聖誨。④

無注。

---

① “步”，津逮本作“舉”。“便”，原作“使”，據津逮本改。
② “容縱”，原作“定從”，津逮本作“定証”，據《損》之《既濟》改。
③ “十”，津逮本作“小”，“智”作“賢”。
④ “伯”，津逮本作“淵”。“誨”，原作“母”，據津逮本改。

屯

鳥鳴呼子，哺以酒脯。高樓之處，①來歸其母。

無注。

蒙

國馬生角，陰孽萌作。變易常服，君失于宅。

按《史記》：燕太子丹爲質於秦，求歸，秦王曰："待馬角生，乃放子還。"既而咸陽馬果生角，乃放歸。其後陰謀使荆軻與勇士秦武陽刺秦，失圖，秦乃滅燕。

需

入宇多悔，②耕石不富。衡門屢空，使士失意。

無注。

訟

諸孺行賈，遠涉山阻。與狄爲市，③不危不殆，利得十倍。

無注。

師

梁破橋壞，水深多畏。陳鄭之間，絶不得前。

無注。

---

① "樓"，津逮本作"棲"。"之"，原作"水"，據《師》之《師》改。
② "宇"，津逮本作"年"。
③ "諸孺"，原作"情懦"，據津逮本改。"狄"，原作"旅"，據《豐》之《豐》改。

比

雙凫俱飛，欲歸稻池。經涉萑澤，爲矢所射，傷我胸臆。

無注。

小畜

謾誕不誠，倍梁滅文。許人賣牛，三夫爭之。[①] 失利後時，公孫懷憂。

無注。

履

南國凶飢，民食糟糠。少子困捕，利無所得。

無注。

泰

狗吠非主，狼虎夜擾。驚我東西，不爲家咎。

無注。

否

望龍無目，不見手足。入水求玉，失其所欲。

無注。

同人

以鹿爲馬，欺誤其主。聞言不信，三口爲咎。黄龍三子，

① "倍"，津逮本作"信"，"賣"作"買"。"夫"，原作"失"，據津逮本改。

中樂不殆。

《史記》:“秦趙高欲爲亂,恐群臣不聽,乃先設驗,持鹿獻於二世,曰:‘馬也。’二世笑曰:‘丞相誤邪,謂鹿爲馬。’問左右,或默或言。高陰中諸言鹿者以法,後群臣皆畏高而不敢言鹿。”

大有

養幼新婚,未能出門。登宋望齊,不見太師。

未詳。

謙

王孫季子,相與爲友。明允篤誠,升擢薦舉。

《史記》:“高陽氏有才子八人,謂之八愷。高辛氏有才子八人,謂之八元。堯未及舉,舜於是舉八愷,使主后土;舉八元,使布五教。”

豫

山水暴怒,壞梁折柱。稽難行旅,留連愁苦。

無注。

隨

鸇鳩徙巢,西至平州。遭逢雷電,破我葦廬。室家飢寒,思吾故初。

無注。

蠱

登高傷軸,上阪棄粟。販鹽不利,買牛折角。[1]

---

① 末句,津逮本作“市賈折閱”。

無注。

臨

祝施王孫,能事鬼神。節用綏民,衛國以存。饗我旨酒,[1]眉壽多年。

施,當作"鮀",掌宗廟祭祀之官。王孫,名賈,亦衛大夫。

觀

九里十山,道險峻難。[2] 牛馬不前,復反來還。

無注。

噬嗑

枯樹不華,空淵無魚。蕉鳥飛翔,[3]利棄我去。

無注。

賁

雄狐綏綏,登山崔嵬。[4] 昭告顯功,大福允興。

無注。

剥

啞啞笑言,與歡飲酒。[5] 長樂行觴,千秋起舞,拜受

---

① "施",士禮居本、津逮本作"鮀"。第五句,津逮本無。

② "險",原作"郤",據《小過》之《頤》改。

③ "蕉",津逮本作"舊",疑當據《无妄》之《巽》作"鷔"。

④ "綏綏",原作"唯唯",津逮本作"綏遺",據《損》之《无妄》改。"山崔",原作"上山",據津逮本改。

⑤ "言",原作"喜";"與歡",原作"相與"。皆據津逮本改。

大福。

無注。

復

大椎破轂，長舌亂國。牀笫之言，三世不安。

無注。

无妄

男女合室，二姓同食。婚姻孔云，宜我孝孫。

無注。

大畜

千仞之牆，禍不入門。金籠鐵疏，利以辟兵。欲南上阪，軸方不轉，[1]還車復返。

《史記》：燕樂毅圍即墨。人曰："安平之戰，田單宗人以鐵籠得全，是多智習兵。"因共立以爲將以拒燕。

頤

華言風語，自相詿誤。終無凶事，安寧如故。

無注。

大過

汎汎柏舟，流行不休。耿耿寤寐，心懷大憂。[2] 仁不遇時，退隱窮居。

---

① "南上"，津逮本作"上南"。"軸方"，原作"轉萬"，據津逮本改。

② "心"，原作"公"，據《屯》之《乾》校。

《詩·柏舟》言:"仁而不遇也。汎彼柏舟,亦汎其流。耿耿不寐,如有隱憂。"

坎

大尾小頭,重不可摇。上弱下強,陰制其雄。

無注。

離

一身三口,語無所主。東西南北,迷惑失道。

無注。

恒

南行求福,與喜相得。封受上賞,鼎足輔國。

無注。

遯

過時不歸,雌雄苦悲。① 徘徊外國,與母分離。

無注。

大壯

堯舜在國,陰陽和得。涿聚衣常,②晋人無殃。

《春秋·魯哀公二十三年》:"晋荀瑶伐齊,戰于犂丘,齊師敗績,知伯禽顔庚。"即齊大夫顔涿聚也。

---

① 第二句,原作"苦悲雄雌",士禮居本作"苦悲雄惟",據津逮本改。

② "得",津逮本作"德","衣常"作"衣裳"。

晋

周成之隆，越裳夷通。疾病多祟，鬼哭其公。狼子野心，宿客未同。①

《史記》：交趾南有越裳氏，重三譯而來，獻白雉。謂道路悠遠，山川阻深，恐一使不通，故重三譯而來朝也。

明夷

甲兵脱服，②牛馬休息。君子以安，勞者得歡。

無注。

家人

凱風無母，何怙何恃？幼孤弱子，爲人所咎。③

《詩》云："凱風自南，吹彼棘心。"《陟岵》詩云："無父何怙？無母何恃？"

睽

出門上堂，從容牖房。不失其常，天牢地户，④勞者憂苦。

無注。

---

① 首句，原作"周城之降"，津逮本作"周公之隆"，據《遯》之《坤》改。"狼"，原作"鳥"，據津逮本改。"宿客"，津逮本作"客宿"。

② "甲兵"，原作"申酉"，據《晋》之《晋》、《大畜》之《咸》改。

③ "咎"，津逮本作"苦"。

④ "地"，原作"北"，據津逮本改。

蹇

天厭周德,命與南國。以禮静民,兵革休息。

無注。

解

常葉折衝,佐鬭者傷。暴君失國,良臣被殃。①

無注。

損

合歡之國,喜爲我福。東岳西山,朝躋成恩。②

無注。

益

耕石不生,棄禮無名。縫衣失針,襦袴不成。

無注。

夬

聾瞢闇盲,跛踦不行。坐尸爭骸,身被火災,困且多憂。③

無注。

---

① 首句,津逮本作"堂桑折衝",第三句作"暴臣反國"。"被",原作"破",據津逮本改。

② "喜爲",原作"嘉喜";"躋",原作"齊"。皆據津逮本改。

③ "盲",原作"瞢",據津逮本改。第三句,津逮本作"坐户孚骸","火"作"大"。"困",原作"因",據津逮本改。"且",原作"其",據《頤》之《隨》改。

姤

長生太平，[①]仁政流行。四方歸德，社稷康榮。

無注。

萃

桀跖並處，民人愁苦。擁兵荷粮，戰於齊魯。合巹同牢，姬姜並居。[②]

巹，音謹。

升

南與凶俱，破車失襦。西行無袴，亡其寶賂。

無注。

困

空憎注器，豚彘不至。張弓祝雞，雄父飛去。

憎，當作"槽"。

井

望尚阿衡，太宰周公。藩屏湯武，[③]立爲王侯。

望，太公吕尚也。阿衡，伊尹也。太宰，官名。周公爲太宰。

---

① "長生"，津逮本作"生長"。
② "人"，原作"之"，據津逮本改。末二句，當據《乾》之《大過》删。
③ "藩"，原作"蕃"，據士禮居本、津逮本、《同人》之《師》改。

革

朝鮮之地，箕子所保。宜家宜人，業處子孫。

箕子，紂諸父，武王伐紂，遂歸周，封於朝鮮。

鼎

息憂解笑，故貧今富。載樂履善，[1]與福俱遇。

無注。

震

叔迎伯兄，遇巷在陽。[2] 君子季姬，並坐鼓簧。

《詩·君子陽陽》："閔周也。君子陽陽，左執簧，右招我由房，其樂只且。"

艮

順風縱火，芝艾俱死。三害集房，[3]十子中傷。

芝，靈草。艾，草名，可灸。被火俱死，即玉石俱焚之義。三官，或作"三害"，未詳。

漸

駕車入里，求鮮魴鯉。非其肆居，自令失市。君子所在，安無危殆。[4]

---

① "息"，原作"昔"；"貧"，原作"貪"；"樂"，原作"榮"。皆據津逮本改。
② "巷"，原作"卷"，據津逮本改。
③ "害"，原作"官"，據《剥》之《坤》改。
④ "殆"，原作"咎"，據津逮本改。

無注。

歸妹

拔劍傷手，見敵不起。良臣無佐，困辱爲咎。[①]

無注。

豐

亂君之門，佐鬭傷跟。營私貪禄，身爲悔殘。東下太山，見我所歡。

無注。

旅

慈母望子，遥思不已。久客外野，使我心苦。

無注。

巽

鲂生江淮，[②]一轉爲百。周流四海，無有患惡。

無注。

兑

甘露醴泉，太平機關。仁德感應，歲樂民安。

甘露，仁澤也，聖德上及太清，下及萬靈則降。醴泉，水之精也，聖德上及太寧，中及萬靈則出。見《鶡冠子》。

---

① “咎”，津逮本作“苦”。

② “江淮”，原作“淮郤”，津逮本舊注云：“一作江雒。”據《蠱》之《蠱》改。

涣

桴薇出車，魚麗思初。上下促急，君子懷憂。①

桴，當作“採”。《采薇》、《出車》、《魚麗》，皆《詩》篇名。《采薇》言“出戍之時，②采薇以食而念歸期之遠也”。《出車》之詩，“勞還率也”。《魚麗》之詩，“燕饗之樂歌也”。

節

豕生魚魴，鼠舞庭堂。雄佞施毒，上下昏荒，君失其邦。

無注。

中孚

三頭六目，道畏難宿。寒苦之國，利不可得。

未詳。

小過

燕雀銜茅，以生孚乳。昆弟六人，姣好弟孝，③各同心願，和悦相樂。

無注。

既濟

文君之德，仁義致福。年無胎夭，國富民實。君子在堂，

---

① “桴”，士禮居本、津逮本作“采”。“采”爲“採”之本字，元抄本注是。“促”，原作“從”，津逮本作“役”；“懷”，原作“免”。皆據《睽》之《小過》改。

② “戍”，原作“戌”，據《詩經·小雅·采薇》毛詩序“遣戍役”改。

③ “燕”，原作“驚”，據津逮本改。“弟”，士禮居本、津逮本作“悌”。弟、悌通。

曾累益息。[①]

此言文王修德行仁而天下歸之。天,當作“夭”。

未濟

秋梁未成,無以至陳。水深難涉,使我不前。

無注。

䷟巽下震上恒

黄帝所生,伏羲之宇。兵刃不至,[②]利以居止。

太昊,伏犧氏。黄帝,軒轅氏。黄帝造五兵,以征不享。

之乾

登墀蹉足,南行折角。長夜之室,不逢忠直。

無注。

坤

燕雀衰老,悲鳴入海。憂不在鄉,差池其羽。頡頏上下,在位獨處。[③]

無注。

---

① “天”,士禮居本、津逮本作“夭”,是。元抄本注是。“堂”,士禮居本、津逮本作“室”。“息”,原作“恩”,據津逮本改。

② “宇”,原作“宗”;“刃”,原作“刀”。皆據津逮本改。

③ “鳴”,原作“鴻”,據津逮本改。第三句,津逮本作“憂在不飾”,“在位”作“寡位”。

屯

開門除憂,伯自外來。忉忉無患,我心得歡。[1]

無注。

蒙

郊耕釋耜,[2]有所疑止,空虚無子。

無注。

需

張牙切齒,齗怒相視。[3] 咎起蕭牆,牽引吾子。患不可解,憂驚吾母。

無注。

訟

履不容足,南山多棘。毋出房闥,乃無疾病。

無注。

師

牛騂亡子,鳴於大野。申后陰微,還歸其母。[4]

無注。

---

① "忉忉",原作"切切",據津逮本舊注"疑當作忉忉"改。"心",原作"之",據津逮本改。

② "郊",原作"効";"耜"作"秬"。均據津逮本改。

③ "齗",原作"斷",據翟云升《焦氏易林校略》改。"視",原作"及",據津逮本改。

④ "后",原作"後";"微",原作"徵";"還",原作"罡"。皆據津逮本改。

比

龍生于淵，因風昇天。章虎炳文，爲禽服軒。發軦温谷，暮宿崑崙。終身無患，光精炤燿，①不被禍難。

無注。

小畜

既嫁宜吉，出入無憂。三聖並居，國安無災。

無注。

履

北陸陽伏，不知白黑。君子傷讒，正害善人。

冬，日在北陸。"日行北方，黑道，曰北陸"。出《易通統圖》。

泰

一身兩頭，匹適二家，②亂不可治。

無注。

否

牝馬牡駒，③歲字不休。君子衣服，利得有餘。

---

① "昇"，原作"身"；"禽"，原作"凶"；"光"，原作"充"。均據津逮本改。"服"，原作"敗"，據《萃》之《无妄》改。"炤燿"，士禮居本、津逮本作"照耀"。二者同。

② "匹"，原作"近"，津逮本作"延"，據《左傳·桓公十八年》"並后、匹嫡、兩政、耦國，亂之本也"改。嫡、適通。

③ "牡"，原作"牝"，據津逮本改。

無注。

同人

南行懷憂,破其金輿。安坐故廬,乃無災患。

無注。

大有

憂人之患,履悖傷顔,[①]爲身禍殘。篤心自守,與喜相抱。

無注。

謙

咸陽辰巳,長安戌亥。丘陵生止,非魚鰌市。可以避水,[②]終無凶咎。

未詳。

豫

不知何孫,夜來扣門。戒慎外寇,[③]兵戎且來。

無注。

隨

昧旦不明,日暗無光。[④] 喪滅失常,使我心傷。

---

① "悖",原作"傷",據《歸妹》之《遯》改。"傷",原作"浮",《歸妹》之《遯》作"易",據《震》之《否》改。"顔",原作"願",據津逮本改。

② "止",原作"上",津逮本作"心",據《需》之《晋》改。"水",原作"不",據津逮本改。

③ "戒",原作"我",據《節》之《乾》改。"寇",原作"寢",據津逮本改。

④ "日暗",原作"暗我",據津逮本改。

無注。

蠱

江陰水側，舟楫破乏，狐不得南，豹無以比。[①] 雖欲會盟，河水絶梁。

魏王豹叛漢，漢王遣韓信等以兵擊之。信爲疑兵，陳船欲渡臨晋，伏兵從夏陽以木罌渡軍，襲虜豹。比，當作"北"。

臨

神之在丑，逆破爲咎。不利西南，商人休止。[②]

無注。

觀

然諾不行，欺詒誤人，使我露宿。夜歸温室，神怒不直，鬼擊其目。[③] 欲求福利，適反自賊。

無注。

噬嗑

攘臂極肘，怒不可止。狼戾愎很，[④]無與爲市。

無注。

---

① "狐"，原作"孤"，據津逮本改。"比"，士禮居本、津逮本作"北"，是。元抄本注是。

② 第四句，原作"人休止後"，據津逮本改。

③ "詒"，原作"天"，津逮本作"訟"，據《列子·黄帝篇》"狎侮欺詒"改。"露"，原作"靈"，津逮本作"虚"；"其"，原作"無"。皆據《歸妹》之《小過》改。

④ "極"，津逮本作"拯"。"愎"，原作"復"，據津逮本改。

賁

販馬賣牛，會值虚空。利得尠少，留連爲憂。

無注。

剥

高樓陸處，以避風雨。深堂邃宇，君安其所。牝雞之息，爲我利福，請求弗得。①

《易·繫辭》："上古穴居而野處，後世聖人易之以宫室。"《書》："牝雞無晨。牝雞之晨，爲家之索。"息，當作"晨"。

復

阿衡服箱，太一載行。巡時歷舍，②所之吉昌。

阿衡，伊尹號。太一，星名。

无妄

飛來之福，入我嘉室，③以安吾國。

無注。

大畜

不孝之患，子爲母殘。④ 老耄莫養，獨坐空垣。

無注。

---

① "之息"，津逮本作"司晨"，士禮居本作"之晨"。"晨"是。元抄本注是。"福"，原作"弗"；"請求"，原作"求得"。皆據津逮本改。

② "巡"，原作"逃"，據《萃》之《恒》改。

③ "嘉"，津逮本作"居"。

④ 第二句，津逮本作"子孫爲殘"。

頤

南過棘門，鉤裂我冠。鬪之傷襦，[1]使君恨憂。

未詳。

大過

重弋射隼，不知所定。質疑蓍龜，孰可辟之？明神荅報，告以肥牡，宜利居止。[2]

蓍所以筮，龜所以卜。

坎

麟麑鳳雛，安樂無憂。捕魚河海，利於徙居。[3]

無注。

離

新田宜粟，上農得穀。君子惟德，以干百福。[4]

無注。

---

① "鬪之"，津逮本作"斷衣"。

② 首句，原作"重或射卒"，津逮本作"重門射平"；"肥牡"，原作"肌如"，津逮本作"犧牲"。皆據《中孚》之《復》士禮居本、津逮本改。"之"，原作"大"，津逮本作"火"，據《困》之《蹇》改。"荅報"，原誤倒，據津逮本乙正。末句，原本脱，據津逮本補。

③ "麟"，原作"驎"；"雛"，原作"稚"；"徙"，原作"從"。皆據津逮本改。"於"，原作"踰"，據《大有》之《頤》改。

④ "惟"，原作"推"，津逮本作"懷"，據《剥》之《遯》"唯德"改。"以干百"，原作"千百以"，據津逮本及《剥》之《遯》津逮本改。"福"，津逮本作"禄"。

咸

簪短帶長,幽思苦窮。瘠蠡小瘦,以病之癃。①

無注。

遯

爭訟之門,不可與鄰。出入爲憂,生我心患。②

無注。

大壯

朽根枯株,不生肌膚。病在心腹,日以焦枯。③

無注。

晋

雨師娶婦,黄巖季子。成禮既婚,相呼南去。膏我下土,歲年大茂。④

《博物志》曰:"太公爲灌壇令,武王夢婦人當道夜哭,問之,曰:'吾是東海神女,嫁於西海神童,今爲灌壇令當道,廢我行。我行必有大風疾雨。'武王覺,召太公問之,果有疾風暴雨,從太公邑外過。"

---

① "癃",原作"隆";"蠡",原作"蠡"。皆據津逮本改。

② 三四句,津逮本作"出入有爲,憂生我心"。

③ "焦枯",原作"焦勞",據津逮本改。

④ "子",津逮本作"女"。"既",原作"就",據《井》之《坤》改。"南去",原作"南上",據《豐》之《比》改。"歲年",津逮本作"年歲"。

明夷

冬采薇蘭，地凍堅難。利走室北，暮無所得。①

無注。

家人

昧之東域，誤過虎邑。失我熟胔，②飢無所食。

胔，音漬。

睽

日暮閉目，隨陽休息。箕子以之，乃受其福。舉首多言，③必爲悔殘。

《易・明夷》卦彖曰："利艱貞，晦其明也。内難而能正其志，箕子以之。"

蹇

蓼蕭露瀼，君子龍光。鳴鸞雍雍，④福禄來同。

《詩・蓼蕭》："諸侯朝于天子，天子與之燕，以示慈惠，故歌此詩：'蓼彼蕭斯，零露瀼瀼，既見君子，爲龍爲光。'"又曰："和鸞雝雝，萬福攸同。"

---

① 《明夷》、《家人》、《睽》、《蹇》、《解》五林，原次序顛倒爲《睽》、《家人》、《解》、《蹇》、《明夷》，今據津逮本及《周易》六十四卦次序改。"薇"，原作"微"，據津逮本改。

② "熟"，原作"熊"，據津逮本改。

③ "首"，津逮本作"事"。

④ "露瀼"，原作"瀼瀼"，據《晋》之《大有》改。"雍雍"，津逮本作"嗈嗈"。二字通。

解

鳥飛無翼，兔走折足。雖欲會同，未得醫工。[1]

無注。

損

五勝相賊，火得水息。精光消滅，絶不長續。[2]

五勝者，五行相勝之義。

益

東資齊魯，得騂犬馬。便辟能言，市人善賈。八鄰併户，[3]請火不與。人道閉塞，鬼守其宇。

便辟，謂習於威儀而不直。

夬

爭雞失羊，亡其金囊，利不得長。陳蔡之患，賴楚以安。

《史記》："孔子在陳蔡之間，楚使人聘之。孔子將往拜禮。陳蔡大夫謀曰：'楚若用孔子，則陳蔡大夫危矣。'於是乃相與發徒圍孔子於野，不得行，絶糧，使子貢至楚，楚昭王興師迎孔子，然後得免。"

姤

九登十陟，[4]馬跌不前。管子佐之，乃能上山。

---

① "欲"，原作"不"，據《涣》之《觀》改。
② "長"，津逮本作"能"。
③ "市人善賈"，原作"巧賈善市"，據津逮本改。"八鄰"，津逮本作"鄰人"。
④ "陟"，原作"涉"，據士禮居本、津逮本改。

無注。

萃

東鄰愁苦，君亂天紀。甘貪禄寵，必受其咎。意合志同，自外相從，見吾伯公。①

無注。

升

三貍捕鼠，遮遏前後。死於環城，②不得脱走。

無注。

困

狼虎爭强，禮義不行。兼吞其國，齊晋無王。③

齊桓、晋文假仁義以尊周室，自桓、文之後，天下失霸，則諸侯無主，愈僭亂矣。

井

五岳四瀆，洽潤爲德。行不失理，民賴恩福。④

無注。

革

六月種黍，歲晚無雨。秋不宿酒，神失其所。先困後通，

---

① "甘"，津逮本作"日"。末三句，津逮本作"一本有"云云，爲雙行小注。
② "環城"，原作"壞城"，津逮本作"壞域"，據《明夷》之《頤》改。
③ "王"，原作"主"，據津逮本改。
④ "洽"，原作"合"，據《頤》之《明夷》改。"恩"，原作"息"，據津逮本改。

與福相逢。

無注。

鼎

騋牝龍身,日取三千。① 南上蒼梧,與福爲婚。道里夷易,身安無患。

《詩·定之方中》:"騋牝三千。"此言衛文公"所畜之馬七尺,而牝者亦已至於三千之衆矣"。

震

出入休居,安止無憂。上室之權,②虎爲季殘。

定公五年,季平子卒,陽虎私怒,囚季桓子,與盟乃捨之。八年,陽虎欲盡殺三桓適,而更立其所善庶子以代之。載季桓子將殺之,桓子詐而得脱,三桓共攻陽虎。九年,陽虎奔齊,已而奔晋。

艮

南山昊天,刺政閔身。疾悲毋辜,③背憎爲仇。

《詩·小雅·節南山》云:"節彼南山。"又曰:"不弔昊天。"又曰:"昊天不平。"此詩家父所作,刺周王用尹氏爲太師,秉國之均,不能毗輔天子,用威虐政以召禍亂,民所憎惡甚於仇讎也。"

---

① "取",士禮居本、津逮本舊注皆云:"疑當作趣。"
② "無",原作"相",據津逮本改。"權",津逮本作"歡"。
③ "閔",原作"闕",據津逮本改。"悲",原作"病",據《乾》之《臨》改。

漸

蒼耳東從，道頓跌踦。[1] 日辰不良，病爲祟禍。

蒼耳，馬也。《遯》之《小過》曰："騎騅與蒼。"蒼，即蒼耳也。

歸妹

兄征東燕，弟伐遼西。大剋勝還，封居河間。[2]

無注。

豐

播輪折輻，馬不得行。豎牛之讒，賊其父兄。布裘不傷，終身無殘。[3]

輪，當作"轔"。《春秋·成公十六年》：魯穆子去叔孫氏奔齊，及庚宗，遇婦人宿焉，生子曰牛。後復歸魯，立爲卿，使牛爲豎，有寵，長，使爲政。牛不食叔孫，叔孫遂餒而卒。

旅

駕之南海，晨夜不止。君子勞疲，僕夫燋苦。[4]

無注。

巽

怨虿燒被，忿怒生禍。偏心作難，意如爲亂。

---

① 首句，津逮本作"潼頓東徙"。"跌"，原作"跂"，津逮本作"跛"，據《否》之《未濟》津逮本改。

② "居"，原作"君"，據津逮本改。

③ "輸"，津逮本作"輪"，是，元抄本注非。"裘"，津逮本作"衣"，"殘"作"患"。

④ "夫"，原作"使"，據津逮本改。

按《左傳》，意如，魯大夫季平子名。昭公二十五年伐季氏，孟孫、叔孫遂伐公徒。公遜於齊，次於陽州。

兑

張狂妄行，竊食盜粮。狗吠非主，嚙傷我足。

無注。

涣

警蹕式道，先驅除害。[1]王后親桑，以率群功，安我祖宗。

《周禮》宫正，掌邦之事。蹕，以禁行者也。[2]古者使世婦蠶于公桑，蠶室奉繭以示于君，繅以爲黼黻文章，而服以祀先王先公。

節

門户乏食，困無誰告。對門不通，莫所歸急。種藏五穀，一花百葉。[3]

無注。

中孚

破敝復完，[4]危者得安。鄉善無患，商人有息，利來入門。

---

① “式”，原作“戒”，據津逮本改。“害”，津逮本作“咎”。

② “周禮”至“者也”，出自《韻府群玉》卷十八。

③ “無”，津逮本作“死”，“種”作“積”，“百”作“千”。末句下，津逮本有“市賈有息”。

④ 首句，原作“被蔽復貌”，據津逮本改。

無注。

小過

叠叠纍纍，如岐之室。一息十子，[1]古公治邑。

古公，周太王之本號，修后稷、公劉之業，積德行義，國人皆戴之。熏鬻之難，去豳邑于岐山之下，豳人曰："仁人也，不可失也。"扶老携幼，歸者如市。

既濟

三嫗治民，不勝其任。兩馬爭車，壞敗室家。

無注。

未濟

弊鏡無光，不見文章。少女不嫁，棄於其公。[2]

無注。

---

① 首句，原作"壘壘壘壘"；"岐"，原作"其"。皆據津逮本改。"息"，原作"身"，據津逮本改。

② "弊"，原作"蔽"；"嫁"，原作"市"；末句，原作"棄其郤王"，津逮本作"棄於相望"。皆據《歸妹》之《大過》改。

卷第九

䷠艮下乾上遯

三塗五岳，陽城太室。神明所保，獨無兵革。

三塗，山名，在河南伊闕縣。五岳，泰山爲東岳，衡山爲南岳，嵩山爲中岳，華山爲西岳，恒山爲北岳。陽城，山谷名，在嵩山下。太室，山名。

之乾

軟弱無輔，不能自理。意在外野，心懷勞苦，雖憂無殆。

無注。

坤

周成之隆，刑措無凶。太宰贊右，①君子作仁。

《史記》："周成康之際，天下太平，刑措四十餘年不用。"太宰，周公也。

---

① "右"，士禮居本、津逮本作"佑"。二字通。

屯

穴有孤烏，坎生蝦蟆。相去萬里，①不可得捕。

無注。

蒙

俱爲天民，雲過吾西。伯氏嫉妒，②與我無恩。

無注。

需

三首六目，③政多煩惑。皋陶瘖聾，亂不可從。

未詳。

訟

德積不輕，辭王釣耕。三媒不已，大福來成。

《吕氏春秋》："太公釣於滋泉。"《孟子》曰："伊尹耕於有莘之野。"三媒，即三聘。

師

堅固相親，日篤無患。④ 六體不易，執以安全。雨師駕西，濡我轂輪。張伯李季，各坐關門。

---

① "相去"，原作"象出"，津逮本作"象云"，"相"據翟云升《焦氏易林校略》引牟庭云"象當作相"改，"去"據《歸妹》之《漸》改。

② 第三句，津逮本作"治民嫉妒"，《否》之《家人》元抄本、士禮居本作"風伯雨師"。

③ "首"，士禮居本作"手"。"首"當是。

④ "日"，原作"曰"，據津逮本改。

無注。

比

方内不行，輻摧輪傷。馬楚蹉甚，受子閔時。

無注。

小畜

畜牝無駒，養雞不雛。群羊三歲，不生兩頭。

未詳。

履

老耄罷極，無取中直。懸輿致仕，退歸鄉里。①

漢薛廣德乞骸骨，懸安車以致仕。

泰

縮緒亂絲，舉手爲災。越畝逐兔，斷其褌襦。②

無注。

否

海老水乾，魚鼈盡索。③ 槁落無潤，獨有沙石。

無注。

---

① "退"，原作"得"，據《家人》之《訟》改。

② "舉手"，原作"手與"，據《歸妹》之《明夷》改。"災"，原作"哭"；"褌"，原作"襌"。皆據津逮本改。

③ "盡"，津逮本作"蕭"。

同人

入市求鹿，不見頭足。終日至夜，竟無所得。

無注。

大有

築門壅户，虎卧當道。驚我騂騮，不利出處。

無注。

謙

陶朱白圭，善賈息資。公子王孫，富貴不貧。

陶朱，即范蠡，游江湖，變姓名，稱陶朱公。白珪，名丹，周人，《史》言能“薄飲食，忍嗜欲”。二人善賈貨生息，資財以致巨富。

豫

王良善御，伯樂知馬。周旋步驟，行中規矩。止息有節，延命壽考。

王良，古之善御者。伯樂，古之善相馬者。

隨

堯問尹壽，聖德增益。使民不懼，安無怵惕。[1]

無注。

---

① “尹壽”，原作“伊舜”，津逮本作“大舜”，據《新序・雜事》“堯學乎尹壽”改。“怵”，津逮本作“怵”。義同。

蠱

昭公失常，季氏悖狂。遜齊處鄆，喪其寵身。

《春秋・昭公二十五年》："九月戊戌，伐季氏。叔孫氏、孟氏救之，三家反攻公。己亥，公孫于齊，次于陽州。"《二十六年》："三月，公至自齊，居於鄆。"《三十二年》："薨於乾侯。"

臨

昏暮不行，候待旦明。從住止後，[1]未得相從。

無注。

觀

安上宜官，一日九遷。升擢超等，牧養常山。

漢田千秋一日九遷其官。牧養常山，未詳。

噬嗑

去惡就凶，東西多訟，行者無功。

無注。

賁

老馬垂耳，不見百里。君子弗恃，商人莫取，無與爲市。

無注。

剥

蝸螺生子，深目黑醜。似類其母，雖飾相就，[2]衆人

① "從"，津逮本作"復"。
② "飾"，原作"或"，據《觀》之《无妄》改。

莫取。

無注。

復

百足俱行,相輔爲強。三聖翼事,王室寵光。①

三聖,堯、舜、禹也。

无妄

容民畜衆,履德有信。大人受福,童蒙憂惑,利無所得。

無注。

大畜

左跌右僵,前躓觸桑。其指據石,傷其弟兄。老蠶不作,家無織帛。貴貨賤身,久留連客。

無注。

頤

昏人宜明,②賣食老昌。國祚東表,號稱太公。

太公嘗屠於朝歌,後遇文王,立爲師尚父,封國於東齊。

大過

弊笱在梁,魴逸不禁。漁父勞苦,藏空乾口。③

弊,壞;笱,罟。詩人以弊笱不能制大魚。魴、鰥,大魚也。

---

① "王室",原作"不見",據士禮居本、津逮本改。

② "宜",津逮本作"旦"。

③ "藏空",津逮本作"焦喉"。末句下,津逮本多"虚空無有"。

坎

盛中後昳，衰老復掇。盈滿減虧，瘯蠡肥腯。鄭昭失國，重耳興立。①

《春秋·魯桓公十七年》："鄭高渠彌弑昭公而立公子亹。"又《僖公二十四年》："晋文公入國，使殺懷公于高梁，遂立，而霸諸侯。"

離

折亡破瓮，使我困貧。與母生分，别離異門。

無注。

咸

野有積庾，穡人駕取。② 不逢虎狼，暮歸其宇。

無注。

恒

襁褓孩呱，冠帶成家。出門如賓，父母何憂？

無注。

大壯

陳力就列，官職無廢。③ 手不勝盆，失其寵門。

① "昳"，原作"跌"，據《同人》之《履》改。"老"，津逮本作"者"。"虧"，原作"毁"，據《漸》之《豫》改。"瘯蠡"，原作"疾羸"，據《左傳·桓公六年》"謂其不疾瘯蠡也"改。"興"，原作"與"，據津逮本改。

② "穡"，津逮本作"嗇"。

③ "無"，原作"並"，據津逮本改。

無注。

晋

積雪大寒，萬物不生。陰制其雄，①時本冬貧。

無注。

明夷

龍鬬時門，失理傷賢。内畔生賊，自爲心疾。

《春秋·昭公十九年》："鄭大水，龍鬬于時門之外洧淵，國人請爲禜焉。子産弗許，曰：'我鬬，龍不我覿也。龍鬬，我獨何覿焉？禳之則彼室也，吾無求於龍，龍亦無求於我。'乃止。"

家人

狗畏狼虎，依人爲輔。三夫執戟，伏不敢起，②身安无咎。

無注。

睽

南山高罡，③回隤難登。道里遼遠，行者無功。憂不成凶，惡亦消去。

罡，音岡。隤，音頹。

蹇

逢時陽遂，富且尊貴。

---

① "其雄"，原作"庶士"，據《晋》之《噬嗑》改。
② "起"，原作"趨"，據津逮本改。
③ "罡"，津逮本作"崗"，當據《蠱》之《兑》作"岡"。

無注。

解

求我所欲，得其利福。終身不辱，盈盛之門。高屋先覆，君失邦國。

無注。

損

安坐至暮，禍災不到。利詰奸妖，罪人弗赦。

無注。

益

膠車駕東，與雨相逢。五綮解墮，頓軥獨坐，[1]憂爲身禍。

《詩》云："五綮梁輈。"注云："五，五束也。綮，歷録然文章之貌。以皮革五處束之，其文章歷録然也。輈，車轅也。"

夬

擇日高飛，遂至東齊。[2]見孔聖師，使我和諧。

無注。

姤

陳嬀敬仲，兆興齊姜。乃適營丘，八世大昌。

按，《春秋傳》：陳，嬀姓。敬仲，即陳公子完。魯莊公二十

① "坐"，原作"宿"，據《大過》之《蠱》改。
② "遂"，津逮本作"遠"。

二年奔齊，使爲工正。初，懿氏卜妻敬仲，曰："有嬀之後，將育於姜。八世之後，莫之與京。"姜，齊姓。營丘，齊所封之地。

萃

缺埒無墠，難從東西。毁破我盆，泛棄酒食。

埒，音劣。墠，音善。

升

中夜狗吠，盜在廬外。神明祐助，[1]消散解去。

無注。

困

雷車不藏，隱隱西行。霖雨三旬，流爲河江，使國憂凶。

無注。

井

老河虚空，舊井無魚。利得不饒，避患東鄰。禍入我門，[2]使我悔存。

無注。

革

福德之士，歡悦日喜。夷吾相桓，[3]三歸爲臣，賞流子孫。

---

① "明"，原作"光"，據《乾》之《比》改。
② "入我"，津逮本作"來入"。
③ "桓"，原作"國"，據《益》之《兑》改。

夷吾，齊相管仲也。三歸，臺名。婦人謂嫁曰歸，一娶九女而備三姓。

鼎

清人高子，久屯外野。逍遥不歸，思我慈母。

高子，高克也。《詩》云："清人在彭，駟介旁旁。"注云："鄭文公惡高克，使將清邑之兵，禦狄于河上，久而不召，師散而歸，高克奔陳，鄭人爲之作此詩也。"

震

驄騮黑鬉，東歸高鄉。白虎推輪，蒼龍把衡。朱雀導引，靈龜載裝。遂扣天門，[①]入見真君，馬安人全。

騮，音葛。鬉，音宗。

艮

路多枳棘，步刺我足。不利旅客，爲心作毒。[②]

無注。

漸

端坐生患，憂來入門，使我不安。

無注。

---

① "蒼"，原作"倉"；"導"，原作"道"。皆據士禮居本、津逮本改。"靈"，原作"虚"，據津逮本改。"龜"，原作"烏"；"遂"，原作"逐"。皆據《履》之《兑》改。"裝"，原作"游"，據翟云升《焦氏易林校略》引牟庭曰"當作裝"改。

② 《艮》、《漸》、《歸妹》三林，原次序爲《歸妹》、《漸》、《艮》林，據士禮居本、津逮本及《周易》六十四卦次序改。

歸妹

小陬之市，利不足喜。二世積仁，蒙其祖先。匪躬之言，狂悖爲患。

無注。

豐

登高望時，見樂無憂。求利南國，與寶相得。

無注。

旅

疏足脅肩，有所忌難。金城鐵郭，以銅爲關。蕃屏自衛，安止無患。①

漢關中，金城千里，天府之國也。

巽

江有沱泥，思附君子。伯仲爰歸，②不我肯顧，姪娣悔恨。

泥，當作"汜"。《詩》云："江有沱，之子歸，不我過。不我過，其嘯也歌。"又云："江有汜，不我以。不我以，其後也悔。"按《詩傳》："水決復入爲汜，今江陵、漢陽、安復之間，蓋多有之。沱，江之别者。之子，媵妾，指嫡妻而言也。婦人謂嫁曰歸。

---

① "脅"，原作"息"，據《孟子·滕文公下》"脅肩諂笑，病於夏畦"改。"止"，原作"上"，據《晋》之《賁》元抄本、士禮居本改。

② "泥"，士禮居本、津逮本作"汜"，是。元抄本注是。"爰歸"，原作"受歸"，津逮本作"處市"，據《明夷》之《噬嗑》改。

我，媵自我也。能左右之曰以，謂挾己而偕行也。是時汜水之旁，媵有待年於國，而嫡不與之偕行者，其後嫡被后妃夫人之化，乃能自悔而迎之，故媵見江水之有汜而因以起興。言江猶有汜，而之子之歸乃不我以，雖不我以，然其後亦悔矣。”

兑

牙孽生達，陽倡於外。左手執籥，公言錫爵。

《詩》云：“左手執籥，右手秉翟。赫如渥赭，公言錫爵。”按《詩傳》：“籥，如笛而六孔，或三孔。翟，雉羽也。執籥、秉翟者，文舞也。公言錫爵，即《儀禮》‘燕飲而獻工之禮’也。”

涣

雲夢苑囿，萬物蕃熾。犀象瑇瑁，①荆人以富。

荆州有澤藪曰雲夢，方八九百里。

節

渠戎萬里，晝夜愁苦。櫜甲戢服，②雖荷不賊。鷹鸇之殘，害不能傷。

無注。

中孚

鎡基逢時，稷契皋陶。貞良願得，微子解囚。市空無虎，謾誕妄語。③

---

① “瑇”，士禮居本、津逮本作“玳”。玳、瑇同。

② “戢”，原作“戎”，據《大畜》之《咸》及《詩經·周頌·時邁》“載戢干戈，載櫜弓矢”改。

③ 林辭，津逮本作《既濟》林。“誕”，津逮本作“言”。

《孟子》曰："雖有鎡基，不如待時。"《書·舜典》："稷播百谷，契敷五教，皋陶明刑。"微子，紂庶兄也。

小過

騎騅與蒼，南賈太行。逢駁猛虎，爲所吞殤，①葬於渭陽。一本有，又害不傷。

無注。

既濟

出門東行，日利時良。步騎與駟，經歷宗邦。暮宿北燕，與樂相逢。②

無注。

未濟

酒爲歡伯，除憂來樂。③福善入門，與君相索，使我有得。

無注。

䷡乾下震上大壯

左有噬羆，④右有嗌虎，前觸鐵矛，後躓強弩，無可抵者。

無注。

---

① "殤"，津逮本作"飡"。
② 林辭，津逮本作《中孚》林。"時"，津逮本作"辰"。
③ "來"，原作"未"，據士禮居本改。
④ "羆"，士禮居本、津逮本作"熊"。

之乾

金齒鐵牙，壽考宜家。年歲有儲，貪利者得，離其咎憂。

無注。

坤

家給人足，頌聲並作。四夷賓服，干戈櫜閣。①

《書》："明王慎德，四夷咸賓。"《史記》：武王勝殷，包藏弓矢，戢弭干戈，以示弗用也。

屯

獼猴冠帶，盜載非位。衆犬嘈吠，狂走蹶足。②

無注。

蒙

心患其身，不念安存。忠臣孝子，爲國除患。

無注。

需

君不明德，臣亂爲惑。丞相命馬，胡亥失所。③

按《秦紀》：趙高欲爲亂，恐群臣不從，乃先設驗，以鹿獻於二世，曰馬也。二世笑曰："丞相誤邪，謂鹿爲馬。"問左右，或默

---

① "櫜"，原作"囊"，據津逮本改。

② "蹶"，原作"厥"，據津逮本改。

③ 《需》、《訟》、《師》三林，原次序爲《師》、《訟》、《需》，據士禮居本、津逮本及《周易》六十四卦次序改。

或語。高陰中諸言鹿者，用法繩之。後群臣皆畏高。此言人君之德不明，爲奸臣之所惑亂，胡亥之於趙高是也。

訟

東行西窮，南北無功。張伯賣鹿，①從者失羊。

無注。

師

鹿下西山，欲歸其群，逢羿鋒箭，死於矢端。②

羿，古之善射者。

比

明夷兆初，三日爲災。以讒復歸，③名曰豎牛。剥亂叔孫，餧卒虚丘。

餧，當作“餒”。《春秋·成公十六年》：魯穆子去叔孫氏，奔齊，及庚宗遇婦人，宿焉，生子曰牛。復歸魯，立爲卿，使牛爲豎，有寵，長，使爲政。牛不食叔孫，遂餒而卒。

小畜

秦失嘉居，河伯爲怪。還其御璧，神怒不祐。織組無文，燒香弗芬。

按，《秦紀》：“使者從關東夜過華陰平舒道，有人持璧遮使者，曰：‘爲吾遺滈池君，今年祖龍死。’使者問其故，因忽不見，

---

① “賣”，津逮本作“買”。
② “死”，原作“無”，據士禮居本、津逮本改。
③ “復”，原作“後”，據津逮本改。

置其璧去。使者奉璧具以聞，始皇使御府視璧，乃二十八年渡江所沉之璧也。”此言始皇將終，江神以璧遺滈池之神以相告。

履

德至之君，禍不過鄰。使我世存，身無患災。

無注。

泰

衆惡之堂，相聚爲殃。幽毒良人，[1]使道不通。

無注。

否

三癡六狂，欲之平鄉。迷惑失道，不知昏明。

無注。

同人

老弱無子，不能自理。郭氏雖憂，終不離咎。管子治國，侯伯賓服。乘輿八百，尊我桓德。[2]

管子，即管仲，相桓公，霸諸侯。

大有

褒后生蛇，垂老皆微。追跌衰耄，[3]酒滅黄離。

---

① “幽”，原作“出”，據津逮本改。

② “賓”，原作“之”；“我桓”，原作“祀祖”。皆據《漸》之《大有》改。

③ “垂”，原作“經”，據《蠱》之《坎》元抄本、士禮居本改。“皆”，津逮本作“曰”。“耄”，原作“光”，據津逮本改。

褒后即褒姒。初，夏后氏衰，有二龍降于庭，卜，藏其漦。自夏商莫敢發，周人發之，漦化爲玄黿，後宫童女遭之而孕，無夫而生子，懼而棄於路。人哀其夜號而收養之，逸於褒。褒人有罪，進是女於周幽王，寵之，號曰褒姒。索隱曰："玄黿，蚰蜴也。"褒后之生蓋出于此。

謙

驄騔黑鬉，東歸高鄉。白虎推輪，蒼龍把衡。遂至天門，①不離咎殃。

騔，音葛。鬉，音宗。

豫

信譎龍且，塞水上流。半涉決囊，楚師覆亡。②

按《史》：韓信攻齊，項羽遣龍且救之。夾濰水而陳，信令萬餘人囊沙壅水上流，引軍半渡，擊之，佯不勝走還，龍且追信，信急遣人決壅，水大至，且軍大半不得渡，信急擊殺且。

隨

有莘季女，爲王妃后。貴夫壽子，母字四海。

按，《本紀》索隱：③"鯀取有莘氏女，謂之女志，是生高密。"宋衷云："高密，禹所封之國也。"

蠱

德被八表，蠻夷率服。蝥賊不作，道無苛慝。

---

① "騔"，津逮本作"䯿"，"鬉"作"髴"。"遂"，原作"逐"，據士禮居本、津逮本改。"天門"，原作"夷傷"，據《履》之《兑》改。

② "涉"，津逮本作"渡"。"亡"，原作"凶"，據津逮本改。

③ "索隱"，原脱，據《史記·夏本紀》"名曰文命"索隱補。

無注。

臨

載日精光，驂駕六龍。禄命徹天，封爲燕王。

未詳。

觀

纓急縮頸，行不得前。五石示象，襄霸弗成。①

《春秋·僖公十六年》："正月戊辰，隕石于宋五。"注云："石者，陰德之專也。宋襄欲行霸事，卒以五年見執，如五石之數也。"

噬嗑

蛇失其公，戴麻當喪。② 哀悲哭泣，送死離鄉。

無注。

賁

回隤不安，兵革爲患。掠我妻子，家屢飢寒。③

無注。

剥

乘風帶雨，與飛鳥俱。④ 一舉千里，見吾愛母。

---

① "霸"，津逮本作"伯"。"伯"通"霸"。"弗"，士禮居本、津逮本作"不"。
② "戴"，原作"載"，據尚秉和《焦氏易林注》改。
③ "家屢"，原作"客屬"，據《震》之《賁》改。
④ "帶雨"，原作"雨橋"，津逮本作"禹橋"，據《同人》之《泰》改。"飛鳥"，原誤倒，據津逮本乙正。

無注。

復

雷霆所擊,誅者五逆。磨滅無迹,[①]有懼方息。

無注。

无妄

張氏揖酒,請謁左右。王叔枯槁,[②]獨不蒙所。

無注。

大畜

坐爭立訟,紛紛匈匈。卒成禍亂,災及家公。

無注。

頤

霜降閉户,蟄蟲隱處。不見日月,與死爲伍。

無注。

大過

鼠聚生怪,爲我患悔。道絶不通,商旅失意。

無注。

坎

寒暑不當,軌度失常。一前一後,年歲鮮有。

---

① “磨”,津逮本作“劘”。二字音義皆同。

② “王叔”,津逮本作“王時”,其舊注云:“王,一作平。”

無注。

離

築室水上，危於一齒。丑寅不徙，辰卯有咎。

無注。

咸

畜雞養狗，長息有儲。耕田得黍，王母喜舞。①

無注。

恒

東壁餘光，數闇不明。主母嫉妒，亂我業事。②

東壁，星名。

遯

剛柔相傷，火爛銷金。雕鷹制兔，伐楚有功。

未詳。

晉

鄭國譏多，數被楚憂。商人愁苦，民困無聊。一本云，三家俱走，鬬於虎口。白豕不勝，死於坂下。③

《春秋》："魯僖公元年，楚伐鄭；三年，楚又伐鄭。"蓋鄭當

---

① "王"，津逮本作"主"。

② "母"，原作"毋"，據士禮居本、津逮本改。"業事"，津逮本作"事業"。

③ "商人"，津逮本作"征夫"。"一本云"云云，士禮居本、津逮本爲雙行小注。"坂"，原作"坎"，據《大有》之《晉》改。

晋、楚之間，無歲而不被兵也。

明夷

弓矢斯張，把彈弦折。丸發不至，道遇害患。①

無注。

家人

舉觴飲酒，未得至口。側弁醉酗，拔劍相怒，武侯作悔。

《詩・賓之初筵》："衛武公飲酒，悔過而作。其詩云：側弁之俄。"

睽

蒼鷹群行，相得旅前。王孫申公，驚奪我雄。北天門開，神火飛災。如不敬信，事入塵埃。②

蹇

穿空相宜，利倍我北。循邪詭道，逃不可得。③ 南北望邑，遂歸入室。

無注。

解

壽如松喬，與日月俱。常安康樂，不離禍憂。

赤松、王喬，皆古仙人名。

---

① "斯"，原作"其"；"遇"，原作"過"。皆據津逮本改。

② 林辭，原脱，作"原本空文"，據津逮本補。

③ "空"，津逮本作"屋"，"逃"作"迎"。

損

出門望東，伯仲不來。疾病爲患，使母憂嘆。

無注。

益

大姒之孫，周文九子。咸遂受成，寵貴富有。

《詩》曰："太姒嗣徽音。"大姒，文王之妃，武王之母也。《春秋傳》曰："武王同母弟八人。"並武王爲九也。大姒教誨諸子，自少及長未嘗見邪僻之事，及其長，文王繼而教之，卒成武王、周公之德，故云"咸遂受成，寵貴富有"也。

夬

桃李華實，①累累日息。長大成熟，甘美可食，爲我利福。

無注。

姤

昏禮不明，男女失常。行露反言，出爭我訟。

《詩》："厭浥行露，豈不夙夜？謂行多露。"又："誰謂女無家？何以速我訟？"注云："南國之人遵召伯之教，服文王之化，有以革其前日淫亂之俗，故托以行多露而畏其沾濡也。"

---

① "華"，士禮居本、津逮本作"花"。花、華同。

萃

空穿漏弊,破桴殘缺。陶弗能完,[①]瓦碎不全。

無注。

升

數窮廓落,困於歷室。往登玉堂,與堯侑食。

按《史》,舜微時耕於歷山,堯舉而任之,加諸上位。

困

道濕爲坑,輪陷躓僵。南國作諱,使我多畏。

無注。

井

鰥寡孤獨,福禄苦薄。入室無妻,武子哀悲。

按,《春秋·魯襄公二十五年》:"崔武子欲娶棠姜,筮之,其繇曰:'入其宫,不見其妻,凶。'"

革

舉被覆目,不見日月。衣衾杖机,就長夜室。[②]

按《史記》,越伐吴,吴三戰三北。夫差上姑蘇,亦請成於越,范蠡不可。夫差曰:"無以見子胥。"爲幎冒乃死。

① "空",各本同,惟津逮本舊注云:"疑作室。""室"是。"陶",原作"陰",據《漸》之《泰》改。

② "被",士禮居本、津逮本作"袂"。"長",原作"其",據《泰》之《臨》改。

鼎

長尾蝼蛇，畫地爲河。深不可涉，絶無以比，惆然噴息。①

無注。

震

晨風文翰，大舉就温。昧過我邑，羿無所得。

《詩·晨風》篇云："鴥彼晨風，鬱彼北林。"晨風，鸇也。羿，后羿，古之善射者。

艮

出入節時，南北無憂。行者亟至，在外歸來。

無注。

漸

陽氏狂惑，季孫亂憒。陪臣執政，平子拘折，我心不快。

陽氏，即陽虎，季氏之家臣，專政。季孫，即季孫氏，魯大夫。陪臣，家臣，謂陽虎也。平子，季孫意如也。

歸妹

五烏六鴟，②相對蹲跂。禮讓不興，虞芮爭訟。

虞、芮，二國名，相與爭田不決，乃如周，入界，耕者皆讓畔，

---

① "蝼"，原作"踒"，據《師》之《咸》改。"比"，原作"北"，據《師》之《咸》元抄本、士禮居本改。"噴"，原作"憤"，據《師》之《咸》津逮本改。

② "烏"，津逮本作"鳥"。

民俗皆讓長，二人慚之，乃不見西伯而還，感而相謂曰："我等小人，不可以履君子之庭。"於是俱讓其田不取。

豐

顧念所生，隔在東平。遭離滿沸，[1]河川決潰。幸得無恙，復歸相室。

無注。

旅

追獵東走，兔逃我後。吾鋭不利，獨空無有。

無注。

巽

犬吠非主，上下膠擾。[2] 敵人襲戰，閔王逃走。

《史記》：燕昭王伐齊，戰於濟西。齊師大敗，閔王出走。

兑

嵩高岱宗，峻直且神。觸石膚寸，千里蒙恩。

《白虎通》云："嵩高，山者中央之岳。獨加高字者何？中央居四方之中而高，故曰嵩高。"《五經通義》："王者受命，易姓報功，告成必於岱宗也。"

涣

陳魚觀社，佷荒逾矩。爲民開緒，亡其祖考。

---

① "滿"，疑當據《臨》之《咸》作"溢"。
② "膠"，津逮本作"渾"。

《春秋·隱公五年》:“公將如棠觀魚,臧僖伯諫曰:‘不軌不物謂之亂政。亂政並行,所以敗也。’公曰:‘吾將略地焉。’遂往,陳魚而觀之。”《莊公二十三年》:“公如齊觀社,非禮也。曹劌諫曰:‘不可。夫禮,所以整民也。君舉必書,書而不法,後嗣何觀?’”

節

四壁無户,三步一止。東西南北,利不可得。

無注。

中孚

求君衣裳,情不可當。觸諱西行,爲伯生殃。君之上歡,得其安存。

按,《春秋》:“蔡昭侯爲兩佩裘以如楚,獻一裘一佩於昭王,自服其一。子常欲之,弗與,三年止之。蔡人聞之,固請而獻佩于子常,遂歸蔡侯。”

小過

春鴻飛東,以馬貿金,[①]利可得深。

貿,音茂。

既濟

木生蟲蠹,[②]還自剋賊,使我無得。

無注。

---

① “貿”,津逮本作“貨”,當據《比》之《中孚》元抄本、士禮居本作“貿”。
② “木”,原作“禾”,據《旅》之《履》改。

未濟

桀亂無道，民散不聚。倍室棄家，逃遁出走。

史記夏桀爲傾宫、瑶臺，殫百姓之財，湯伐之，放於南巢。

䷢坤下離上晋

銷鋒鑄耜，休牛放馬。甲兵解散，夫婦相保。

無注。

之乾

一衣三冠，無所加元。衣服不成，①爲我災患。

無注。

坤

百足俱行，相輔爲强。三聖翼事，王室寵光。

三聖，堯、舜、禹也。

屯

魚蛇之怪，大人憂懼。梁君好城，失其安居。

《春秋》："梁伯好土功，亟城而弗處。"

蒙

少無强輔，長不見母。勞心遠思，自傷憂苦。

---

① "衣服"，翟云升《焦氏易林校略》作"元服"。"成"，原作"來"，據津逮本改。

無注。

需

煎砂溽暑，鮮不可取。[①] 離河三里，敗我利市。老牛病馬，去之何悔？

無注。

訟

君明有德，登天大禄。布政施惠，以成恩福。[②] 中子南游，翺翔未復。

無注。

師

嘵然唯諾，敬上尊客。執恭除患，禦侮致福。

無注。

比

黍稷禾稻，垂秀方造。中旱不雨，傷風病藁。

無注。

小畜

三羸六罷，不能越關。[③] 東賈失馬，往反勞苦。

---

① "煎砂"，原作"前涉"；"鮮"，原作"解"。皆據《歸妹》之《否》改。"不可取"，《歸妹》之《否》作"有不朽"。

② "成"，原作"感"，據津逮本改。

③ "關"，原作"跪"，據《震》之《鼎》改。

無注。

履

倚立相望，引衣欲裝。陰雲蔽日，暴雨所集。使道不通，阻我歡會。①

無注。

泰

高脚疾步，受肩善趨。日走千里，賈市有得。

無注。

否

北風寒涼，雨雪益冰。憂思不樂，哀悲傷心。

《詩》云："北風其涼，雨雪其雱。"言"北風、雨雪以比國家危亂將至，而氣象愁慘也"。

同人

貞鳥雎鳩，執一無尤。寢門内治，②君子悦喜。

無注。

大有

蓼蕭露瀼，君子龍光。鳴鸞噰噰，③福禄來同。

① "裝"，原作"莊"；第五、六句，原誤倒；"阻"，原作"降"；"會"，原作"惠"。皆據津逮本改。

② "雎"，原作"鳴"，據津逮本改。"内治"，原作"治理"，據《隨》之《小過》改。

③ "噰噰"，原作"雍和"，據津逮本改。

《詩・蓼蕭》篇云:“蓼彼蕭斯,零露瀼瀼。既見君子,爲龍爲光。”又云:“和鸞雝雝,萬福攸同。”言“諸侯朝于天子,天子與之燕,以示慈惠而作也”。

謙

南行求福,與喜相得。封受上賞,鼎足輔國。

無注。

豫

桑葉腐蠹,[1]衣弊如絡。女功不成,絲布爲玉。

無注。

隨

左服易右,王良心歡,嘉利從已。[2]

《詩・大叔于田》篇云:“兩服上襄。”注:“衡下夾轅兩馬曰服。”王良,古之善馭者。

蠱

壽考不忘,駕騂東行。三適陳宋,南賈楚荆。得利息長,旅自多罷,[3]畏晝喜夜。

無注。

---

① “葉”,原作“華”,據《訟》之《蠱》改。
② “嘉”,津逮本作“喜”。
③ “三”,原作“之”,據津逮本改。“騂”,津逮本作“駟”,“自”作“身”。

臨

羔羊皮革,君子朝服。輔政扶德,以合萬國。①

《詩》:"羔羊之皮,素絲五紽。羔羊之革,素絲五緎。"言"南國化文王之德,在位皆節儉正直,故詩人美其衣服有常也"。

觀

鶻鳩徙巢,西至平州。遭逢雷電,破我葦廬。室家飢寒,思吾故初。

無注。

噬嗑

大尾小頭,重不可摇。上弱下強,陰制其雄。

無注。

賁

疏足脅肩,②有所忌難。金城銅郭,以鐵爲關。蕃屏自衛,安止無患。

漢關中,金城千里,天府之國也。

剥

天命玄鳥,下生大商。造定四表,享國久長。

《詩·商頌·玄鳥》篇云:"天命玄鳥,降而生商。古帝命武

① "革",原作"弁",據《謙》之《離》、《離》之《復》改。"國",原作"福",據津逮本改。

② "脅",原作"息",據《孟子·滕文公下》"脅肩諂笑,病於夏畦"改。

湯,正域彼四方。”

復

賊鎩重數,政爲民賊。杼柚空虚,[1]家去其室。

賊鎩,當作“賦斂”。《詩》:“小東大東,杼柚其空。”杼,持緯者也。柚,受經者也。

无妄

陰陽隔塞,許嫁不荅。宛丘新臺,悔往嘆息。

《詩·宛丘》篇云:“子之湯兮,宛丘之上兮。洵有情兮,而無望兮。”又《新臺》篇云:“新臺有泚,河水瀰瀰。燕婉之求,籧篨不鮮。”此皆言淫荒昏亂而作。

大畜

顧望登臺,[2]意常欲逃。賈辛醜惡,妻不安夫。

《春秋·魯昭公二十八年》:“魏獻子謂賈辛曰:‘昔賈大夫惡,娶妻而美,三年不言不笑。’”

頤

踧行竊視,有所畏避。貍首伏藏,以夜爲利。[3]

無注。

---

① “賊鎩”,士禮居本、津逮本作“賦斂”,是。元抄本注是。“柚”,原作“軸”,據《詩·小雅·大東》改。

② “臺”,原作“虚”,據《革》之《未濟》改。

③ 《頤》、《大過》、《坎》、《離》四林,原次序爲《坎》、《大過》、《頤》、《離》,據士禮居本、津逮本及《周易》六十四卦卦序改。“貍首”,原作“蔽目”,據《艮》之《大畜》改。

大過

信敏恭謙，敬鬼尊神。五岳四瀆，克猒帝心，[①]受福宜年。

無注。

坎

懸懸南海，去家萬里。飛兔騕褭，一日見母，除我憂悔。

無注。

離

雖污不辱，因何洗足？童子褰衣，五年平復。[②]

未詳。

咸

宮成立見，衣就缺袂。[③] 恭謙自衛，終無禍尤。

無注。

恒

弊笱在梁，不能得魚。望食千里，[④]所至空虛。

《詩》："敝笱在梁。"敝，壞；笱，罟也。言以敝笱不能制大

---

① "克"，原作"尅"，據士禮居本、津逮本改。

② "洗"，津逮本作"跣"，"年"作"步"。

③ "成"，原作"城"，據《无妄》之《遯》及《説苑》"衣成則缺袵，宫成則缺隅"。"見"，《无妄》之《遯》作"政"。"缺袂"，原作"袂裙"，津逮本作"袂裾"，據《无妄》之《遯》改。

④ "食"，原作"貧"，據津逮本改。

魚焉。

遯

千里騂駒，爲王服車。嘉其驪榮，君子有成。

無注。

大壯

鼎足承德，嘉謀生福。爲王開庭，得心所欲。

無注。

明夷

右手無合，獨折左指。禹湯失佐，事功弗立。

禹，夏禹。湯，成湯也。

家人

憂凶增累，[1]患近不解。心意西東，事無成功。

無注。

睽

東行食榆，困於枯株。失妻無家，[2]志窮爲憂。

無注。

蹇

五經六紀，仁道所在。正月繁霜，獨不離咎。

---

① “增”，原作“憎”，據津逮本改。

② “失”，津逮本作“夫”。

五經，五常。六紀，六德。《詩》："正月繁霜。"

解

懈緩不前，怠惰失便。二至之戒，[1]家無禍凶。刻木象形，聞言不信。

無注。

損

仁愛篤厚，不以所忿，害其所子。從我舊都，日益富有。

無注。

益

缺破不成，胎卵未生，弗見兆形。

無注。

夬

摧角不傷，雖折復長。秉德無騫，[2]老賴榮光。

無注。

姤

乘桴渡海，[3]免脱厄中，雖困無咎。

桴，筏也。《語》云："乘桴浮于海。"

---

① "怠惰"，原作"慆怠"，津逮本作"怠慆"，"怠"據津逮本改，"惰"通"慆"。"戒"，原作"戎"，據津逮本改。

② "騫"，津逮本作"愆"。"騫"通"愆"，過失、咎錯之義。

③ "渡"，津逮本作"浮"。

萃

孔鸞鴛雛，鳷鵲鵷鶋。翱翔紫淵，嘉木之圃，①君子以娱。

無注。

升

甘露温潤，衆來得願。② 樂易君子，不逢禍亂。

甘露，仁澤也，太平之世則降。

困

車騎墮落，③千里獨宿。高岸爲谷，陽失其室。

無注。

井

八才既登，以成嘉功。厖降庭堅，④國無憂凶。

高陽氏才子八人，厖降、庭堅其二子也。

革

邯鄲反言，父兄生患。涉叔憂恨，卒死不還。⑤

涉，即陳涉。涉嘗令陳人武臣徇趙地，武臣到邯鄲，自立爲

---

① “鳷鵲”，津逮本作“鴝鵒”。“木”，士禮居本、津逮本作“禾”。

② 首二句，原誤倒，據津逮本乙正。

③ “車”，原作“東”，據翟云升《焦氏易林校略》引牟庭云“東當作車”改。

④ “嘉”，原作“善”，據津逮本改。“厖”，津逮本作“尨”。“厖”、“尨”通。

⑤ 《革》、《鼎》、《震》、《艮》四林，原次序誤爲《震》、《艮》、《革》、《鼎》，據士禮居本、津逮本及《周易》六十四卦次序改。“涉叔”，原作“竟涉”，據《坤》之《睽》改。

趙。涉怒捕繫武臣家室，後因柱國之諫，遂立武臣爲趙王。武臣終於背，涉竟死於莊賈之難。出《陳涉傳》。

鼎

玉銳鐵頣，①倉庫空虚。賈市無盈，與利爲仇。

按，《韻注》："鍾口兩旁曰銑。"又云："銑，金之澤者。"鐵頣，未詳。銳，當作"銑"。

震

白鳥銜餌，鳴呼其子。旋枝張翅，②來從其母。

無注。

艮

學靈三年，聖且神明。先見善祥，嘉吉福慶。鴉鵠知來，③告我無咎。

無注。

漸

雲孽烝起，失其道理。傷害年穀，神君乏糈。④

---

① "玉"，原作"五"，據《比》之《夬》津逮本改。"銳"，《比》之《夬》元抄本、士禮居本作"銑"，是，元抄本注是。

② "旋枝"，原作"施技"，津逮本作"施枝"，據《涣》之《咸》津逮本改。

③ "神明"，原作"明神"，據津逮本改。"嘉吉"，津逮本作"吉喜"。第五句，原作"餌吉知來"，津逮本作"鴉鵠知來"，據《淮南子・氾論訓》改。詳見《小畜》之《漸》注。

④ "烝"，士禮居本、津逮本作"蒸"。二字通。"乏"，原作"之"，據津逮本改。"糈"，原作"精"，據《離騷》"懷椒糈而要之"改。"糈"，王逸注："精米所以享神也。"

無注。

歸妹

春耕有息，秋入利福。獻豜大豵，以樂成功。

《豳風》詩云："三之日于耜，四之日舉趾。"又曰："九月築場圃，十月納禾稼。"四章曰："言私其豵，獻豜于公。"注云："豵，一歲豕；豜，三歲豕也。"

豐

羸豕躑躅，虎入都邑。遮遏左右，國門敕至。一作"敕急"。①

無注。

旅

東行西維，南北善迷。逐旅失群，亡我襦衣。

無注。

巽

居室之倫，夫婦和親。小人乘車，石果失豢。②

石，當作"碩"。《易·剥》之上九："碩果不食，君子得輿。"

兑

東方孟春，乘冰戴盆。懼危不安，終失所歡。③

---

① "至"，津逮本作"急"，士禮居本、元抄本舊注皆云"一作急"，是。
② "石"，士禮居本、津逮本作"碩"，是。元抄本注是。
③ "失"，原作"身"，據《睽》之《否》改。

無注。

涣

風吹塵起，十里無所。南國年傷，不可安處。

無注。

節

重載傷車，婦失無夫。[①] 三十不室，獨坐空廬。

無注。

中孚

販牛賣馬，[②]與利爲市，不我嘉喜。

無注。

小過

日出阜東，山蔽其明。章父薦屨，[③]箕子佯狂。

父，當作"甫"。章甫，禮冠。屨，履也。商紂無道，箕子佯狂而爲奴。

既濟

出入門所，與道開通。[④] 杞梁之信，不失日中。少季渡江，來歸其邦，疾病危亡。

---

① "失"，津逮本作"女"。
② "販"，士禮居本、津逮本作"敗"，誤。"賣"，原作"羸"，據《咸》之《蠱》改。
③ "父"，士禮居本作"甫"。二字通。
④ "開通"，原作"開道"，據士禮居本、津逮本改。

《春秋·魯襄公二十三年》:"齊侯襲莒,杞殖、華還遇莒子於蒲侯氏,莒子重賂之,請盟,華周對曰:'昏而受命,日未中而棄之,何以事君?'莒子遂獲杞梁。"即杞殖也。

未濟

邑兵衛師,如轉蓬時,居之危凶。

無注。

䷣離下坤上明夷

他山之礛,[1]與璆爲仇。來攻吾城,傷我肌膚,邦家騷憂。

無注。

之乾

踐履寒冰,十步九尋。雖有苦痛,不爲憂病。

無注。

坤

太公辟紂,七十隱處。卒遭聖文,[2]爲王室輔。

初,太公隱居屠釣,後遇文王,以興周室。

屯

日月之塗,所行必到,無有患悔。

---

① "礛",原作"儲",津逮本作"錯",據翟云升《焦氏易林校略》"储当作礛,礛礛也"改。

② "辟",士禮居本、津逮本作"避","遭"作"逢"。

無注。

蒙

諷德頌功，美周盛隆。旦輔成周，光濟沖人。

《詩》雅頌，周公所作。旦，周公名，相成王。沖人，成王也。《書》云："惟予沖人弗及知。"

需

童女無室，未有配合，空坐獨宿。

無注。

訟

穿鼻繫株，爲虎所拘。王母祝祠，[①]禍不成災，遂然脱來。

無注。

師

黄帝神明，八子聖聰，俱受大福，[②]天下平康。

黄帝，軒轅氏。至高陽氏有才子八人，天下謂之八愷。

比

深谷爲陵，衰者復興。亂傾之國，民得安息。中婦病困，遂人冥室。[③]

---

① "祠"，《萃》之《豫》士禮居本、津逮本作"禱"。
② "俱"，原作"佚"，據《豫》之《无妄》改。
③ "人"，士禮居本、津逮本作"入"，是。元抄本注是。

人,當作"入"。

小畜

道遠遼絶,路宿多悔。頑嚚相聚,生我畏惡。

無注。

履

旦樹菽豆,暮成藿羹。心之所樂,志快心歡。

無注。

泰

切切之患,凶憂不存。[1] 虎不敢齧,利當我身。

無注。

否

王伯遠宿,長婦在室。賣袍續食,[2]所求不得。

無注。

同人

寒燠失時,陽旱爲災,雖耗無憂。

無注。

大有

雖窮復通,履危不凶,保其明功。

---

① "存",士禮居本、津逮本作"成"。

② 第三句,原作"異袍恃食",津逮本作"異庖待食",據《復》之《觀》改。

無注。

謙

狼虎所宅，不可以居，爲我患憂。

無注。

豫

喋囁處曜，[①]昧冥相傳。多言少實，語無成事。

無注。

隨

履冰蹈凌，雖困不窮。探雀登巖，[②]卒無憂凶。

凌陰，冰室也。

蠱

汶汶墨墨，[③]憂禍相雜。南北失志，東西不得。

無注。

臨

爭訟不已，更相擊詢。張季弱口，[④]被髮北走。

詢，音訴。

---

① “處曜”，津逮本作“處耀”。

② “探”，原作“播”，據《觀》之《屯》改。“雀”，津逮本作“鼓”。

③ 首句，原作“文文墨墨”，津逮本作“文墨且墨”，據尚秉和《焦氏易林注》改。尚氏曰：“文，疑汶之訛。汶汶墨墨，言雜亂不明也。”

④ “擊”，原作“談”，據《訟》之《損》元抄本、士禮居本改。“口”，原作“日”，據津逮本改。

觀

德積逢時，宜其美才。相明輔聖，拜受福休。長女不嫁，後爲大悔。

無注。

噬嗑

江水沱汜，思附君子。伯仲爰歸，不我肯顧，姪娣恨悔。

姪，音迭。《詩》云："江有沱，之子歸，不我過。不我過，其嘯也歌。"又云："江有汜，之子歸，不我以。不我以，其後也悔。"按《詩傳》："水決復入爲汜，今江陵、漢陽、安復之間蓋多有之。沱，江之别者。之子，媵妾，指嫡妻而言也。婦人謂嫁曰歸。我，媵自我也。能左右之曰以，謂挾己而偕行也。是時汜水之旁，媵有待年於國而嫡不與之偕行者，其後嫡被后妃夫人之化，乃能自悔而迎之，故媵見江水之有汜而因以起興，言江猶有汜，而之子之歸乃不我以，雖不我以，然其後也亦悔矣。"

賁

光禮春成，陳寶雞鳴。陽明失道，不能自守，消亡爲咎。

按，《秦紀》索隱注曰："《漢書·郊祀志》云：'文公獲若石云于陳倉北坂城祠之，其神來若雄雉，其聲殷殷云。野鷄夜鳴，以牢祠之，號曰陳寶。'又，臣瓚云：'陳倉縣有寶夫人祠，歲與葉君神會，祭于此者也。'"

剥

驚虎無患，虞爲我言，賴得以安。

無注。

復

偽言妄語，[①]轉相詿誤，不知狼處。

無注。

无妄

履悖自敵，凶憂來到，痛不能笑。

無注。

大畜

牽尾不前，逆理失臣，惠朔以奔。

《春秋》："左右公子立黔牟，衛朔奔齊。"

頤

三貍搏鼠，遮遏前後。死於環城，不得脱走。

無注。

大過

言笑未畢，憂來暴卒。身墨丹索，檻囚繫束。[②]

無注。

坎

陰積不已，雲作淫雨。傷害平陸，民無室屋。

---

① "偽"，津逮本作"譌"。二字通。

② "未畢"，原作"未卒"，據津逮本改。"繫"，原作"裝"，據《既濟》之《大過》改。

無注。

離

山林麓藪，非人所處。鳥獸無禮，使我心苦。

無注。

咸

新作初陵，踰陷難登。[①] 三駒推車，跌頓傷頤。

無注。

恒

魂微惙惙，屬纊聽絶。[②] 曠然大通，復更生活。

無注。

遯

欒子作殃，伯氏誅傷。州犂奔荆，去其邑鄉。

《春秋·成公十五年》："冬十月，晋三郤害伯宗，譖而殺之，及欒弗忌。伯州犂奔楚。"

大壯

高明大彤，[③]造惡作凶。無所能成，還自滅身。

高明大彤，作"驕胡犬形"，義通。

---

① "陷"，原作"蹈"，據津逮本改。
② "屬"，原作"行"，據津逮本改。
③ 首句，士禮居本作"驕胡犬形"，是。

晋

陳辭達誠，[①]使安不傾。增榮益譽，以成功名。

無注。

家人

三杞無棗，家無積蕘。使鳩求婦，頑不我許。

無注。

睽

慎禍重病，顔子爲友，乃能安存。牢户繫羊，乃能受慶。[②]

顔子，即顔淵。

蹇

鹿得美草，鳴呼其友。九族和穆，[③]不憂飢乏。

《詩·鹿鳴》篇云："呦呦鹿鳴，食野之苹。我有嘉賓，鼓瑟吹笙。"

解

亡玉失鹿，不知所伏。利以避危，全我生福。甘雨時降，年歲有得。[④]

---

① "誠"，原作"城"，津逮本作"情"，據《歸妹》之《既濟》改。
② "病"，津逮本作"患"，"慶"作"福"。
③ "穆"，津逮本作"睦"。
④ "歲"，津逮本作"穀"。

無注。

損

逢時得當,[1]身受福慶。

無注。

益

鵠思其雄,欲隨鳳東。順理羽翼,出次須日。中留北邑,復反其室。

無注。

夬

環堵倚鋤,斗升屬口。貧賤所處,心寒悲苦。[2]

無注。

姤

孤獨特處,莫依爲輔,心勞志苦。

無注。

萃

稷爲堯使,西見王母。拜請百福,賜我喜子,長樂富有。[3]

---

① "得當",津逮本作"積德"。

② "鋤",士禮居本、津逮本作"鉏"。"斗升",原作"升升";"悲",原作"昨"。皆據津逮本改。

③《萃》、《升》二林,原次序誤置於《艮》林後,據士禮居本、津逮本及《周易》六十四卦次序改。

稷，后稷。王母，古神仙也。

升

鳴條之郊，[1]北奔犬胡。左衽爲長，國號匈奴。王君旄頭，立尊單于。

樂彦《括地譜》云："夏桀無道，湯放之鳴條，三年而死。其子葷粥妻桀之衆妾，避居北野，隨畜移徙，中國謂之匈奴。"單于者，廣大之貌，尊稱之。

困

絶而復通，雖危不窮。[2] 終得其願，姬姜相從。

無注。

井

陽並悖狂，拔劍自傷，爲身生殃。[3]

並，當作"氏"。陽氏，即陽虎也。

革

方圓不同，剛柔異鄉。掘井得石，勞而無功。

無注。

鼎

乘風帶雨，[4]與飛鳥俱。動舉千里，見我愛母。

---

① "郊"，津逮本作"災"。

② "危"，原作"達"，據津逮本改。

③ "並"，《歸妹》之《觀》作"爲"，是。元抄本注誤。"生"，原作"坐"，據津逮本改。

④ "帶雨"，原作"雨會"，津逮本作"駕雨"，據《同人》之《泰》改。

無注。

震

三塗五岳，陽城太室。神明所伏，[1]獨無兵革。

三塗，山名，在河南伊闕縣。陽城，山谷名，在嵩山下。太室，山名。

艮

鵙鴟取婦，深目窈身。折腰不媚，與伯相背。

無注。

漸

轉行軌軌，行近不遠。旦夕入門，與君笑言。

無注。

歸妹

求利南國，[2]逃去我北。復歸其城，不爲吾賊。

無注。

豐

日月之途，所行必到。無凶無咎，安寧不殆。

無注。

---

① "伏"，原作"扶"，據《大有》之《臨》改。

② "南"，原作"難"，據《遯》之《豐》改。

旅

管仲遇桓，得其願歡。膠目啓牢，振冠無憂。笑戲不莊，[①]空言妄行。

鮑叔舉管仲於齊桓公，任以爲相。膠目啓牢，未詳。

巽

出入蹈踐，動順天時，俯仰有節，禍災不來。

無注。

兑

内崩傷中，上亂無恒。[②] 雖有美粟，我不得食。

無注。

涣

逐禍除患，道德神仙。遏惡萬里，福常在前，身樂以安。

無注。

節

牛驚馬走，上下渾擾。鼓音不絶，頃公奔敗。

《春秋・魯成公二年》："衛孫桓子、魯臧宣叔、晋郤克與齊頃公戰，晋人援桴而鼓，馬逸不能止，師從之，頃公敗績。"

中孚

西上九阪，往來留連。止須時日，虚與有得。

---

① "莊"，原作"止"，據津逮本改。
② "傷中"，津逮本作"中傷"，"恒"作"常"。

無注。

小過

虎怒捕羊,猬不能攘。

無注。

既濟

涌泉滈滈,南流不絶,洿爲江海,壞敗邑里,家無所處。將師襲戰,[1]獲其醜虜。

無注。

未濟

桃弓葦戟,除殘去惡,敵人執服。

無注。

① "涌",原作"踊",據《蠱》之《既濟》改。"洿",原作"卒",據《蠱》之《既濟》津逮本改。"師",原作"帥",據《隨》之《復》改。

卷第十

䷤離下巽上家人

天命赤烏，與兵徼期。征伐無道，誅其君傲，居止何憂？

《史》："武王渡河，有火自上復于下，至于王屋，流爲烏，其色赤。"故武王伐紂以應赤烏之祥。

之乾

千歲槐根，身多斧瘢。傷夷倒掘，[1]枝葉不出。

無注。

坤

噫噫譆譆，虎豹相齚。懼畏悚息，終無難惡。

無注。

屯

娶於姜吕，駕迎新婦。少齊在門，夫子歡喜。

按，《春秋·昭公二年》："夏四月，韓須如齊逆女，齊陳無宇

---

① 第三句，原作"傷瘫擣理"，據津逮本改。

送女,致少姜。少姜有寵於晋侯,晋侯謂之少齊。”姜,齊姓。

蒙

膏壤肥澤,民人孔樂。宜利居止,長安富有。

無注。

需

生有聖德,上配大極。① 皇靈建中,授我以福。

《書·仲虺之誥》:“成湯曰:‘王懋昭大德,建中于民。’”

訟

耄老蒙鈍,不見東西。少者弗慕,君不與謀。懸輿致仕,退歸里居。

漢薛廣德上疏乞骸骨,歸里懸車。

師

三狂北行,道逢六狼。暮宿中澤,②爲禍堪傷。

無注。

比

更且初歲,③振除禍敗。新衣元服,拜受利福。

且,當作“旦”。元服,首服也。

① “生”,士禮居本、津逮本作“主”。“大”,津逮本作“太”。
② “六”,原作“大”;“中”,原作“患”。皆據《豐》之《需》改。
③ “且”,士禮居本、津逮本作“旦”,是。元抄本注是。

小畜

杲杲白日，爲月所食。損上毁下，鄭昭出走。

按《春秋》：鄭莊公娶鄧曼，生世子忽。又娶宋雍氏，生公子突。魯桓十一年，莊公卒，忽立；祭仲歸，復立突，忽出奔衛。忽，鄭昭公名。

履

君子失意，小人得志。亂擾並作，奸邪充塞。雖有百堯，顛不可救。

無注。

泰

仁德覆洽，恩及異域。澤被殊方，禍災隱伏。[①] 作蠶不織，寒無所得。

無注。

否

東求金玉，反得弊石。名曰無直，[②]字曰醜惡，衆所賤薄。

無注。

同人

擊鼓合戰，士怯叛亡。威令不行，敗我成功。

---

① “覆”，原作“履”，津逮本作“優”；“禍災”，原作“福慶”。皆據《歸妹》之《革》改。

② “直”，原作“宜”，據《兑》之《豫》改。

無注。

大有

仲春孟夏，和氣所舍。生我嘉福，國無殘賊。

無注。

謙

尹氏伯奇，父子生離。無罪被辜，長舌爲災。

伯奇，尹吉甫之子，父娶後妻而譖伯奇于吉甫，父逐之。言無罪而見逐，皆後母長舌所爲也。

豫

五穀不熟，民苦困急。駕之新邑，嘉樂有德。①

無注。

隨

登虚望貧，暮食無飧。長子南戍，②與我生分。

無注。

蠱

東市齊魯，南賈荆楚。羽毛齒革，爲吾利寶。

《書·禹貢》："荆及衡陽惟荆州，厥貢羽、毛、齒、革。"

---

① "五"，原作"三"，據津逮本改。"急"，士禮居本作"極"。"德"，津逮本作"得"。

② "戍"，原作"戌"，據士禮居本、津逮本改。

臨

節情省欲,賊鈠有度。[1] 家給人足,公劉以富。

賊鈠,當作"賦斂"。公劉,后稷之曾孫也。《詩》云:"乃積乃倉。"又言其"既庶既繁"。

觀

恭寬信敏,功加四海。辟去不祥,喜來從母。

《語》:"子張問仁於孔子。孔子曰:'能行五者於天下爲仁矣。''請問之',曰:'恭、寬、信、敏、惠。'"

噬嗑

張狂妄行,[2]與惡相逢。不得所欲,生我獨凶。

無注。

賁

畫龍頭頸,文章不成。甘言美語,説辭無名。[3]

無注。

剥

騎龍乘風,[4]上見神公。彭祖受刺,王喬贊通。巫咸就位,拜壽無窮。

---

① "賊鈠",士禮居本、津逮本作"賦斂",是。元抄本注是。
② "行",原作"作",據津逮本改。
③ "説",原作"詭",據《震》之《臨》改。
④ "風",津逮本作"鳳"。

彭祖,古之有壽者。王喬,古仙人。巫咸,商臣名。

復

温仁君子,忠孝所在。八國爲鄰,[①]禍災不處。

無注。

无妄

威權分離,烏夜徘徊。爭蔽月光,[②]大人誅傷。

無注。

大畜

學靈三年,聖且神明。先知善祥,吉喜福慶。鳵鵲知來,[③]告我無憂。

無注。

頤

東山辭家,處婦思夫。伊威盈室,長股羸户。[④] 嘆我君子,役日未已。

《東山》:"周公東征之詩。我徂東山,慆慆不歸。"又曰:"鸛鳴于垤,婦嘆于室。"又曰:"伊威在室。"伊威者,鼠婦也,室不掃

① 第三句,《艮》之《噬嗑》元抄本、士禮居本作"入閨爲儀",津逮本作"八閨爲儀"。

② "爭",原作"群",據《隨》之《益》改。"月",原作"目",據津逮本改。

③ "明神",原誤倒,據《小畜》之《漸》改。第五句,原作"神烏來見",據《淮南子·氾論訓》改。詳見《小畜》之《漸》注。

④ "辭家",原作"家辭",據津逮本改。"羸",各本同,是。元抄本注誤。尚秉和《焦氏易林注》曰:"長股羸户者,言蜘蛛作網於户。"

則有之。臝,當作"蠃"。果蠃,栝樓也。《詩》曰:"果蠃之實,亦施于宇。"蓋"述其歸未至而思家之情也"。

大過

張頷開口,舌直距齒。然諾不行,政亂無緒。

無注。

坎

吹角高邦,有夫失羊。衆民驚惶,敬慎避咎,[①]敕不行殃。

無注。

離

南行出城,世得福祉。王姬歸齊,賴其所欲。

《春秋·莊公元年》:"王姬歸于齊。"言王室之女下嫁于諸侯也。

咸

心狂老悖,視聽聳昧。[②] 政令無常,下民多孽。

無注。

恒

安上宜官,一日九遷。逾群超等,牧養恒山。

漢田千秋一日九遷其官。

---

① 第二句,津逮本作"有失牛羊"。"敬",原作"警",據津逮本改。
② "昧",原作"類",據《隸釋·漢繁陽令楊君碑》"有司聳昧,莫能識察"改。

遯

東鄰嫁女,爲王妃后。莊公築館,以尊王母。歸于京師,季姜悦喜。

《春秋·魯莊公元年》:王姬下嫁於齊,命同姓諸侯主之。魯以姬姓,故築館而迎之,"冬,王姬歸于齊"。《桓公九年》:"春,紀季姜歸于京師,爲桓王后。"

大壯

六甲無子,已喪其戊。[1] 五丁不親,庚失曾孫,癸走出門。

未詳。

晉

陰霧不清,濁政亂民。孟秋季夏,水壞我居。[2]

無注。

明夷

騎豚逐羊,不見所望。經涉虎廬,亡瓶失羔。[3]

無注。

---

① "已",津逮本作"以"。

② 《晉》、《明夷》、《睽》三林,原次序誤倒爲《睽》、《明夷》、《晉》,據士禮居本、津逮本及《周易》六十四卦次序改。

③ "瓶",原作"身",據津逮本改。

睽

安牀厚褥，不得久宿。① 棄我喜宴，困於南國。投杼之憂，弗成禍災。

《戰國策》："秦甘茂曰：'魯人與曾參同姓名者殺人：人告其母，曰：'吾子不殺人。'織自若，至於告之者三，其母懼，乃投杼而走。'"

蹇

五方四維，②平安不危。利以居止，保有玉女。

無注。

解

西賈巴蜀，寒雪至轂。欲前不得，復反其室。

巴、蜀，皆地名。

損

剛柔相呼，二姓爲家。霜降既同，惠我以仁。

無注。

益

天馬五道，炎火分處。往來上下，住又駒亡。衣枲巾麻，③相隨哭歌，凶惡如何？

---

① "得"，原作"歸"，據津逮本改。
② "方"，津逮本作"日"。
③ 四、五兩句，津逮本無。"枲"，原作"柔"，據《家人》之《益》津逮本改。

未詳。

夬

出門懷憂，東上禍丘。與凶相遇，自爲災患。

無注。

姤

西行求玉，冀得隨璞。① 反見凶惡，使我驚惑。

無注。

萃

出入无妄，②動作失利。銜憂懷禍，使我多悴。

無注。

升

高樓無柱，顛僵不久。紂失三仁，身死牧野。

《史記》：商紂無道，造鹿臺，爲瓊室，高千尺，罷苦萬民之力。三仁，微子、箕子、比干，紂不能用。其後武王伐紂于商郊牧野。

困

避禍逃殃，身全不傷。高貴疾顛，華落墮亡。③

① "隨"，士禮居本、津逮本作"隋"。

② "人"，士禮居本、津逮本作"門"。"妄"，津逮本作"至"。

③《困》、《井》、《革》、《鼎》四林，原次序誤置《革》、《鼎》於《困》、《井》前，據士禮居本、津逮本及《周易》六十四卦次序改。"全"，原作"外"；"亡"，原作"凶"。皆據津逮本改。

無注。

井

張牙反目，怒齗相視。狂馬撓犬，[1]道驚傷軫。

未詳。

革

泉涸龍憂，箕子爲奴。干叔隕命，殷破其家。

箕子，紂親戚，諫紂不聽，佯狂爲奴。紂之諸父，比干也，直言諫紂，紂怒，殺之，剖視其心。

鼎

向食飲酒，嘉賓聚會。牂羊大猪，君子饒有。

無注。

震

黄牛騂犢，東行折角。冀得百牂，反亡我囊。

無注。

艮

路多枳棘，步刺我足。不利旅客，爲心作毒。

無注。

---

① "相視"，原作"作怒"，津逮本作"忿怒"，據《恒》之《需》津逮本改。"撓"，原作"燒"，據津逮本改。

漸

執斧破薪，使媒求婦。和合二姓，親御斯酒。色比毛嬙，[①]姑公悦喜。

無注。

歸妹

駕車出門，順時宜西。福祐我身，安寧無患。

無注。

豐

日新東從，[②]魁杓爲禍。僕臺爲秦，使我久坐。

未詳。

旅

山陵丘墓，[③]魂魄室屋。精光竭盡，長卧無覺。

無注。

巽

孩子貪餌，爲利所説。探釜把甑，[④]爛其臂手。

無注。

---

① 第五句，原作"居比鄰里"，津逮本作"召彼鄰里"，據《小過》之《益》、《既濟》之《中孚》改。

② "從"，津逮本作"升"。

③ "墓"，原作"暮"，據士禮居本、津逮本改。

④ "釜把"，原誤倒，據津逮本乙正。

兑

何材待時，閉户獨愁。蚯蚓冬行，①解我無憂。桑蠶不得，女功弗成。

無注。

涣

解商驚惶，散我衣裝，②君不安邦。

無注。

節

害政養賊，背主入愆。跛行不安，③國危爲患。

無注。

中孚

禍走患伏，喜爲我福。凶惡消去，④災害不作。

無注。

小過

老馬無駒，病雞不雛。三雌獨宿，利在山北。

無注。

---

① “蚯”，原作“丘”，據士禮居本、津逮本改。
② “裝”，津逮本作“裳”。
③ “跛”，原作“跋”，據士禮居本、津逮本改。
④ “去”，士禮居本、津逮本作“亡”。

既濟

播天舞地，嘵亂神所，居樂無咎。

無注。

未濟

異國殊俗，情不相得。金木爲仇，酋賊擅殺。①

未詳。

䷥兑下離上睽

倉盈庾億，宜稼黍稷，年歲有息。②

《詩·楚茨》："我倉既盈，我庾維億。我黍與與，我稷翼翼。"此言述"公卿之有田禄，力於農事而作也"。

之乾

被服文衣，游觀酒池。上堂見觴，喜爲吾兄，使我憂亡。

無注。

坤

邑姜叔子，天文在手。實沈參虚，封爲晉侯。

邑姜，武王后。叔子，即太叔。當邑姜方震太叔，夢帝謂己："余命而子曰虞。"及生，有文在手，曰虞，遂以命之。及成王

① 第四句，原作"酉賊檀穀"，津逮本作"酋長擅役"。"酋"、"擅"皆據津逮本改，"賊"據元抄本、士禮居本，"殺"據《夬》之《比》元抄本、士禮居本改。

② 末句，津逮本作"年豐歲熟，民得安息"二句。

滅唐，而封太叔焉。参爲晋星；實沈，参神也。出《左傳・魯昭公元年》。

屯

改柯易葉，飯温不食。豪雄爭強，先者受福。

無注。

蒙

馨香陟降，明德上登。社神祐顧，命予大鄰。

《詩》："文王陟降，在帝左右。"帝，上帝也。

需

老狼白驢，長尾大胡。① 前顛卻躓，進退遇祟。

無注。

訟

山没丘浮，陸爲水魚，燕雀無廬。

無注。

師

懿公淺愚，不受深謀。② 無援失國，爲狄所賊。

《春秋・閔公三年》："狄人伐衛。懿公好鶴，鶴有乘軒者。將戰，國人皆曰'使鶴'，遂爲狄所滅。"

---

① "胡"，原作"狐"，據《震》之《恒》元抄本、士禮居本改。

② "受深"，原誤倒，據津逮本乙正。

比

鼎煬其耳，熱不可舉。大塗塞壅，旅人心苦。

無注。

小畜

凶聲醜言，惡不可聞。君子舍之，往恨我心。

無注。

履

昧暮乘車，履危蹈溝。亡失裙襦，①摧折兩軸。

無注。

泰

南有嘉魚，駕黄取鰟。魴鱮詡詡，利來無憂。

《南有嘉魚》，《詩》篇名，爲燕享而作也。

否

隔在九山，往來勞難。心結不通，失其所歡。

無注。

同人

下流難居，狂夫多態。② 貞良温柔，年歲不富。

---

① "蹈"，原作"陷"，據士禮居本、津逮本改。"裙襦"，原作"群物"，據《需》之《革》改。

② "態"，原作"罷"，據津逮本改。

無注。

大有

狐貍雉兔,畏人逃去。分走竄匿,不知所處。

無注。

謙

異體殊俗,各有所屬。西鄰孤嫗,欲寄我室。主母駡詈,終不可得。

無注。

豫

怒非其怨,貪妒腐鼠。[①] 而呼鵲鸇,自令失餌,致被困患。

無注。

隨

五心六意,歧道多怪。[②] 非君本志,生我恨悔。

無注。

蠱

三班六黑,同室共食。日長月息,我家有德。

無注。

---

① "其怨",原作"怨妒",據《復》之《涣》改。"貪妒",原作"貪得",據《復》之《涣》津逮本改。

② "歧",原作"岐",據《復》之《隨》改。

臨

方船備水，旁河燃火，終身無禍。

無注。

觀

翳屏獨語，不聞朝市。利以居服，兔跛後聞。①

無注。

噬嗑

以處不安，徙反觸患。②

無注。

賁

剠刖髡劓，人所殘棄。批捍之言，我心不快。

剠，音擎。髡，音坤。劓，音乂。

剥

皋田禾黍，槌壤麻枲。③ 衣食我躬，室家饒有。

無注。

---

① "利以"，原誤倒，據津逮本乙正。末句，津逮本作"究被後門"。
② "以"，津逮本作"居"。"徙"，原作"從"，津逮本作"徒"，據《屯》之《姤》改。
③ "槌"，津逮本作"堆"。"枲"，原作"皐"，據《未濟》之《解》改。

復

兩目失明，日暮無光。脛足跛踦，不可以行，頓於丘傍。①

無注。

无妄

金城朔方，外國多羊。履霜不時，去復爲憂。

無注。

大畜

匿病不醫，亂政傷災。紂作淫虐，商破其墟。

《書》：商紂無道，淫酗肆虐，武王伐之，遂滅商。

頤

鬼泣哭社，悲商無後。② 甲子昧爽，殷人絶祀。

《書》曰："甲子昧爽，王朝至于商郊牧野，伐紂滅殷。"

大過

猋風卒起，車馳揭揭。③ 棄古追亡，失其和節，心憂惙惙。

無注。

---

① 《復》、《无妄》、《大畜》、《頤》、《大過》、《坎》、《離》七林，原次序誤倒爲《大畜》、《无妄》、《大過》、《頤》、《離》、《坎》、《復》，據士禮居本、津逮本及《周易》六十四卦次序改。"暮"，原作"奪"，據《革》之《履》改。

② "社"，原作"枉"，據津逮本改。"商"，原作"傷"，據《大過》之《坤》改。

③ "猋"，原作"焱"；"揭揭"，原作"袍褐"。皆據《需》之《小過》改。

坎

鳌老不明，聞善不從。自令顛沛，敗爲咎殃。[1]

無注。

離

隨風騎龍，與利相逢。田獲三狐，商伯有功。衝衝之邑，長安無他。

《周易·解》九二："田獲三狐。"狐者，邪媚之獸。三狐，指卦之三陰也。

咸

三牛五牂，重明作福，使我有得。疾人官獄，憂在心腹。[2]

無注。

恒

孟夏乙丑，[3]哀呼尼父。明德訖終，亂害滋起。

乙，當作"己"。哀公十六年四月己丑，孔子卒。

遯

華燈百枝，消闇衰微。精光訖盡，奄如灰糜。[4]

---

① "敗"，津逮本作"反"。

② "人"，津逮本作"入"。末二句，與上文意不屬，疑爲衍文。

③ "孟夏"，原作"孟已"，據《歸妹》之《夬》改。"乙丑"，當據《左傳·哀公十六年》作"己丑"。元抄本注是。

④ "糜"，津逮本作"糜"。

無注。

大壯

鷹飛雉退，兔伏不起。弧張狼鳴，野雞飛驚。

無注。

晋

鬬戰天門，身有何患？室家具在，不失其歡。

無注。

明夷

東家殺牛，污臭腥臊。神背西顧，命衰絶周。亳社災燒，[①]宋人夷誅。

《易》曰："東鄰殺牛，不如西鄰之禴祭。"《春秋·魯襄公三十年》："五月，鳥鳴于亳社。甲午，宋大災。"亳，當作"亳"。

家人

陰陽辨舒，二姓相合。婚姻孔云，生我利福。

無注。

蹇

東入海口，循流北走。一高一下，五邑無主。七日六夜，[②]死於水涘。

① "污臭"，原作"行逆"，據津逮本改。"亳"，士禮居本、津逮本作"亳"，是。元抄本注是。

② "七"，原作"十"，據《履》之《大有》改。

未詳。

解

孤竹之墟，失婦無夫。傷於蒺藜，不見其妻。東郭棠姜，武氏以亡。

孤竹，國名。《易》繇曰："困于石，據于蒺藜。入于其宫，不見其妻，凶。"棠姜，齊棠公之妻，東郭偃之姊也。武氏，崔武子杼。出《左傳》。

損

天門東墟，盡既爲災。跰踥黯聾，①秦伯受殃。

跰，音进。踥，音凄。

益

賴先休光，受福之祉。雖遭亂潰，獨不危殆。

無注。

夬

折若蔽目，②不見稺叔。三足孤烏，遠去家室。

目，當作"日"。《楚詞》："折若木以拂日兮。"若木，木名，在崑崙西極，其華光照下地。《抱朴子》："日中有三足烏。"

姤

二人同室，兄弟合食。和樂相好，各得所欲。③

---

① "門"，原作"户"，據《觀》之《兑》改。"踥"，當作"联"。

② "目"，《蠱》之《屯》作"日"，是。元抄本注是。

③ "欲"，原作"敬"，據津逮本改。

無注。

萃

繼體守蕃，縱欲廢賢。君臣淫游，夏氏失身。側室之門，福禄來存。

按《左傳》："陳靈公與孔寧、儀行父通於夏姬，皆衷其衵服，以戲于朝。後陳靈公與孔寧、儀行父飲於夏氏，公謂行父曰：'徵舒似女。'對曰：'亦似君。'徵舒病之。十一年，楚人殺陳夏徵舒。"

升

老狐屈尾，東西爲鬼。病我長女，坐涕詘指。或西或東，大華易誘。①

狐，妖獸也，鼻尖尾大，性多疑。出《名山記》。

困

大樹之子，百條共母。當夏六月，枝葉盛茂。鸞鳳以庇，邵伯避暑。翩翩偃仰，各得其所。②

無注。

井

井堙木刊，國多暴殘。秦王失成，壞其太壇。

襄公二十五年，"陳侯會楚子，伐鄭，當陳隧者井堙木刊"。《史記》：楚將沛公破秦兵，入咸陽，降子嬰，羽燒秦宫室，火三月

---

① "坐"，津逮本作"哭"，"華"作"革"。

② "翩翩偃仰"，原作"稺稺印甚"，據《大過》之《需》改。

不息。此言秦王失其戍守,而至於社稷壞矣。

革

駕黄買蒼,與利相迎。心獲所守,不累弟兄。

黄,驪黄;蒼,蒼耳,皆馬也。

鼎

庾億倉盈,年歲安寧,稼穡熟成。①

無注。

震

龍生馬淵,壽老且神。② 飛騰上天,舍宿軒轅,居常樂安。

無注。

艮

思顧所之,乃今逢時。洗我故憂,③拜我歡來。

無注。

漸

魁罡所當,初爲敗殃。君子留連,困於水漿。求金東山,利在代鄉。賈市有息,子載母行。

---

① 林辭,津逮本作"倉盈庾億,宜稼黍稷。年豐歲熟,民得安息"。

② "龍",原作"人",據《未濟》之《歸妹》改。"老",津逮本作"考"。二字義同。

③ "今",原作"令",據津逮本改。"我",《節》之《震》作"濯"。

無注。

歸妹

礛諸攻玉，無不鑽鑿。龍體具舉，①魯班爲輔。三仁翼事，所求必喜。

魯班，公輸子之名。

豐

喜來如雲，舉家蒙歡。衆才君子，嘉福盈門。②

無注。

旅

響像無形，骨體不成。微行衰索，消滅無名。

無注。

巽

積冰不温，北陸苦寒。露宿多風，③君子傷心。

無注。

兑

黄馬緑車，駕之大都。贊達才能，使我無憂。

無注。

---

① “礛諸”，原作“鉛刀”，據《淮南子》“玉待礛諸而成器”改。“具”，原作“其”，據津逮本改。

② “嘉”，原作“駕”，據《震》之《剥》改。

③ “冰”，原作“水”，據《節》之《損》改。“露”，津逮本作“霜”。

涣

從風放火，艾芝俱死。三害集聚，十子中傷。①

艾，草名；芝，靈草。被火則俱死，即玉石俱焚之義。三害，未詳。

節

一身三手，無益於輔。兩足共節，不能克敏。

未詳。

中孚

南向一室，風雨並入。塵埃積濕，主母盲痺。偏枯心疾，亂我家資。

無注。

小過

采薇出車，②魚麗思初。上下促急，君子懷憂。

《采薇》、《出車》、《魚麗》，皆《詩》篇名。《采薇》，言"出戍之時采薇以食，③而念歸期之遠也"。《出車》之詩，"勞還率也"。《魚麗》之詩，"燕饗之樂歌也"。

既濟

先易後否，失我所市。騷蘇自苦，思吾故土。④

---

① "中"，原作"患"，據津逮本改。

② "采"，原作"採"，據士禮居本、津逮本改。

③ "戍"，原作"戌"，據《詩經・小雅・采薇》毛詩序"遣戍役"改。

④ "失"，原作"告"；"所"，原作"利"。皆據《姤》之《井》改。"土"，原作"止"，據《姤》之《井》元抄本、士禮居本改。

無注。

未濟

生直地乳，[①]上皇大喜。降我祉福，貴壽無極。

無注。

䷦艮下坎上蹇

同載共輿，中道別去。喪我元夫，獨與孤居。

無注。

之乾

叔眄抱冤，祁子自邑，乘遽解患。羊舌免晚，[②]賴得全生。

按《春秋》：叔眄即叔向，祁子即祁奚，[③]羊舌虎，叔向弟也。晉范宣子殺虎，囚向，祁奚聞之，乘馹而見宣子，言叔向之善，宣子悦，言諸公而免之。眄，當作"肸"。晚，當作"脱"。

坤

兔聚東郭，衆犬俱獵。圍缺不成，無所能獲。

東郭㕙，海内之狡兔。

---

① "直"，原作"宜"，據《泰》之《大有》改。

② "眄"，津逮本作"肸"，是。"抱"，原作"拘"，津逮本作"居"，據《旅》之《隨》改。"晚"，士禮居本、津逮本作"脱"，是。元抄本注是。

③ "祁"，原作"祈"，據《左傳・僖公二十一年》"祁奚老矣，聞之，乘馹而見宣子"改。

屯

作室山根，人以爲安。一旦崩顛，①敗我盤飧。

無注。

蒙

疾風塵起，亂擾崩始。強大並小，先否後喜。

無注。

需

潔齊浴沐，思明君德。哀公怯弱，風氏復北。②

《春秋·哀公十四年》："六月甲午，齊陳恒弑簡公於舒州。孔子齊三日，沐浴而朝，告請討之。公使告季氏。"此言哀公怯弱，而受制于季氏，不敢專也。

訟

土瘠瘦薄，培塿無柏，使我不樂。

無注。

師

褰衣涉河，水深漬罷。賴幸舟子，濟脱無他。

無注。

---

① "旦"，津逮本作"夕"。"顛"，原作"頽"，據津逮本改。
② "齊"，津逮本作"齋"。二字通。"北"，原作"比"，據士禮居本改。

比

送我季女，至于蕩道。齊子旦夕，久留連處。①

季女、齊子，齊襄公妹，魯桓公夫人也。桓公十八年，公與夫人姜氏如齊。《詩》云：“魯道有蕩，齊子庸止。”

小畜

三孫六子，安無所苦。中歲廢殆，②亡我所使。

無注。

履

揚風偃草，③塵埃俱起。清濁溷散，忠直隱處。

無注。

泰

歷險登危，道遠勞罷。玄豕自歸，④困涉大波。

無注。

否

六藝之門，仁義俱存。鎡基逢時，堯舜爲君。傷寒熱温，下至黄泉。⑤

六藝，禮、樂、射、御、書、數。

---

① 末句，士禮居本、津逮本作“留連久處”。
② “廢”，原作“發”，據津逮本改。
③ 首句，原作“偃風揚草”，據士禮居本、津逮本改。
④ “玄豕”，津逮本作“去家”。
⑤ “至”，原作“室”，據士禮居本、津逮本改。

同人

被服文衣，游觀酒池。上堂見觴，喜爲吾兄，使我憂亡。

《史記》：商紂無道，始爲象箸，箕子嘆曰："錦衣九重，高臺廣室，稱此以求，天下不足矣。"又爲酒池肉林，武王伐之，遂亡其國。

大有

生時不利，天命災至。① 制於斧癖，晝夜苦勤。

無注。

謙

天門開闢，牢户寥廓。桎梏解脱，拘囚縱釋。

無注。

豫

川深難游，水爲我憂。多言少實，命鹿爲駒。建德開基，君子逢時，利以仲疑。②

無注。

隨

鄉歲逢時，與生爲期。枝葉盛茂，君子無憂。

無注。

---

① "天"，原作"夭"，據士禮居本、津逮本改。

② "深"，原作"淵"，據《解》之《震》改。"仲"，津逮本作"中"。

蠱

六鶂退飛，爲襄敗祥。① 陳師合戰，左股夷傷。遂崩不起，霸功不成。

《春秋·僖公十六年》："正月，六鷁退飛，過宋都。"《二十二年》："十一月，宋公及楚人戰於泓，宋師敗績，公傷股。"《二十三年》："五月，公卒，傷於泓故也。"鶂，當作"鷁"。

臨

雷君出裝，隱隱西行。霖雨不止，流爲河江，南國以傷。②

無注。

觀

牙蘖生齒，室堂啓户。③ 幽人利貞，鼓翼起舞。

按，前卦《小畜》之《睽》一作"牙蘖生達"，④義通。

噬嗑

火起上門，不爲我殘。跳脱東西，獨得生完。不利出鄰，病疾憂患。

無注。

---

① "鶂"，士禮居本、津逮本作"鷁"，是。元抄本注是。"襄"，原作"哀"，據《困》之《坤》改。

② "河"，原作"巨"，據津逮本改。"以傷"，津逮本作"憂凶"。

③ "堂"，原作"蟠"，據《臨》之《姤》改。

④ "前"，原作"後"，據《周易》六十四卦次序改。

賁

舉事無成，不利出征。言不可用，衆莫能平。

無注。

剥

老狼白驢，長尾大胡。① 前顛卻躓，進退遇祟。

無注。

復

日入道極，勞者休息。班馬還師，復我燕室。

《春秋·襄公十八年》："齊師夜遁，有班馬之聲。"注："馬不相見，故鳴。班，别也。"

无妄

山林麓藪，②非人所處。鳥獸無禮，使我心苦。

無注。

大畜

蓄利積福，日新其德。高氏飲食，憂不爲患。

無注。

頤

張羅百目，鳥不得北。縮頸挂翼，困於窘國。君子治德，

① "胡"，原作"狐"，據《震》之《恒》元抄本、士禮居本改。

② 首句，原作"林麓山藪"，據津逮本改。

獲譽受福。

無注。

大過

伯虎仲熊，德義淵弘。使布五教，陰陽順序。

按《史》：高辛氏之子，有曰伯虎、仲熊，舜舉八愷，使主后土，爲伯益之佐。伯虎，疑即仲虎也。五教者，父子有親，君臣有義，夫婦有別，長幼有序，朋友有信。

坎

跛踦相隨，日暮牛罷。陵遲後旅，[1]失利亡雌。

無注。

離

嬴氏違良，使孟尋兵。師老不已，敗於殽鄉。[2]

《春秋・僖公三十二年》："杞子自鄭使告于秦，曰：'鄭人使我掌北門之管，若潛師以來，國可得也。'秦穆公訪諸蹇叔，蹇叔曰：'勞師以襲遠，非所聞也。'公辭焉。召孟明、西乞、白乙，使出師，遂敗于殽。"秦，嬴姓。

咸

日月並居，常暗且微。高山崩巔，丘陵爲谿。

無注。

---

① "陵"，原作"凌"，據士禮居本、津逮本改。
② "殽"，原作"齊"，據《艮》之《益》改。

恒

鳥鵲食穀，張口受哺。蒙被恩德，長大成就。柔順利貞，君臣合好。

無注。

遯

雖躓復起，不毀牙齒。克免平復，憂除無疾。

無注。

大壯

草木黄落，歲暮無室。虐政爲賊，大人失福。

無注。

晋

避凶東走，反入禍口。制於牙爪，骨爲灰土。

無注。

明夷

欲飛不能，志苦心勞，福不我求。

無注。

家人

羔裘豹袪，東與福遇。駕迎吾兄，送我驪黄。

無注。

睽

東耕破犁，西失良妻。災害不避，家貧無資。

無注。

解

龜陸失所，鼃鼁困苦。澤無雚蒲，國亂無序。①

鼁，音蛙。雚，音桓。

損

行役未已，新事復起。姬姜勞苦，不得休止。②

無注。

益

脱兔無蹄，三步五罷。南行不進，後市身苦。③

無注。

夬

白日揚光，火爲正王。消金厭兵，雷車避藏。陰雨不行，民安其鄉。

無注。

---

① "龜"，原作"魚"，據《既濟》之《无妄》改。末句，原作"晋國以虚"，據《坎》之《離》改。

② 《損》、《益》二林，津逮本林辭互易，此據元抄本、士禮居本。

③ "兔"，原作"足"，據士禮居本、津逮本改。"身"，津逮本作"勞"。

姤

放銜垂轡，奔馬不制。棄法作奸，君失其位。

無注。

萃

司命下游，喜解我憂。皇母緩帶，嬰子笑喜。

無注。

升

黄帝出游，駕龍乘馬。東上大山，南過齊魯，邦國咸喜。

黄帝邑於涿鹿之阿，遷徙無常，以兵師爲營衛，後得六相，而天地治，神明至。

困

既往不説，憂來禍結。比户爲患，①無所申雪。

無注。

井

荷蕢隱名，②以避亂傾。終身不仕，遂其潔清。

《論語》："有荷蕢而過孔氏之門者。"注云："荷蕢，隱士也。"

革

折梃舂稷，③君不得食。頭癢搔跟，無益於疾。

---

① "比"，原作"北"，據津逮本改。

② "名"，津逮本作"居"。

③ "梃"，原作"挺"，據《孟子》"殺人以梃"改。

無注。

鼎

植根不固，華葉落去，更爲枯樹。[①]

無注。

震

凶門生患，牢户多冤。沙陁秃齒，[②]使叔困貧。

無注。

艮

登山履谷，與虎相觸。猬爲功曹，班叔奔北，脱之喜國。

《史記·龜策傳》郭璞注曰：[③]"猬能制虎。"

漸

麟鳳所翔，國無咎殃。賈市十倍，復歸惠里。

無注。

歸妹

路險道難，水遏我前。進往不利，迴車復還。

無注。

---

① "更"，原作"便"，津逮本作"使"，據《小畜》之《蠱》改。

② "陁"，原作"池"，據津逮本改。

③ "注"，原脱，據《史記·龜策列傳》索隱補。

豐

延頸望邑,思歸其室。臺榭不成,①未得安息。

無注。

旅

蒙生株瞿,棘挂我須。小人妒嫉,使恩不遂。

無注。

巽

南至隱域,深潛處匿。聰明閉塞,與死爲伍。

無注。

兑

機餌設張,司暴子良。范叔不廉,凶害及身。

《春秋》:鄭子孔乃子良之父,其爲政也專,國人患之,殺子孔而分其室,子良奔楚。范睢字范叔,嘗從須賈使齊,齊王喜其辨,賜睢金與牛酒,賈歸告魏相魏齊,疑告以國陰事,魏齊怒笞擊睢,折脅摺齒,置於厠,使醉客溺之。

涣

從騎出門,游戲空城。② 阪高不進,利無所得。

無注。

---

① "思",原作"恩",據津逮本改。"榭",原作"樹",據士禮居本、津逮本改。
② "門",津逮本作"谷","空城"作"苦域"。

節

西國強梁，爲虎作狼。東吞楚齊，並有其王。

《史記》：秦爲狼虎之國，始皇、王翦虜楚王負芻，以其地置楚郡。二十六年，王賁自燕南攻齊，齊王遂降，而天下混一。

中孚

登山伐輻，虎在我側。王孫無懼，仁不見賊。①

無注。

小過

六目睽睽，②各欲有望。後來未壯，俟時旦明。

無注。

既濟

道陟多阪，③牛馬蜿蟺。車不麗載，請求不得。

無注。

未濟

一口三舌，相妨無益。群羊百羝，不爲威強。亡馬失駒，家耗於財。

無注。

---

① "不見"，原誤倒，據津逮本乙正。
② "目"，原作"月"，據津逮本改。
③ "陟"，原作"涉"，據《乾》之《乾》改。

䷧坎下震上解

駕行出游，鳥鬬車前。更相捽滅，兵寇旦來。迴車亟還，可以無憂。

無注。

之乾

大都之居，無物不具。抱布貿絲，所求必得。

《詩·氓》之篇："氓之蚩蚩，抱布貿絲。匪來貿絲，來即我謀。"

坤

膠著木連，①不出牢關，家室相安。

無注。

屯

孟伯食長，懼其畏王。賴四蒙五，抱福歸房。

無注。

蒙

朽輿疲駟，②不任銜轡。君子服之，談何容易！

無注。

需

許嫁既婚，利福在身。適惠生桓，爲我魯君。

① "著"，原作"着"，據士禮居本、津逮本改。

② "朽"，原作"防"，據津逮本改。

《左傳》:"宋武公生仲子。仲子生而有文在手,曰爲魯夫人。故仲子歸于惠公,生桓公。"

訟

入門大喜,上堂見母。妻子俱在,兄弟饒有。①

無注。

師

推車上山,力不能任。顛蹶蹉跌,傷我中心。

無注。

比

鷹飛退去,不食雉雛。② 禽尚如此,何況人與?

無注。

小畜

福棄我走,利不可得。幽人利貞,終無怨慝。

無注。

履

夫妻反目,不能正室。翁云于南,嫗言還北。並后匹嫡,二政亂國。

《易・小畜》卦:"輿脱輹,夫妻反目。"

---

① "有",原作"友",據津逮本改。

② "鷹",原作"雁",據津逮本改。"雉",原作"其",據《蒙》之《家人》津逮本改。

泰

陽衰伏匿，陰淫爲賊。賴幸王孫，遂至喜國。①

無注。

否

入山求玉，②不見和璞。終日至暮，勞無所得。

卞和得玉璞，三獻楚，剖之，果有美玉焉。

同人

鳴鸞四牡，駕出行狩。合格有獲，獻公飲酒。

《詩・車攻》篇言："周宣王往狩于圃田也。田車既好，四牡孔阜。東有甫草，駕言行狩。"

大有

覆手舉牘，易爲功力。月正元日，平飲致福。③

無注。

謙

三火起明，雨滅其光。④ 高位疾顛，驕恣誅傷。

無注。

---

① "喜"，津逮本作"家"。
② "水"，原作"山"，據津逮本改。
③ "月正"，津逮本作"正月"，"平飲"作"承平"。
④ "起"，原作"高"，據津逮本改。"滅"，原作"減"，據士禮居本、津逮本改。

豫

裹糗荷粮，與利相逢。高飛有德，君大獲福。①

糗，糒也，擣粉熬豆爲之。

隨

道理和德，仁不相賊。君子往之，樂有利福。②

無注。

蠱

水土相得，萬物蕃殖。膏澤優渥，君子有德。

無注。

臨

天孫帝子，與日月處。光榮於世，福禄繁祉。

無注。

觀

陪依在位，乘非其器。折足覆餗，毁傷寶玉。

《易·鼎》卦九四："鼎折足，覆公餗，其形渥，凶。"

噬嗑

鴅飛中退，舉事不遂。且守仁德，猶免失墜。③

---

① "德"，津逮本作"得"，"大"作"子"。

②《隨》、《蠱》二林，津逮本林辭互易。"德"，原作"得"；"仁"，原作"人"。皆據《大畜》之《豫》改。

③ "鴅"，士禮居本、津逮本作"鷁"，是。元抄本注是。"免"，津逮本作"恐"。

鴟,當作“鷁”。《春秋》:“宋六鷁退飛。襄公問於周内史叔興曰:‘是何祥也?’對曰:‘君將得諸侯而不終。’”

賁

經棗正冠,意盈不廉。桀紂速讒,惑佞傷賢,使國亂煩。[①] 一作,桀紂迷惑,讒佞傷賢。

夏桀、商紂,皆傷賢敗國之君也。

剥

申酉昃昳,陰慝萌作。[②] 柯條華枝,復泥不白。

未詳。

復

平正賤使,主服苦事。

無注。

无妄

釣魴河湄,水長無涯。振衣徒歸,上下昏迷,屬公孫齊。[③]

《春秋·魯昭公二十五年》:“公孫于齊,居於陽州。”内諱奔,謂之孫,作去聲。

---

① “棗”,原作“棘”,據津逮本改。“速讒”、“惑”,士禮居本、津逮本及“一作”作“迷惑”,作“讒”,皆是。

② “昃”,原作“退”,《困》之《革》作“稷”。稷、昃通。“退”當爲“昃”之誤。“昳”,原作“跌”,據《同人》之《履》改。“萌”,原作“前”,據《歸妹》之《比》改。

③ “衣”,原作“手”,據津逮本改。“屬”,津逮本作“厲”,疑當作“魯”。

大畜

胎養萌生,始見兆形。遭逢雷電,摧角折頸。采蝱山頭,終安不傾。

《詩·載馳》篇云:"陟彼阿丘,言采其蝱。"蝱,貝母也,主療鬱結之疾。

頤

陽春枯槁,夏多水潦。霜雹俱擊,[①]傷我禾黍,年歲困苦。

無注。

大過

三身六齒,痛疾不已。齲病蠹缺,墮落其宅。

齲,音矩,齒蠹也。

坎

失恃無友,嘉偶出走,[②]傫如喪狗。

《家語》:"孔子去魯,累累若喪家之狗。"

離

寅重微民,歲樂年息。[③] 有國無咎,君子安喜。

無注。

---

① "擊",津逮本作"作"。
② "偶",原作"禑",士禮居本作"耦",據津逮本改。偶、耦同。
③ "寅",津逮本作"宣","息"作"豐"。

咸

登几上車，駕駟南游。合從散衡，燕齊以強。[1]

蘇秦主從，張儀主衡，秦事燕，儀事秦。按，《禮部韻》："毛居正曰：'以六攻一爲從，以一離六爲横，合之曰從衡。'"

恒

鳥集茂林，順柔利貞。心樂願得，[2]感戴慈母。

無注。

遯

啓蟄始生，萬物美榮。祉禄未成，[3]市賈無盈。

無注。

大壯

驕胡犬形，造惡作凶。無所能成，還自滅身。[4]

無注。

晋

異國他土，出良駿馬。去如奔蝱，害不能傷。[5]

---

① "齊"，原作"秦"，據《屯》之《否》改。

② 第三句下，津逮本衍"鳥鵲食穀，張口受哺"。"順柔"，津逮本作"柔順"。第二句，津逮本在"感戴慈母"前。

③ "祉禄"，津逮本作"福祉"。

④ 末句下，津逮本有雙行小注"一作，草木黄落，歲云暮矣。唐攻高城，大人失福"。

⑤ 末句下，津逮本有雙行小注"一作，避亡東走，反入禍口。制拾爪牙，骨爲灰土"。"拾"乃"於"之誤。

無注。

明夷

恪敬競職，[1]心不作慝。君明臣忠，民賴其福。

無注。

家人

三女求夫，伺候山隅。不見復關，長思憂嘆。

《詩·氓》之篇云："不見復關，泣涕漣漣。"復關，男子之所居，不敢顯名，故托言之。此詩刺淫泆也。

睽

駕福乘喜，東至嘉國。載慶南行，[2]離我室居。

無注。

蹇

四奸爲殘，齊魯道難。前驅執殳，戒守無患。

《春秋·魯僖公二十四年》："周襄王將以狄伐鄭。富辰諫曰：'耳不聽五聲之和爲聾，目不別五色之章爲昧，心不則德義之經爲頑，口不道忠信之言爲嚚。狄皆有之，四奸具矣。'"《衛詩》云："伯也執殳，爲王前驅。"

損

下擾上煩，蠹蟲爲患，歲飢無年。一云，既不一，況有

---

① "競"，原作"竟"，據津逮本改。
② "載"，士禮居本、津逮本作"戴"。

飢年。①

無注。

益

雞雉失雛，②常畏狐貍。黄池要盟，越國以昌。

《春秋外傳》："吴王夫差會晋公午於黄池，越王勾踐乃命范蠡帥師沿海泝淮，絶吴路，始率中軍泝江以襲吴，入其郛，焚其姑蘇，徙其大舟。"事在魯哀公十三年。

夬

堅冰黄鳥，終日悲號。不見白粒，但覩蓬蒿。數驚鷙鳥，雛爲我憂。③

無注。

姤

玉綂鐵頤，倉庫空虚。賈市無盈，與我爲仇。一云，時不我與，我之利爲作。一云，倉庫滴空，人誰與同？④

綂，當作"銑"。按，《韻注》："鍾口兩旁曰銑。"又云："銑，金之澤者。"鐵頤，未詳。

---

① "一云"云云，士禮居本、津逮本無。"蠱"，津逮本作"政"。

② "雉"，原作"稚"，據士禮居本、津逮本改。

③ 第二句，津逮本作"常哀悲愁"。"雛"，原作"孰"，據《小畜》之《否》改。

④ "玉"，原作"王"，津逮本作"五"，據《比》之《夬》津逮本改。"綂"，士禮居本作"銑"，是。元抄本注是。第四句下，士禮居本皆無。"一云，倉庫滴空，人誰與同"，津逮本無。"爲仇"下之"一云"，津逮本作"元本"。"我之"，津逮本作"亡"。

萃

竊名盜位，居非其家。霜隕不實，爲陰所賊。一云，三年室失，盜賊自生。霜隕非時，菽麥不成。①

《春秋》："隕霜殺菽。"注云："菽，難殺者。殺菽，知草皆死也。"

升

賊仁傷德，天怒不福。斬刈宗社，失其本域。博要云，日中爲市，各抱所有。交易資貨，探珠懷寶，心悦歡喜。②

《易·繫辭》："日中爲市，致天下之民，聚天下之貨，交易而退，各得其所，蓋取諸《噬嗑》。"

困

萬物初生，③蟄蟲振起。益壽增福，日受其喜。

無注。

井

和氣所在，物皆不朽。聖賢居位，國無凶咎。

無注。

革

麟游鳳舞，歲樂民喜。又云，鳳舞麟游，賢聖作儔。歲既

---

① 第四句下，士禮居本無，津逮本爲"三年失室"，無"一云"云云。
② 第四句下，士禮居本、津逮本無。"探"，《震》之《无妄》作"函"，是。
③ "初"，津逮本作"和"。

豐稔,人何以憂?①

無注。

鼎

行行窘步,次宿方舍。居安不懼,姬姜何憂?② 一云,行幸國,翫觀俗風。君安自勞,姬姜何憂?

無注。

震

水深難游,霜寒難涉。商伯失利,旅人稽留。

無注。

艮

跛踦相隨,日暮牛罷。陵遲後旅,③失利亡雌。

無注。

漸

一莖九纏,更相牽攣。案明如市,不得東西。請讞當報,④日中被刑。

讞,魚蹇切,議獄也。

① 首句,津逮本"麟"作"龍"。第二句下,士禮居本、津逮本無。

② 第四句下,士禮居本、津逮本無。

③ "陵",原作"凌",據士禮居本、津逮本改。

④ "莖",原作"年",津逮本作"牛";"纏",原作"鏁",士禮居本、津逮本作"鎖";"當",原作"得"。皆據《震》之《師》改。

歸妹

春桃生華，季女宜家。受福多年，男爲邦君。

《詩·周南·桃夭》篇："桃之夭夭，灼灼其華。之子于歸，宜其室家。"

豐

雷鼓東行，稼穡凋傷。大夫執政，君替其明。

《春秋》：魯自文公薨，公子遂殺子赤，立宣公，而政在大夫，則公室微矣。

旅

季世多憂，亂國淫游。殃禍立至，民無以休。

無注。

巽

發輗温湯，過角宿房。宣時布和，無所不通。一本云，布春令德，明物轉芳。①

無注。

兑

水中大賈，求利食子。商人至市，空無所有。②

無注。

---

① "一本云"云云，士禮居本、津逮本無。"宣"，原作"宜"，據《訟》之《蒙》改。
② "食子"，津逮本作"十千"，三四句作"商人不至，市空無有"。

渙

春草萌生，萬物敷榮。陰陽和調，國樂無憂。樂一和暢，何事不亭。①

無注。

節

左眇右盲，目視不明。下民多孽，君失其常。

無注。

中孚

悦以内安，不利出門。憂除禍消，公孫何尤？

無注。

小過

丹書之信，言不負語。易我驎驥，君子有德。

《漢書》：②“漢高祖天下既定，與功臣剖符作誓，丹書鐵券，金匱石室，藏之宗廟。”

既濟

上政搔擾，螟蟲並起。害我嘉穀，年歲無稷。

無注。

① “調”，津逮本作“暢”。末二句，士禮居本、津逮本無。
② “漢書”，原作“史記”，據《漢書・高帝紀》改。

未濟

干旄旌旗，執職在郊。① 雖有寶珠，無路致之。

職，當作"幟"。《衛詩·干旄》篇云："孑孑干旄，在浚之郊。"《小序》云："美好善也。"

---

① "干"，原作"竿"，津逮本作"于"，據士禮居本改。"職"，《師》之《隨》作"幟"，是。元抄本注是。

卷第十一

䷨兑下艮上损

路多枳棘,步刺我足。不利旅客,①爲心作毒。

無注。

之乾

鯉鮒鮪鰕,勯福多魚。資所有無,富我邦家。

勯,助也。見《廣韻》。

坤

景星照堂,麟游鳳翔。仁施大行,頌聲作興。征者無明,失其寵光。

景星,一名德星,王者不私人以官,使賢者在位則見。

屯

羊腸九縈,相推稍前。止須王孫,乃能上天。

《戰國策》注:"趙險塞名,山形屈辟如羊腸。"

---

① "旅",原作"孤",據津逮本改。

蒙

四手共身,莫適所閑。更相放接,動失事便。

無注。

需

水流趨下,遠至東海。① 求我所有,買魴與鯉。

無注。

訟

春栗夏棗,少鮮希有。斗千石萬,貴不可販。

無注。

師

旦往暮還,相祐與聚,無有凶患。

無注。

比

大蛇當路,使季畏懼。湯火之災,切近我膚。賴其天幸,歸于王廬。②

漢高祖劉季被酒夜徑澤中,有大蛇當徑,遂拔劍斬之。

---

① "遠",原作"逮",士禮居本作"逯",津逮本作"逆";"海",原作"來"。皆據《泰》之《大壯》改。"魴",津逮本作"鱣"。

② "近",原作"直",據《屯》之《井》改。"王",原作"生",津逮本作"室",據《屯》之《井》元抄本、津逮本改。

小畜

徙足去域，飛入陳國。有所畏避，深藏遠匿。①

無注。

履

海爲水宗，聰聖且明。百流歸德，無有叛逆，常饒優足。

《書·禹貢》："江漢朝宗于海。"

泰

夏麥麫麨，霜擊其芒。疾君敗國，②使年大傷。

麫，音孚。麨，古猛切。

否

秋隼冬翔，數被嚴霜。雄父夜鳴，家擾不寧。③

無注。

同人

樂仁上德，東鄰慕義，來安吾國。

無注。

---

① "徙"，原作"從"，據《噬嗑》之《節》改。"陳"，《噬嗑》之《節》作"東"。"遠"，原作"邃"，據《噬嗑》之《節》津逮本改。

② "疾"，原作"病"，津逮本作"疢"，據《泰》之《賁》改。

③ "擾"，原作"憂"，據《蠱》之《夬》改。

大有

逐雲除水，污泥生梁，下田爲王。①

無注。

謙

闇昧冥語，轉相註誤。② 鬼魅所居，誰知卧處。

無注。

豫

南歷玉山，東入玉關。登上福堂，飲萬歲漿。

無注。

隨

比目四翼，來安我國。福善上堂，與我同牀。

無注。

蠱

乘牛逐驥，日暮不至。路宿多畏，亡其騂騅。

無注。

臨

元吉無咎，安寧不殆。

---

① “逐雲除水”，原作“逐憂除殃”，據《巽》之《師》元抄本、士禮居本改。“王”，原作“汪”，津逮本作“江”，據《賁》之《革》改。

② “闇”，士禮居本、津逮本作“暗”。二字義同。“轉”，津逮本作“傳”。“註”，原作“迷”，據士禮居本、津逮本改。

無注。

觀

奮翅鼓翼，翱翔外國。逍遥徙倚，來歸温室。

無注。

噬嗑

河伯娶婦，東山氏女。新婚三日，浮雲洒雨。雨我菅茅，萬家之祐。

《史記》："西門豹爲鄴令，問民所疾苦，皆曰：'苦爲河伯娶婦，不爲娶婦，水漂人民。'豹曰：'至時來報，吾亦往送女。'至其時，豹往河上，使吏抱大巫投河中。吏民驚恐，從是不敢復言河伯娶婦矣。"

賁

嬰兒求乳，慈母歸子。黄麑悦喜，得其甘飽。①

麑，鹿子也。

剥

貧鬼守門，日破我盆。毁罌傷缸，②空虚無子。

無注。

復

多載重負，捐棄於野。予母稚子，③但自勞苦。

---

① "其"，原作"見"，據《无妄》之《節》改。

② "缸"，士禮居本、津逮本作"瓶"。

③ "母"，原作"無"，據《屯》之《恒》、《師》之《姤》、《泰》之《同人》改。

無注。

无妄

雄狐綏綏，登山崔嵬。昭告顯功，大福允興。

《詩》云："南山崔崔，雄狐綏綏。"

大畜

嬰兒孩笑，未有所識。狄童而角，[①]亂我政事。

狄，當作"彼"。

頤

十丸同投，爲雉所維。獨得跳脱，完全不虧。

無注。

大過

狐濟濡尾，求橘得枳。季姒懷悔，[②]鮑舍魚臭。

《易·未濟》："亨，小狐汔濟，濡其尾。"言狐能渡水，濡尾則不能濟也。

坎

疏足脅肩，有所忌難。[③] 金城銅郭，以鐵爲關。藩屏周衛，安止無患。

---

① "角"，原作"爭"，據《巽》之《節》改。"狄"，津逮本作"狡"，士禮居本作"彼"。"彼"是，元抄本注是。

② "姒"，津逮本作"姜"。

③ "疏"，原作"跌"，據津逮本改。"脅"，原作"息"，據《孟子·滕文公下》"脅肩諂笑，病於夏畦"改。"有所忌難"，原作"所忌不難"，據《晋》之《賁》改。

無注。

離

戴堯扶禹，松喬彭祖。西過王母，道里夷易，無敢難者。

堯、禹，皆仁德之君。赤松、王喬、彭祖，皆古之仙者。

咸

京庾積聚，黍稷以極。行者疾至，可以厭飽。

無注。

恒

良夫孔姬，脅悝登臺。柴季不扶，衛輒走逃。[①]

按《春秋左傳》：孔伯姬與其豎渾良夫爲蒯聵劫孔悝，登臺，衛亂，季路死焉，衛輒奔宋。

遯

天之所予，福禄常在，不憂危殆。

無注。

大壯

行觸天罡，馬死車傷。身無聊賴，[②]困窮乏糧。

無注。

---

① "柴"，原作"欒"，津逮本作"昆"，據《左傳·哀公十五年》"子羔曰：'弗及，不踐其難。'……子羔遂出，子路入。……孔子聞衛亂，曰：'柴也其來，由也死矣。'"改。"衛"，原作"叔"，據津逮本改。

② "罡"，原作"剛"，士禮居本、津逮本作"網"；"聊"，原作"憀"，津逮本作"寥"。皆據《涣》之《比》改。

晋

鉛刀攻玉，堅不可得。盡我筋力，胝䵷爲疾。

無注。

明夷

穆違百里，使孟奮武。將師襲戰，[①]敗於殽口。

秦穆公違蹇叔之言，使百里孟明視出師襲鄭。孟，即孟明視也。

家人

有人追亡，鳥言所匿，不日而得。[②]

無注。

睽

府藏之富，王以賑貸。捕魚河海，笱網多得。[③]

無注。

蹇

鴻飛遵陸，公歸不復，伯氏客宿。

《詩・九罭》篇云："鴻飛遵陸，公歸不復，於汝信宿。"

---

① "師襲"，原作"軍師"，據《隨》之《復》改。
② "鳥"，津逮本作"爲"。"日而"，原作"旅日"，據津逮本改。
③ "笱網"，原作"苟罔"，津逮本作"苟網"，據《坎》之《小過》改。

解

皃過稻廬，甘樂鱣鮪。① 雖驚不去，田畯懷憂。

田畯，田大夫，農官也。

益

雨師娶婦，黄巖季子。成禮既婚，相呼而南。膏潤應時，②年豐大喜。

《博物志》曰："太公爲灌壇令。武王夢婦人當道夜哭，問之，曰：'吾是東海神女，嫁於西海神童，今爲灌壇令當道廢我行，我行必有大風疾雨。'武王覺，召太公問之，果有疾風暴雨從太公邑外過。"

夬

畜積有餘，糞土不居。③ 美哉輪奐，出有高車。

無注。

姤

重門擊柝，陵昧戒守，雖驚不懼。一云，重門擊柝，介士守護。終有他道，雖驚不懼。④

《易・繫辭》："重門擊柝，以待暴客，蓋取諸《豫》。"

---

① "鱣"，原作"廣"，據《同人》之《升》改。
② "而南"，原作"面南"，據津逮本改。"潤"，士禮居本、津逮本作"澤"。
③ "糞"，原作"冀"，據津逮本改。
④ "戒"，原作"武"，據《師》之《損》改。首句至"一云"，士禮居本、津逮本無。

萃

大都王市，稠人多寶。公孫宜賈，資貨萬倍。[①]

無注。

升

秋隼冬翔，數被嚴霜。甲兵當庭，萬物不生。雄父夜鳴，民擾以驚。

無注。

困

招禍來螫，害我邦國。[②] 痛在手足，不得安息。

無注。

井

秦失其鹿，疾足先得。勇夫慕義，君子變服。[③]

《史記》："蒯徹曰：'秦失其鹿，天下共逐，高材疾足者先得之。'"

革

山陵四塞，遏我徑路。欲前不得，復還故處。

無注。

---

① "資貨"，原作"其貸"，據津逮本改。

② 首二句，原作"招禍致凶，來螫我邦"，據《乾》之《坤》改。

③ "疾足"，原作"疾走"，津逮本作"高足"。"足"據津逮本改。"變"，津逮本作"率"。

鼎

一指食肉，口無所得，舌饞於腹。

《左傳》:“鄭公解黿，召子公而弗與。子公怒，染指於鼎，嘗之而出。”

震

晨夜驚駭，不知所止。皇母相祐，卒得安處。

無注。

艮

豺狼所言，[1]語無成全。誤我白馬，使乾口來。

無注。

漸

呼精靈來，魄生無憂。疾病瘉瘳，[2]解我患愁。

瘉，音愈。瘳，音抽。

歸妹

教羊逐兔，使魚相捕。任非其人，費日無功，一云，卒歲無功，[3]不免辛苦。

無注。

---

① “豺狼”，津逮本作“擒狼”，《涣》之《无妄》作“獮猴”。

② “瘉瘳”，津逮本作“瘳愈”，士禮居本作“愈瘳”。“愈瘳”是。

③ “教”，原作“牧”；“費”，原作“廢”。皆據《需》之《噬嗑》改。“相捕”，津逮本作“捕鼠”。“費日無功，一云”，津逮本無，则“卒歲無功”一句爲津逮本等他本所云。

豐

牽羭上樓，與福俱居。勞躬治國，安樂無憂。①

未詳。

旅

禹召諸臣，會稽南山。執玉萬國，天下康安。

史記禹南巡狩，會諸侯于塗山，執玉帛者萬國。

巽

太姒文母，仍生聖子。② 昌發受命，爲天下主。

大姒，文王妃也。文王，名昌。武王，名發，伐紂而有天下。

兑

兩罝同室，冤尤誰告？③ 與狂相觸，蒙我以惡。

無注。

涣

桃雀竊脂，巢於小枝。動揺不安，爲風所吹。寒恐悚慄，④常憂殆危。

桃雀，即桃蟲。《詩》曰："肇允彼桃蟲。"注云："鷦鷯也。"竊脂，桑扈也。

---

① "牽羭"，原作"堂祥"；第三句，原作"席地妃治"，津逮本作"帝姬冶好"；末句，原作"國安無憂"。皆據《升》之《蹇》改。

② "仍"，原作"乃"，據津逮本改。

③ "冤尤"，原作"兔無"，據《離》之《訟》改。

④ 第五句，津逮本作"心寒悚惕"。

節

陽春長日，萬物華實，樂有利福。一云，春陽成長，萬物華實。福利所鍾，忻忻過日。①

無注。

中孚

鄰不我顧，而望玉女。身多疣癩，②誰肯媚者？

無注。

小過

涸旱不雨，澤竭無流。魚鼈乾口，皇天不憂。

無注。

既濟

狼虎之鄉，日爭凶訟。受性貪饕，不能容縱。

無注。

未濟

陰淫寒疾，③水離其室。舟楫大作，傷害黍稷。民飢於食，亦病心腹。

無注。

---

① "一云"云云，三本同，惟士禮居本、津逮本爲雙行小注，"成長"作"盛長"，"華實"作"成實"。

② "多"，原作"疾"，津逮本作"疣"，據《師》之《小過》改。"疣"，原作"瘡"，據津逮本上字改。

③ "淫"，原作"注"，津逮本作"住"，據《困》之《解》改。

䷩震下巽上益

文王四乳，仁愛篤厚。子畜十男，無有折夭。

《淮南子》云："文王有四乳。"

之乾

下堂出門，東至九山。逢福值喜，得其安閑。

無注。

坤

城上有烏，自名破家。招呼鴆毒，爲國患災。

無注。

屯

伯虎仲熊，德義淵閎。使敷五教，陰陽順序。[①]

按《史》：高辛氏之子，有曰伯虎仲熊，爲伯益之佐。伯虎，疑即仲虎也。五教，父子有親，君臣有義，夫婦有别，長幼有序，朋友有信。

蒙

飲酒醉酗，跳起爭鬬。伯傷仲僵，東家治喪。[②]

---

① "閎"，原作"聞"，津逮本作"泓"，據《泰》之《隨》改。末句下，原衍"行溢多悔，利無所得"，據士禮居本、津逮本删。

② "酗"，原作"酣"，津逮本作"卧"，據《比》之《鼎》改。第二句下，原衍"手足紛拏"；末句下，原衍"伯仲俱損，因以治喪"。皆據津逮本、《比》之《鼎》删。

無注。

需

四目相視，稍近同軌。① 日昳之後，見吾伯姊。

無注。

訟

隨時逐便，不失利門。多獲得福，富於封君。

無注。

師

隴西冀北，多見駿馬。去如焱颺，②害不能傷。

焱，音艷。颺，音羊。

比

白龍黑虎，起伏俱怒。蚩尤敗走，死於魚首。

《史記》：軒轅修德治兵，禽殺蚩尤於涿鹿。

小畜

鴻飛戾天，避害紫淵。雖有鋒門，不能危身。

無注。

履

平國不君，夏氏作亂。烏號竊發，靈公隕命。

---

① “軌”，原作“机”，士禮居本作“機”，津逮本作“執”，據《中孚》之《履》元抄本、士禮居本改。

② “焱”，誤，當據《需》之《小過》作“猋”。

陳靈公通於夏姬，其子徵舒病之，出，自厩射而中之。事見《宣公十年》。

泰

江漢上游，政逆民憂。陰伐其陽，雄受其殃。

無注。

否

東家殺牛，污臭腥臊。神怒西顧，命衰絶周。亳社災燒，宋公夷誅。①

《易》曰："東鄰殺牛，不如西鄰之禴祭。"《春秋・魯襄公三十年》："五月，鳥鳴于亳社。甲午，宋大災。"

同人

西誅不服，恃強負力。倍道趨敵，師徒敗覆。②

按《史記》：楚項梁西擊秦，破章邯，引兵至定陶，再破秦軍。項羽、沛公大破秦兵於雍，斬李由，梁益輕秦，有驕色，宋義諫，弗聽。秦悉起兵益章邯，擊楚軍，大破之定陶，項梁死焉。

大有

一婦六夫，亂擾不治。張王季疾，③莫適爲公。政道壅塞，周君失邦。

無注。

---

① "污"，原作"聞"；"西"，原作"不"。皆據《噬嗑》之《巽》改。末句，原作"妄夷誅愁"，據津逮本改。

② "徒"，原作"走"，據《需》之《屯》改。

③ "疾"，津逮本作"莊"。

謙

配合相迎，利之四鄉。昏以爲期，明星煌煌。欣喜奭懌，①所言得當。

無注。

豫

猿墮高木，不踒手足。握金懷玉，還歸其室。

無注。

隨

卷領遁世，仁德不舍。三聖攸同，②周國茂興。

按《史》：周太王欲以國授季歷，太伯、仲雍知之。太王病，二人托采藥於荆蠻以讓之，故云"遁世"。舍，止息也。言周之仁德不止息也。三聖，季歷、文王、武王也。卷領，未詳，恐字有誤。

蠱

去患脱厄，安無怵惕。上福喜堂，見我歡兄。

無注。

臨

帶季兒良，明知權兵。③ 將師合戰，敵不能當，趙魏

---

① "奭懌"，原作"爽澤"，據津逮本改。

② "舍"，原作"害"，據元抄本注"舍，止息也"及《需》之《震》改。"攸"，原作"欣"，據士禮居本、津逮本改。

③ "明知"，津逮本作"時利"。

以強。

帶季即帶佗，與兒良俱戰國時人，善用兵，知權變。

觀

鵠思其雄，欲隨鳳東。順理羽翼，出次須日。中留北邑，復反其室。

無注。

噬嗑

耳如驚鹿，不能定足。室家分散，各走匿竄。

無注。

賁

甲乙丙丁，俱歸我庭。[1] 三丑六子，入門見母。

未詳。

剥

躡華顛，觀浮雲。風不摇，雨不薄。心安吉，無患咎。[2]

無注。

復

德施流行，利之四鄉。雨師灑道，風伯逐殃。巡狩封禪，以告成功。

---

① "歸"，原作"位"，據津逮本改。

② 本林，原作"躡華巔觀，浮雲風雨。不博心安，匿無咎患"，據津逮本改。惟末句，據士禮居本改。

巡狩者，天子巡行諸侯所守之地。封禪，封土爲壇，除地爲墠。① 古者帝王之興，每易位而起，必封乎泰山，所以告成功也。

无妄

水流趨下，遂成東海。求我所有，買鱣與鯉。

無注。

大畜

和氣相薄，膏潤津澤，生我嘉穀。

無注。

頤

憂驚以除，禍不成災，安全以來。

無注。

大過

堅冰黄鳥，啼哀悲愁。不見白粒，但睹藜蒿。數驚鷙鳥，雛爲我憂。②

無注。

坎

翕翕輷輷，隕墮崩巔。滅其令名，長没不全。③

---

① “墠”，原作“禪”，據《禮記·祭法》“是故王利七廟，一壇一墠”鄭玄注改。

② “啼”，原作“常”，據《乾》之《噬嗑》元抄本、士禮居本改。“雛”，原作“飄”，津逮本末句作“爲我心憂”，據《小畜》之《否》改。

③ “隕”，原作“實”，據《泰》之《謙》津逮本改。末二句，原作“滅其命身”一句，據津逮本改。惟津逮本“長没”作“長命”，據《泰》之《謙》改。

輴，音田。

離

因禍致福，喜盈其室。①

無注。

咸

陸居千里，②不見河海，無有魚市。

無注。

恒

鹿得美草，鳴呼其友。九族和睦，不憂飢乏。

《鹿鳴》："燕饗賓客之詩也。曰：呦呦鹿鳴，食野之苹。我有嘉賓，鼓瑟吹笙。"

遯

出門得常，③不逢禍殃。入户自若，不見矛戟。

無注。

大壯

罍尊重席，命我嘉客。福祐久長，不見禍殃。

無注。

---

① "致"，津逮本作"受"。
② "陸"，原作"佳"，據津逮本改。
③ "常"，原作"堂"，據《大畜》之《賁》改。

晋

鳴鴻俱飛，北就魚池。鱣鮪鰋鯉，衆多饒有。一笱獲兩，利之過倍。[1]

無注。

明夷

當風奮翼，與鳥飛北。入我嘉國，見吾慶室。

無注。

家人

麒麟鳳凰，善政德祥。[2] 陰陽和調，國無災殃。

無注。

睽

逐狐東山，水遏我前。深不可涉，失利後便。[3]

無注。

蹇

丑戌亥子，飢饉所生。陰爲暴客，[4]水絶我食。

未詳。

---

① "鳴鴻"，津逮本作"鴻雁"。第四句，原作"多饒所有"，津逮本作"衆鳥饒有"，據《比》之《觀》改。"利"，津逮本作"得"。

② "德"，士禮居本、津逮本作"得"。

③ "利"，原作"其"，據《蒙》之《蠱》改。

④ "所"，原作"前"；"爲"，原作"陽"。皆據津逮本改。

解

狐貍雉兔，畏人逃去。分走竄匿，不知所處。

無注。

損

桀跖惡人，使德不通。炎旱爲殃，年穀大傷。

無注。

夬

免乳在室，行求雀食。虎攫我子，長號不已。[①]

無注。

姤

土階明堂，禮讓益興。雄二相得，[②]使民無疾。

帝堯之時，土階三尺。周公宗祀文王於明堂，以配上帝。雄二相得，未詳。

萃

逐禽出門，[③]並失玉丸。往來井上，破瓮壞盆。

無注。

---

① “免”，原作“兔”，據《井》之《夬》改。免、娩通。“攫”，原作“懼”，據津逮本改。“已”，原作“巳”，據士禮居本改。

② “二”，津逮本作“雌”。

③ “逐禽”，原作“送金”，據《復》之《噬嗑》元抄本、士禮居本改。

升

諷德誦功,美周盛隆。奭旦輔成,[1]光濟沖人。

周自文武興,功德隆盛,成王幼沖,又得周公旦爲之輔。《書》曰:"昔公勤勞王家,惟予沖人弗及知。"

困

盜竊滅身,貳母不親。[2] 王后無黨,毁其寶靈。

無注。

井

六目睽睽,各欲有至。專止未裝,[3]候待旦明。

無注。

革

雀行求粒,誤入罟罭。賴仁君子,復脱歸室。

無注。

鼎

仁德孔明,患禍不傷。期誓不至,室人銜恤。

無注。

---

① 第三句,原作"加其旦輔",據《節》之《革》改。
② "貳",津逮本作"二"。
③ "睽睽",士禮居本作"騤騤"。"止",津逮本作"正"。

震

黿厭江海，陸行不止，自令枯槁。失其都市，憂悔爲咎。①

無注。

艮

孤獨特處，莫依爲輔，心勞志苦。

無注。

漸

伯仲言留，叔子云去。雖自无咎，②主母大喜。

無注。

歸妹

初憂不安，後得笑歡，雖懼無患。

無注。

豐

好戰亡國，師不以律。稱上隕墜，齊侯狠戾，其被災祟。

齊頃公好用兵，師出無度，構怨於鄰國，其狠戾可知也。

旅

鹿在澤陂，豺傷其麑，泣血獨哀。

---

① 末句，原作"雖憂无咎"，津逮本作"憂悔咎生"，據《巽》之《謙》改。

② "雖自"，津逮本作"誰云"，翟云升《焦氏易林校略》注引牟庭曰："'云'當作'去'。"

鹿,獸名。按《韻府群玉》:“千年爲蒼鹿,又百年爲白鹿,又五百年爲玄鹿。”麑,鹿子也。

巽

天地閉塞,仁智隱伏。商旅不行,利潤難得。

《易·坤·文言》曰:“天地閉,賢人隱。”又《復》象曰:“先王以至日閉關,商旅不行。”

兑

福德之士,歡悦日喜。夷吾相桓,三歸爲臣,賞流子孫。

夷吾,齊相管仲也。三歸,臺名。婦人謂嫁曰歸。一娶九女而備三姓。

涣

上無飛鳥,下乏走獸。[1] 亂擾未治,民勞於事。

無注。

節

據斗運樞,順天無憂,與樂並居。[2]

斗,宿名,南北二斗,象皆如斗。北極有五星,太乙常居其中,是樞星也。

中孚

戴瓶望天,不見星辰。顧小失大,福逃廬外。[3]

---

① “乏”,津逮本作“無”。

② 本林與《小過》林辭,津逮本互易。惟“據”,津逮本作“握”,第二句下多“所行造德”。

③ “瓶”,津逮本作“盆”,“廬”作“牆”。

無注。

小過

月削日衰,工女下機。宇宙滅明,不見三光。

無注。

既濟

操戟刺魚,被髮立憂。虎脱我衣,狼取我袍,亡馬失財。

無注。

未濟

兩人俱醉,相與悖戾。心乖不同,爭訟匈匈。

無注。

䷪乾下兑上夬

戴堯扶禹,松喬彭祖。西過王母,道里夷易,無敢難者。

堯,唐帝;禹,夏禹。赤松、王喬、彭祖,皆古仙人名。

之乾

狼戾美謀,無言不殊。克厭帝心,①悦以獲祐。

無注。

坤

歲暮華落,陽入陰室。萬物伏匿,絶不可得。

---

① "克",原作"允",據《晋》之《大過》改。

無注。

屯

雞鳴失時，君騷相憂。犬吠不休，行者稽留。

無注。

蒙

鳧鷖游涇，君子以寧。履德不愆，福禄來成。

《詩·鳧鷖》："守成也。曰：鳧鷖在涇，公尸來燕來寧。"又云："公尸燕飲，福禄來成。"

需

魃爲菑虐，風吹雲卻。[1] 欲上不得，復歸其宅。

無注。

訟

東行破車，步入危家。衡門垂倒，無以爲主。賣袍續食，糟糠不飽。

無注。

師

青牛白咽，呼我俱田。歷山之下，可以多耕。歲稔時節，民人安寧。

無注。

---

① 首句，原作"薄爲藩蔽"，津逮本作"薄爲蕃皮"；次句，原作"勁風吹卻"。皆據《小畜》之《中孚》津逮本改。

比

異國殊俗，情不相得。金木爲仇，酋賊擅殺。①

無注。

小畜

陰陽精液，高熟免坼。胎卵成魄，②肇生頭目，日有大喜。

無注。

履

飢蠶作室，絲多亂纏，③緒不可得。

無注。

泰

清蛉如雲，④爲兵導先。民人冤急，不知西東。

無注。

否

班馬旋師，以息勞罷。役夫嘉喜，入户見妻。

---

① "酋"，原作"百"，據《家人》之《未濟》津逮本改。"殺"，津逮本作"穀"，誤。

② "免"，原作"晚"，津逮本作"脱"，據《井》之《夬》津逮本改。"坼"，原作"拆"，津逮本作"折"，據《詩經·生民》"不坼不副"改。"魄"，原作"鬼"，據《損》之《漸》改。

③ "蠶"，原作"蠱"，津逮本作"蟲"；"室"，原作"害"。皆據《豫》之《同人》改。"絲"，原作"偏"，據《兑》之《坎》改。

④ "蛉"，原作"泠"，據《臨》之《夬》改。

《春秋》:“齊師夜遁,有班馬之聲。”注:“馬不相見,故鳴。班,别也。”

同人

坐爭立訟,紛紛匈匈。[1] 卒成禍亂,災及家公。

無注。

大有

鹿食美草,逍遥求飽。日暮後門,[2]過期乃還,肥澤且厭。

無注。

謙

田鼠野雉,[3]意常欲去。拘制籠檻,不得摇動。

無注。

豫

月趨日步,[4]周遍次舍。歷險致遠,無有難處。

無注。

隨

天孫帝子,與日月處。光榮於世,福禄祉祉。[5]

① “匈匈”,津逮本作“洶洶”。
② 第三句,津逮本作“趨走山間”。
③ “雉”,原作“雛”,據津逮本改。
④ 首句,津逮本作“日趨月步”。
⑤ “祉祉”,津逮本作“禔祉”。

無注。

蠱

晨風文翰，大舉就温。昧過我邑，羿無所得。

《詩》："鴥彼晨風，鬱彼北林。"晨風，鸇也。羿，古之善射者。

臨

旦生夕死，名曰嬰鬼，不可得祀。①

無注。

觀

疾貧望幸，使伯行販。② 開牢擇羊，多得大牂。

無注。

噬嗑

長城驪山，生民大殘。③ 涉叔發難，唐叔爲患。

秦築長城，建阿旁宫於驪山。涉叔，即陳涉也。

賁

娶於姜吕，駕迎新婦。少齊在門，夫子歡喜。

《春秋·昭公二年》："夏四月，韓須如齊逆女，齊陳無宇送女，致少姜。少姜有寵於晋侯，謂之少齊。"姜，齊姓。

---

① "祀"，原作"視"，據《小畜》之《萃》津逮本改。

② "幸"，原作"仕"，據津逮本改。"行"，原作"南"，據《否》之《坎》改。

③ "民"，原作"我"，據津逮本改。

剥

隨時春草，舊枝葉起。扶疏條桃，長大美盛，華沃鑠舒。[①]

無注。

復

姬姜説歡，[②]二姓爲婚。霜降合好，西施在前。

武王之妃，太公吕望之女也。周，姬姓。太公，姜姓，封于齊。

无妄

戴笠獨宿，晝不見日。勤苦無代，長勞悲思。

無注。

大畜

始加元服，二十繫室。新婚既樂，伯季有得。[③]

元服，首服也。

頤

二至靈臺，[④]文所止游。雲物備故，長樂無憂。

文王以民力爲臺爲沼，而民歡樂之，謂其臺曰靈臺。古者

---

① "春草"，津逮本作"草木"，"舊枝"作"灌時"，"舒"作"疎"。

② "説"，原作"既"，津逮本作"悦"。説、悦通，"既"乃"説"字之誤。

③ "得"，津逮本作"德"。

④ "至"，原作"室"，據津逮本改。

天子有靈臺，所以觀祲象、望雲物也。

大過

久陰霖雨，塗行泥潦。商人休止，①市空無有。

無注。

坎

城壞壓境，數爲齊病。侵伐不休，君臣擾憂。上下屈竭，士民無財。②

無注。

離

南國盛茂，黍稷醴酒。可以饗老，③樂我嘉友。

無注。

咸

憂在心腹，内崩爲疾。禍起蕭牆，意如制國。

《左傳》：意如，魯大夫季平子名，昭公二十五年伐季氏，孟孫、叔孫遂伐公徒，公遜於齊，次於陽州。

恒

朽根刖樹，華葉落去。卒逢火焱，隨風僵仆。

無注。

---

① “休止”，原作“依山”，據津逮本改。
② “無”，津逮本作“乏”。
③ “老”，原作“養”，據《大有》之《同人》改。

遯

樹表爲壇，相與期言。午中不會，寵名棄廢。

司馬穰苴請於齊景公，使莊賈監其軍。苴與賈約曰："日中會于軍門。"苴立表、下漏以待賈。日中而賈不至，遂斬之。

大壯

四足俱走，駑罷在後。俱戰不勝，[①]敗於東楚。

無注。

晋

執轡西朝，回還故處。麥秀傷心，叔父有憂。

無注。

明夷

長夜短日，陰爲陽賊。萬物空枯，藏於北陸。

《漢志》：[②]"日行四陸：春東陸，夏南陸，秋西陸，冬北陸。"

家人

鳲鳩七子，均而不殆。長大成就，棄而合好。

《詩・曹風・鳲鳩》篇云："鳲鳩在桑，其子七兮。淑人君子，其儀一兮。其儀一兮，心如結兮。"

---

① "駑"，原作"奴"，據津逮本改。"俱"，原作"德"，津逮本作"兩"，據《困》之《震》津逮本改。

② 按，"日行四陸"云云見於《韻府群玉》，非引自《漢志》。

睽

三羊上山，馳至大原。黄龍負舟，遂到南陽，完其玉囊。[①]

史記禹濟江，黄龍負舟，舟中人懼，禹仰天嘆曰："吾受命於天，竭力以勞萬民，生寄也，死歸也，余何憂於龍？"顔色不變。須臾，龍俛首低尾而逝焉。

蹇

手足易處，頭尾顛倒。公爲雌嫗，亂其蠶織。

無注。

解

登高望家，役事未休。王政靡盬，不得逍遥。

《四牡》："勞使臣之詩也。云：王事靡盬，不遑將父。"

損

畏昏不行，候待旦明。[②] 燎獵受福，老賴其慶。

無注。

益

孤獨特處，莫依爲輔，[③]心勞志苦。

① "南陽"，原作"夷傷"，津逮本作"夷陽"，據《復》之《大壯》改。"完"，原作"究"，津逮本作"宛"，據《大畜》之《大過》改。

② "待旦"，津逮本作"旦待"。

③ "爲"，原作"無"，據《明夷》之《姤》改。

無注。

姤

山石朽弊,[①]消崩墮墜。上下離心,君受其祟。

無注。

萃

文母聖子,無疆壽考。爲天下主,人受其福。[②]

文母者,武王之母,太姒也,有莘姒氏之女,仁而明道,文王嘉之,親迎于渭,納以爲妃,朝夕勤勞以進婦道,號曰文母,生聖子武王、周公旦。武王伐紂,遂有天下,國祚永久,受福無疆也。

升

猾醜假誠,[③]前後相違。言如鱉咳,語不可知。

無注。

困

五龍俱怒,強者敗走。[④] 露我苗稼,年歲大有。

無注。

---

① "弊",原作"破",據《謙》之《姤》改。

② 末句,津逮本無。

③ 首句,原作"倔傀加俄",津逮本作"倔傀如儀",據《賁》之《旅》改。

④ "怒",原作"超",津逮本作"起",據《頤》之《大過》改。"敗",原作"敢",據津逮本改。

井

虡除善猛，難爲攻醫。① 驥疲鹽車，困於銜箠。

驥，良馬，服鹽車而上大行之阪，遇伯樂輒長鳴。出《戰國策》。

革

江南多蝮，螫我手足。② 冤煩詰屈，痛徹心腹。

無注。

鼎

心無所據，射鹿不得。多言少實，語無成事。③

無注。

震

君明主賢，鳴求其友。顯德之徒，④可以履事。

無注。

艮

安上宜官，一日九遷。逾群越等，牧養常山。⑤

漢田千秋一日九遷其官。

---

① "虡"，原作"虎"，津逮本作"雷"，據《詩·邶風·新臺》毛傳"籧篨，不能俯者"改。"攻"，原作"政"，士禮居本、津逮本作"功"，據《艮》之《夬》改。

② "我"，原作"於"，據津逮本改。

③ "無成"，原誤倒，據津逮本乙正。

④ "徒"，原作"政"，據《賁》之《節》改。

⑤ "養"，原作"在"，據津逮本改。

漸

俊辭解謝，除去垢污。驚之成患，嬰氏醳殘。[①]

無注。

歸妹

翁狂嫗盲，相牽北行。欲歸高邑，迷惑不得。

無注。

豐

醉卧道傍，迷旦失明，[②]不全我生。

無注。

旅

北登鬼丘，駕龍東游。王叔御后，文武何憂？

無注。

巽

恬淡無患，游戲道門。與神往來，長樂以安。

無注。

兑

氓伯易絲，[③]抱布自媒。棄禮急情，卒離憂悔。

---

① "俊"，津逮本作"保"，"嬰"作"屨"，"氏醳"作"去酷"。

② "旦"，津逮本作"且"。

③ "氓伯"，原作"以婚"，津逮本作"以緡"，據《蒙》之《困》改。"絲"，原作"系"，據士禮居本、津逮本改。

《詩》:“氓之蚩蚩,抱布貿絲。”又:“匪我愆期,子無良媒。”此婦人爲人所棄,而自叙其事,以道其悔恨之意也。

涣

被服大冠,[①]游戲道門。以禮相終,身無殃患。

無注。

節

大麓魚池,陸爲海涯。君子失行,小人相携。

無注。

中孚

淵泉溢出,爲我邑祟。道路不通,使我心慣。[②]

慣,當作“憒”。

小過

十里望烟,散涣四分。形體滅亡,下入深淵,[③]終不見君。

無注。

既濟

傳言相誤,非干徑路。[④] 鳴鼓逐狼,不知迹處。

---

① “大”,津逮本作“衣”,《睽》之《乾》作“文”。

② “慣”,士禮居本、津逮本作“憒”,是。元抄本注是。“使我”,原作“孩子”,據《未濟》之《解》改。

③ “下”,原作“可”,據《大畜》之《艮》改。

④ “干”,原作“奸”,津逮本作“好”,據《乾》之《无妄》改。

無注。

未濟

東失大珠，西行棄襦。時多不利，使我後起。

無注。

䷫巽下乾上 姤

河伯大呼，津不可渡。往復爾故，乃無大悔。①

《莊子》："秋水時至，百川灌河，涇流之大，兩涘渚涯之間不辨牛馬，②河伯自喜，以爲天下之美盡在矣。"

之乾

蒙被恩德，長大成就。柔順貞利，君臣合好。

無注。

坤

東山西山，各自止安。雖相登望，竟不同堂。③

無注。

屯

登山上谷，與虎相觸。猬爲功曹，班叔奔北，脱之嘉國。

---

① "爾"，津逮本作"示"。

② "涘渚涯"，原作"溪涯渚"，據《莊子·秋水》篇改。

③ 第三句，原作"心雖相望"，津逮本作"雖欲登望"，據《賁》之《家人》改。"竟"，原作"意"，據津逮本改。

《史記·龜策傳》郭璞注曰:[①]"猬能制虎。"猬刺端分兩岐,似鼠,少犯近則毛刺攢起如矢也。

蒙

躓跛未起,失利後市,不得鹿子。[②]

無注。

需

結珠懷寶,[③]卑斯以鬼,爲君奴婢。

無注。

訟

雞鳴失時,民骚勞苦。庬吠不休,行者留止。[④]

無注。

師

陳嬀敬仲,兆興齊姜。乃適營丘,[⑤]八世大昌。

按《春秋傳》:陳,嬀姓。敬仲,即陳公子完,魯莊公二十二年奔齊,使爲工正。初,懿氏卜妻敬仲,曰:"有嬀之後,將育于姜,八世之後,莫之與京。"姜,齊姓。營丘,齊所封之地。

---

① "注",原脱,據《史記·龜策列傳》索隱補。

② 末句,原脱,據津逮本補。

③ "寶",原作"履",據《震》之《无妄》改。

④ "骚",原作"僑",據《夬》之《屯》改。"不休",原作"有威",據津逮本改。"留止",津逮本作"稽留"。

⑤ 二三句,原作"示兆興姜,乃寓營丘",津逮本作"北興齊姜,營丘立適",據《比》之《豫》改。

比

鹿畏人匿，俱入深谷。短命不長，爲虎所得，死於牙腹。

無注。

小畜

言無約結，不成契券。殷叔季姬，[1]公孫爭之。強入委禽，不悅于心，乃適子南。

"鄭徐吾犯之妹美，公孫楚聘之矣。公孫黑又使強委禽焉"。注云："禽，雁也。納采用雁。"事見《春秋·魯昭公元年》。殷叔，未詳。

履

鼓瑟歌舞，歡遺我酒。[2] 龍喜張口，大喜在後。

無注。

泰

凶憂災殃，日益章明。禍不可救，三郤夷傷。

按《春秋》：三郤，晉大夫郤錡、郤犨、郤至。《成公十七年》："晉厲公侈，多外嬖，欲盡去群大夫而立其左右，遂殺三郤。"

否

水流趨下，遂成東海。求我所有，買鱣與鯉。

無注。

---

① "姬"，原作"女"，據津逮本改。

② "我"，原作"於"，據《噬嗑》之《恒》改。

同人

陰爲陽賊,君不能剋。舉動失常,利無所得。

無注。

大有

離牀失案,黿喪其頗。都市無會,叔季懷恨。

無注。

謙

壅遏堤防,水不得行。火盛陽光,陰霓伏藏,①走歸其鄉。

霓,當作"霓"。

豫

躄屈復申,本乘浮雲,貴寵毋前。

無注。

隨

實沈參罰,以義斷割。次陸服薪,②成我霸功。

實沈,參神。參虚,晋地也。罰,當作"虚"。

---

① "壅",原作"雍",據士禮居本、津逮本改。"盛",原作"慎",據《比》之《小畜》改。"霓",士禮居本、津逮本作"霓",是。元抄本注是。

② "罰",津逮本作"伐",士禮居本作"虚"。"虚"是,元抄本注是。"薪",津逮本作"刑"。

蠱

金帛黄寶,①宜與我市。娶嫁有息,利得過母。

無注。

臨

禹召諸侯,會稽南山。執玉萬國,天下康寧。

史記禹南巡狩,會諸侯於塗山,執玉帛者萬國。

觀

三蟲作蠱,剗迹無與。② 勝母盜泉,君子不處。

按《史記》,鄒陽書:"里名勝母,曾子不入。"盜泉,孔子不潄。

噬嗑

華葉隳落,公歸嫗宅。夷子失民,潔白不食。③

無注。

賁

履機懼毁,身王子廢。終得所欲,無有凶害。

無注。

剥

道理和德,仁不相賊。君子攸往,樂有利福。

① "帛",原作"泉",據《未濟》之《泰》改。

② "剗",原作"踐",據《巽》之《剥》改。

③ "墮",津逮本作"隕","白"作"己"。

無注。

復

合匏同牢，姬姜並居，壽考長久。①

無注。

无妄

關雎淑女，賢妃聖偶。② 宜家壽母，福禄長久。

《詩·關雎》："后妃之德也。云：關關雎鳩，在河之洲。窈窕淑女，君子好逑。"

大畜

騏驥免乳，不知子處。旋踵悲鳴，③痛傷我心。

無注。

頤

智巖絶理，陰孽謀主。④ 十日不食，困於申亥。

《春秋·昭公十三年》：夏四月，楚公子比等因四族之徒以入楚，殺太子禄及公子罷敵，告乾谿之師，使叛楚靈王，還及訾梁而師潰，遂依申亥。夏五月，王縊於申亥氏。

---

① 末句，原脱，據津逮本補。

② 第二句，原作"賢賢妃偶"，據士禮居本、津逮本改。

③ "免"，原作"晚"，津逮本作"脱"，據《井》之《夬》改。"踵"，原作"動"，據津逮本改。

④ "智巖"，津逮本作"知嚴"。"主"，津逮本作"王"，士禮居本作"生"。

大過

礛諸攻玉，① 無不穿鑿。麟鳳成形，德象君子。三仁翼事，所求必喜。

無注。

坎

昧暮乘車，以至伯家。踰梁渡河，濟脱無他。

無注。

離

吾有黍粱，委積外場。有角服箱，運至我鄉，藏於嘉倉。②

無注。

咸

喜笑且語，不能掩口。官爵並至，慶賀盈户。③

無注。

恒

霧露雪霜，日暗不明。陰孽生疾，④ 年穀大傷。

---

① "礛"，原作"監"，據《淮南子》"玉待礛諸而成器"改。

② "角"，原作"用"，據津逮本改。第四句，原作"運□我藏"，士禮居本、津逮本作"運致我藏"；末句，原作"富於喜粮"，津逮本"富於嘉粮"。皆據《大有》之《夬》校改。

③ "户"，津逮本作"門"。

④ "生"，津逮本作"爲"。

無注。

遯

伯去我東，髮如飛蓬。[1] 寤寐長嘆，展轉空牀。内懷悵恨，摧我肝腸。

《詩·衛風·伯兮》篇云："自伯之東，首如飛蓬。"又曰："願言思伯，使我心痗。"注云："婦人以夫久役於外而作是詩。"

大壯

亡羊補牢，毋損無憂。[2]

無注。

晉

販鼠賣朴，[3]利少無謀，難以得家。

鄭人謂玉未理者璞，周人謂鼠未腊者朴。周人懷朴，過鄭賈，曰："欲買朴乎？"鄭賈曰："欲之。"出其朴，乃鼠也，因謝不取。出《戰國策》。

明夷

西戎爲疾，幽君去室。陳子發難，項伯成就。

《春秋》：幽王十五年，有西夷犬戎之難。幽君，即幽王也。《史記》：陳勝字涉，秦二世元年起兵於蘄。陳子，即陳勝也。項

---

① 第二句，原作"髮擾如蓬"，據津逮本改。

② "補"，原作"捕"，據士禮居本、津逮本改。"無"，原作"於"，據《小過》之《蹇》改。末句，津逮本作"張氏失牛，騂騆奔走，鵠盜我魚"。

③ "朴"，原作"卜"，據元抄本注及黄丕烈士禮居本《焦氏易林·後序》引顧千里語改。

伯，嘗以身蔽翼沛公，卒成漢業。

家人

秋風生哀，華落心悲。① 公室多難，羊舌氏衰。

《春秋·魯昭公二十八年》：晉祁盈執祈勝，晉侯執祁盈，殺之，及楊食我，"食我，祁盈之黨也，而助亂，故殺之，遂滅祈氏、羊舌氏"。公室，晉室；晉侯，頃公也。

睽

持福厭患，去除天殘。② 日長夜盡，喜世蒙恩。

無注。

蹇

新受大喜，福履重來。樂且日富，足用豐財。③

無注。

解

前頓卻躓，左跌右蹉。④ 登高安梯，復反來歸。

無注。

損

夢飯不飽，酒未入口。嬰女雖好，媒雁不許。

---

① "心悲"，原作"生悲"，據津逮本改。
② "福"，《无妄》之《兑》作"猬"。"天"，津逮本作"大"。
③ "受"，原作"授"；"履"，原作"復"；"足用"，原作"是惟"。皆據津逮本改。
④ "蹉"，原作"逆"，據《解》之《師》改。

無注。

益

大都王市，稠人多寶。公孫宜賈，資貨萬倍。

無注。

夬

兩人俱醉，相與悖戾。心乖不同，爭訟匈匈。

無注。

萃

身無頭足，超蹠空乖。不能遠之，中道廢休，失利後時。[①]

無注。

升

三人俱行，六目光明。道逢淑女，與我驥子。

無注。

困

進仕爲官，不若服田，[②]獲壽保年。

無注。

井

先易後否，失我所市。騷蘇自苦，思吾故土。

---

① "廢"，津逮本作"疲"，"時"作"市"。

② "服"，原作"復"，據《歸妹》之《噬嗑》津逮本改。

無注。

革

蘇氏機言，[1]韓魏無患。張子馳説，燕齊以安。

按《史記》：蘇秦説韓魏以合從，張儀説燕齊以連衡。

鼎

武庫軍府，甲兵所聚。非里邑居，不可舍止。

無注。

震

二桃三口，莫適所與。爲孺子牛，田氏生咎。[2]

按《春秋傳》：孺子名荼，齊景公妾鬻姒所生。景公嘗銜繩爲牛，使荼牽之，故曰爲孺子牛。

艮[3]

西山東山，各自止安。雖相登望，竟未同堂。[4]

無注。

漸

不改柯葉，和氣沖適。[5] 君子所在，安無怵惕。

---

① “氏”，津逮本作“秦”。“機”，原作“發”，據《艮》之《離》改。

② “二桃”，原作“一身”，津逮本作“三桃”，據翟云升《焦氏易林校略》改。翟曰：“三桃當作二桃。事見《晏子春秋·諫下》。”“生”，原作“主”，據津逮本改。

③ “艮”，原作“良”，據士禮居本、津逮本改。

④ 第三句，原作“心雖相望”；“同”，原作“上”。皆據津逮本改。

⑤ “沖”，原作“中”，據津逮本改。

無注。

歸妹

將戊擊亥,陽藏不起。君子散亂,太山危殆。[①]

無注。

豐

天官列宿,五神舍室。宫闕完堅,君安其居。

無注。

旅

左手把水,右手把火。如光與鬼,不可得從。

無注。

巽

逐狐東山,水遏我前。深不可涉,失利後便。

無注。

兑

水瀆魚室,來灌吾邑。衝没我家,與狗俱游。

未詳。

涣

山險難登,澗中多石。車馳轄擊,重載傷軸。擔負差

---

① "擊",津逮本作"繫","山"作"上"。

躓，[1]跌踒右足。

無注。

節

糟空無實，豚彘不食。庶民屈竭，離其居室。

糟，當作"槽"。

中孚

執熱爛手，火爲災咎。公孫無賴，敗我玉寶。[2]

無注。

小過

三虎上山，更相噬嗑。心志不親，如仇與怨。

無注。

既濟

西家嫁子，借鄰送女。嘉我淑姬，賓主俱喜。

無注。

未濟

剋身潔己，逢禹巡狩。錫我玄圭，拜受福祉。

《書·禹貢》云："禹錫玄圭，告厥成功。"言水土既平，禹以玄圭爲贄，而告成功于舜也。水，色黑，故圭以玄云。

---

① "差"，原作"善"，據《乾》之《謙》津逮本改。

② "無"，原作"母"，據士禮居本、津逮本改。"玉寶"，津逮本作"王室"。

卷第十二

䷬坤下兑上萃

蒙慶受福，有所獲得。不利出城，病人困棘。

無注。

之乾

碩鼠四足，飛不上屋。顔氏淵德，未有爵禄。

無注。

坤

新受大喜，福履重來，①樂且日富。

無注。

屯

剋身潔己，②逢禹巡狩。錫我玄珪，拜受福祉。

《書·禹貢》云："禹錫玄圭，告厥成功。"言水土既平，禹以玄圭爲贄而告成功于舜也。水色黑，故圭以玄云。

---

① "來"，原作"職"，據《姤》之《蹇》改。
② "潔"，原作"整"，據津逮本改。

蒙

置筐失筥，輪破無輔。家伯爲政，病我下土。

家伯，周幽王臣。《詩・十月之交》四章云："家伯爲宰。"又云："艷妻煽方處。"言由小人用事於外，嬖妾蠱惑於内。

需

機言不發，頑不能達。齊魯爲仇，亡我葵丘。

按，《春秋・僖公九年》："諸侯盟於葵丘。曰：'凡我同盟之人，既盟之後，言歸于好。'"二十六年，齊人侵魯西鄙，魯以楚師伐齊，取穀，竟亡葵丘之好。

訟

亡錐失斧，公輸無輔。抱其彝器，適君子處。

公輸子，名班，魯之巧人也。

師

家在海隅，橈短深流。伯氏憚行，無木以趨。①

無注。

比

德施流行，利之四鄉。雨師灑道，風伯逐殃。巡狩封禪，以告成功。

---

① "憚"，原作"難"，據《歸妹》之《大畜》改。"木"，原作"目"，據《觀》之《明夷》改。

巡狩，天子巡行諸侯所守之地。封禪，封土爲壇，除地爲墠。[1] 古者帝王之興，每易位而起，必封乎泰山，所以告成功也。

小畜

筐傾筥覆，喪我公粒。[2] 簡伯無禮，太師正食。

未詳。

履

泥滓污辱，棄捐溝瀆。爲衆所笑，終不顯禄。

無注。

泰

獮猴兔足，腥臊少肉。漏巵盛酒，[3]利無所得。

無注。

否

鹿畏人藏，俱入深谷。命短不長，爲虎所得，死於牙腹。

無注。

同人

南山蘭芝，君子所有。東家淑女，生我玉寶。

蘭，香草；芝，靈草也。

---

① "墠"，原作"禪"，據《禮記・祭法》"是故王利七廟，一壇一墠"鄭玄注改。
② "喪"，津逮本作"畏"，"粒"作"置"。
③ "足"，原作"走"，據《剥》之《恒》改。"盛"，原作"承"，據津逮本改。

大有

左指右揮,邪佞侈靡。[①] 執節無良,靈君以亡。

按《左傳》:陳靈公通于夏姬,遂爲徵舒所害。

謙

鬱怏不明,爲陰所傷。衆霧群聚,[②]共奪日光。

無注。

豫

穿鼻繫棘,爲虎所拘。王母祝禱,[③]禍不成災,突然脱來。

無注。

隨

貧鬼守門,日破我盆。毁甖傷缸,[④]空虚無子。

無注。

蠱

襄王束帶,鄭人是賴。莊公卿士,皇母憂苦。[⑤]

束,當作"叔"。襄王,周惠王太子,名鄭。叔帶,襄王之弟,惠后之子,有寵於惠后,欲立叔帶,故襄王避其難,出居于鄭。

---

① "佞",津逮本作"望",《豐》之《噬嗑》作"淫"。"望"爲"淫"之誤。
② "陰",原作"濕",津逮本作"臣";"霧",原作"陰"。皆據《噬嗑》之《艮》改。
③ "禱",原作"福",據士禮居本、津逮本改。
④ "缸",原作"釭",津逮本作"綬",據《損》之《剥》改。
⑤ "束",士禮居本作"叔",是。元抄本注是。"皇母",津逮本作"王母"。

莊公爲王卿士。皇母，即惠后也。

臨

昭君守國，[1]諸夏蒙德。異類既同，宗我王室。

無注。

觀

冬葉枯槁，當風於道。[2] 蒙被塵埃，左右勞苦。

無注。

噬嗑

六爻既立，神明喜告。文定吉祥，康叔受福。

按《史》：康叔名封，周武王同母少弟也。周公誅武庚，以殷餘民封康叔於衛，作《康誥》、《酒誥》、《梓材》以命之。康叔之國，民大説。成王用事，舉康叔爲周司寇，賜衛寶祭器。

賁

泣涕長訣，我心不快。遠送衛野，歸寧無子。[3]

《詩・燕燕》篇云："之子于歸，遠送于野。瞻望弗及，泣涕如雨。"傳云："衛莊姜送戴嬀歸于陳而作也。"

剥

三宿無主，南行勞苦。東里失利，喪其珍寶。

---

① "守"，原作"死"，據津逮本改。

② "葉"、"槁"，原作"藪"、"腐"，據《觀》之《家人》改。"當"，原作"常"，據津逮本改。

③ "子"，津逮本作"咎"。

無注。

復

大斧破木，讒佞敗國。東闕梁五，[1]禍及三子。晋人亂危，懷公出走。

按《春秋傳》：晋獻公三子，申生、重耳、夷吾也。獻公聽驪姬之讒，殺申生，重耳奔蒲，夷吾奔屈。懷公，夷吾子也。僖公二十三年，自秦逃歸，嗣立，明年文公立，遂出之。

无妄

乘風上天，爲時服軒。周旋萬里，無有患難。

無注。

大畜

大樹百根，北與山連。[2] 文君作人，受福萬年。

《詩》云："周王壽考，遐不作人。"又曰："豈弟君子，遐不作人。"蓋言文王能變化鼓舞振作天下之人，而人歸之，故受此萬年之福也。

頤

陽伏在下，陰制祐福。生不逢時，潛龍隱處。

無注。

---

① "闕"，原作"間"，據津逮本改。"五"，原作"王"，津逮本作"工"，據《頤》之《臨》改。

② "北"，津逮本作"比"。

大過

亂頭多憂，搔虱生愁。膳夫仲允，①使我無聊。

《詩・十月之交》云："仲允膳夫。"膳夫，上士，掌王之飲食膳饈者也。

坎

江河淮海，天之都市。商人受福，國家富有。

無注。

離

太山幽谷，鳳皇游宿。威儀有叙，可以來福。

泰山，五岳之東岳也。《五經通義》："一名岱宗。王者受命易姓報功告成必於岱宗也。東方，萬物始交代之處。"

咸

山水暴怒，壞梁折柱。稽難行旅，留連愁苦。

無注。

恒

阿衡服箱，太一載行。巡時歷舍，所之吉昌。

阿衡，伊尹號。太一，星名。

遯

三宿無主，南行勞苦。東里失利，喪其珍寶。

---

① "允"，原作"尹"，津逮本作"年"，據《詩經・十月之交》改。

無注。

大壯

生無父母，出門不喜。買菽失粟，亡我大乘。

無注。

晋

安坐玉堂，聽樂行觴。飲福萬歲，曰壽無疆。一云，[1]安坐北堂，終夕舉觴。福禄卒歲，日受無疆。

無注。

明夷

登危入厄，四時變易。春霜夏雪，[2]物皆凋落。

無注。

家人

衣穴履穿，無以禦寒。細小貧窶，不能自存。

無注。

睽

目不可合，憂來搔足。悚惕恐懼，[3]去其邦域。

無注。

---

① "曰壽"，原作"日受"，據《鼎》之《升》津逮本改。"一云"云云，士禮居本、津逮本無。

② "夏"，原作"變"，據津逮本改。

③ "悚"，津逮本作"怵"。

蹇

齎貝贖貍，不聽我辭。繫於虎鬚，牽不得來。

無注。

解

伯夷叔齊，貞廉之師。以德防患，憂禍不存，聲芳後時。

武王伐紂，伯夷、叔齊扣馬而諫。其後武王得天下，不食周粟而死。孔子曰："伯夷、叔齊餓於首陽之下，民到于今稱之。"

損

張王子季，爭財相制。商君頑嚚，不知所申。①

衛鞅説秦孝公變法令，立徙木之信，孝公大説，封鞅商於十五邑，號曰商君。心不則德義之經爲頑，口不道忠信之言爲嚚。

益

長城既立，四夷賓服。交和結好，昭君受福。②

《史記》：秦始皇遣蒙恬北監軍於上郡，築長城以遏胡虜，而四海混一。

夬

千歡萬悦，舉事爲決。獲受嘉慶，動作有得。

無注。

---

① "申"，津逮本作"由"。
② "受"，津逮本作"是"。

姤

種一得十，日益有息。仁政獲民，四國睦親。

無注。

升

安子富有，東國不殃。齊鄭和親，顯比以喜。

無注。

困

九里十山，道險峻難。① 牛馬不前，復反來還。

無注。

井

鳩杖扶老，衣食百口。曾孫壽考，凶惡不起。一云，鳩杖扶身，富及其鄰。子孫壽考，慶弔不親。②

老人食多咽，故刻杖爲鳩，取鳩食不咽之義。出《白帖》。

革

霧露雪霜，日暗不明。陰孽爲疾，年穀大傷。一云，不見日月，霧臨霜雪。年穀不登，餱粮日絶。③

無注。

---

① "險"，原作"仰"，據《小過》之《頤》改。

② "曾孫"，原作"增添"，據津逮本改。"一云"云云，士禮居本、津逮本無。

③ "一云"云云，士禮居本、津逮本無。

鼎

迷行數邪，不知東西。陰強暴逆，道理不通。

無注。

震

登高上山，見王自言。信理我冤，得職蒙恩。

無注。

艮

三世爲德，天祚以國。封建少昊，魯侯之福。

無注。

漸

橋木無息，[①]漢女難得。橘柚請佩，反手難悔。

橋，當作“喬”。《詩·漢廣》：“南有喬木，不可休息。漢有游女，不可求思。”言文王之化被于南國，有以變其淫亂之俗，女子以端莊自守，故詩人美之。

歸妹

東鄰西家，來即我謀。中告吉誠，使君安寧。

無注。

豐

褰衣出户，心欲北走。王孫母驚，使我長生。

---

① “橋”，士禮居本、津逮本作“喬”，是。元抄本注是。

無注。

旅

三日不飲，遠水無酒。晝夜焦喉，使我爲咎。[①]

無注。

巽

衆口銷金，愆言不驗。腐臭敗兔，入市不售。

無注。

兑

姬冠應門，與伯爭言。東家失狗，意我不存。爭亂忘因，[②]絶其所歡。

無注。

涣

祚加明德，興我周國。公劉文母，福流子孫。一云，祚周福魯。[③]

公劉，后稷之曾孫。太王，公劉之九世孫。公劉雖在戎狄之間，復修后稷之業，百姓懷之。周道之興，實自此始。

節

針頭刺手，百病瘳愈。抑按捫灸，死人復起。

---

① "使我"，原作"傷鬼"，據津逮本改。

② "我"，津逮本作"在"，"忘因"作"無怠"，"其"作"吾"。

③ "一云"云云，津逮本無。

捫，音門。灸，音久。

中孚

元龜象齒，大賂爲寶。稽疑當否，衰微復起。

《詩·泮水》篇："元龜象齒，大賂南金。"

小過

故室舊廬，稍弊且除。不如新巢，①可以樂居。

無注。

既濟

老狐多態，行爲蠱怪。② 驚我主母，終無咎悔。

狐，妖獸也。

未濟

愛子多才，起迹空虛。避害如神，水不能濡。

無注。

䷭巽下坤上升

禹鑿龍門，通利水源。③ 東注滄海，民得安全。

龍門，按《書·禹貢》屬雍州，在今馮翊夏陽縣。以下皆言

---

① 第二句，原作"消散無餘"；"巢"，原作"創"。皆據《小畜》之《需》元抄本改。

② 第二句下，津逮本多"爲魅爲妖"。

③ "源"，原作"泉"，據津逮本改。

禹治水之功。

之乾

白鹿鳴呦，呼其老小。喜彼茂草，樂我君子。

《詩·小雅》："呦呦鹿鳴，食野之萍。"又云："以燕樂嘉賓之心。"

坤

百里南行，雖微復明。[①] 去虞適秦，爲穆國卿。

百里奚，虞人也，知虞之將亡，遂去，適秦相穆公，遂霸西戎。

屯

王宜孫喜，[②]張名益有。龍子善行，西得大壽。

未詳。

蒙

畫龍頭頸，文章不成。所求不得，失利後時。[③]

無注。

需

商子無良，相怨一方。引鬬交爭，咎自以當。[④]

---

① "復"，原作"得"，據津逮本改。
② 首句，津逮本作"王孫宜家"。
③ 末二句，津逮本作"甘言善語，譎詞無名"。
④ "鬬"，原作"剛"，據津逮本改。"自以"，津逮本作"以自"。

無注。

訟

衰老困極,無齒不食。痔病痟瘵,就陰爲室。

無注。

師

鳶生會稽,稍巨能飛。翺翺翔桂林,爲衆鳥雄。①

會稽、桂林,皆地名。

比

安平不傾,載福長生,君子以寧。

無注。

小畜

牛驥同槽,郭氏以亡。國破爲虚,君奔走逃。

按,《胡傳·莊公二十四年》:"齊桓公問郭父老曰:'郭何以亡?'父老曰:'見善而不能舉,惡惡而不能去,所以亡。'"

履

日中明德,盛興兩國。② 仁聖會遇,君受其福,臣多榮禄。

無注。

---

① 《師》、《比》、《小畜》三林,原次序誤爲《小畜》、《比》、《師》,據士禮居本、津逮本及《周易》六十四卦次序改。

② 第二句,津逮本作"兩國盛興"。

泰

公劉之居，太王所業。可以長生，拜受福爵。

公劉，后稷之曾孫。太王，公劉九世孫。公劉雖在戎狄之間，復修后稷之業，百姓懷之。周道之興，實自此始。至太王復修后稷、公劉之業，積德行義，國人皆戴之。

否

時凋歲霜，君子疾病。宋女無辜，①鄭受其殃。

未詳。

同人

濟河踰阸，脱毋怵惕。四叔爲衛，使惠不廢。

漢高祖屢欲易太子，吕后患之，強要張良畫計。良曰："帝所不能至者四人，夏黄公、東園公、綺里季、角里先生，卑辭厚禮聘之，來則使從太子入侍，此一助也。"高后從其謀，由是得不廢，後立爲惠帝。

大有

缺破不完，殘瘵側偏。公孫幽遏，跛踦後門。②

無注。

謙

延頸遠望，眯爲目病。③ 不見叔姬，使伯憂心。

---

① "宋"，原作"宗"，據津逮本改。
② "跛"，原作"跂"，據士禮居本、津逮本改。
③ "眯"，原作"眛"，據《坤》之《无妄》改。

無注。

豫

上無飛鳥，下無走獸。擾亂未治，①民勞於事。

無注。

隨

久陰霖雨，塗行泥潦。商人休止，布空無有。②

布，當作“市”。

蠱

盲者張目，跛踦起行。瞻望日月，與王相迎。

無注。

臨

據斗運樞，高步六虛。權既在手，寰宇可驅。國大無憂，與樂並居。③

斗，北斗星名。北極五星，其紐，天之樞也。

觀

稼穡不偏，重過不傾。④ 巧言賊忠，傷我申生。

《春秋》：“晉獻公嬖驪姬。驪姬欲立其子奚齊，譖毀群公子

---

① “治”，原作“清”，據《益》之《涣》改。

② “布”，士禮居本、津逮本作“市”，是。元抄本注是。

③ 首句下，津逮本作“順天無憂，與樂並居，萬代歡慶”。

④ “過”，津逮本作“適”。

及世子申生。”

噬嗑

金城鐵郭，上下同力。政平民親，寇不敢賊。

無注。

賁

目鏡不明，[①]冬災大傷。盜華失實，十年消亡。

未詳。

剥

鰥寡孤獨，命禄苦薄。入室無妻，武子悲哀。

按《春秋·魯襄公二十五年》：“崔武子欲娶棠姜，筮之，其繇曰：‘入其宫，不見其妻，凶。’”

復

飲酒醉酗，跳起争鬬。伯傷叔僵，[②]東家治喪。

無注。

无妄

介紹蘇子，[③]使君不殆。二國合歡，燕齊以安。

《史記》：“蘇秦説燕易王曰：‘臣居燕不能使燕重，而在齊則

---

① “目”，津逮本作“日”。
② “酗”，原作“飽”；“傷”，原作“喪”。皆據《比》之《鼎》改。
③ “蘇子”，原作“微子”，據翟云升《焦氏易林校略》“微子當作蘇子，謂蘇秦”改。

燕重。'易王許之,乃僞得罪於燕而奔齊。齊宣王以爲客卿,蘇秦説齊王高宫室、大苑囿以明得意,欲以敝齊而爲燕。"

大畜

牽頸繫尾,詘折幾死。離世無仁,不知所比。①

無注。

頤

東龍冤獨,②不知所觸。南北困窮,王子危急。

無注。

大過

疾貧王孫,北陸無褌。③ 禄命苦薄,兩事孤門。

無注。

坎

公孫駕驪,載游東齊。延陵説産,遺季紵衣。④

驪,當作"驪"。《左傳》:鄭大夫子産。吴公子季札嘗聘鄭,與子産相得,子産以紵衣獻季札。

---

① "頸",原作"牛";"比",原作"在"。皆據津逮本改。

② "冤",津逮本作"究",翟云升《焦氏易林校略》曰:"'冤'當如《坤》之《屯》作'單'。""獨",津逮本作"毒"。

③ "褌",原作"禪",津逮本作"輝",據《釋名·釋衣服》"褌,貫也,貫兩脚,上繫要中也"改。

④ "驪",津逮本作"車",士禮居本作"驪",是。元抄本注是。"紵",原作"苧",據士禮居本、津逮本改。苧、紵音義同。

離

王良善御，伯樂知馬。文王東獵，獲嘉賢士。開福祐周，發旦興起。①

王良，古之善御者。伯樂，古之善相馬者。此喻文王知太公之意。按《史》，吕望姓姜，年八十餘釣于渭水，西伯出獵，載之以歸，尊爲太公，武王立爲師，遂伐紂，有天下。發，武王名。

咸

日月不居，重耳趨舍。游燕入秦，②晋國是霸。

重耳，晋文公名，以驪姬之讒初奔翟，後入秦。在外十九年，僖公二十四年入晋，是爲文公，遂霸諸侯。

恒

修其翰翼，隨風偕北。至虞夏國，與舜相得。③ 年歲大樂，邑無盜賊。

虞，舜帝國號。夏，大禹國號。

遯

南行無遯，延頸後食。舉止失利，累我子孫。④

---

① 第四句，原作“獲喜聖事”；“周”，原作“賢”。皆據津逮本改。“發旦”，原作“周發”，津逮本作“發且”。“發”據津逮本改，“且”乃“旦”之誤。

② “燕”，翟云升《焦氏易林校略》引牟庭云“‘燕’當作‘楚’”，尚秉和《焦氏易林注》作“齊”。

③ “脩其”，原作“假文”，據《坤》之《謙》改。“與舜”，原作“興愛”，據津逮本改。

④ “無遯”，津逮本作“北走”，“後”作“望”。“我子”，原作“爲我”，士禮居本作“爲子”，據津逮本改。

無注。

大壯

開市作喜,[①]建造利事。平準貨寶,海内殷富。

無注。

晉

三犬俱走,鬬於谷口。白者不勝,[②]死於阪下。

無注。

明夷

驕胡大彤,[③]造惡作凶。無所能成,還自滅身。

一作"驕胡犬形",義通。

家人

拜跪贊辭,無益於尤。大夫頑嚚,使我生憂。[④]

無注。

睽

辰次降婁,王駕巡狩。廣祐施惠,萬國咸喜。[⑤]

降婁,宿名,戌分。巡狩,天子巡行諸侯所守之地也。

---

① "市",原作"元",據津逮本改。
② "者",原作"燕",據津逮本改。
③ "大彤",津逮本作"火形",士禮居本作"犬形"。"犬形"是。
④ "生",津逮本作"心"。
⑤ "次",原作"以",據津逮本改。末句下,津逮本衍"子孫榮品,長安不殆"。

蹇

牽羭上樓，與福俱居。勞躬治國，安樂無憂。

羭，音俞，牡羊。《左傳》：“專之羭。”注：“美也。”

解

白鳥銜餌，鳴呼其子。榦枝張翅，①來從其母。

無注。

損

盲瞽獨宿，莫與共食。老窮於人，病在心腹。

無注。

益

登木出淵，稍上升天。明德孔聖，白日載榮。②

無注。

夬

彭離濟東，遷廢上庸。佷戾無節，失其寵功。

彭越從漢，屢立大功，封梁王。及陳豨反於代，徵兵梁王，梁王稱病不往，高帝怒，使人讓之，梁王恐，欲自往謝，其將扈輒止之，勸王反。梁王不聽，遂爲太僕所告。漢帝使使掩捕梁王，囚之，後赦處蜀。

① “榦枝”，原作“挾施”，津逮本作“投杖”，據《小畜》之《小畜》改。
② 末句下，津逮本有“寵禄再榮”。

姤

贊陽上舞，神明生氣。禹拜受福，君施我德。[①]

無注。

萃

從首至足，部分爲六。室家離散，逐南乞食。

無注。

困

民迷失道，亂我統紀。空使乾革，實無所有。[②]

無注。

井

刻畫爲飾，嫫母無鹽。[③] 毛嬙西施，求事必得。

嫫母、無鹽，婦人貌之醜惡者。毛嬙即西施，貌之美好者。

革

日居月諸，遇暗不明。[④] 長夜喪中，絶其紀綱。

《詩·日月》篇："日居月諸，照臨下土。"

---

① "生"，津逮本作"正"。"禹拜"，原誤倒，據津逮本乙正。末句下，津逮本有"居則厚禄"。

② "革"，津逮本作"華"。末句下，津逮本有"先憂後樂"。

③ 第二句，津逮本脱。

④ 首句，原作"居諸日月"，據津逮本改。"遇"，原作"御"，據士禮居本、津逮本改。

鼎

衣裳顛倒，爲王來呼。成就東周，[1]封受大休。

《齊詩》云："顛倒衣裳。"又云："自公召之。"

震

當變立權，擿解患難。涣然冰釋，六國以寧。[2]

無注。

艮

西戎獯鬻，病於我國。杖策之岐，[3]以保乾德。

獯鬻，狄人名。周太王避狄人之難，遷于岐山之下居焉。

漸

南行逐羊，予利喜亡。[4] 陰孽爲病，復反其邦。

無注。

歸妹

游戲仁德，日益有福。凶言不至，妖孽滅息。

無注。

---

① "周"，原作"國"，據津逮本改。

② "六"，《節》之《晋》作"大"。

③ "杖策"，原作"扶陝"，據黄丕烈士禮居本《後序》引顧千里改。顧曰："扶陝之岐，當作'杖策之岐'。《尚書大傳》'遂杖策而去，過梁山，邑岐山'，今本《大傳》'杖策'誤倒。"

④ "予"，津逮本作"子"。

豐

春日新婚，就陽曰温。喜樂萬歲，獲福有年。一云，獲福大椿。①

無注。

旅

陰升陽伏，桀失其室。相餧不食，②安巢如棘。

無注。

巽

臣尊主卑，威權日衰。侵奪無光，三家逐公。

《春秋·昭公二十五年》："九月戊戌，伐季氏。叔孫氏、孟氏救之，三家反攻公。己亥，公遜于齊，次于陽州。"

兑

反言爲殘，戎女生患。亂吾家國，父子相賊。

《春秋左傳》："晋獻公嬖驪姬。驪姬欲立其子奚齊，賂外嬖梁五、東關嬖五，譖毁群公子及世子申生。"

涣

迎福開户，喜隨我後。康伯愷悌，治民以禮。

---

① "曰"，津逮本作"日"。"獲福有年，一云"，津逮本無。"一云"云云，士禮居本無。

② "桀失"，原作"舜失"，津逮本作"鬼哭"；"餧"，原作"飾"。皆據《噬嗑》之《隨》改。

康伯，即康侯之義。《周易·晋》卦曰："康侯用錫馬蕃庶。"注云："康侯者，治安之侯也。"

節

日就月將，昭明有功。靈臺觀賞，[①]膠鼓作人。

靈臺，文王臺名。古者天子有靈臺，所以觀祲象、望雲物。

中孚

百草嘉卉，萌芽將出。昆蟲扶户，陽明得所。

無注。

小過

天所祐助，萬國日有。福至禍去，壽命長久。[②]

無注。

既濟

窮夫失居，惟守弊廬。初憂中懼，惟日兢兢，無悔無虞。

無注。

未濟

買玉得石，失其所欲。荷蕢擊磬，隱世無聲。

《語》云："子擊磬於衛，有荷蕢而過孔氏之門者，曰：'有心哉，擊磬乎！'"荷蕢，隱士也。

---

① "觀"，原作"歡"，據津逮本改。
② 第二句，津逮本無，第四句作"君主何憂"。

䷮坎下兑上困

席多針刺，不可以卧。[①] 動而有悔，言行俱過。

無注。

之乾

烏鵲食穀，[②]張口受哺。蒙被恩德，長大成就。柔順利貞，君臣合好。

無注。

坤

六鷁退飛，爲襄敗祥。陳師合戰，左股夷傷。[③] 遂以薨崩，霸功不終。

《春秋·僖公十六年》："正月，六鷁退飛，過宋都。"《二十二年》："十一月，宋公及楚人戰于泓。宋師敗績。公傷股。"《二十三年》："五月，公卒，傷於泓故也。"

屯

匍匐出走，驚惶悼恐。白虎王孫，[④]蓐收在後，居中無咎。

無注。

---

① 第二句下，津逮本有"爲身作累"。
② "烏"，原作"鳥"，據《蹇》之《恒》改。
③ "左"，原作"右"，據津逮本改。
④ "王"，津逮本作"生"。

蒙

庇廬不明，使孔德妨。女孽亂國，虐政傷仁。

孔子爲政於魯，齊人聞之，懼，饋女樂以沮之，季桓子受之，不聽政。

需

石鼠四足，①不能上屋。顔氏淑德，未有爵禄。

無注。

訟

襄送季女，至于蕩道。齊子旦夕，久留連處。②

季女，齊子，齊襄公妹，魯桓公夫人也。桓公十八年，公與夫人姜氏如齊。《詩》云："魯道有蕩，齊子庸止。"

師

獐鹿逐牧，飽歸其居。還反次舍，樂得自如。

無注。

比

望尚阿衡，太宰周公。藩屏湯武，立爲侯王。③

望，太公吕尚也。阿衡，伊尹也。太宰，官名。周公爲太宰。

---

① "石"，津逮本作"碩"。

② 末句，士禮居本、津逮本作"留連久處"。

③ 末二句，津逮本作"藩居輔弼，福禄來同"。按，津逮本"居"乃"屏"之訛。

小畜

開廓洪緒，王迹所基。報以八子，功德佚時。[①]

《春秋·定公四年傳》云："武王之母弟八人，周公爲太宰，康叔爲司寇，聃季爲司空，五叔無官。"五叔即管、蔡、成、霍、毛也。周定鼎郟鄏，卜年七百，卜世三十。

履

八會大都，饒富有餘。安民利國，可以長居。

無注。

泰

陰雲四方，日在中央。人雖昏霧，我獨昭明。

無注。

否

魃爲蓄虐，[②]風吹雲卻。欲上不得，復歸其宅。

無注。

同人

昭昭暗暗，[③]非忠信客。言語反覆，以黑爲白。

無注。

---

① 第三句，津逮本作"振以公子"，"得"作"德"。
② "魃"，原作"薄"，據《小畜》之《中孚》津逮本改。
③ "暗暗"，原作"略略"，據《小過》之《損》改。

大有

三女爲奸,俱游高園。背室夜行,與伯笑言。禍及乃身,冤尤誰禱?①

無注。

謙

涉尸留鬼,大斧所視。文昌司過,簡公亂死。

按《春秋·魯哀公十四年》:齊陳恒執簡公于舒州,遂死焉。

豫

大足長股,利出行道。囷倉充盈,疏齒善市。宜錢富家,事得萬倍。

無注。

隨

筐筥錡釜,可活百口。伊氏鼎俎,大福所起。

按,《史記》:"伊尹負鼎俎,以滋味説湯,致於王道。"

蠱

升高登虚,欲有望候。駕之北邑,與喜相扶。

無注。

臨

用彼嘉賓,政平且均。螟蟲不作,民得安寧。

---

① "尤",原作"死",據《離》之《訟》改。

無注。

觀

桃夭灼華，[1]婚説宜家。君子樂胥，長利止居。

《詩・周南・桃夭》篇："桃之夭夭，灼灼其華。"

噬嗑

東行失旅，不知所處。西歸無妃，[2]莫與笑語。

無注。

賁

玩好亂目，巧聲迷耳。賊敗貞良，君受其咎。[3]

無注。

剥

明德孔嘉，萬歲無虧。駕龍巡狩，王得安所。

唐虞天子五載一巡狩，職方氏先戒四方諸侯曰："各修平乃守，考乃職事，無敢不敬。"

復

同本異葉，樂仁上德。東鄰慕義，來興吾國。

無注。

---

① "灼"，原作"少"，據《詩經・周南・桃夭》改。"華"，原作"葉"，據津逮本改。

② "妃"，津逮本作"配"。

③ "咎"，津逮本作"殃"。

无妄

戴山崔嵬，四馬虺隤。君主我德，賜以家國。①

無注。

大畜

築室合歡，千里無患。周公萬年，祐我二人。②

《周書·洛誥》曰："我二人共貞，公其以予億萬年敬天之休。"

頤

養雞生雛，畜馬得駒。明堂太學，君子所居。

無注。

大過

雷行相逐，無有休息。戰於平陸，爲夷所覆。

無注。

坎

委蛇循河，北至海涯。涉歷要荒，君世無他。

無注。

離

鴻聲大視，高舉神化。背昧向明，以道福功。

---

① "四馬虺隤"，原作"曰高無頹"，據《诗经·周南·卷耳》改。"家"，津逮本作"嘉"。

② "二"，津逮本作"三"，末句下，多"壽以高遠"。

無注。

咸

比目四翼，來安吾國。福喜上堂，與我同牀。[①]

無注。

恒

先縠彘季，反謀桓子。不從元帥，[②]遂行挑戰，爲荆所敗。

先縠彘季，晋臣名。桓子，晋荀林父也。《魯宣公十二年》：楚子圍鄭，晋師救之。荀林父將中軍，先縠佐之。及河，聞鄭與楚平。桓子欲還，彘子曰："不可。"韓獻子曰："子爲元帥，師不用命，誰之罪也？"彘子遂請挑戰，[③]晋師敗績。

遯

三頭六足，欲盜東國。顔子在邇，[④]禍滅不成。

無注。

大壯

緣山升木，中墜於谷。子輿失勞，[⑤]黄鳥哀作。

《詩・黄鳥》"子車"，秦三良。子輿即子車。

---

① 後三句，津逮本作"安我邦國，上下無患，爲吾家福"。

② "不"，原作"子"，據士禮居本、津逮本改。

③ "韓獻子曰"，原脱"韓獻子"；"彘子遂"，原脱"彘子"。皆據《左傳・宣公十二年》補。

④ "邇"，津逮本作"庭"。

⑤ "失勞"，當據《革》之《小畜》作"鍼虎"。

晉

南有嘉魚，駕黄取鲂。① 魴鯉瀰瀰，利來無憂。

《詩·小雅·南有嘉魚》篇傳云："嘉魚，鯉質鱒鯽肌，出沔南之丙穴。"

明夷

衆氣作雲，蒙覆大君。塞聰蔽明，殷人憂傷。②

無注。

家人

舉翅攄翼，跂望南國。延頸卻縮，③未有所得。

無注。

睽

坎中蝦蟆，乍盈乍虚。三夕二朝，形消無餘。

無注。

蹇

重弋射隼，④不知所定。質疑蓍龜，孰知所避？國安土樂，宜利止居。兵寇不至，民無搔擾。

蓍所以筮，龜所以卜。

---

① "鲂"，原作"麟"，津逮本作"鰌"，據《睽》之《泰》改。

② "衆"，原作"邃"，據《萃》之《謙》改。"憂"，原作"賈"，據《比》之《復》改。

③ "卻"，原作"郄"，津逮本作"郤"，據士禮居本改。

④ 首句，原作"僮子射御"，津逮本作"僮或射御"，據《中孚》之《復》士禮居本、津逮本改。

解

陰淫寒疾，水離其室。舟楫大作，傷害黍稷。民飢於食，亦病於腹。[①]

無注。

損

離友絶朋，巧言讒匿。覆白污玉，顔叔哀哭。

未詳。

益

童女無媒，不宜動摇。安其室廬，傅母何憂？

無注。

夬

作凶作患，[②]北檄困貧。東與禍連，傷我老根。

無注。

姤

東南其户，風雨不處。曣睆仁人，[③]父子相保。

無注。

萃

被髮獸心，難與比鄰。來如飄風，去如絶弦，爲狼所殘。

---

① 末句，原作“不無病厄”，據《損》之《未濟》改。

② “作患”，津逮本作“造患”。

③ “睆”，原作“睨”，士禮居本作“晲”，據丁晏《易林釋文》“睨當爲睆”改。

無注。

升

天覆地載，日月運照。陰陽允作，方内四富。

無注。

井

桀亂無道，民散不聚。背室棄家，君孤出走。

夏桀暴戾，湯伐之，放於南巢而死。

革

申酉稷時，陰慝萌作。柯葭載牧，泥塗不白。[1]

無注。

鼎

踝踵足傷，右指病瘍。失旅後時，利走不來。

無注。

震

四足俱走，駑疲在後。俱戰不勝，[2]敗於東野。

無注。

---

① “稷时”，原作“稷射”，津逮本作“敗時”，“稷”據元抄本改，“时”據津逮本改。“稷”通“昃”。第三句，津逮本“柯”作“荷”，《解》之《剥》作“柯條華枝”。“泥塗”，《解》之《剥》作“復泥”。

② “俱戰”，原作“戰既”，據津逮本改。

艮

塗行破車,醜女無媒。莫適爲偶,孤困獨居。

無注。

漸

摶髀大笑,不知憂懼。開立大路,爲主所召。

無注。

歸妹

伯圭東行,與利相逢。出既遭時,孰不相知?憂不成凶。①

無注。

豐

東行賊家,鄭伯失辭。國無貞良,居受其殃。

無注。

旅

前屈後曲,形體飭急。絞黑大索,困於清室。

無注。

巽

鼓翼大喜,②行婚飲酒。嘉彼諸姜,樂我皇考。

---

① "圭",津逮本作"主"。"時",原作"昧",據津逮本改。末句,津逮本無。

② "翼",原作"腋",據津逮本改。

無注。

兑

國將有事,[1]狐嘈向城。三日悲鳴,邑主大驚。

無注。

涣

明德剋敏,重華貢舉。放勛徵用,八哲蒙祐。[2]

《書·舜典》:"曰若稽古。帝舜曰重華,協于帝,濬哲文明,温恭允塞,玄德升聞,乃命以位。"放勛者,總言堯之德業也。

節

秋隼冬翔,數被嚴霜。甲兵充庭,萬物不生。雄父夜鳴,民擾大驚。[3]

無注。

中孚

絲紵布帛,人所衣服。摻摻女手,紡績善織。南國饒足,取之有息。

無注。

小過

鳳有十子,同巢共母。仁聖在位,歡以相保,興彼

---

① 首句,士禮居本、津逮本無。
② "八",原作"公",據《既濟》之《漸》改。
③ "擾大",原作"大擾",據《小畜》之《蹇》改。

周魯。①

鳳,靈鳥,太平之世則見,文王時鳴於岐山。魯,周公之後。

既濟

雄雞不晨,雌鳴且伸。志庇心離,三旅出哀。②

《書·牧誓》:"牝雞無晨。牝雞之晨,惟家之索。"

未濟

光祀春成,陳寶雞鳴。陽明失道,不能自守,消亡爲咎。③

按,《秦紀》索隱注曰:"《漢書·郊祀志》云:'文公獲若石云,于陳倉北坂城祠之。其神來若雄雉,其聲殷殷云。野鷄夜鳴,以牢祠之,號曰陳寶。'又,臣瓚云:'陳倉縣有寶夫人祠,歲與葉君神會,祭于此者也。'"

䷯巽下坎上井

躓跛未起,失利後市,不得鹿子。

無注。

之乾

左輔右弼,金玉滿堂。常盈不亡,富如敖倉。

---

① 後三句,津逮本作"歡以相保,富市之地,多財積穀"。

② "鳴且伸",津逮本作"雞具呻","庇"作"疪","出"作"生"。

③ "明",原作"鳥";"爲",原作"無"。皆據津逮本改。末句下,原衍"舉事不成,自取凶咎",據士禮居本、津逮本删。

無注。

坤

雨師娶婦，黄巖季子。成禮既婚，相呼而歸。潤澤田里，年歲大喜。①

《博物志》曰："太公爲灌壇令，武王夢婦人當道夜哭，問之，曰：'吾是東海神女，嫁於西海神童，今爲灌壇令當道，廢我行，我行必有大風疾雨。'武王覺，召太公問之。果有疾風暴雨從太公邑外過。"

屯

螟蟲爲賊，害我稼穡。盡禾殫麥，秋無所得。②

無注。

蒙

跛躄難步，遲不及舍。露宿澤陂，亡其襦袴。

跛，波上聲。躄，音壁。

需

大夫祈父，③無地不涉。爲吾相土，莫如韓樂。可以居止，長安富有。一云，游行諸國，莫若居韓。相土既沃，可以長安。

---

① 第三句，原脱，據士禮居本、津逮本補。末句，原脱，據津逮本補。"而歸"，津逮本作"南上"，第五句作"膏澤下土"。

② 後三句，津逮本作"害我嘉穀，中留空虚，家無所食"。

③ "祈"，原作"行"，據津逮本改。

《詩・韓奕》詩云:"蹶父孔武,靡國不到。爲韓姞相攸,莫如韓樂。"

訟

少孤無父,長失慈母。悖悖煢煢,莫與爲耦。①

無注。

師

側弁醉客,重舌作凶。披髮夜行,迷亂相誤,亡失居止。一云,醉客酩酊,披髮夜行。迷亂失所,安識第邑?②

《詩・賓之初筵》:"是曰既醉,不知其郵,側弁之俄。"

比

馬驚車破,王墜深溝。身死魂去,自爲患害。③

無注。

小畜

東行述職,征討不服。侵齊伐陳,銜璧爲臣,大得意還。

《春秋・魯僖公六年》:"楚子圍許,許男面縛銜璧。"侵齊伐陳,未詳。

履

百足俱行,相輔爲強。三聖翼事,王室寵光。

---

① "耦",原作"福",據津逮本改。

② "止",津逮本作"處"。"一云"云云,士禮居本、津逮本無。

③ "車破",原作"破處";"墜深",原作"孫沉"。皆據津逮本改。末句,津逮本作"離其室廬,貞難無虞"。

三聖，堯、舜、禹也。

泰

本根不固，華葉落去，更爲孤嫗。

無注。

否

牧羊稻園，聞虎喧囉。畏懼悚息，終無禍患。①

無注。

同人

履位乘勢，靡有絶斃。替爲隸圉，與衆庶伍。②

無注。

大有

大輿多塵，小人傷賢。皇甫司徒，使君失家。

《詩·十月之交》云："皇父卿士，番維司徒。"皆周幽王臣，小人也，卒至幽王失國。古文"甫"與"父"通用。

謙

安如太山，③福祐屢臻。雖有狼虎，不能危身。

---

① "囉"，原作"喧"；"悚息"，原作"休息"；"患"，原作"焉"。皆據《隨》之《漸》、《剥》之《損》改。

② "斃"，原作"蔽"，津逮本作"弊"，據《蒙》之《剥》改。"替"，原作"爲"，《蒙》之《剥》元抄本、士禮居本作"皆"，津逮本作"贊"，據翟云升《焦氏易林校略》改。"爲隸圉"，原作"隸所圖"，據《蒙》之《剥》改。"伍"，原作"位"，據津逮本改。

③ "如"，原作"和"，據津逮本改。

無注。

豫

同氣異門，各别東西。南與凶遇，北傷其孫。一云，同氣異門，一東一西。兄弟受禍，子孫必凶。

無注。

隨

蜺見不祥，禍起我鄉。行人畏亡，使命不通。一云，行人畏懼，邑客逃藏。①

蜺，《爾雅》云："縊女。"郭璞注："小黑蟲也。"

蠱

無事召禍，自取災殃。畜狼養虎，必見賊傷。②

無注。

臨

順風吹火，牽騏驥尾。③ 易爲功力，因權受福。

無注。

觀

五岳四瀆，霑濡爲德。行不失理，民賴恩福。

---

① "一云"云云，士禮居本、津逮本無。

② "必見"，津逮本作"還自"。林辭，津逮本首二句与末二句倒置，"畜狼養虎"作"養虎畜狼"。

③ "騏"，原作"騎"，據《泰》之《旅》改。

五岳,山名。四瀆,江、河、淮、濟。

噬嗑

延陵聰敏,樂聽太史。① 雞鳴大國,姜氏受福。

按《春秋傳》:“延陵季子適魯,觀樂於太史。”《詩·齊·雞鳴》:“思賢妃也。”

賁

神鳥五色,鳳凰爲主。集於王谷,使君得所。一云,國有禎祥,鳳凰來集。時稱太平,以後齊急。②

無注。

剥

媒妁先明,雖期不得。齊女長子,亂其紀綱。一云,齊女長子,失其紀綱。雖有先媒,必竟不來。③

《春秋·桓公十八年》:“公與夫人姜氏如齊。申繻曰:‘女有家,男有室,謂之有禮。易此必敗。’”

復

明月作晝,大人失居。衆星宵亂,④不知所據。

無注。

---

① “樂聽”,津逮本作“聽樂”。
② “一云”云云,士禮居本、津逮本無。
③ “先”,津逮本作“無”,“得”作“行”。“一云”云云,士禮居本、津逮本無。
④ “宵”,原作“霄”,據士禮居本、津逮本改。

无妄

少康興起，誅澆復祖。微滅復明，大禹享祀。一云，微滅卻光，享祀大禹。[①]

夏少康誅滅澆，歸故都即位，夏道復興。

大畜

千門萬户，大福所處。黄屋左纛，龍德獨有。

無注。

頤

乾作聖男，坤爲智女。配合既成，長生得所。[②]

無注。

大過

羿張烏號，彀射天狼。鐘鼓夜鳴，[③]將軍壯心。趙國雄勇，鬭死滎陽。

羿，后羿，善射。烏號，弓名。滎，當作"榮"。

---

① "一云"云云，士禮居本、津逮本無。第四句，津逮本作"宫祀大禹"。"宫"乃"享"之誤。

② 末句，津逮本作"長住樂所"。

③ "天"，原作"驚"，據《師》之《否》改。"鐘"，原作"鍾"，據士禮本、津逮本改。

坎

炙魚椆斗，張伺夜鼠。不忍香味，機發爲祟，窄不得去。①

無注。

離

高飛下視，貪叨所在。臭腐爲患，自害躬身。一云，竊位貪榮，内濁外清。時時暫遇，②日日禍生。

無注。

咸

鉛刀攻玉，堅不可得。單盡我力，胝蠒爲疾。③

無注。

恒

方啄宣口，聖知仁厚。釋解倒懸，唐國大安。④

方啄宣口，前《小畜》之《噬嗑》作"方喙廣口"，義通。

---

① "椆"，原作"銅"，據丁晏《易林釋文》云"《説文》'椆斗可以射鼠'，疑'銅'爲'椆'之形訛字"改。第四句下，原衍"祟在頸頭"，據《歸妹》之《師》删。"窄"，原作"笮"，形似而誤。

② "下"，原作"不"，據《震》之《涣》改。"遇"，士禮居本、津逮本作"過"。

③ 第三句，津逮本作"盡我筋力"。末句，原作"齒爲疾賊"，津逮本作"胝胼爲疾"，據《困》之《豫》改。

④ "啄"，津逮本作"喙"。"唐"，原作"家"，津逮本作"歷"，據《小畜》之《噬嗑》改。

遯

踟蹰南北，誤入喪國。杜季利兵，傷我心腹。①

無注。

大壯

公孫之政，惠而不煩。喬子相國，終身無患。

喬，當作“僑”。公孫僑，子産也，相鄭國，有惠政。

晋

弧矢大張，道絶不通。小人寇賊，君子壅塞。

無注。

明夷

藏戟之室，封豕受福。② 充澤肥腯，子孫蕃息。

無注。

家人

八子同巢，心勞相思，雖苦無憂。

無注。

睽

循理舉手，舉求取予。③ 六體相摩，終無咎殃。

---

① 首二句，《太平御覽·蜘蛛》引作“蜘蛛南北，巡行罔罟”，“腹”作“旅”。尚秉和《焦氏易林注》曰：“‘旅’即‘膂’之省文。”是。

② 第二句，《歸妹》之《遯》作“封受福祉”。

③ 次句，津逮本作“典求相予”。

無注。

蹇

王子公孫，把彈攝丸。[①] 發輒有獲，家室饒足。

無注。

解

井者有悔，陰霓爲怪。[②] 不亟徙鄉，家受其殃。

無注。

損

鄭檜細聲，國亂失傾。[③] 弘明早見，止樂不聽。

未詳。

益

穿室鑿牆，不直生訟。褰衣涉露，雖勞無功。

無注。

夬

胎卵免乳，[④]長大成就。君子萬年，動有利得。

無注。

---

① "王子公孫"，津逮本作"公子王孫"。"彈"，原作"弦"，據津逮本改。

② "陰"，原作"渴"，據《比》之《大畜》改。

③ "檜"，原作"會"，津逮本作"澮"，據《毛詩》"檜風"改。"聲"，原爲空格；"傾"，原作"頃"。皆據津逮本補、改。

④ "胎"，原作"脱"，據津逮本改。

姤

五心乖離，各引是非。莫適爲主，道路塞壅。

無注。

萃

百柱載梁，千歲不僵。大願輔福，文武以昌。

武王勝殷，封同姓諸侯以輔周室。

升

營城洛邑，周公所作。世逮三十，年歷七百。福祐豐實，[1]堅固不落。

周公作洛邑，定鼎於郟鄏。卜曰："傳世三十，歷年七百。"出《史記》。

困

牛耳聾聵，不曉聲味。委以鼎俎，方始亂潰。[2]

無注。

革

從叔旅行，食於東昌。嘉伯悦喜，與我芝香。

無注。

---

① "豐"，原作"封"，據津逮本改。

② 《困》、《革》卦辭，津逮本互易。"聵"，原作"蔽"，據《頤》之《鼎》改。

鼎

訾娵開門，[①]鶴鳴彈冠。文章進用，舞韶和鸞。三仁翼政，國無災殃。

韶，舜樂名。和、鸞，皆鈴也。在軾曰和，在鑣曰鸞，車馬之飾也。訾陬開門，[②]未詳。

震

游魂六子，百木所起。三男從父，三女隨母。至巳而反，各得其所。

《易》：乾坤生六子，乾父坤母，三男震坎艮，三女巽離兑。又曰："游魂爲變。"百木所起，至巳而反，未詳。

艮

南山藺茝，[③]使君媚好。皇女長婦，多孫衆子。

藺，當作"蘭"。《春秋》："鄭文公有妾曰燕姞，夢天與之蘭，曰：'蘭有國香，人服媚之。'既而文公見之，與之蘭而御之，生穆公，名之曰蘭。"

漸

黄虹之野，賢君在位。榮叚爲相，[④]國無災殃。

---

① "訾娵"，誤，當作"娵訾"。《左傳·襄公三十年》："及其亡也，歲在娵訾之口。"娵訾，亦作"娵觜"。《爾雅·釋天》："娵觜之口，營室東壁也。"

② "陬"，林辞作"娵"。"陬"爲誤字。

③ "藺"，士禮居本作"蘭"，津逮本作"兩"。"蘭"是。元抄本注是。

④ "榮叚"，士禮居本、津逮本作"榮段"。《中孚》之《乾》作"管叔"，是。元抄本注是。

賢君謂齊桓公。滎叚，後卦作"管叔"。[1] 蓋管叔相桓公以霸諸侯之事。

歸妹

穿鑿道路，爲君除舍。開闢福門，喜在我鄰。

無注。

豐

商風數起，天下昏晦。旱魃爲虐，九土兵作。

商，傷也。其氣遒勁，雕落萬物。

旅

自衛歸魯，時不我與。冰炭異室，仁道隔塞。

孔子當周之季，自衛反魯。

巽

春陽生草，夏長條枚。萬物蕃滋，充實益有。[2]

兑

六蛇奔走，俱入茂草。驚於長注，[3]畏懼啄口。

無注。

---

① "後"，原作"前"，據《中孚》之《乾》改。

② 林辭，原爲"原本空文"，據士禮居本、津逮本補。"枚"，士禮居本、津逮本作"枝"，據《詩・周南・汝墳》改。

③ "注"，津逮本作"住"，《豐》之《巽》作"路"，《中孚》之《家人》作"塗"。

節

避蛇東走，反入虎口。制於爪牙，骨爲灰土。

無注。

中孚

頓跌不行，①弱足善僵。孟縶無良，失其寵光。

《春秋·魯昭公二十年》："齊豹盜殺衛侯之兄孟縶，琴張將往弔之，仲尼曰：'齊豹之盜，孟縶之賊，汝何弔焉？'"

小過

十羊俱見，黄頭爲首。歲美民安，國樂無咎。

無注。

既濟

望風入門，來到我鄰，餔吾養均。

無注。

未濟

登高車反，視天彌遠。虎口不張，害賊消亡。

無注。

---

① "頓跌"，原作"頃迭"，津逮本作"傾迭"，據《无妄》之《姤》改。

卷第十三

䷰離下兑上革

馬服長股，宜行善布。[①] 蒙祐諧偶，獲金五倍。

布，當作“市”。

之乾

高原峻山，陸土少泉。草木林麓，嘉得所畜。[②]

無注。

坤

一門二關，結緝不便。歧道異路，[③]日暮不到。

無注。

屯

憂禍解除，喜至慶來。坐立歡門，與樂爲鄰。

---

① “布”，士禮居本、津逮本作“市”，是。元抄本注是。

② “嘉”，津逮本作“喜”。末句，《艮》之《比》元抄本、士禮居本作“嘉禾所炎”，津逮本“炎”作“災”。

③ “歧”，原作“峻”，據《比》之《旅》改。

無注。

蒙

殊類異路，心不相慕。牝牛牡猳，鰥無室家。

猳，音加，牡豕也。

需

太王爲父，季歷孝友。文武聖明，仁政興起。旦隆四國，載福綏厚。

《中庸》："武王纘大王、王季、文王之緒，壹戎衣而有天下。"

訟

臨河求鯉，燕婉失餌。[①] 屏氣攝息，不得鯉子。

無注。

師

買利求福，莫如南國。仁德所在，金玉爲寶。

無注。

比

白虎赤憤，闞觀王庭。宮闕被甲，大小出征。天地煩潰，育不能嬰。

無注。

---

① "婉"，原作"蜿"，據士禮居本、津逮本改。

小畜

子車鍼虎，善人危殆。黄鳥悲鳴，傷國無輔。

《詩·黄鳥》："哀三良也。秦穆公卒，以子車氏之三子爲殉。云：交交黄鳥，止于楚。誰從穆公？子車鍼虎。"

履

兩目失明，日暮無光。脛足跛曳，[①]不可以行，頓於丘傍。

無注。

泰

羅網四張，鳥無所翔。征伐困極，飢窮不食。

無注。

否

伯夷叔齊，貞廉之師。以德防患，憂禍不存。

伯夷、叔齊，孤竹君之二子也。武王伐紂，叩馬而諫，義不食周粟。孔子曰："伯夷叔齊，餓於首陽之下，民到于今稱之。"

同人

疾貧望幸，使伯行販。開牢擇羊，多得大牂。

無注。

① "曳"，原作"步"，據《剥》之《萃》改。

大有

南山之楊，華葉鏘鏘。[1] 嘉樂君子，爲國寵光。

無注。

謙

東壁餘光，數暗不明。主母嫉妒，亂我業事。[2]

東壁，星名。

豫

厭浥晨夜，道多湛露。瀸我襦袴，重不可步。[3]

無注。

隨

目瞤足動，喜如其願，舉家蒙寵。

《漢書》：眼瞤得酒肉。瞤，如倫切，目動之貌。

蠱

鷹鸇獵食，[4]雉兔困急。逃頭見尾，爲害所賊。

無注。

---

① "楊"，原作"陽"，據津逮本改。"鏘鏘"，津逮本作"將將"，《詩經·陳風·東門之楊》作"牂牂"。

② "業事"，津逮本作"事業"。

③ "厭浥"，原作"迷行"，據尚秉和《焦氏易林注》"依元（抄）本《未濟》之《損》"改。"襦袴"，原作"袴襦"；"步"，原作"涉"。皆據津逮本改。

④ "獵"，原作"欲"，據《漸》之《大過》改。

臨

鼻移在項，枯葦復生。① 下朽上榮，家擾不寧，失其金城。

無注。

觀

飛不遠去，卑斯内侍，禄養未富。②

無注。

噬嗑

側弁醉客，重舌作凶。被髮夜行，迷亂相誤，亡失居止。③

無注。

賁

亥午相錯，④敗亂緒業，民不得作。

無注。

剥

野麋畏人，俱入山谷。命短不長，爲虎所得，死於牙腹。

---

① "葦復"，原作"葉傷"，據《大過》之《萃》改。

② 次句，原作"法爲罔待"，津逮本作"汝爲内傷"，據《豐》之《涣》改。末句下，津逮本有"終無災咎，君善安止"。

③ 首句，原作"側基敗宫"，津逮本作"倒基敗筥"；"夜行"，原作"長夜"；末句，原作"深亡吉居"。皆據《困》之《師》改。

④ "亥午"，《離》之《泰》元抄本、士禮居本作"奔牛"，津逮本作"奔走"。

無注。

復

秋冬探巢，不得鵲雛。銜指北去，愧我少姬。

無注。

无妄

雙凫俱飛，欲歸稻池。經涉萑澤，爲矢所射，傷我胸臆。

無注。

大畜

天門開闢，牢户寥廓。桎梏解脱，拘囚縱釋。[1]

桎，音只。梏，音谷。拘，音拘。

頤

尼父孔丘，善釣鯉魚。羅網一舉，[2]得獲萬頭，富我家居。

《史記·世家》曰：孔子，名丘，字仲尼，世稱爲尼父。《語》云："子釣而不綱。"

大過

彭君爲妖，[3]暴龍作災。盗堯衣裳，聚跖荷兵。青禽照夜，三日夷亡。

---

① "拘"，士禮居本、津逮本作"拘"。"拘"是"拘"的俗字。
② "網"，原作"釣"，據津逮本改。
③ "君"，津逮本作"生"。

彭君，一卦作“彭名”，“妖”作“娱”，“暴”作“白”，“衣”作“舜”，“聚”作“桀”，“夜”作“火”。見《比》之《蒙》。

坎

華言風語，亂相誑誤。終無凶事，安寧如故。

無注。

離

逃頸見足，身困名辱。[①] 欲隱避仇，爲害所賊。

無注。

咸

無足斷跟，居處不安，凶惡爲殘。[②]

跟，音根。

恒

三人俱行，北求大牂。長孟病足，倩季負囊。柳下之貞，不失我糧。[③]

無注。

遯

退飛見祥，傷敗毀墜。守小失大，功名不遂。

---

① “頸”，《革》之《臨》作“頭”。“名”，原作“不”，據津逮本改。

② 末句下，津逮本有“君臣相得”一句，且下有雙行小注：“一作，君臣得安，和合於天。保下奠上，大相蒙湛。”

③ “我糧”，津逮本作“驪黄”。

無注。

大壯

持心懼怒，善數摇動。不安其處，散涣府藏，①無有利得。

無注。

晋

牽尾不前，逆理失臣，惠朔以奔。

《春秋·桓公十六年》："左公子泄、右公子職立公子黔牟，衛侯朔出奔齊。"

明夷

禄如周公，建國洛東，②父子俱封。

周公，周之冢宰。其子伯禽，封魯侯。

家人

君有八人，信允篤畝，③爲堯所舉。

八元、八凱之德，曰齊、聖、廣、淵、明、允、篤、誠。"畝"，當作"誠"。

---

① "懼怒"，《震》之《離》元抄本、士禮居本作"瞿目"，津逮本作"耀日"，《小過》之《中孚》作"雜目懼怒"。"涣"，原作"災"，據津逮本改。

② 第二句，原脱，據津逮本補。

③ "君"，原作"吾"，據津逮本改。"畝"，津逮本作"敏"，士禮居本作"誠"。"敏"是，元抄本注誤。

睽

久陰霖雨，塗行泥潦。商人休止，市空無有。[①]

無注。

蹇

無足斷跟，居處不安，凶惡爲殘。

跟，音根。

解

馬蹢破車，[②]婦惡破家。青蠅污白，恭子離居。

《青蠅》，《詩》篇名。青蠅污穢，能變白黑。《春秋左傳》："晋獻公嬖驪姬，驪姬欲立其子奚齊，譖毁群公子及世子申生。"恭子，即申生也。

損

噂噂所言，[③]莫如我垣。歡樂堅固，可以長安。

噂，音撙。

益

懿公淺愚，不受深謀。[④] 無援失國，爲狄所賊。

《春秋·閔公三年》："狄人伐衛。懿公好鶴，鶴有乘軒者。

---

① "塗行泥"，原作"泥塗行"，據《謙》之《恒》、《夬》之《大過》改。"有"，原作"實"，據津逮本改。

② "蹢破"，原作"蹄蹢"，據《觀》之《隨》改。

③ "所"，原作"不"，據士禮居本、津逮本改。

④ "受深"，原誤倒，據津逮本乙正。

將戰，國人皆曰：‘使鶴。’遂爲狄所滅。”

夬

騏驥緑耳，章明造父。伯夙奏獻，衰續厥緒。[1] 佐文成霸，爲晋元輔。

按《史記・趙世家》：造父取驊騮、緑耳以獻於周穆王。王賜之趙城，其後生趙夙，輔晋獻公，伐霍。夙之後生衰，事晋文公，遂霸諸侯。

姤

駕車入里，求鮮魴鯉。非其肆居，自令失市。[2]

無注。

萃

求獐嘉鄉，惡蛇不行。道歧中還，[3]復反其牀。

無注。

升

杖鳩負裝，醉卧道傍。不知何公，竊我錦囊。

老人食多咽，故刻杖爲鳩，取鳩食不咽之義。出《白帖》。

---

① “驥”，原作“驎”，據士禮居本、津逮本改。“奏”，原作“奉”，津逮本作“所”；“衰”，原作“襄”。皆據《節》之《泰》津逮本改。

② “失”，原作“後”，據《咸》之《漸》改。

③ “蛇”，原作“地”，據《既濟》之《解》改。“歧”，原作“止”，據《既濟》之《解》元抄本、士禮居本改。“還”，原作“還”，津逮本作“返”，據《既濟》之《解》津逮本改。

困

登崑崙，入天門，過糟丘，宿玉泉，問惠歡，見仁君。①

崑崙之墟，在西北方，去嵩高五萬里，地之中，其高萬一千里，出五色雲氣，山有大小天門，仰視天門，如從穴中望天窗。糟丘、玉泉，未詳。

井

水爲火牡，②患厭不起。季伯夜行，與喜相逢。

無注。

鼎

烏孫氏女，深目黑醜。嗜欲不同，過時無偶。

烏孫，國名。其女目深而醜黑也。

震

子鉏執麟，春秋作元。陰聖將終，尼父悲心。

《左傳・哀公十四年》："春，西狩於大野，叔孫氏之車子鉏商獲麟，孔子作《春秋》。"

艮

灼火泉原，釣魴山顛。魚不可得，火不可燃。③

---

① "問"，原作"同"，津逮本作"開"，據《震》之《革》改。"仁"，原作"欣"，據津逮本改。

② 首句，"牡"，原作"壯"，津逮本作"木爲大牀"，據丁晏《易林釋文》改。

③ "原"，津逮本作"源"。"顛"，士禮居本、津逮本作"巔"。原源、顛巔，皆古今字。"火"，原作"炭"，據津逮本改。

無注。

漸

天馬五道，炎火久處。往來上下，非文鈞巳。衣枲絲麻，相隨哭歌，①凶惡如何。

未詳。

歸妹

鴟鴞破斧，沖人危殆。賴旦忠德，轉禍爲福，傾危復立。②

《鴟鴞》、《破斧》，皆《豳風》詩篇名，言周公誅管蔡以安周室之事。

豐

牡飛門啓，③憂患大解，不爲身禍。

無注。

旅

石門晨開，荷蕢食貧。④ 遁世隱居，竟不逢時。

石門，即《論語》所謂"晨門"，掌晨啓門之人，與"荷蕢"等皆

---

① 第四句，津逮本作"作文約己"，《家人》之《益》元抄本、士禮居本作"住又駒亡"。"枲"，原作"衰"，據津逮本改。"哭"，原作"在"，津逮本作"笑"，據《家人》之《益》改。

② "傾"，原作"頃"，據士禮居本改。

③ "牡"，原作"杜"，據津逮本改。

④ "開"，津逮本作"門"，《震》之《小過》元抄本作"闕"，士禮居本作"啓"。"食"，原作"疾"，據津逮本改。

賢而隱者。

巽

兔聚東郭，衆犬俱獵。圍缺不成，無所能獲。

東郭㕙，海内之狡兔。

兑

三羊群走，雉兔驚駭。非所畏懼，自令勞苦。

無注。

涣

羽翮病傷，無以爲強。宋公德薄，敗于水泓。

魯僖公二十二年，宋襄公及楚人戰于泓，宋師敗績。

節

姬姜雅叔，二人偶食。論仁議福，①以安王室。

周公，姬姓。太公，姜姓。二人夾輔周室。雅叔，未詳。

中孚

精誠所在，神爲人輔。德教尚中，②彌世長久。三聖乃興，多受福祉。

無注。

---

① “叔”，誤，當據《乾》之《損》作“淑”。“二”，原作“三”；“議”，原作“義”。皆據《乾》之《損》改。

② “爲人”，津逮本作“人爲”。“尚”，原作“之”，據《師》之《既濟》改。

小過

岐周海隅，獨樂不憂。可以避難，全身保財。①

文王生於岐周，太公辟紂居東海之濱。

既濟

孤獨特處，莫依爲輔，心勞志苦。

無注。

未濟

顧望登臺，意常欲逃。賈辛醜惡，妻不安夫。

《春秋·魯昭公二十八年》："魏獻子謂賈辛曰：'昔賈大夫惡，娶妻而美，三年不言不笑。'"

䷱巽下離上鼎

積德之君，仁政且温。② 伊吕股肱，國富民安。

伊尹相湯，吕望興周。

之乾

頃筐卷耳，憂不得傷。心思故人，③悲慕失母。

按《詩傳》："頃，攲也。筐，竹器。卷耳，枲耳，葉如鼠耳，叢

① "岐"，原作"歧"，據士禮居本、津逮本改。元抄本注同改。"財"，原作"才"，據津逮本改。

② "君"，原作"至"；"仁政"，原作"君政"。皆據津逮本改。

③ "故"，津逮本作"古"。

生如盤。言后妃以君子不在而思念之。故賦此詩托言之也。”

坤

郤叔賈貸，行禄多悔，利無所得。

無注。

屯

蹶狂跛跌，辟坐不行。棄捐于人，名字無中。[①]

無注。

蒙

文王四乳，仁愛篤厚。子畜十男，無有折夭。

按《淮南子》云：“文王有四乳。”

需

容民畜衆，不離其居。[②]

無注。

訟

三蛆逐蠅，陷墜釜中。[③] 灌沸淹殪，與母長決。

無注。

---

① “蹶”，原作“蹷”，據津逮本改。“跌”，原作“袪”，據《否》之《夬》改。“捐”，原作“損”，據津逮本改。“于”，原作“平”，據《師》之《姤》改。“中”，津逮本作“申”。

② “居”，津逮本作“君”。

③ “蛆逐蠅”，原作“推相逐”，津逮本作“雛相逐”，據《大畜》之《觀》津逮本改。“陷”，原作“蠅”，據《大畜》之《觀》改。

師

所望在外，鼎令方來。拭爵滌罍，炊食待之，不爲季憂。①

無注。

比

陸居少泉，高山無雲。車行千里，塗污爾輪，亦爲我患。

無注。

小畜

東家殺牛，污臭腥臊。神背西顧，②命衰絶周。亳社災燒，宋人夷誅。

《周易·既濟》九五："東鄰殺牛，不如西鄰之禴祭。"《春秋·魯哀公四年》："六月，辛丑，亳社災。"公羊注云："何以書？記災也。"

履

長子入獄，婦饋母哭。霜降旬日，鄉晦伏法。

無注。

泰

温山松柏，常茂不落。鳳凰以庇，得其歡樂。

---

① 《師》、《比》、《小畜》三林次序，原誤爲《小畜》、《比》、《師》，據士禮居本、津逮本及《周易》六十四卦次序乙正。"滌"，原作"澡"，據津逮本改。

② "污"，原作"聞"，據《噬嗑》之《巽》改。"西"，原作"不"，據津逮本改。

無注。

否

大屋之下，朝多君子。德施博育，[①]宋受其福。

無注。

同人

羅張目決，圍合耦缺，魚鳥生脱。

無注。

大有

羔裘豹袪，高易我宇，君子維好。[②]

《詩·鄭風·羔裘》之詩曰："羔裘豹飾，孔武且力。"此刺朝之詩也。

謙

大頭明目，載受喜福。三雀飛來，與禄相得。

無注。

豫

銷鋒鑄耜，[③]縱牛放馬。甲兵解散，夫婦相保。

《史記》：武王勝殷，包藏弓矢，戢弭干戈，以示弗用；歸馬于華山之陽，放牛于桃林之野，以示弗服。

① "博"，津逮本作"溥"。
② "宇"，原作"字"，據津逮本改。末句下，津逮本有"至老無憂"。
③ "銷"，原作"消"，據津逮本改。"耜"，原作"刃"，據《晋》之《晋》改。

隨

吉日車攻,田弋獲禽。反行飲至,以告嘉功。①

《吉日》,《詩》篇名,美宣王田也。

蠱

商人行旅,資無所有。貪貝逐利,留連王市。還轅内安,②公子何咎?

無注。

臨

火入井口,揚芒生角。犯歷天門,闚見太微。登上玉牀,家易其公。③

無注。

觀

秋隼冬翔,數被嚴霜。甲兵充庭,萬物不生。雄父夜鳴,④民擾大驚。

無注。

---

① "車攻",原作"舉鈞",據津逮本改。"獲",原作"獵",津逮本作"雙",據《履》之《夬》改。"嘉",原作"喜",據津逮本改。

② "王市",原作"玉帛",據津逮本改。"還",原作"馭",津逮本作"轘",據《蠱》之《中孚》改。

③ "入井口",原作"井暘谷";"其",原作"共"。皆據津逮本改。

④ "冬",原作"東";"充庭",原作"庭堂"。皆據士禮居本、津逮本改。"雄父",原作"雞釜",據津逮本改。

噬嗑

東行西步，失其次舍。乾侯野井，昭君喪居。

《春秋·昭公二十五年》："九月戊戌，伐季氏，叔孫氏、孟氏救之。三家反攻公。己亥，公孫于齊，次于陽州。"《二十六年》："三月，公至自齊，居于鄆。"《三十二年》："薨于乾侯，齊侯唁公于野井。"

賁

腫頸病腹，[①]陷厠污辱。命短時極，孤子哀哭。

《春秋》："晋侯有疾，張，如厠而卒。"

剥

切膚近災，[②]虎絶我鬚。小人横暴，君復何之？

無注。

復

女室作毒，爲我心疾。和不能治，晋人赴告。

《春秋·魯昭公元年》："晋侯求醫於秦，秦伯使醫和視之，曰：'疾不可爲也，是謂近女室，疾如蠱。'庚戌卒。"

无妄

兵征大宛，北出玉門。與胡寇戰，平城道西。七日無

---

① "頸"，士禮居本、津逮本作"脛"。
② "災"，原作"火"，據津逮本改。

糧，[1]身幾不全。

大宛，國名。單于圍漢祖白登七日。

大畜

九子十夫，莫適與居。貞心不壹，自令老孤。

無注。

頤

東行稻麥，遂至家國。樂土無災，君父何憂？[2]

無注。

大過

作室山根，人以爲安。[3] 一夕崩顛，破我饔飧。

無注。

坎

六人俱行，各遺其囊。黄鵠失珠，無以爲明。

無注。

離

伯蹇叔盲，莫爲守裝。失我衣裘，我是陰鄉。[4]

無注。

---

① "無"，津逮本作"絶"。
② "父"，津逮本作"子"。
③ "人"，原作"所"，據《賁》之《明夷》改。
④ "鄉"，津逮本作"邦"。

咸

褒寵溢尤，①敗政傾家。覆我宗國，秦滅周室。

周幽王寵褒姒，廢申后並太子宜臼。申侯怒，與西夷犬戎攻幽王，虜褒姒。其後秦卒滅周。

恒

詭言華語，仇偶相得。② 冰入炭室，消滅不息。

無注。

遯

彭名爲妖，③暴龍作災。盜堯衣裳，聚跖荷兵。青禽照夜，三旦夷亡。

"妖"作"娛"，"暴"作"白"，"衣"作"舜"，"聚"作"桀"，"夜"作"火"。見《比》之《蒙》。

大壯

朝露白日，四馬過隙。歲短期促，時難再得。

《李斯傳》："胡亥曰：'人生猶騁六驥過決隙。'"

晉

耳閼道塞，④所爲不成，求事匪得。

---

① "溢"，原作"洫"，據津逮本改。

② "詭"，原作"該"，據津逮本改。"華"，原作"譯"，據《咸》之《頤》改。首句，《隨》之《困》作"黷黷許許"。"偶"，原作"禍"，據《隨》之《困》改。

③ "名"，津逮本作"生"。

④ "閼"，原作"闕"，據《巽》之《小畜》改。"塞"，原作"衰"，津逮本作"喪"，據《復》之《坎》改。

無注。

明夷

申公患楚，危不自安。重耳出奔，[①]側喪其魂。

《春秋·成公七年》："楚共王即位，子重、子反滅申公巫臣之族，申公亡之晋。"重耳，晋文公名，僖公四年，被驪姬之譖出奔蒲。

家人

南上太行，困於空桑。左砂右石，[②]牛馬無食。

無注。

睽

海隅遼右，福禄所在。柔嘉蒙禮，九夷何咎？

東方之夷有九種。

蹇

陽春生長，萬物茂壯。垂枝布葉，君子比德。

無注。

解

低頭竊視，有所畏避。行作不利，酒酸魚敗，衆莫

① "重耳"，尚秉和《焦氏易林注》曰："'重耳'爲'子重'之訛。"
② "行"，原作"山"，據《大有》之《乾》改。"空"，原作"此"，據津逮本改。"砂"，津逮本作"沙"。

貪嗜。[①]

無注。

損

左輔右弼，金玉滿堂。常盈不亡，富於敖倉。[②]

無注。

益

坐朝乘軒，據德宰民。虞舜受命，六合和親。

《書·舜典》："曰若稽古，帝舜玄德升聞，乃命以位。"

夬

東行西走，[③]喪其犬馬。南求驊騮，失車林下。

無注。

姤

砥德礪材，果當成周。拜受大命，封爲齊侯。

《春秋分記》：[④]"太公吕望起漁釣，爲周文王師，號師尚父，佐定天下，以功封爲齊侯。"

萃

西逢王母，慈我九子。相對歡喜，王孫萬户，家蒙福祉。

---

① "作"，原作"伯"；"莫"，原作"若"。皆據津逮本改。
② "堂"，原作"櫃"，據津逮本改。"於"，津逮本作"如"。
③ "走"，原作"坐"，據津逮本改。
④ "分記"，原脱，據宋程公説《春秋分記》補。

無注。

升

安坐玉牀，聽韶行觴。飲福萬歲，曰壽無疆。①

韶，舜樂。《書》："簫韶九成，鳳凰來儀。"

困

登高望家，役事未休。王政靡盬，不得逍遥。

《詩·四牡》篇云："王事靡盬，不遑將父。"此勞使臣而作也。

井

擊鼓陷陔，不得相踰。章父文德，②福厭禍消。

陔，階次也。按《禮》有"陔夏"樂，謂擊鼓爲登階之節。章甫，冠名。陷，當作"蹈"。父，與"甫"同。

革

追亡逐北，呼還幼叔。至山而得，復反其室。③

無注。

震

老猾大偷，東行盜珠。④ 困於噬敖，幾不得去。

---

① "牀"，疑當據《鼎》之《升》作"堂"。"曰壽"，原作"日受"，據津逮本改。

② "陷"，元抄本注作"蹈"，是。"父"，士禮居本、津逮本作"甫"。

③ "山"，原作"止"，據《未濟》之《大過》改。"得"，原作"復"；"復"，原作"得"。皆據津逮本改。

④ "珠"，原作"敖"，據津逮本改。

無注。

艮

禹召諸侯,會稽南山。執玉萬國,天下康安。

史記禹南巡狩,會諸侯于塗山,執玉帛者萬國。

漸

切切怛怛,[①]如將不活。黍稷之恩,靈輒以存,獲生保年。

按《春秋·魯宣公二年》:"晋宣子舍于翳桑,見靈輒餓,食之。及靈公欲殺宣子,輒倒戟以禦公徒而免之。"

歸妹

侯叔興起,季子富有。照臨楚國,蠻荆是安。

季子,即魯大夫季孫氏,專國政。孔子稱季氏富於周公。按《春秋·魯昭公七年》:"楚子成章華之臺,願與諸侯落之。薳啓強曰:'臣能得魯侯來。'召公,辭曰:'昔先君成公命我先大夫嬰齊,曰:吾不忘先君之好,將使衡父照臨楚國,鎮撫其社稷,以輯寧爾民。'"

豐

白馬騮駁,[②]更生不休。富我商人,利得如丘。

騮,音留。駁,音博。

---

① 首句,原作"切怛切怛",據津逮本改。

② "騮駁",津逮本作"駿騮"。

旅

灼火泉原，釣魴山顛。魚不可得，火不可燃。①

無注。

巽

避患東西，反入禍門。糟糠不足，憂動我心。

無注。

兑

成王多寵，商臣惶恐。生其禍心，使君危殆。

商臣，楚成王世子，蜂目而豺聲，卒爲亂，成王死。事見《春秋·文公元年》。

涣

虎飢欲食，見猬而伏。禹導龍門，②避咎除患，元醜以安。

《史記·龜策傳》郭璞注曰：③"猬能制虎。"猬刺端分兩岐，似鼠，少犯近則毛刺攢起如矢也。神禹治水，鑿龍門，在夏陽馮翊縣，當大河之中。

---

① "顛"，士禮居本、津逮本作"巔"。顛、巔古今字。"火"，原作"炭"，據津逮本改。

② "飢"，原作"飲"，據津逮本改。"導"，原作"通"，據《豫》之《比》改。

③ "注"，原脱，據《史記·龜策列傳》索隱補。

節

安民呼池，玉杯大按。泉如白蜜，一邑獲願。①

紂爲酒池、玉杯、象箸以侈，周武王伐之。

中孚

雙鳧鴛鴦，相隨群行。南至饒澤，食魚與粱，君子樂長。②

無注。

小過

蔡侯朝楚，留連江渚。③ 逾時歷月，思其君后。

魯定公三年冬，蔡昭侯適楚，獻裘於昭王。昭王服之，以享蔡侯，蔡侯亦服其一，子常欲之，弗與，三年止之。

既濟

膠車駕東，與雨相逢。五枀解墮，顿軥獨坐，④憂爲身禍。

五枀，當作"五絫"。

---

① 第三句，《同人》之《豫》作"魚如白雲"。"邑"，原作"色"，津逮本作"挹"，據尚秉和《焦氏易林注》改。《同人》之《豫》作"一國獲願"，此作"邑"是。

② "群"，原作"君"；"粱"，原作"梁"；"樂"，原作"與"。皆據津逮本改。

③ "渚"，《泰》之《恒》作"濱"。

④ "枀"，士禮居本、津逮本作"絫"，是。元抄本注是。"墮"，原作"墜"，據士禮居本、津逮本改。"顿軥"，原作"頓阸"，津逮本作"頹杌"，據《遯》之《益》元抄本注、士禮居本改。

未濟

螟蟲爲賊，害我稼穡。盡禾殫麥，利無所得。

螟，食苗心蟲，害稼穡者也。

☳震下震上 震

枯瓠不材，[①]利以濟舟。渡踰河海，無有溺憂。

無注。

之乾

陷塗溺水，火燒我履，憂患重累。

無注。

坤

旦生夕死，名曰嬰鬼，不可得祀。[②]

無注。

屯

揚水潛鑿，使石潔白。衣素表朱，游戲皋沃。[③] 得其所願，心志娛樂。

沃，當作"沃"。《詩・揚之水》："刺晋昭公也。昭公分國以

① "材"，原作"朽"，據黄丕烈士禮居本《後序》引顧千里曰"《國語》'枯匏不材於人'"改。

② "祀"，原作"視"，據津逮本改。

③ "石"，原作"君"；"表朱"，原作"附珠"。皆據津逮本改。"沃"，津逮本作"澤"，士禮居本作"沃"，"沃"是。元抄本注是。

封沃,沃盛強,國人將叛而歸沃焉。揚之水,白石鑿鑿。素衣朱襮,從子于沃。既見君子,云何不樂?”

蒙

衆鳥所聚,[1]中有大怪。九身無頭,魂驚魄去,不可以居。

無注。

需

刖根枯株,不生肌膚。病在於心,日以燋枯。

無注。

訟

府藏之富,王以振貸。捕魚河海,笱笓多得。[2]

笱,當作"笱"。笓,當作"罔"。

師

一莖九纏,更相牽攣。案明俯仰,不得東西。請讞當報,[3]日中被刑。

無注。

---

① "聚",原作"翔",據《否》之《同人》改。

② "振",士禮居本作"賑"。"笱笓",津逮本、士禮居本作"笱網",是。元抄本注是。

③ "案",原作"宿",津逮本作"安",據《解》之《漸》改。"俯仰",《解》之《漸》作"如市"。"讞",原作"獻",據士禮居本、津逮本改。

比

鲝老鮐背，齒牙動摇。近地遠天，下入黄泉。

《詩》："黄耇鮐背。"言老人背若鮐魚也。

小畜

羊舌叔虎，野心善怒。黷貨無厭，①以滅其身。

羊舌虎，晋叔向弟也，生美而有勇力。魯襄公二十一年，范宣子以其爲欒盈之黨，殺之。

履

謀疑八子，更相欺紿。管叔善止，②不見邪期。

未詳。

泰

絆跳不遠，心與言反。尼丘顧家，茅簟朱華。③

未詳。

否

蚍蜉載盆，④不能上山。摇推跌跋，頓傷其顔。

載，當作"戴"。蚍蜉，蠹有翼者。蜱蜉戴盆，即蚍蜉撼大樹之義，量小而望大也。

---

① "黷"，原作"瀆"，據士禮居本、津逮本改。

② "謀"，津逮本作"訏"，"止"作"政"。

③ "絆"，原作"伴"；"簟"，原作"蕈"；"華"，原作"筆"。皆據津逮本改。末句，《訟》之《困》作"菡萏未華"。

④ "載"，津逮本作"戴"，是。元抄本注是。

同人

朝露不久，爲恩惠少。膏澗欲盡，①咎在枯槁。

澗，當作“潤”。

大有

河伯之功，九州攸同。載祀六百，光烈無窮。

載祀六百，②商之曆數也。《商頌》曰：“奄有九有。”即九州也。又曰：“濬哲維商，長發其祥。洪水茫茫，禹敷下土方，帝立子生商。”蓋商之封國，在禹治水之時也。

謙

三人北行，六目光明。③ 道逢淑女，與我驥子。

無注。

豫

金精曜怒，帶鈞通午。徘徊高庫，宿於木下。兩虎相拒，④弓弩滿野。

鈞，當作“劍”。通，當作“過”。

隨

江河淮海，天之奥府。衆利所聚，可以富有，安樂

---

① “澗”，士禮居本作“潤”，是。元抄本注是。
② “百”，原作“伯”，據林辭改。
③ “六目”，原作“大見”，據《姤》之《升》改。
④ “鈞通”，津逮本作“劍過”，是。元抄本注是。“拒”，津逮本作“距”。

無憂。[1]

無注。

蠱

不虞之患，禍至無門。奄忽暴卒，[2]病傷我心。

無注。

臨

畫龍頭頸，文章未成。甘言美語，説辭無名。

無注。

觀

缺破不成，胎卵不生，不見兆形。

無注。

噬嗑

旁行不遠，三里復反。[3] 心多畏惡，日中止舍。

無注。

賁

回隤不安，兵革爲患。掠我妻子，家屢飢寒。[4]

---

① "聚"，原作"處"，據士禮居本、津逮本改。"安樂無憂"，原作"好樂喜友"，據津逮本改。

② "至"，原作"生"；"忽"，原作"然"。皆據津逮本改。

③ "里"，《豫》之《歸妹》作"思"。

④ "回隤"，原作"四隤"，津逮本作"四瀆"，據《大壯》之《賁》改。"屢"，原作"履"，據津逮本改。

無注。

剥

喜來如雲，嘉福盈門。衆才君子，舉家蒙歡。①

無注。

復

載金販狗，利棄我走。藏匿淵底，悔折爲咎。②

無注。

无妄

日中爲市，各抱所有。交易貲賄，函珠懷寶，心悦歡喜。

《易·繫辭》："日中爲市，致天下之民，聚天下之貨，交易而退，各得其所，蓋取諸《噬嗑》。"

大畜

月步日趨，周遍次舍。歷險致遠，③無有難處。

無注。

頤

陽明失時，陰凝爲憂。主君哀泣，喪其元侯。

無注。

---

① 第二句，津逮本作第四句，第四句作第二句。
② "悔折"，原誤倒，據《隨》之《革》改。
③ "歷險"，原作"經歷"，據《夬》之《豫》改。

大過

年衰歲暮，精魄游去。形容消枯，喪子哀呼。[①]

無注。

坎

少無功績，老困失福。跂行跛踦，[②]不知所立。

無注。

離

持心瞿目，[③]善數摇動。自東徂西，不安其處。散渙府藏，無有利得。

瞿，其俱切，鷹隼視也。

咸

賫貝贖貍，不聽我辭。繫於虎鬚，牽不得來。

無注。

恒

老狼白獹，長尾大胡。前顛卻躓，[④]無有利得。

無注。

---

① "哀"，原作"恩"，據《歸妹》之《夬》改。

② "跛踦"，原作"徙倚"，津逮本作"跛倚"，據《乾》之《渙》改。

③ "瞿目"，津逮本作"耀日"，《革》之《大壯》作"懼怒"，《小過》之《中孚》作"雜目懼怒"。

④ "卻"，原作"郤"，據《睽》之《需》士禮居本改。

遯

背北相憎,[①]心志不同,如火與金。君猛臣慢,虎行兔伏。

無注。

大壯

夏臺牖里,湯文厄處。鬼侯歠醢,岐人悦喜。[②]

牖,當作"羑"。湯囚夏臺,文王拘羑里。《史記》:"西伯、九侯、鄂侯爲紂三公。紂醢九侯。"徐廣曰:"九侯,一作鬼侯。"

晋

牙孽生齒,室堂啓户。[③] 幽人利貞,鼓翼起舞。

一作"牙孽生達"。見《遯》之《兑》。

明夷

列女無夫,閔思苦憂。齊子無良,使我心愁。

齊子,齊襄公妹,魯桓公夫人。事見《詩·齊風·南山》篇。

家人

踐履危難,脱厄去患。入福喜門,見誨大君。[④]

無注。

---

① "北",原作"地",據《乾》之《歸妹》改。

② "牖",津逮本作"羑",是。元抄本注是。"岐",原作"歧",據士禮居本、津逮本改。

③ "室堂",原作"螳蜋",據《臨》之《姤》改。

④ "誨",原作"悔",津逮本作"我",據《豐》之《中孚》改。

睽

折臂踒手，不能進酒。祈祀闊曠，①神怒不喜。

無注。

蹇

蟻封户穴，大雨將集。鵲起數鳴，牝雞嘆室。相薨雄父，未到在道。②

無注。

解

胡俗戎狄，太陰所積。固冰沍寒，③君子不存。

沍，當作"沍"。

損

翕翕輷輷，隕顛崩顛。滅其令名，④身不得全。

翕，音吸。輷，音田。

益

螟蟲爲賊，害我稼穡。盡禾單麥，⑤秋無所得。

無注。

---

① "踒"，原作"接"，據《小畜》之《艮》改。"闊"，原作"閑"，據《小畜》之《艮》士禮居本、津逮本改。

② "未"，津逮本作"來"。

③ "沍"，士禮居本、津逮本作"沍"，是。元抄本注是。

④ "隕"，原作"稍"，據《泰》之《謙》津逮本改。"滅"，原作"減"，據津逮本改。

⑤ "螟"，原作"災"，據津逮本改。"單"，士禮居本、津逮本作"殫"。

夬

三鳥飛來，[1]自我逢時。俱行先至，多得大利。

無注。

姤

罷馬上山，绝無水泉。[2] 喉焦唇乾，渴不能言。

無注。

萃

春生孳乳，萬物繁熾。[3] 君子所集，禍災不到。

無注。

升

王孫季子，相與爲友。明允篤誠，升擢薦舉。

《史記》："高陽氏有才子八人，謂之八愷。高辛氏有才子八人，謂之八元。堯未及舉，舜於是舉八愷，使主后土；舉八元，使布五教。"

困

六明並照，政紀有統。秦楚戰國，民受其咎。

無注。

---

① "鳥"，原作"幸"，據津逮本改。

② "罷"，原作"龍"，據《乾》之《訟》士禮居本改。"絶"，原作"焦"，據津逮本改。

③ "繁"，津逮本作"蕃"。

井

蝃蝀充側，佞人所惑。[1] 女謁横行，正道壅塞。

蝃蝀，《詩》篇名，“言蝃蝀在東而人不敢指，以比淫奔之惡人不可道，況女子有行，又當遠其父母兄弟”。

革

登崑崙，入天門。過糟丘，宿玉泉。問惠歡，見仁君。[2]

崑崙之墟，在西北方，去嵩高五萬里，地之中，其高萬一千里，出五色雲氣。泰山有大小天門，仰視天門，如從穴中望天窗。糟丘、玉泉，未詳。

鼎

體重飛難，未能越關，不離室垣。上下墟塞，心不遑安。[3]

無注。

艮

玄黄虺隤，行者勞罷。役夫憔悴，逾時不歸。

《詩·卷耳》：“后妃以君子不在而思念之，曰：陟彼崔嵬，我馬虺隤。”又云：“陟彼高岡，我馬玄黄。”又云：“我僕痡矣，云何吁矣。”

---

① “所”，《蠱》之《復》、《无妄》之《臨》作“傾”。

② “仁”，原作“欣”，據津逮本改。

③ “離室”，原作“啻留”，津逮本作“離空”，據《蒙》之《歸妹》改。末二句，津逮本無。

漸

孔德如玉，出於幽谷，飛上喬木。① 鼓其羽翼，輝光照國。

無注。

歸妹

火雖熾，在吾後。寇雖衆，出我右。身安吉，②不危殆。

無注。

豐

旃裘羶國，文禮不飾。跨馬控紘，③伐我都邑。

無注。

旅

被髮八十，慕德獻服。邊鄙不聳，以安王國。

無注。

巽

心得所好，口常爲笑。公孫蛾眉，雞鳴樂夜。

無注。

---

① “喬”，原作“高”，據《同人》之《坎》改。

② “出我”，津逮本作“在吾”。“吉”，原作“居”，據士禮居本、津逮本改。

③ “紘”，津逮本、士禮居本作“弦”。

兑

馬能負乘，見邑之野。並獲粢稻，[①]喜悦无咎。

無注。

涣

高飛視下，貪叨所在。腐臭爲患，害於躬身。[②]

無注。

節

東行西步，失其次舍。乾侯野井，昭君喪居。

按《春秋·昭公二十五年》："公孫于齊，次于陽州，至于野井。"《二十六年》："居于鄆。"《三十二年》："卒于乾侯。"

中孚

神鳥五采，鳳凰爲主。集於山谷，使年歲有。

無注。

小過

石門晨闢，荷蕢食貧。[③]遁世隱居，竟不逢時。

石門，地名。闢，當作"啓"。《語》云："有荷蕢而過孔氏之門者。"注云："荷蕢，隱士。"

---

① "粢"，津逮本作"粱"。

② 《涣》、《節》二林，原次序誤爲《節》、《涣》，據士禮居本、津逮本及《周易》六十四卦次序改。

③ "闢"，士禮居本作"啓"，津逮本作"門"，《革》之《旅》元抄本、士禮居本作"開"。"食"，原作"疾"，據《革》之《旅》津逮本改。

既濟

䶗䶗齧齧，貧鬼相責。無有歡怡，一日九結。

䶗，《玉篇》無。齧，倪結切，噬也。

未濟

白日揚光，雷車避藏。雲雨不行，各止其鄉。

無注。

䷳艮下艮上艮

君孤獨處，單弱無輔，名曰困苦。①

無注。

之乾

憂驚已除，禍不爲災，安全以來。

無注。

坤

穿匏挹水，篝鐵燃火。勞罷力竭，飢渴爲禍。

匏，瓠也。

屯

蹇牛折角，不能載粟。災害不避，年歲無穀。

---

① 末句下，津逮本有“輔心涌泉，碌碌如山”。

無注。

蒙

邑將爲虛，居之憂危。

無注。

需

朽根刖樹，[①]華葉落去。卒逢火焱，隨風僵仆。

焱，音焰。

訟

元后貪欲，窮極民力。執政乖沍，望夷所偪。[②]

沍，當作"互"。

師[③]

北山有棗，使叔壽考。東嶺多栗，宜行賈市。陸梁雌雉，所至利喜。[④]

《語》："山梁雌雉，時哉時哉。"

---

① 首句，原作"根刖殘樹"，津逮本作"根刖樹殘"，據《屯》之《坎》改。

② "沍"，津逮本作"劣"，士禮居本作"互"，"互"是。元抄本注是。"望"，原作"爲"，據《乾》之《大壯》改。"偪"，津逮本作"覆"。

③ 《師》、《比》、《小畜》三林，原次序錯置爲《小畜》、《比》、《師》，據士禮居本、津逮本及《周易》六十四卦順序改。

④ "嶺"，原作"領"；"喜"，原作"害"。皆據津逮本改。

比

高原峻山，陸土少泉。草木林麓，嘉禾所炎。①

無注。

小畜②

辰次降婁，王駕巡狩。③ 廣祐施惠，國安無憂。

降婁，星名。

履

輷輷轠轠，歲暮偏弊。寵名捐棄，④君衰於位。

輷，音田。轠，音雷。

泰

放銜委轡，奔馬不制。⑤ 法度無恒，君失其位。

無注。

否

獨坐西垣，莫與言笑。秋風多哀，使我心悲。

無注。

---

① "原"，原作"源"，據士禮居本、津逮本改。末句，津逮本"炎"作"災"，《革》之《乾》作"嘉得所畜"。

② "小畜"，津逮本作"小過"，誤。

③ "狩"，原作"時"，據津逮本改。

④ "捐"，原作"損"，津逮本作"復"，據《蠱》之《坤》改。

⑤ "馬"，原作"亂"，據《蹇》之《姤》改。

同人

脛急股攣，不可出門。暮速歸旅，必爲身患。

無注。

大有

情僞難知，使我偏頗。小人在位，雖聖何咎？

無注。

謙

黍稷醇醲，敬奉山宗。神嗜飲食，甘雨嘉降。庶物蕃茂，時無災咎。①

《詩・甫田》篇云："以祈甘雨，以介我稷黍。"又《楚茨》云："神嗜飲食，卜爾百福。"

豫

公子王孫，把彈攝丸。發輒有獲，室家饒足。

無注。

隨

陰升陽伏，桀失其室。② 慈母赤子，相餧不食。

無注。

蠱

七竅龍身，造易八元。法則天地，順時施恩，利以長存。

---

① "茂"，原作"廡"，據津逮本改。末句下，津逮本有"獨蒙福祉"。

② "桀"，原作"舜"，據《噬嗑》之《隨》改。

聖人心有七竅，伏犧蛇身人首，遇河中龍馬負圖，則而書之，以畫八卦。

臨

逐狐東山，水遏我前。深不可涉，失利後便。

無注。

觀

銜命辱使，不堪其事。中墜落去，更爲負載。

無注。

噬嗑

温仁君子，忠孝所在。入閨爲儀，①禍災不處。

無注。

賁

春多膏澤，夏潤優渥。稼穡成熟，畝獲百斛。師行失律，霸功不遂。②

《易·師》象曰："師出以律，失律凶也。"

剥

二女共室，心不聊食。首髮如蓬，憂常在中。

無注。

---

① "入閨"，津逮本作"八閨"。

② 末二句，《臨》之《明夷》、《節》之《師》無。

復

築闕石顛，[1]立本泉源。疾病不安，老狐爲鄰。

無注。

无妄

欲避凶門，反與禍鄰。顛覆不制，痛薰我心。

無注。

大畜

踧行竊視，有所畏避。貍首伏藏，以夜爲利。

無注。

頤

人面鬼口，長舌爲斧。斲破瑚璉，[2]殷商絶後。

未詳。

大過

和氣相薄，膏澤津液，生我嘉穀。

無注。

坎

消金厭兵，雷車不行，民安其鄉。

---

① "闕"，原作"關"，據津逮本改。

② "人"，原作"八"；"鬼"，原作"九"。皆據《否》之《謙》改。"斲"，原作"劈"，據津逮本改。

無注。

離

秦儀機言，解其國患。一説燕下，齊相以權。①

蘇秦主從，張儀主衡。秦事燕，儀事秦。張儀歸報秦王，復使東説齊。

咸

旦奭輔王，②周德孔明。越裳獻雉，萬國咸康。

周公旦、召公奭二人夾輔周室，以致周家强盛。交趾南有越裳氏，重三譯而來，獻白雉。

恒

弱足刖跟，不利出門。賈市無盈，折亡爲患。

無注。

遯

堅冰黄鳥，啼哀悲愁。③不見白粒，但睹藜蒿。數驚鷙鳥，爲我心憂。

無注。

大壯

魂微惙惙，屬纊聽絶。曠然大通，復更生活。

① “相”，原作“襄”，據津逮本改。
② “輔王”，原誤倒，據津逮本乙正。
③ “啼”，原作“帝”，津逮本作“常”，據《乾》之《噬嗑》元抄本、士禮居本改。

惙,音輟。

晋

陰生獐鹿,鼠舞鬼哭,靈龜陸處。一云,靈鼠陸處,鬼哭鼠舞。釜甑草生,仁知盤桓,國亂無緒。①

無注。

明夷

礛諸攻玉,無不穿鑿。龍體具舉,魯班爲輔。② 麟鳳成形,德象君子。

無注。

家人

山作天池,③陸爲海口,民不安處。

無注。

睽

東風啓户,隱伏歡喜。萌庶蒙恩,復得我子。

無注。

---

① "陸",原作"墜",據士禮居本、津逮本改。"一云,靈鼠陸處,鬼哭鼠舞",士禮居本無,津逮本爲雙行小注。"釜",原作"雨",據津逮本改。"盤桓",原作"敗國";"國亂",原作"桀亂"。皆據《坎》之《離》改。

② "礛諸",原作"諸石",津逮本作"鑿諸",據《淮南子》"玉待礛諸而成器"改。"具",士禮居本、津逮本作"吾"。"輔"下,原空一格,士禮居本、津逮本無空。"麟",津逮本作"舞",誤。

③ "池",原作"時",據《涣》之《賁》改。

蹇

華燈百枝，消暗衰微。精光訖盡，奄如灰靡。①

無注。

解

三十無室，寄宿桑中。上宫長女，不得來同，使我失期。

無注。

損

卵與石鬭，糜碎無處。② 動而有悔，出不得時。

無注。

益

秦兵爭強，失其貞良，敗於殽鄉。

秦穆公違蹇叔之諫，命孟明伐晋師，敗於殽。

夬

篴除善猛，③難爲攻醫。驥窮鹽車，困於銜箠。

驥，良馬，服鹽車而上太行之阪，遇伯樂輒長鳴。出《戰國策》。

---

① "消"，原作"稍"，津逮本作"植"；"訖"，原作"欲"。皆據《隨》之《大有》改。"靡"，津逮本作"糜"。

② "糜"，原作"麋"；"處"，原作"疑"。皆據津逮本改。

③ "篴"，原作"虎"，士禮居本、津逮本作"虐"，據《詩・邶風・新臺》毛傳"籧篨，不能俯者"改。

姤

操笱搏貍，荷弓射魚。非其器用，自令心勞。

無注。

萃

葵丘之盟，晋獻會行。見太宰辭，復爲還輿。

按《春秋·僖公九年》："齊侯盟諸侯于葵丘。宰孔先歸，遇晋侯，曰：'可無會也，齊侯不務德而勤遠略，無勤於行。'晋侯乃還。"

升

臏詐龐子，夷竈書木。兵伏卒發，矢至如雨。魏師驚亂，將獲爲虜，涓死樹下。①

《史記》：齊軍入魏地，用孫臏之計，減竈以示怯，伏兵馬陵，期暮見舉火則發。諸軍如約，萬弩夾道而起，魏兵大敗，龐涓自剄死，虜太子申。

困

南行出城，世得天福。王姬歸齊，賴其所欲。②

《詩·何彼穠矣》："王姬下嫁於諸侯而作也。其曰：平王之孫，齊侯之子。"注云："平王即平王宜臼，齊侯即襄公諸兒。"事見《春秋》。

---

① "書木"，原作"盡毀"，據津逮本改。末句，津逮本無。
② "天"，津逮本作"大"。末句下，津逮本有"以安邦國"。

井

冬采薇蘭，[①]地凍堅難。利走室北，暮無所得。

無注。

革

王僑無病，[②]狗頭不痛。亡屐失履，乏我送從。

僑，當作"喬"，古仙人名。一作"三尸失履"，見《隨》之《解》。狗，作"苟"，見《謙》卦。

鼎

宛馬疾步，盲師坐御。目不見路，中宵不到。[③]

漢大宛有良馬。

震

求利南國，亡去我北。復歸其城，不爲吾賊。[④]

無注。

漸

比目四翼，安我邦國。上下無患，爲吾嘉福。[⑤]

無注。

---

① "薇"，原作"微"，據津逮本改。

② "僑"，士禮居本、津逮本作"喬"，是。元抄本注是。

③ "宵"，津逮本作"止"。

④ "南"，原作"難"，據《遯》之《豐》改。"復"，原作"憂"；"不"，原作"反"。皆據《明夷》之《歸妹》改。

⑤ "嘉"，原作"喜"，據津逮本改。

歸妹

八材既登，以成股肱。厖降庭堅，[1]國無災凶。

高陽氏才子，厖降、庭堅，其二子也。

豐

漏弊穿空，家莫爲宗，爲身作凶。一云，“宗”字下云：奴婢逃走，子西父東。[2]

無注。

旅

鳥舞國城，邑懼卒驚。仁德不修，爲下所傾。

無注。

巽

五穀不熟，[3]民苦困急。亟之南國，嘉樂有得。

無注。

兑

黄裳建元，福德在身。禄祐洋溢，封爲齊君。賈市無門，富寶多飧。[4]

《易・坤》六五：“黄裳元吉，文在中也。”

---

① “股肱”，津逮本作“嘉功”，“厖”作“龙”。

② “漏”，原作“稍”，據《大壯》之《萃》改。“一云”云云，乃士禮居本、津逮本第三、四句，“爲身”句爲第五句。是元抄本所謂“一本”與士禮居本、津逮本同。

③ “五”，原作“三”，據士禮居本、津逮本改。

④ 末句，津逮本“寳”作“貴”，《離》之《小過》作“股肱多根”。

涣

齊東郭盧，嫁於洛都。驪婦美好，[1]利得過倍。

齊棠公之妻，東郭偃之姊也。驪婦，晋獻公之嬖人也。

節

安牀厚褥，不得久宿。棄我嘉宴，困於南國。投抒之憂，不成禍災。

《戰國策》："秦甘茂曰：魯人與曾參同姓名者殺人，人告其母，母曰：'吾子不殺人。'織自若。三告之，其母懼，投杼踰垣而走。"

中孚

内崩身傷，中亂無常。雖有美粟，我不得食。[2]

無注。

小過

出門逢患，與禍爲怨。更相擊刺，傷我指端。

無注。

既濟

出入節時，南北無憂。行者亟至，[3]在外歸來。

無注。

---

① "盧"，原作"廬"，據《困》之《坎》改。"驪婦"，津逮本作"駿良"，是。
② 末句，原作"不我食得"，津逮本作"不其得食"，據《明夷》之《兑》改。
③ "亟"，原作"函"，津逮本作"即"，據《大壯》之《艮》改。

未濟

公孫駕驪，載游東齊。延陵説産，遺季紵衣。

《左傳》：産，鄭大夫子産。季，吴公子季札，聘於鄭，子産獻以紵衣。

卷第十四

䷴艮下巽上漸

別離分散，長子從軍，稚叔就賊，寡老獨居，莫爲種瓜。

無注。

之乾

旦種菽豆，暮成藿羹。心之所願，志快意愜。

無注。

坤

牡飛門啓，[1]憂患大解，不爲身禍。

一作“修福行善，不爲身禍”。[2]

屯

東山西山，各自止安。雖相登望，竟未同堂。

無注。

---

① “牡”，原作“杜”，據津逮本改。

② “修福行善”云云，見於《需》之《兑》。

蒙

衆鳥所聚,①中有大怪。九身無頭,魂驚魄去,不可以居。

未詳。

需

交侵如亂,民無聊賴。追我濟西,敵人破陣。

我,當作"戎"。《春秋·莊公十八年》:"公追戎于濟西。"《公羊傳》曰:"此未有言'伐'、其言'追'何?大其爲中國追也。"

訟

麟鳳所翔,國無咎殃。賈市十倍,復歸惠鄉。

無注。

師

鑿井求玉,非卞氏寶。② 身困名辱,勞無所得。

卞和得玉璞,獻楚懷王,王以爲欺,斬其一足。

比

文山鴻豹,肥腯多脂。王孫獲願,載福巍巍。

無注。

---

① "聚",原作"翔",據《否》之《同人》改。
② "寶",原作"室",津逮本作"宅",據《蒙》之《臨》改。

小畜

周成之隆，刑錯無凶。太宰贊右，君子作仁。①

成康之際，天下安寧，刑措四十餘年不用。太宰，即冢宰，周公也。

履

珪璧琮璜，執贄見王。百里寧戚，應聘齊秦。

百里奚事秦，寧戚事齊。②

泰

穿空漏徹，破桴殘缺。陶弗能治，瓦碎不全。③

無注。

否

鴻飛循陸，公出不復，伯氏客宿。

《詩·豳風·九罭》篇云："鴻飛遵陸，公歸不復，於汝信宿。"

同人

蝦蟆群聚，從天請雨。雲雷運集，應時輒下，得其

---

① "錯"，津逮本作"措"。"無凶"，原作"除凶"，據《遯》之《坤》改。"贊右"，原作"費石"，津逮本作"費祐"，據《遯》之《坤》元抄本改。"仁"，原作"人"，據津逮本改。

② "戚"，原作"越"，據林辭改。

③ "空"，各本同，惟《大壯》之《萃》津逮本舊注云："疑作室。"當作"室"。"桴殘"，原作"壞我"，據津逮本改。"碎"，原作"甓"；"全"，原作"鑿"。皆據《大壯》之《萃》改。

所願。[1]

無注。

大有

老弱無子,不能自理。爲民所憂,終不離咎。管子治國,侯伯賓服。乘輿八百,尊我桓德。[2]

管子即管仲,相桓公,霸諸侯。

謙

蟠枚折枝,[3]與母别離,絶不相知。

無注。

豫

盛中不絶,衰者復掇。盈滿減虧,瘯蠡肥腯。鄭昭失國,重耳興立。一云,盛者必衰,羸者却肥。[4] 鄭昭失國,重耳得時。

《春秋》:桓十一年,鄭莊公卒,昭公入,嗣立,至十七年遇弑。重耳,晋文公名,僖公二十四年入,殺懷公而立,遂霸諸侯。

隨

聞虎入邑,必欲逃匿。無據易德,不見霍叔,[5]終無

① 末二句,原作"應其願所"四字,據士禮居本、津逮本改。

② "所",津逮本作"雖"。"桓",原作"恒",據士禮居本、津逮本改。

③ "枚",原作"梅",據《訟》之《謙》改。

④ "衰者",津逮本作"衰老"。"瘯",原作"癡",據士禮居本、津逮本改。"盛者"、"羸者"之"者",原皆作"去",皆據《觀》之《豐》改。

⑤ "霍叔",原作"藿菽",據津逮本改。

憂慝。

無注。

蠱

隨時逐便，不失利門。多獲得福，富於封君。

無注。

臨

禹作神鼎，伯益銜指。斧斤既閣，憧立獨倚。賈庸不讎，①枯槁爲禍。

禹分九州，收天下美銅，鑄爲九鼎，以象九州。伯益，舜之虞官。禹嘗薦益於天，後益避位箕山，天下之人不歸益而歸啓。

觀

春鴻飛東，以馬質金。② 利得十倍，重載歸鄉。

無注。

噬嗑

金齒鐵牙，壽考宜家。年歲有儲，貪利者得，雖憂無咎。③

無注。

---

① "益"，各本同，誤，當作"倕"。詳見《小畜》之《益》校勘記。"閣"，原作"折"，據《小畜》之《益》改。"憧"，原作"撞"，據津逮本改。第五句，原作"賣萬不讎"，津逮本"讎"作"售"，據《詩・邶風・谷風》"賈用不售"改。

② "質"，原作"貿"，據津逮本改。

③ 末句，各本同，《大壯》之《乾》作"離其咎憂"。

賁

膏澤沐浴，洗去污辱。振除災咎，更與福處。①

《周禮》："九德之歌，九韶之舞。"所謂沐浴膏澤，而歌詠勤苦者也。

剥

履階登墀，高升峻巍。② 福禄洋溢，依天之威。

無注。

復

坤厚地德，庶物蕃息。平康正直，以綏大福。

《易・坤》卦："坤厚載物。德合無疆。"

无妄

絶域異路，多所畏惡。使我驚懼，思吾故處。

無注。

大畜

襁褓孩呱，③冠帶成家。出門如賓，父母何憂？

無注。

---

① "福處"，津逮本作"壽福"。
② "升"，原作"登"，據士禮居本、津逮本改。
③ "呱"，原作"幼"，據《遯》之《恒》元抄本、士禮居本改。

頤

一尋百節，綢繆相結。其指詰詘，[①]不能解脱。

無注。

大過

鷹鶻獵食，雉兔困急。逃頭見尾，爲害所賊。

無注。

坎

危坐至暮，請求不得。膏澤不降，政戾民忒。[②]

無注。

離

剛柔相呼，二姓爲家。霜降既同，惠我以仁。

無注。

咸

慈母赤子，[③]饗賜得士。蠻夷來服，以安王國。

無注。

---

① "詘"，士禮居本、津逮本作"屈"。
② "忒"，原作"惑"，據《剥》之《頤》改。
③ "赤"，原作"念"，據《小畜》之《既濟》改。

恒

良夫孔姬，脅悝登臺。柴季不扶，[1]衛輒走逃。

按《春秋左傳》：孔伯姬與其豎渾良夫爲蒯聵劫孔悝，登臺。衛亂，季路死焉。衛輒奔宋。

遯

子長忠直，李氏爲賊。禍及無嗣，司馬失福。

子長，司馬遷也。因言李陵事，遂下蠶室。

大壯

節度之德，不涉亂國。雖昧無光，後大受慶。

無注。

晋

驅羊南行，與禍相逢。狼驚我馬，虎盜我子，悲恨自咎。

無注。

明夷

尼父孔丘，善釣鯉魚。羅網一舉，[2]得獲萬頭，富我家居。

《史記・世家》曰：孔子名丘，字仲尼，少貧賤，爲養與祭，或

---

① "柴"，原作"欒"，津逮本作"昆"，據《左傳・哀公十五年》"子羔曰：'弗及，不踐其難。'……子羔遂出，子路入。……孔子聞衛亂，曰：'柴也其來，由也死矣。'"改。

② "網"，原作"釣"，據士禮居本、津逮本改。

不得已而釣弋。

家人

本根不固,華葉落去,更爲孤嫗。①

無注。

睽

設罟捕魚,反得詹諸。② 員困竭忠,伍氏夷誅。

員,伍子胥名。《春秋》:哀公元年,吴子夫差伐越,許越行成,子胥諫,弗聽。十一年,吴將伐齊,員諫夫差,弗聽,賜屬鏤之劍以自死。

蹇

敏捷勁疾,如猿升木。③ 彤弓雖調,終不能獲。

無注。

解

冠帶南游,與福相期。徼於嘉國,拜爲逢時。

無注。

---

① 《家人》、《睽》、《蹇》三林,原次序顛倒爲《蹇》、《睽》、《家人》,據士禮居本、津逮本及《周易》六十四卦次序改。"本",原作"大",據津逮本改。

② "詹",原作"居",據翟云升《焦氏易林校略》引《淮南子・説林》"月照天下,蝕于詹諸"改。

③ "勁",原作"極",津逮本作"亟",據《泰》之《蠱》津逮本改。"升",原作"集",據《泰》之《蠱》改。

損

年豐歲熟，政仁民樂，旅人獲福。①

無注。

益

築闕石顛，立基泉源。疾病不安，老狐爲鄰。②

無注。

夬

逐狐東山，水遏我前。深不可涉，失利後便。

無注。

姤

麟子鳳雛，生長嘉國。和氣所居，康樂温仁，邦多聖人。

無注。

萃

西行求玉，冀得瑜璞。③ 反得凶惡，使我驚惑。

瑜，玉之美者。

---

① “旅”，原作“禄”，據《大有》之《噬嗑》改。

② “顛”，士禮居本、津逮本作“巔”。“狐”，原作“孤”；“爲”，原作“無”。皆據《艮》之《復》改。

③ “瑜”，津逮本作“卞”，《家人》之《姤》士禮居本、津逮本作“隋”。

升

心狂老悖，聽視聾盲。政命無常，[1]下民多孽。

無注。

困

南國少子，才略美好。求我長女，賤薄不與。反得醜惡，後乃大悔。

無注。

井

逶迤高原，家伯妄施，亂其五官。[2]

家伯，周幽王臣。《詩》曰："皇父卿士，番維司徒，家伯爲宰。"言"幽王所以致變異者，由小人用事於外也"。小人指家伯而言。

革

謝恩拜德，東歸吾國，歡樂有福。

無注。

鼎

雞鳴同興，[3]思配無家。執珮持凫，無所致之。

無注。

① "政"，原作"正"，據《家人》之《咸》改。
② "原"，津逮本作"源"，"五"作"在"。
③ "興"，原作"舉"，據《豐》之《艮》改。

震

凶重憂累,[1]身受誅罪,神不能解。

無注。

艮

虎豹熊羆,游戲山谷。仁賢君子,得其所欲。

無注。

歸妹

海隅遼右,福禄所在。柔嘉蒙祉,九夷何咎?

《語》云:“子欲居九夷。”注云:“東方之夷有九種。”

豐

華首之山,仙道所游。利以居止,長無咎憂。

泰華、首陽,皆山名,泰華踞中土,西偏謂之西岳,軒帝游焉。伯夷、叔齊隱於首陽之下。

旅

甲乙戊庚,隨時轉行,不失常節。萌牙律屈,咸達生出,各樂其類。

無注。

巽

跛躓未起,失利後市,不得鹿子。

---

① “累”,津逮本作“慮”。“慮”乃“薦”之訛。累、薦義同。

無注。

兑

怙恃自負，不去於下。[①] 血從地出，誅罰失理。

無注。

涣

江河淮海，天之都市。商人受福，國家饒有。

無注。

節

節情省慾，賦斂有度。家給人足，公劉以富。[②]

無注。

中孚

鼃池鳴呴，呼求水潦。[③] 雲雨大會，流成河海。

無注。

小過

日月之塗，所行必到，無有患故。

無注。

---

① "去"，津逮本作"志"。

② 末句，原作"利以富貴"，津逮本作"且富且貴"，據《家人》之《臨》改。

③ "鼃池"，原作"牝牛"，津逮本作"牝馬"，據尚秉和《焦氏易林注》改。詳見《隨》之《臨》校勘記。"呴"，原作"喣"，據津逮本改。"水"，原作"其"，據《隨》之《臨》改。

既濟

乘風帶雨,[1]與飛鳥俱。一舉千里,見吾愛母。

無注。

未濟

陰醜陽爭,[2]卧木反立。君子攸行,喪其官職。

無注。

䷵兑下震上歸妹

堅冰黄裳,啼哀悲愁。[3] 不見白粒,但睹藜蒿。數驚鷙鳥,爲我心憂。

《易》曰:"履霜,堅冰至。"又曰:"黄裳,元吉。"

之乾

荆木冬生,司寇緩刑。威權在下,國亂且傾。[4]

《書·周官》:"司寇掌邦禁,詰奸慝,刑暴亂。"

坤

喘牛傷暑,弗能成畝。草萊不闢,年歲無有。

《世説》:"滿奮畏風,坐武帝琉璃屏内。奮有寒色,帝問之,

---

① "帶雨",原作"而舉",據《同人》之《泰》改。

② "醜",士禮居本、津逮本作"配"。"爭",津逮本作"事"。

③ "裳",誤,當據津逮本作"鳥"。"啼哀",原作"鳥哀",津逮本作"常哀",據《乾》之《噬嗑》元抄本、士禮居本改。

④ "傾",原作"順",據士禮居本、津逮本改。

曰:‘臣如吴牛見月而喘。’”注:“牛畏日暑,見月疑是日,故喘。”

屯

魚欲負流,衆不同心,至德安樂。[1] 一云,潛伏。

無注。

蒙

春耕有息,秋入利福。獻豣大豵,以樂成功。

《豳風》詩云:“三之日于耜,四之日舉趾。”又曰:“九月築場圃,十月納禾稼。”四章曰:“言私其豵,獻豣于公。”注云:“豵,一歲豕;豣,三歲豕也。”

需

生有聖德,上配太極。皇靈建中,授我以福。

《詩》曰:“克配彼天,莫匪爾極。”言后稷之德真可配天,使我蒸民得以粒食者,莫非其德之至也。《書》曰:“建中于民。”又曰:“斂時五福,用敷錫厥庶民。”言建中者,立中道於天下也。中者,天下之所同有,然非君建之,則民不能以自中;而禮義者,所以建中者也。

訟

右撫劍頭,左援鉤帶。[2] 凶訟不已,相與爭戾,失利而歸。

---

① “安樂”,津逮本作“潛伏”。是元抄本所謂“一云”乃津逮本祖本。

② “劍”,原作“琴”,據《泰》之《遯》改。“援鉤”,原作“手援”,據《泰》之《遯》津逮本改。

無注。

師

炙魚棝斗，張伺夜鼠。舌不忍味，機發爲祟，笮不得去。①

無注。

比

甲兵脱服，②牛馬休息。君子以安，勞者得歡。

無注。

小畜

堯問尹壽，③聖德增益。使民不疲，安無怵惕。

尹，治也，正也。

履

孤公寡婦，獨宿悲苦。目張耳鳴，莫與笑語。

無注。

泰

外得好畜，相與嫁娶。仁賢集聚，咨詢厥事。傾奪我城，

① “棝”，原作“枯”，據《説文》“棝斗可以射鼠”改。“笮”，原作“笮”，形似而誤。

② “甲兵”，原作“申酉”，據《晋》之《晋》、《大畜》之《咸》改。“脱”，原作“説”，據《咸》之《明夷》改。

③ “問”，原作“門”，據《遯》之《隨》改。“壽”，原作“爵”，據《新序》“堯學乎尹壽”改。尹壽爲人名，元抄本注誤。

使家不寧。

無注。

否

煎砂盛暑，鮮有不朽。去河三里，敗我利市。老牛盲馬，去之何悔？

無注。

同人

甲乙戊庚，隨時轉行。不失常節，萌牙律屈。咸達出生，各樂其類。

無注。

大有

衣繡夜游，[1]與君相遭。除解煩惑，使心不憂。

無注。

謙

死友絶朋，[2]巧言爲讒。覆白污玉，顔叔哀喑。

未詳。

豫

逐利三年，利走如神。轘轉東西，[3]如鳥避丸。

① “衣繡”，原作“依宵”，據《小過》之《否》改。
② “死”，津逮本作“無”。
③ “轘”，士禮居本作“輾”，津逮本作“展”。輾、展通。元抄本注是。

轋,當作“輾”。

隨

堤防壞決,河水放逸。傷害稼穡,居孤獨宿,[1]没溺我邑。

無注。

蠱

陰陽隔塞,許嫁不荅。旄丘新臺,[2]悔往嘆息。

《旄丘》、《新臺》,皆《詩》篇名。《旄丘》,“責衛之不能救黎”。《新臺》,“刺宣公不循乎禮也”。

臨

伯夷叔齊,貞廉之師。以德防患,憂禍不存。

伯夷、叔齊,孤竹君之二子,武王伐紂,叩馬而諫,義不食周粟,隱於首陽山。孔子曰:“伯夷、叔齊餓于首陽之下,民到于今稱之。”

觀

陽爲狂悖,拔劍自傷,爲身生殃。

無注。

噬嗑

進仕爲官,不若服田,[3]獲壽保年。

---

① “放逸”,津逮本作“泛溢”,“居”作“君”。“穡”下,津逮本多“民流去室”。
② “旄”,《晋》之《无妄》作“宛”。
③ “仕”,原作“士”,據《姤》之《困》改。“服”,原作“復”,據津逮本改。

無注。

賁

耕石不生，棄禮無名。縫衣失針，襦袴弗成。

無注。

剥

靈龜陸處，盤桓失所。① 伊子復耕，桀亂無輔。

伊尹耕于有莘之野，湯聘之，進于桀。桀不能用，復歸于湯。

復

室當源口，溺漂爲海。財産單盡，②食衣無有。

無注。

无妄

雞方啄粟，爲狐所逐。走不得食，惶懼惕息。③

無注。

大畜

家在海隅，橈短深流。④ 豈敢憚行，無木以趨。

無注。

① "盤桓"，原作"一旦"，據《既濟》之《无妄》改。
② "單"，士禮居本、津逮本作"殫"。
③ "惕"，原作"喘"，據《蠱》之《升》改。
④ "橈短"，原作"繞旋"，據《觀》之《明夷》改。

頤

他山之錯，與璆爲仇。來攻我城，傷我飢膚，①國家騷憂。

飢，當作“肌”。

大過

弊鏡無光，不見文章。少女不嫁，棄於其公。

無注。

坎

大蛇巨魚，相搏於郊。君臣隔塞，郭公出廬。②

《春秋》：“狄人伐衛，衛立戴公，廬曹。”郭，當作“戴”。

離

絶世無嗣，福禄無存。精神涣散，離其躬身。

無注。

咸

文君之德，仁義致福。年無胎夭，國富民實。憂者之望，增參盜息。③

此言文王之德。蓋周家積功累仁，斂時五福，民無夭札，國

---

① “錯”，原作“儲”；“璆”，原作“環”。皆據津逮本改。“飢”，士禮居本、津逮本作“肌”，是。元抄本注是。

② “郭”，士禮居本作“戴”。

③ “仁義”，原作“養仁”，據《咸》之《既濟》改。末二句，士禮居本“增”作“憎”，津逮本作“曾”，《咸》之《既濟》作“君子在堂，曾累益息”。

家阜豐，人安盜息焉。增參，未詳。

恒

合歡之國，喜爲我福。東岳南山，朝躋成恩。①

東岳，五岳之一。南山，即南岳衡山。

遯

憂人之患，履悖傷顔，②爲身禍殘。率身自守，與喜相抱。長子成老，封受福祉。

無注。

大壯

太公避紂，七十隱處。卒逢聖文，③爲王室輔。

初，太公隱于屠、釣，後遇文王，遂興周室。

晋

江漢上流，政逆民憂。陰伐其陽，雌爲雄公。

無注。

明夷

縮緒亂絲，舉手爲災。越畝逐兔，喪其衣袴。

無注。

---

① “恩”，原作“息”，據《咸》之《損》改。
② “傷”，原作“易”，據《復》之《萃》改。
③ “逢”，原作“受”，據津逮本改。

家人

臭彘腐木,[1]與狼相輔。亡夫失子,憂及父母。

無注。

睽

刲羊不當,女執空筐。兔跛鹿踦,緣山墜墮,讒佞亂作。

《易·歸妹》上六:"女承筐,無實;士刲羊,無血。無攸利。"傳曰:"女當承事筐筐,無實則無以祭;士刲羊,無血亦無以祭也。"

蹇

拔劍傷手,見敵不起。良臣無佐,困辱爲咎。[2]

無注。

解

三羖五牂,相隨俱行。迷入空澤,循谷直北。經涉六駁,爲所傷賊。

無注。

損

爭雞失羊,亡其金囊,利得不長。陳蔡之患,賴楚以安。

《史記》:"孔子在陳、蔡之間,楚使人聘之,孔子將往拜禮。

---

① "木",原作"水",據津逮本改。

② "困",原作"國",據津逮本改。"起",原作"善",津逮本作"喜";"辱",原作"憂"。皆據《咸》之《歸妹》改。

陳、蔡大夫謀曰:'楚若用孔子,則陳、蔡大夫危矣。'於是乃相與發徒圍孔子於野,不得行,絶糧。使子貢至楚,楚昭王興師迎孔子,然後得免。"

益

三驪負衡,南取芷香。秋蘭芬馥,盈滿匣匵,[①]利我仲季。

無注。

夬

孟夏己丑,哀呼尼父。明德訖終,亂虐滋起。[②]

《春秋·哀公十六年》:"四月己丑,孔子卒。"

姤

履不容足,南山多棘。毋出房闥,[③]乃無病疾。

無注。

萃

三足無頭,弗知所之。心狂精傷,莫使爲明,不見日光。[④]

---

① "衡",原作"銜",據士禮居本、津逮本改。"取芷",原誤倒,據津逮本改。"匣",原作"神",據《復》之《艮》改。

② "已",原作"巳",據《左傳·哀公十六年》改。"滋",原作"兹",據士禮居本、津逮本改。

③ "棘",原作"革",士禮居本作"草",津逮本作"葉";第三句,原作"家有芳蘭"。皆據《恒》之《訟》改。

④ "狂",原作"強",津逮本作"在",據《小畜》之《復》改。"精",原作"睛";"日",原作"月"。皆據津逮本改。

無注。

升

戴堯扶禹，松喬彭祖。西過王母，道里夷易，無敢難者。

堯，唐帝名。禹，夏禹，姒姓。赤松、王喬、彭祖，皆古仙人名。王母，亦神仙也。

困

式微式微，憂禍相絆。隔以巖山，室家分散。

《式微》，《詩》篇名，“黎侯寓于衛，其臣勸以歸也”。

井

靈龜陸處，盤桓失所。[1] 伊子復耕，桀亂無輔。

伊尹耕於有莘之野，湯聘之，進於桀。桀不能用，復歸于湯。

革

仁德覆洽，恩及異域，澤被殊方，禍災隱伏。蠶不作室，寒無所得。

無注。

鼎

夏麥䴸䴬，霜擊其芒。疾君敗國，使年夭傷。

䴸，音孚。䴬，古猛切。

---

① “盤桓”，原作“一旦”，據《既濟》之《无妄》改。

震

火雖熾，在吾後；寇雖多，出我右。[①] 身安吉，不危殆。

無注。

艮

道遠遼絶，路宿多悔。[②] 頑嚚相聚，生我畏惡。

無注。

漸

懸懸南海，去家萬里。飛兔騕褭，[③]一日見母，除我憂悔。

無注。

豐

困而後通，雖危不窮。終得其願，姬姜相從。

周公，姬姓。太公，姜姓。周公以二叔流言居東山。太公避紂，釣於渭濱。二人同輔周室。

旅

西賈巴蜀，寒雪至轂。欲前不得，還反室屋。[④]

巴蜀，地名也。

---

① “出我”，津逮本作“在吾”。
② 首二句，原脱“道”，“路”下衍“客”字，據《明夷》之《小畜》改。
③ “騕褭”，原作“褭騕”，據《晉》之《坎》改。
④ “室屋”，士禮居本作“空屋”，津逮本作“空室”。

巽

新作初陵，爛陷難登。三駒推車，[1]躓頓傷頤。

無注。

兑

延頸望酒，不入我口。深目自苦，利得無有，幽人悦喜。

無注。

涣

仲春孟夏，和氣所舍。生我喜福，國無殘賊。

無注。

節

張羅捕鳩，兔離其災。雌雄俱得，爲罝所賊。

無注。

中孚

三人俱行，一人言北。伯仲欲南，少叔不得。中路分爭，道鬭相賊。

無注。

小過

然諾不行，欺紿誤人，使我露宿。夜歸温室，神怒不直，

---

① “新作”，原誤倒，據《明夷》之《咸》乙正。“推”，原作“摧”，據津逮本改。

鬼擊其目。欲求福利,適反自賊。①

無注。

既濟

陳辭達誠,使安不傾。增禄益壽,以成功名。

無注。

未濟

火燒公牀,破家滅亡。然得安昌,先憂重喪。②

無注。

䷶離下震上豐

諸孺行賈,經涉山阻。與狄爲市,③不憂危殆,利得十倍。

無注。

之乾

鼎足承德,嘉謀生福。爲王開庭,得心所欲。

無注。

坤

曳綸河海,鈎挂魴鯉。王孫利得,以饗仲友。

---

① 後三句,原作"鬼欲求獨,刺擊其目,反言自賊",據津逮本改。

② "重",津逮本作"後"。

③ "山",原作"大";"狄",原作"杖"。皆據津逮本改。

無注。

屯

東山打皋洛，畔逆不服。興師征討，恭子敗覆。

按《春秋·魯閔公二年》："晉侯使太子申生伐東山皋落氏。"《僖公二年》："驪姬譖申生。十二月戊申，縊於新城。"

蒙

千里騂駒，爲王服車。嘉其驪榮，[1]君子有成。

無注。

需

二龍北行，道逢六狼。暮宿中澤，爲禍所傷。

無注。

訟

天災所游，凶不可居。轉徙獲福，留止危憂。

無注。

師

狐狸雉兔，畏人逃去。分走竄匿，不如所處。[2]

如，當作"知"。

---

① "驪"，原作"麗"，據津逮本改。
② "如"，津逮本作"知"，是。元抄本注是。

比

雨師娶婦，黄巖季女。[①] 成禮既婚，相呼南去。膏潤下土，年歲大有。

《博物志》曰："太公爲灌壇令。武王夢婦人當道夜哭，問之，曰：'吾是東海神女，嫁於西海神童。今爲灌壇令當道，廢我行。我行必有大風疾雨。'武王覺，召太公，問之，果有疾風暴雨從太公邑外過。"

小畜

外栖野鼠，與雉爲伍。[②] 瘡痍不息，即去其室。

無注。

履

天命絶後，悲商無主。[③] 彷徨兩社，獨不得酒。

兩社，春與秋二社祭也。

泰

鵠思其雄，欲隨鳳東。順里羽翼，出次須日。中苗北邑，[④]復反其室。

前卦，"里"作"理"，"苗"作"留"。

---

① "女"，津逮本作"子"。
② "雉"，原作"雞"，據津逮本改。
③ "悲商"，原作"孤傷"，據《大過》之《坤》改。
④ "里"，士禮居本、津逮本作"理"，是。"苗"，士禮居本作"留"，是。元抄本注皆是。

否

螻蛇九子，長尾不殆。均明光澤，燕自受福。

未詳。

同人

日走月步，趨不同舍。夫妻反目，君主失國。

《易·小畜》卦："輿脱輹，夫妻反目。"

大有

宣房户室，枯薪除毒。[①] 文德淵府，害不能賊。

無注。

謙

齊東郭盧，[②]嫁於洛都。駿良美好，謀利過倍。

齊棠公之妻，東郭偃之姊也。

豫

病篤難醫，和不能治。命終期訖，下即蒿里。

《春秋》："晋侯有疾，求醫於秦。使醫和視之，曰：'疾不可爲也。'公遂卒。"《蒿里》，挽歌也。[③]

---

① "宣"，津逮本作"定"。"薪"，原作"期"，據津逮本改。

② "齊東"，津逮本作"東齊"；"美好"下，多"多好讓主"一句。

③ "蒿里"，林辭非謂"挽歌"，乃指墓地，陰間。陶潛《祭程氏妹文》："死如有知，相見蒿里。"

隨

開廓緒業，王迹所起。姬德七百，報以八子。①

《春秋·定公四年傳》云："武王之母弟八人，周公爲太宰，康叔爲司寇，聃季爲司空，五叔無官。"五叔，即管、蔡、成、霍、毛也。周定鼎郟鄏，卜年七百，卜世三十。

蠱

豐年多儲，江海饒魚。商客善賈，大國富有。

無注。

臨

鵠求魚食，過彼射邑。矰加我頸，②繳挂羽翼。欲飛不能，爲羿所得。

羿，古之善射者。

觀

望城抱子，見邑不殆。公孫上堂，大君歡喜。

無注。

噬嗑

左指右麾，邪淫侈靡。執節無良，靈公以亡。

按《左傳》，陳靈公通于夏姬，遂爲徵舒所害。

① "報"，津逮本作"振"。
② "矰"，士禮居本、津逮本作"繒"。二字通。"頸"，原作"頭"，據津逮本改。

賁

日中爲市，各持所有。交易資賄，函珠懷寶，心悦歡喜。①

《周易·繫辭》："日中爲市，致天下之民，聚天下之貨，交易而退，各得其所，蓋取諸《噬嗑》。"

剥

山没丘浮，陸爲水魚，燕雀無廬。

無注。

復

馬服長股，宜行善市。蒙祐諧偶，獲利五倍。一作，終日在市，詰朝獲利。既享嘉福，得之以義。②

無注。

无妄

三貍捕鼠，遮遏前後。死於環城，③不得脱走。

無注。

大畜

鬼舞國社，歲樂民喜。臣忠於君，子孝於父。

---

① 末句，原脱，據津逮本補。

② "一作"，原無，據士禮居本、津逮本補。"終日在市"四句，士禮居本、津逮本均爲雙行小注。

③ "城"，原作"域"，據津逮本改。

古者國有大社，祀用仲春上戊。戊屬土也。

頤

慈母望子，遥思不已。久客外野，我心悲苦。

無注。

大過

雨師娶婦，黄巖季子。成禮既婚，相呼南去。膏潤下土，年歲大有。

《博物志》曰："太公爲灌壇令。武王夢婦人當道夜哭，問之，曰：'吾是東海神女，嫁於西海神童，今爲灌壇令當道，廢我行。我行必有大風疾雨。'武王覺，召太公，問之，果有疾風暴雨從太公邑外過。"

坎

兩狗同室，[①]相囓爭食。枉矢西流，射我暴國。高宗鬼方，三年乃服。

《周易·既濟》卦九三爻曰："高宗伐鬼方，三年克之，小人勿用。"

離

早霜晚雪，傷害禾麥。捐功棄力，[②]飢無可食。

無注。

① "兩"，原作"百"，據津逮本改。
② "捐"，士禮居本、津逮本作"損"。

咸

腐臭所在，青蠅集聚。辯變白黑，敗亂邦國。君爲臣逐，失其寵禄。

《詩·青蠅》篇："營營青蠅，止于棘，讒人罔極。"此言幽王聽讒敗國，後被犬戎所逐。

恒

牽羊不前，與心戾悖。聞言不信，誤紿丈人。①

未詳。

遯

甘忍利瘧，還相克賊。商子酷刑，鞅喪厥身。②

秦孝公用衛鞅，定變法之令，封鞅商於十五邑，號曰商君。及惠公立，車裂以徇鞅。

大壯

刲羊不當，女執空筐。兔跛鹿踦，緣山墜墮。③

《周易·歸妹》上六："女承筐，無實；士刲羊，無血，無攸利。"傳曰："女當承事筐篚，無實則無以祭；士刲羊，無血亦無以祭也。"

---

① 林辭，原作"牽羊不與，心戾旋聞。言語不畜，誤紹丈人"，據士禮居本、津逮本改。惟士禮居本"不前"誤作"不與"。"悖"，原作"旋"，據《履》之《蒙》改。又，元抄本"紹"乃"紿"之誤。

② "瘧"，士禮居本、津逮本作"害"。"酷"，原作"造"；"鞅"，原作"鞭"。皆據士禮居本、津逮本改。

③ 後三句，津逮本作"血少無羹，女執空筐，不得桑根"。"桑根"，《隨》之《艮》作"采桑"，是。

晋

齫齫噛噛，貧鬼相責。無有歡怡，一日九結。

齫，《玉篇》無。噛，倪結切，噬也。

明夷

兩足四翼，飛入家國。[①] 寧我伯姊，與母相得。

無注。

家人

文山紫芝，雍梁朱草。長生和氣，[②]王以爲寶。公尸侑食，福禄來處。

芝，靈草，土和則生。朱草，百草之精也，王者德無所不通則生，食之令人不老。又《鳧鷖》詩："公尸燕飲，福禄來成。"

睽

絶世游魂，福禄不存。精神涣散，離其躬身。

《易·繫辭》："精氣爲物，游魂爲變。"

蹇

北辰紫宫，衣冠立中。含和建德，常受大福。

北辰，北極，天之樞也。按《漢·天文》："紫宫爲皇極之居，中立而四方之所取正焉。"

---

① "家"，原作"嘉"，據《賁》之《同人》改。
② "文"，原作"天"，據津逮本改。"長生"，津逮本作"生長"。

解

伯蹇叔盲，莫與守裝。失我衣裘，①代爾陰鄉。

未詳。

損

兩女共室，心不聊食。首髮如蓬，②憂常在中。

無注。

益

去辛就蓼，毒愈酷甚。③ 避阱遇坑，憂患日生。

無注。

夬

初病終凶，季爲死喪，不見光明。

無注。

姤

三鳥飛來，自我逢時。④ 俱行先至，多得大利。

無注。

---

① "盲"，原作"瘖"，據津逮本改。"裝"，原作"株"，據《鼎》之《離》改。"失"，原作"矢"，據士禮居本、津逮本改。

② "首"，津逮本作"亂"。

③ "酷"，原作"苦"，據津逮本改。

④ "我"，原作"到"，據《震》之《夬》改。

萃

鹿食山草，不思邑里，雖久無咎。

無注。

升

羊腸九縈，相推稍前。止須王孫，乃能上天。

趙險塞名，其形屈辟如羊腸。

困

管仲遇桓，得其願歡。膠目啓牢，寇帶無憂。[①] 笑戲不莊，空言妄行。

鮑叔舉管仲於齊桓公，任以爲相。寇，當作"冠"。

井

桀跖並處，民困愁苦。行旅遲遲，留連齊魯。

無注。

革

魂孤無室，銜指不食。盜張民潰，[②]見敵失福。

無注。

---

① 第三句，原作"膠牢振寇"，士禮居本作"膠目振冠"，津逮本作"膠日殺糾"，據《明夷》之《旅》改。"寇帶"，士禮居本作"冠带"，津逮本作"振冠"。《明夷》之《旅》亦作"振冠"，是。黄丕烈士禮居本《焦氏易林·後序》引顧千里曰："《明夷》之《旅》作'膠目啓牢，振冠無憂'者是。《吕覽·贊能》説管仲事，正曰'膠其目'也。"

② "潰"，原作"餌"，津逮本作"饋"，據《泰》之《睽》津逮本改。

鼎

讒言亂國，覆是爲非。伯奇乖離，[①]恭子憂哀。

伯奇，尹吉甫之子，以後母之譖而被黜。恭子，即申生，晉獻公之子，亦以驪姬之讒而見逐焉。

震

衛侯東游，惑於少姬。亡我考妣，久迷不來。

未詳。

艮

雞鳴同興，思配無家。[②] 執珮持凫，莫使致之。

無注。

漸

義不勝情，以欲自營。覬利危躬，[③]摧角折頸。

無注。

歸妹

臣尊主卑，權力日衰。[④] 侵奪無光，三家逐公。

《春秋・昭公二十五年》："九月戊戌，伐季氏，叔孫氏、孟氏救之，三家反攻公。己亥，公孫於齊，次於陽州。"

---

① "離"，原作"難"，據津逮本改。
② "配"，原作"邪"，據津逮本改。
③ "營"，原作"榮"，津逮本作"縈"，據《復》之《坤》改。"躬"，原作"寵"，據津逮本改。
④ "權"，原作"擁"，據津逮本改。

旅

叔仲善賈，與喜爲市。不憂危殆，利得十倍。

無注。

巽

六蛇奔走，俱入茂草。驚於長路，①畏懼啄口。

無注。

兑

水壞我里，東流爲海。黽鼃讙囂，不得安居。

鼃，音蛙。

涣

飛不遠去，卑斯内侍，禄養未富。

無注。

節

陰變爲陽，女化爲男。治道大通，君臣相承。

無注。

中孚

踐履危難，脱厄去患。入福喜門，見誨大君。

無注。

---

① “路”，《井》之《兑》作“注”，《中孚》之《家人》作“塗”。

小過

罟密網縮，動益蹷急，[1]困不得息。

無注。

既濟

負牛上山，力劣行難。烈風雨雪，遮遏我前，中道復還。

無注。

未濟

喁喁嘉草，思降甘雨。景風升上，沾洽時澍，生我禾稼。

無注。

䷷艮下離上旅

羅網四張，鳥無所翔。征伐困極，飢窮不食。

無注。

之乾

寄生無根，如過浮雲。立本不固，斯須落去，更爲枯樹。

無注。

坤

人無定法，緩降牛出。蛇雄走趨，陽不制陰，男失

---

① "蹷"，原作"蹶"，津逮本作"感"，據翟云升《焦氏易林校略》改。

其家。①

未詳。

屯

衆鳥所聚，中有大怪。九身無頭，魂驚魄去，不可以居。

未詳。

蒙

封豕溝瀆，灌潰國邑。火宿口中，民多疾病。

《春秋·昭公七年》：“昔有仍氏生女，樂正后夔取之，生伯封，實有豕心，貪婪無厭，謂之封豕。”

需

奮翅鼓翼，翺翔外國。逍遥徙倚，來歸温室。

無注。

訟

秋蠶不成，冬種不生。殷王逆理，棄其寵榮。

殷紂無道，罷萬民之力，遂亡其國。

師

衛侯東游，惑於少姬。忘我考妣，久迷不來。

未詳。

① “男失其家”，原作“宜其家國”，據《觀》之《臨》改。

比

烏合卒會，[1]與惡相得。鴟梟相酬，爲心所賊。

鴟梟，鵂鶹，惡鳥，攫鳥子而食者也。

小畜

鳴雞無距，與鵲格鬭。翅折目盲，爲鳩所傷。[2]

無注。

履

木生蟲蠹，[3]下上相賊，禍亂我國。

無注。

泰

延陵適魯，觀樂太史。車轔白顛，[4]知秦興起。卒兼其國，一統爲主。

《史記》：吴季札，號延陵季子，聘上國，觀樂于周。《詩》："有車鄰鄰，有馬白顛。"鄰鄰，車聲。白顛，額有白毛。是時秦始有車馬，故知其興起也。

否

輔相之好，無有休息。時行雲集，所在遇福。

---

① "烏"，原作"鳥"，據士禮居本改。

② "鳴"，《乾》之《遯》元抄本、士禮居本作"弱"，津逮本作"眵"。"鳩"，原作"仇"，據《乾》之《遯》改。

③ "蟲"，原作"内"，據《大壯》之《既濟》改。

④ "轔"，原作"驎"，據士禮居本、津逮本改。

無注。

同人

牀傾簀折，屋漏垣缺，季姬不愜。

無注。

大有

東入海口，循流北走。一高一下，五邑無主。① 七日六夜，死於水浦。

無注。

謙

群虎入邑，②求索肉食。大人禦守，君不失國。

無注。

豫

四亂不安，東西爲患。退身止足，無出邦域。乃得完全，賴其生福。

無注。

隨

叔肸抱冤，祁子自邑，乘遽解患，羊舌以免，賴其福全。

按《春秋》：叔肸即叔向，祁子即祈奚，羊舌虎，叔向弟也。晉范宣子殺虎、囚向，祈奚聞之，乘馹而見宣子，言叔向之善，宣

---

① "邑"，原作"色"，據津逮本改。

② "虎"，原作"需"，據士禮居本、津逮本改。

子悦，言諸公而免之。

蠱

延頸望酒，不入我口。深目自苦，利得無有。

無注。

臨

仁政之德，累累日息。① 成都就邑，人受厥福。

無注。

觀

牽頭繫尾，詘折幾死。雕世無人，不知所歸。②

無注。

噬嗑

教羊逐兔，使魚相捕。③ 任非其人，費日無功。

無注。

賁

生角有尾，陰孽制家。排羊逐狐，④張氏易公，憂禍重凶。

無注。

① "累累"，原作"恭恭"，津逮本作"叁叁"，據《否》之《剥》改。

②《觀》、《噬嗑》、《賁》三林，原次序誤爲《賁》、《噬嗑》、《觀》，據士禮居本、津逮本及《周易》六十四卦次序改。"雕"，原作"周"，據津逮本改。

③ "相捕"，津逮本作"捕鼠"。

④ "陰"，原作"張"，據《涣》之《升》改。"羊"，津逮本作"揚"。

剥

去安就危，墜陷井池，破我玉瑀。[①]

瑀，石似玉。《詩傳》："佩玉瓊瑀。"

復

茹芝餌黄，飲食玉英。[②] 與神流通，長無憂凶。

無注。

无妄

體重飛難，未能越關，不離室垣。[③]

無注。

大畜

巢成樹折，傷我彝器。伯踒叔跌，亡羊乃追。

無注。

頤

六人俱行，各遺其囊。黄鵠失珠，無以爲明。

無注。

大過

蟠枝折枝，[④]與母分離，絶不相知。

---

① "蝺"，津逮本作"螭"。
② "飲食"，原作"塗飲"，據《豫》之《蠱》改。
③ 末句，原脱，據津逮本補。
④ 首句，"枝"原作"梅"，津逮本作"蟠枝遷岐"，據《訟》之《謙》改。

無注。

坎

迎福開户，喜隨我後。曹伯愷悌，爲宋國主。

《春秋》："宋以曹師殺子游，立桓公。"

離

既癡且狂，兩目又盲。踑踞啞喑，名爲無中。①

無注。

咸

金梁鐵柱，千年牢固。完全不腐，聖人安處。

無注。

恒

裹糗荷糧，與跖相逢。欲飛不得，爲罔所獲。

糗，糒也，熬米麥爲之。

遯

彭名爲妖，暴龍作災。盜堯衣裳，桀跖荷兵。② 青禽照夜，三旦夷亡。

未詳。

大壯

獨夫老婦，不能生子，鰥寡俱處。

---

① "踑"，津逮本作"箕"，"中"作"用"。

② "名"，津逮本作"生"。"桀"，原作"聚"，據《比》之《蒙》改。

無注。

晋

鴾鶵竊脂，巢於小枝。摇動不安，爲風所吹。心寒漂摇，[1]常憂危殆。

鴾鶵，小鳥；竊脂，即桑扈也。

明夷

素車木馬，不任負重。王子出征，憂危爲咎。

無注。

家人

土陷四維，[2]安平不危。利以居止，保有玉女。

無注。

睽

負牛上山，力劣行難。烈風雨雪，遮遏我前，中道復還。

無注。

蹇

金城鐵郭，上下同力。政平民親，寇不敢賊。

漢關中，金城千里，天府之國也。

---

① “漂摇”，《謙》之《遯》元抄本、士禮居本作“慄慄”。

② “土陷”，《家人》之《蹇》元抄本、士禮居本作“五方”，津逮本作“五日”。

解

清潔淵塞，爲讒所言。[1] 證訊詰問，繫於枳温。甘棠聽斷，昭然蒙恩。

《詩·甘棠》，召伯行文王之化，聽訟於甘棠之下。

損

皋陶聽理，岐伯悦喜。西望華首，[2]東歸無咎。

《舜典》："皋陶作士。"岐伯，岐山之下，文王爲西伯，至後三分天下有其二。

益

低頭竊視，有所畏避。行作未利，酒酸魚敗，衆莫貪嗜。

無注。

夬

十雌百雛，[3]常與母俱。抱雞搏虎，誰肯爲侶？

無注。

姤

高阜山陵，陂阤顛崩。爲國妖祥，元后以薨。

無注。

---

① "讒"，原作"人"，據津逮本、《師》之《蠱》改。

② "望"，原作"登"；"首"，原作"道"。皆據《无妄》之《无妄》改。

③ "雌"，原作"雉"，據《謙》之《賁》改。

萃

六鷁退飛，爲襄敗祥。[1] 陳師合戰，左股夷傷。遂以薨崩，霸功不終。

《春秋·僖公十六年》："正月，六鷁退飛，過宋都。"《二十二年》："十一月，宋公及楚人戰于泓，宋師敗績。公傷股。"《二十三年》："五月，公卒，傷于泓故也。"

升

異國殊俗，情不相得。金木爲仇，酋賊擅殺。[2]

無注。

困

鴉叫庭中，以戒災凶。重門擊柝，備憂暴客。

《易·繫辭》："重門擊柝，以待暴客，蓋取諸《豫》。"

井

慈母赤子，饗賜得士。蠻夷服降，[3] 以安王家，側陋逢時。

無注。

---

① "襄"，原作"衰"，據津逮本改。

② 末句，原作"百戰檀轂"，士禮居本"轂"作"穀"，津逮本作"酋賊擅役"。"酋賊擅"據津逮本改，"殺"據《夬》之《比》元抄本、士禮居本改。

③ "士"，原作"仕"，據士禮居本、津逮本改。"蠻"，原作"獲"，據《漸》之《咸》改。"降"，原作"除"，據《小畜》之《既濟》津逮本改。

革

桀跖惡人,[1]使德不通。炎旱爲災,年穀大傷。

無注。

鼎

躬履孔德,以待束帶。文君燎獵,吕尚獲福。號稱太師,封建齊國。

《史記》:西伯出獵,吕望釣于渭水,載之以歸,尊爲太公,武王立爲師。後伐紂,有天下,遂封於齊。

震

征將止惡,鼓鞞除賊。慶仲奔莒,子般獲福。[2]

按,《春秋·莊公三十二年》:"十月,共仲使圉人犖賊子般于黨氏。"共仲,即慶父。《閔公二年》:"公子慶父出奔莒。"此云"子般獲福",不知何謂。

艮

良夫淑女,配合相保。多孫衆子,歡樂長久。

無注。

漸

蝼蛇四牡,思念父母。王事靡盬,不得安處。[3]

---

① "桀跖",原作"剗迹",津逮本作"迹造",據《益》之《損》改。

② "般",疑爲"穀"之訛。尚秉和《焦氏易林注》:"抑如丁晏説,'般'爲'穀'之訛。穀,共仲孫。文十四年,魯人立之。所謂'穀也豐下,必有後於魯國'也。般、穀形近,疑丁説是也。"

③ "蝼蛇",津逮本作"逶迤"。"得",原作"我",據津逮本改。

《詩·小雅·四牡》篇云:“四牡騑騑,周道倭遲。”又曰:“王事靡盬,不遑將父,不遑將母。”

歸妹

水壞我里,東流爲海。黽鼀讙囂,不得安居。

無注。

豐

束帛戔戔,賻我孟宣。徵召送君,變號易字。

未詳。

巽

乾行天德,覆贍六合。嘔呴成熟,使我福德。

《周易·乾》卦彖曰:“大哉乾元,萬物資始,乃統天。”六合,天地四方。

兑

秦晋大國,更相剋賊。獲惠質圉,鄭被其咎。

按,《春秋·魯僖公十五年》:十有一月,晋侯及秦伯戰于韓。大夫慶鄭以救公,誤之,遂失秦伯,秦獲晋侯以歸。《十七年》:晋太子圉爲質於秦。十一月,晋侯歸,丁丑殺慶鄭而後入。

涣

晦昧昏明,君無紀綱。甲子成亂,簡公喪亡。

子,當作“午”。按《春秋·哀公十四年》:五月甲午,齊陳恒作難,簡公亡。

節

三足無頭,弗知所之。心狂精傷,莫使爲明,不見日光。[1]

無注。

中孚

長夜短日,陰爲陽賊。萬物空枯,藏在北陸。[2]

《易通統圖》:"日行北方,黑道,曰北陸。"

小過

衣繡夜游,與君相遭。[3] 除解煩惑,使我無憂。

無注。

既濟

逐麋西山,利入我門。陰陽和調,國無災殃。[4] 長子出游,須其仁君。

無注。

未濟

請冀左耳,嗇不我驅,與我父母。[5]

無注。

---

① "日",原作"月",據津逮本改。

② "在",津逮本作"於"。

③ "衣繡",原作"依宵",據《小過》之《否》改。第二句,原作"與大君俱",據津逮本改。

④ "殃",原作"殘",據《无妄》之《既濟》改。

⑤ "冀",津逮本作"騁","驅"作"與","與"作"驅"。

卷第十五

☴巽下巽上**巽**

温山松柏，常茂不落。鸞鳳以庇，得其歡樂。

無注。

之乾

采唐沫鄉，要期桑中。失信不會，憂思約帶。

《詩·桑中》篇云："爰采唐矣，沬之鄉矣。云誰之思，美孟姜矣。期我乎桑中。"

坤

有鳥飛來，集于宫樹。鳴聲可畏，主將出去。

無注。

屯

仁政之德，累累日息。成都就邑，人受厥福。①

《史記》："舜所居二年成邑，三年成都。"謂之"都君"，修德

① "累累"，原作"参参"，據《否》之《剥》改。"人"，原作"入"，津逮本作"日"，據《旅》之《臨》改。

行仁，堯禪以天下。

蒙

他山之錯，①與璆爲仇。來攻吾城，傷我肌膚，邦家搔憂。

無注。

需

齎貝贖貍，不聽我辭。繫於虎鬚，牽不得來。

無注。

訟

一簧兩舌，妄言謟語。三奸成虎，②曾母投杼。

一簧者，即《詩》所謂"巧言如簧"。兩舌，言不一也。曾母，曾參之母。人有言曾參殺人者，曾母不信，及三人言之，曾母投杼下機而走。

師

魃行摇尾，③逐雲除水。污泥爲陸，下田宜稷。

無注。

比

天門九重，深内難通。明坐至暮，不見神公。

---

① "錯"，原作"儲"，據津逮本改。

② "妄"，津逮本作"佞"。"謟"，原作"謟"；"成虎"，原作"惑虚"。皆據津逮本改。

③ "魃"，原作"薄"，據《詩・大雅・雲漢》"旱魃爲虐"改。"摇"，原作"搔"，據《同人》之《漸》改。

無注。

小畜

闇目失明，耳閼不聽。陷入深淵，滅頂憂凶。①

頂，當作“頂”。《周易・大過》上六：“過涉滅頂，凶，無咎。”閼，音遏。

履

霧露雪霜，日闇不明。陰孽爲疾，②年穀大傷。

無注。

泰

三階土廊，③德義明堂。交讓往來，享宴相承。箕伯朝王，錫我玄黄。

黄帝曰合宫，堯曰衢室，舜曰總章，夏曰世室，殷曰陽館，周曰明堂，在國之陽。箕伯即箕子。武王伐紂，遂歸周，封于朝鮮。

否

爭雞失羊，利得不長。陳蔡之患，賴楚以安。

《史記》：“孔子在陳、蔡之間，楚使人聘之。孔子將往拜禮，陳、蔡大夫謀曰：‘楚若用孔子，則陳、蔡大夫危矣。’於是乃相與發徒圍孔子於野，不得行，絶糧，使子貢至楚，楚昭王興師迎孔

---

① “目失”，士禮居本作“目不”，津逮本作“昧不”。“不聽”，原作“聽聰”，據津逮本改。“頂”，士禮居本、津逮本作“頂”，是。元抄本注是。

② “雪”，原作“早”；“陰孽爲疾”，原作“陰陽孽疾”。皆據《萃》之《革》改。

③ “階”，原作“諧”，據津逮本改。

子,然後得免。”

同人

天旱水涸,枯槁無澤,未有所獲。

無注。

大有

陶朱白珪,善賈息資。公子王孫,富利不貧。

陶朱,即范蠡。白珪,名丹,周人,《史》言“能薄飲食,忍嗜欲”。二人皆善賈貨,生息資財以致巨富。

謙

鼀厭江海,陸行不止。自令枯槁,失其都市,憂悔爲咎。

無注。

豫

黄鳥采菉,既嫁不荅。① 念吾父兄,思復邦國。

《詩·小雅·黄鳥》篇云:“黄鳥黄鳥,無啄我粟。此邦之人,不我肯穀。言旋言歸,復我邦族。”

隨

田鼠野雞,②意常欲逃。拘制籠檻,不得動摇。

無注。

---

① “菉”,原作“蓄”;“嫁”,原作“稼”。皆據《乾》之《坎》改。
② “雞”,原作“雛”,據《需》之《隨》改。

蠱

平國不君,夏氏作亂。烏號竊發,靈公殞命。

陳靈公通於夏姬,其子徵舒病之,出,自厩射而中之。事見《宣公十年》。

臨

巨蛇大鰌,戰於國郊。上下閉塞,君遂走逃。①

無注。

觀

讒言亂國,覆是爲非。伯奇流離,恭子憂哀。

《春秋左傳》:"晋獻公嬖驪姬。驪姬欲立其子奚齊,賂外嬖,譖毁群公子及世子申生。"恭子即申生也。伯奇,尹吉甫之子也,後母譖而逐之。

噬嗑

鬱怏不明,②爲陰所傷。衆霧集聚,共奪日光。

無注。

賁

望城抱子,見邑不殆。公孫上堂,大君歡喜。

無注。

---

① "遂",原作"道",津逮本作"主",據《同人》之《益》津逮本改。
② "怏",原作"映",據士禮居本改。

剥

三蟲作蠱，劓迹無與。勝母盜泉，君子弗處。

按《史記》，鄒陽書："里名勝母，曾子不入。"盜泉，水名，孔子不漱。

復

車馳人趨，卷甲相仇。齊魯寇戰，[①]敗於犬丘。

按《春秋》：齊師侵魯，戰于長勺，車馳卒奔，齊師敗績。事見《莊公十年》。

无妄

欲訪子車，善相欺詒。桓叔相迎，不見所期。

未詳。

大畜

爭雞失羊，亡其金囊，利得不長。陳蔡之患，賴楚以安。

《史記》："孔子在陳、蔡之間，楚使人聘之。孔子將往拜禮。陳、蔡大夫謀曰：'楚若用孔子，則陳、蔡大夫危矣。'於是乃相與發徒圍孔子於野，不得行，絶糧。使子貢至楚，楚昭王興師迎孔子，然後得免。"

頤

歲暮華落，陽入陰室。萬物伏藏，匿不可得。

無注。

---

① "仇"，原作"求"，據《坤》之《兑》改。"戰"，原作"戎"，據津逮本改。

大過

晨風文翰，大舉就温。昧过我邑，[①]羿無所得。

《詩》云："鴥彼晨風，鬱彼北林。"晨風，鸇也。羿，后羿，古之善射者。

坎

持鶬抱子，[②]見蛇何咎？室家俱在，不失其所。

無注。

離

隱隱大雷，霧霈爲雨。有女癡狂，驚駭鄰里。

無注。

咸

無足斷跟，居處不安，凶惡爲患。

無注。

恒

破筐弊筥，[③]棄捐於道，不復爲寶。

無注。

---

① "翰"，原作"翮"，據津逮本改。第三句，原作"過我城邑"，士禮居本、津逮本作"過我成邑"，據《小畜》之《革》、《大壯》之《震》改。

② "持"，原作"時"，據津逮本改。

③ "筥"，原作"莒"，據士禮居本、津逮本改。

遯

三雞啄粟，十雛從食。飢鳶卒擊，亡其兩叔。

無注。

大壯

乘車七百，[①]以明文德。踐土葵丘，齊晋受福。

按，《春秋・成公二年》："衛孫桓子、魯臧宣叔如晋乞師，晋侯許之七百乘，郤克曰：'無能爲役，請八百乘。'許之。"又《僖公九年》："齊侯盟諸侯于葵丘。"《二十八年》："公會晋侯、齊侯于踐土。"

晋

百足俱行，相輔爲強。三聖翼事，王室寵光。

三聖，堯、舜、禹也。

明夷

典策法書，藏閣蘭臺。[②] 雖遭潰亂，獨不逢災。

《漢官儀》："御史臺，内掌蘭臺秘書。"

家人

四誅不服，[③]恃強負力。倍道趨敵，師徒敗覆。

四，當作"西"。按《史記》：楚項梁西擊秦，破章邯，引兵至

---

① "七"，《兑》之《剥》作"八"。

② "閣"，津逮本作"在"。

③ "四"，津逮本作"西"，是。元抄本注是。

定陶，再破秦軍。項羽、沛公大破秦兵於雍，斬李由。梁益輕秦，有驕色，宋義諫，弗聽。秦悉起兵，益章邯，擊楚軍，大破之定陶，項梁死焉。

睽

春陽生草，夏長條肄。萬物蕃滋，充實益有。

無注。

蹇

磝磝禿白，[①]不生黍稷。無以供祭，祇靈乏祀。

無注。

解

褰衣涉河，水深漬罷。[②] 賴幸舟子，濟脱無他。

無注。

損

宜行賈市，所求必倍。載喜抱子，[③]與利爲友。

無注。

益

兄征東夷，[④]弟伐遼西。大剋勝還，封君河間。

---

① "磝磝"，津逮本作"磝磽"。
② 第二句，津逮本作"澗流浚多"。
③ "載"，原作"戴"，據津逮本改。
④ "夷"，津逮本作"燕"。

無注。

夬

初雖驚惶,後乃無傷,受其福慶。

無注。

姤

隨風乘龍,與利相逢。田獲三倍,[1]商旅有功。憧憧之邑,長安無他。

無注。

萃

魚擾水濁,寇圍吾邑。城危不安,驚恐狂惑。

無注。

升

雖窮復通,履危不凶,保其明功。[2]

無注。

困

坤厚地德,庶物蕃息。平康正直,以綏大福。

《易・坤・象》曰:"坤厚載物,德合无疆。"《書・洪範》:"六,三德,曰:平康,正直。"

---

① "倍",津逮本作"狐"。

② "功",原作"公",據津逮本改。末句下,津逮本衍"以道立宗"。

井

山水暴怒，壞梁折柱。稽難行旅，留連愁苦。

無注。

革

使燕築室，身不庇宿。家無聊賴，瀸我衣服。[①]

無注。

鼎

矢石所射，襄公瘡痍。[②] 吳子巢門，傷病不治。

按，《春秋·魯莊公八年》："齊襄公田于貝丘，見大豕。公怒曰：'彭生敢見。'射之，豕人立而啼。公懼，墜于車，傷足。"《襄公二十五年》："吳子諸樊伐楚，門于巢。巢牛臣隱於短牆以射之，卒。"

震

日月運行，一寒一暑。榮寵赫赫，不可得保。顛隕墜墮，更爲士伍。

無注。

艮

宫門悲鳴，[③]臣圍其君，不得東西。

---

① "瀸"，原作"殲"，津逮本作"織"，據翟云升《焦氏易林校略》引牟庭校改。
② "瘡痍"，原作"痾劇"，據《兑》之《蠱》改。
③ "悲"，原作"愁"，據津逮本改。

無注。

漸

戴瓮望天,[①]不見星辰。顧小失大,福逃牆外。

無注。

歸妹

天之所祐,禍不過家。反自相逐,終得和鳴。[②]

無注。

豐

久陰霖雨,[③]塗行泥潦。商人休止,市無所有。

無注。

旅

嘉門福喜,增累盛熾。日就有德,宜民宜國。

無注。

兑

南山之楊,華葉將將。嘉樂君子,[④]爲國寵光。

無注。

---

① "甕",士禮居本、津逮本作"盆"。

② "祐",原作"明",據《蒙》之《坤》津逮本改。"過",原作"遇",據《蒙》之《坤》改。"自",津逮本作"目","鳴"作"美"。

③ "久",原作"天",據《謙》之《恒》、《夬》之《小過》改。

④ "楊",原作"陽",據《革》之《大有》津逮本改。"嘉",原作"喜",據士禮居本、津逮本改。

涣

畫龍頭頸，文章未成。甘言美語，説辭無名。

無注。

節

嬰兒孩笑，未有所識。彼童而角，亂我政事。①

《詩·大雅·抑》之篇云："彼童而角，實虹小子。"注云："彼，謂不修德而可以非人者。是牛羊之童者，而求其角也，亦徒憒亂而已。"

中孚

陰作大奸，欲君勿言。鴻鵠利口，發其禍端。② 荆季懷憂，張伯被患。

未詳。

小過

德施流行，③利之四鄉。雨師灑道，風伯逐殃。巡狩封禪，以告成功。

唐虞天子，五載一巡狩。巡狩，巡行諸侯所守之地也。封土爲壇，除地爲墠。④ 古者帝王之興，每易位而起，必封乎泰山，所以告成功也。

---

① "笑"，原作"子"，據《損》之《大畜》改。"政"，原作"正"，據士禮居本、津逮本改。

② "其"，原作"患"，據津逮本改。

③ "施"，原作"之"，據《益》之《復》改。

④ "墠"，原作"禪"，據《禮記·祭法》"是故王利七廟，一壇一墠"鄭玄注改。

既濟

禹將爲君，北入崑崙。[①] 稍進陽光，登見温湯，功德昭明。

大禹，姒姓。崑崙，《書》注云："即河源所出，在臨羌。"禹治水有功，舜以天下禪焉。

未濟

五岳四瀆，洽潤爲德。[②] 行不失理，民賴恩福。

無注。

䷹兑下兑上兑

班馬還師，以息勞疲。役夫嘉喜，[③]入户見妻。

《春秋》："齊師夜遁，有班馬之聲。"注："馬不相見，故鳴。"班，别也。

之乾

踐履危難，脱厄去患。入福喜門，見誨大君。[④]

無注。

坤

子鉏執麟，春秋作元。陰聖將終，尼父悲心。

---

① "北"，原作"裝"，據《大有》之《蒙》改。
② "洽"，原作"含"，據《頤》之《明夷》改。
③ "役"，原作"後"，據津逮本改。
④ "誨"，原作"悔"，據《泰》之《革》、《豐》之《中孚》改。

《左傳·哀公十四年》:“春,西狩於大野,叔孫氏之車子鉏商獲麟,孔子作《春秋》。”

屯

夾河爲婚,期至無舡。[①] 摇心失望,不見所歡。

無注。

蒙

天孫帝子,與日月處。光榮於世,福禄祉祉。[②]

無注。

需

三羊爭雌,[③]相隨奔馳。終日不食,精氣勞罷。

無注。

訟

禹召諸侯,會稽南山。執玉萬國,天下康寧。

史記禹南巡狩,會諸侯於塗山,執玉帛者萬國。

師

早霜晚雪,傷害禾麥。捐功棄力,[④]飢無所食。

無注。

---

① “舡”,士禮居本、津逮本作“船”。《集韻·僊韻》:“船,俗作舡。”

② “祉祉”,津逮本作“繁祉”。

③ “羊”,原作“人”,士禮居本、津逮本作“年”;“雌”,原作“妻”。皆據《乾》之《大畜》改。

④ “捐”,士禮居本、津逮本作“損”。

比

嵩融持戟，杜伯荷弩。降觀下國，誅逐無道。夏商之季，失福逃走。[①]

未詳。

小畜

生有聖德，[②]上配大極。皇靈建中，受我以福。

《詩》曰："克配彼天，莫匪爾極。"言后稷之德真可配天，使我蒸民得以粒食者，莫非其德之至也。《書》曰："建中于民。"又曰："斂時五福，用敷錫厥庶民。"言建中者，立中道於天下也。中者，天下之所同有，然非君建之，則民不能以自中。而禮義者，所以建中者也。

履

下田稷黍，方華生齒。大雨淋集，紛滂潰腐。[③]

無注。

泰

子畏於匡，困厄陳蔡。明德不危，竟剋免害。

孔子過匡，匡人以爲陽虎而拘之，在陳蔡絶糧。言聖人道全德備，雖遇患而不危殆也。

---

① "福逃"，原作"勢外"，據津逮本改。

② "生"，津逮本作"主"。

③ "稷"，原作"陸"；"方"，原作"萬"；"紛滂"，原作"波病"。皆據《小畜》之《鼎》改。"淋"，原作"霖"，據《小畜》之《鼎》津逮本改。

否

有兩赤鷂，從五隼噪。操矢無括，趣釋爾財。扶伏聽命，①不敢動摇。

未詳。

同人

常德自如，②不逢凶災。衰者復興，終無禍來。

無注。

大有

朽根刖樹，華葉落去。卒逢火焱，隨風偃仆。③

焱，音焰。

謙

葛生衍蔓，絺綌爲願。家道篤厚，父兄悦喜。

《葛覃》詩云："爲絺爲綌。"言后妃在父母家，則志在於女功之事。

豫

東行求玉，反得弊石。名曰無直，字曰醜惡，衆所賤薄。

無注。

---

① "鷂"，原作"頭"；"隼噪"，原作"岳來"；第三句，原作"謡言無祐"；第四句，原作"趨爾之林"；"扶"，原作"俯"。皆據《无妄》之《中孚》改。

② "常德"，原作"當得"，據《中孚》之《豐》津逮本改。

③ "火"，原作"大"，據津逮本改。"偃"，士禮居本、津逮本作"僵"。

隨

瞻白因弦，鶩孱恐怯。任力薄劣，如猬見鵲。偃腹恐伏，①不敢拒格。

《史記·龜策傳》云："猬辱於鵲。"郭璞曰："猬能制虎，見鵲仰地。"淮南萬畢曰：②"鵲令猬反腹者，猬憎其意而心惡之也。"

蠱

瘡痍多病，宋公危殆。吴子巢門，殞命失所。③

《春秋·魯僖公二十二年》："宋襄公及楚人戰于泓，傷股。"《二十三年》："宋公卒，傷于泓故也。"《襄公二十五年》："吴子諸樊伐楚，門于巢，巢牛臣隱於短牆以射之，吴子卒。"

臨

東山西岳，會合俱食。百喜送從，以成恩福。

無注。

觀

舞非其處，失節多悔，不合我意。

無注。

噬嗑

南循汝水，伐樹斬枝。過時不遇，㤿如旦飢。④

---

① "薄"，原作"墮"，據《乾》之《萃》改。"腹"，原作"視"，據《比》之《豐》改。

② "萬畢"，原誤倒，據《史記·龜策列傳》集解乙正。

③ "殞"，原作"無"，據《小過》之《睽》改。

④ "伐"，原作"茂"，據津逮本改。"枝"，黄丕烈士禮居本《焦氏易林·後序》引顧千里校作"枚"。末句，士禮居本、津逮本作"惄如周飢"。

《詩·汝墳》篇云:“遵彼汝墳,伐其條枚。未見君子,惄如調飢。”汝水,出汝州天息山。

賁

公孫駕驪,載游東齊。延陵説産,遺季紵衣。[①]

《左傳》:鄭大夫子産。吴公子季札嘗聘,與子産相得,子産以紵衣獻之季札。

剥

乘輿八百,以明文德。踐土葵丘,齊晋受福。

按,《春秋·成公二年》:“衛孫桓子、魯臧宣叔如晋乞師,晋侯許之七百乘,郤克曰:‘無能爲役,請八百乘。’許之。”又《僖公九年》:“齊侯盟諸侯于葵丘。”《二十八年》:“公會晋侯、齊侯于踐土。”

復

雄處弱水,雌在海濱。[②] 别離將食,哀悲於心。

《書》:“弱水既西。”柳宗元曰:“西海之山,其下有水,散涣無力,不能負芥。”

无妄

結紐得解,[③]受福安坐,終無患禍。

無注。

---

① “季”,原作“我”,據津逮本改。
② “濱”,原作“邊”,據《剥》之《同人》改。
③ “紐”,原作“網”,據《否》之《升》改。

大畜

秋南春北，隨時休息。處和履中，安無憂凶。

無注。

頤

啓户開門，巡狩釋冤。夏臺牖里，[1]湯文悦喜。

牖，當作"羑"。湯囚夏臺，文王拘羑里。

大過

符左契右，相與合齒。乾坤利貞，乳生六子。長大成就，風言如母。

《易》：乾坤生六子，乾父坤母，三男，震、坎、艮，三女，巽、離、兑。

坎

飢蠶作室，絲多亂緒，端不可得。[2]

無注。

離

東壁餘光，數闇不明。主母嫉妒，亂我業事。[3]

東壁，星名。

---

① "牖"，士禮居本、津逮本作"羑"，是。元抄本注是。

② "緒"，《夬》之《履》作"纏"，"端"作"緒"。

③ "餘"，原作"飾"，據津逮本改。"業事"，津逮本作"事業"。

咸

白茅醴酒，[①]靈巫拜禱。神嗜飲食，使君壽考。"醴"，當作"縮"。

《書》："包匭菁茅。"荆楚有三脊茅，祭則用以縮酒也。《詩·楚茨》篇云："神嗜飲食，卜爾百福。"

恒

范公鴟夷，[②]巧賈貨資。東之營丘，易字子皮。抱珠載金，多得利歸。

按《史》，范蠡即陶朱公，號鴟夷子皮，去越，乘舟裝其輕寶珠玉，浮海出齊，善營産業以致巨當。營丘，齊地。

遯

三羖五羊，相隨俱行。迷入空澤，循谷直北。經涉六駁，爲所傷賊。[③]

無注。

大壯

雄鵠延頸，欲飛入關。雨師灑道，濺我袍裘。重車難前，侍者稽止。

無注。

---

① "醴"，士禮居本作"縮"，是。元抄本注是。

② "鴟"，原作"陶"，據《蒙》之《需》改。

③ "直"，原作"宜"，據津逮本改。第三句下，津逮本尚多"經涉虎廬"，末句下多"死於牙腹"。

晉

中年蒙慶，今歲受福。必有所得，榮寵受禄。

無注。

明夷

禄如周公，建國洛東，父子俱封。

《書·洛誥》："周公拜手稽首曰：'我乃卜澗水東，瀍水西，惟洛食。我又卜瀍水東，亦惟洛食。'"其子伯禽封于魯。

家人

安牀厚褥，不得久宿。棄我嘉宴，困於南國。投杼之憂，不成禍災。[①]

魯人有言曾參殺人，其母不信，及三人言之，其母投杼下機而走。

睽

蓄積有餘，糞土不居。[②]

無注。

蹇

心願所喜，乃今逢時。得我利福，不離兵革。

無注。

---

① "南"，原作"東"，據《家人》之《睽》改。"禍災"，原作"災福"，據津逮本改。
② 末句下，津逮本多"利有所得"。

解

目不可合，憂來搔足。怵惕危懼，去其邦族。

無注。

損

福德之士，歡悅日喜。夷吾相桓，三歸爲臣，賞流子孫。

夷吾，齊相管仲也。三歸，臺名。婦人謂嫁曰歸，一娶九女而備三姓。

益

夏姬親附，心聽悅喜，利以搏取。①

《左傳·成公七年》：夏姬，鄭穆公女，陳大夫御叔妻，巫臣嘗止子反取之。

夬

叔迎兄弟，遇巷在陽。② 君子季姬，並坐鼓簧。

無注。

姤

徙巢去家，南遇白鳥。東西受福，與喜相得。

無注。

---

① "親附"，原作"附耳"；"搏"，原作"傳"，津逮本作"博"。皆據《蒙》之《震》元抄本、士禮居本改。

② "巷"，原作"恭"，據津逮本改。

萃

舜登大禹，石夷之野。徵詣玉闕，①拜治水土。

《書》："帝曰：'咨！禹，汝平水土，惟時懋哉。'"石夷，未詳。

升

江河淮海，天之都市。商人受福，國家富有。

無注。

困

隱隱填填，火燒山根。不潤我鄰，獨不蒙恩。

無注。

井

闇昧不明，耳聾不聰。陷入深淵，滅傾凶憂。②

傾，當作"頂"。《周易·大過》上六："過涉滅頂，凶，無咎。"

革

鳥鳴嘻嘻，天火將下。燔我館屋，災及妃后。

《春秋·魯襄公三十年》："五月，鳥鳴于亳社，如曰'譆譆'。甲午，宋大災，宋伯姬卒。"

鼎

十雌百雛，常與母俱。抱雞搏虎，誰敢難者？

---

① "玉闕"，津逮本作"王庭"。

② "聰"，原作"聽"，據士禮居本、津逮本改。"傾"，士禮居本、津逮本作"頂"，是。元抄本舊注是。

無注。

震

營城洛邑，周公所作。世逮三十，年歷七百。福祐豐實，[①]堅固不落。

周公作洛邑，定鼎於郏鄏，卜曰："傳世三十，歷年七百。"出《史記》。

艮

三人俱行，别離特食。[②] 一身五心，反覆迷惑。

無注。

漸

三虎搏狼，力不相當。如雉鷹格，一擊破亡。[③]

無注。

歸妹

養虎畜狼，還自賊傷。年歲息長，疾君拜禱，雖危不亡。[④]

無注。

豐

後時失利，不得所欲。

---

① "逮"，原作"建"，據《井》之《升》改。"豐實"，原作"盟執"，據《井》之《升》津逮本改。

② "特"，原作"將"，據《剥》之《歸妹》士禮居本、元抄本改。

③ "擊"，原作"發"，據津逮本改。

④ "亡"，原作"凶"，據《訟》之《明夷》改。

無注。

旅

雉兔之東，以理爲傷。[①] 見鷹驚走，死於谷口。

無注。

巽

秋蛇向穴，不失其節。夫人姜氏，自齊復入。

按《春秋》：魯桓公夫人文姜有邪行，復歸于齊。故言秋蛇猶知向穴，而不失其節，文姜不守理而復歸于齊也。

涣

鳥鳴葭端，[②]壹呼三顛。摇動東西，危魂不安。

無注。

節

命夭不遂，家多鬼祟。[③] 妻子啼瘖，早失其雄。

無注。

中孚

茅屋結席，崇我文德。三辰旂旗，家受其福。[④]

《左傳》："三辰旂旗。"三辰，謂日、月、星也。

---

① "理"，津逮本作"野"，"傷"作"埸"。
② "葭"，原作"巢"，據《復》之《井》改。
③ "家"，原作"死"，據《蠱》之《无妄》改。
④ "其"，原作"行"，據《蒙》之《中孚》改。

小過

羅網四張，鳥無所翔。征伐困極，飢窮不食。

無注。

既濟

天成地安，[①]積石爲山。潤洽萬里，人賴其歡。

無注。

未濟

銅人鐵柱，暴露勞苦。終日卒歲，無有休止。

按《史記》："秦鑄金人十二。"

䷺坎下巽上渙

望幸不到，文章未就。王子逐兔，犬踦不得。

無注。

之乾

猋風卒起，車馳揭揭。棄古追亡，[②]失其和節，心憂惙惙。

猋，音飈。惙，音拙。

---

① "成地"，原作"地城"，據津逮本改。

② "猋"，當據《需》之《小過》作"猋"。"卒起"，原作"阻越"，據《睽》之《大過》改。"追亡"，原作"退思"，據《需》之《小過》改。

坤

蛇得澤草，不憂危殆。

無注。

屯

兩犬爭鬬，股瘡無處。不成仇讎，行解却去。①

無注。

蒙

因禍受福，喜盈其室，求事皆得。

無注。

需

江多寶珠，海多大魚。疾行亟至，可以得財。

無注。

訟

二牛生狗，②以戌爲母。荆夷上侵，姬伯出走。

二牛，一作“三年”，見《坤》之《震》。一作“三馬生駒”，見《否》之《姤》。

師

安息康居，異國穹廬。非吾習俗，使我心憂。

---

① “却”，原作“邪”，據津逮本改。

② “二”，津逮本作“三”。

安息、康居，皆外國名。穹廬，游帳也，其形穹隆，故云。出《匈奴傳》。

比

行觸天罡，馬死車傷。身無聊賴，困窮乏糧。①

無注。

小畜

裸裎逐狐，爲人觀笑。牝雞雄晨，主作亂門。

《書·牧誓》曰："牝雞無晨。牝雞之晨，惟家之索。"

履

爲季求婦，家在東海。水長無船，不見所歡。

無注。

泰

男女合室，二姓同食。婚姻孔云，宜我多孫。②

無注。

否

太微帝室，黄帝所直。蕃屏周衛，不可得入。常安常存，③終無禍患。

太微，匡衛十二星，藩臣：西，將；東，相；南四星，執法；中，

① "乏"，原作"乞"，據津逮本改。
② 末句，原作"宜室我家"，據津逮本改。
③ "常存"，津逮本作"長在"。

端門;門左右,掖門。門内六星,諸侯。其内五星,五帝坐。又天文:①“太微,爲五帝之庭,明堂之房。”

同人

賫金觀市,②欲買騮子。猾偷竊發,盗我黄寶。

騮,音留。

大有

三人俱行,欲歸故鄉。望邑入門,拜見家親。③

無注。

謙

娶於姜吕,駕迎新婦。少齊在門,夫子歡喜。

按,《春秋·昭公二年》:“夏四月,韓須如齊逆女,齊陳無宇送女,致少姜。少姜有寵於晋侯,謂之少齊。”姜,齊姓。

豫

伯仲俱行,南求大牂。長孟病足,倩季負囊。柳下之貞,不失驪黄。④

無注。

---

① “匡”,原作“正”;“二”,原作“五”;“法”、“端門”之“門”、“門左右”之“門”,原均脱;“六星”,原作“文昌”;“五帝坐”,原作“帝座”。皆據《史記·天官書》改。“天文”,誤,當作“《後漢書·天文志》劉昭補注引張衡《靈憲》”。

② “賫”,津逮本作“齎”。

③ “親”,原作“歡”,據津逮本改。

④ “俱”,原作“旅”,據《同人》之《豐》、《革》之《恒》改。“倩”,原作“請”,據士禮居本、津逮本改。“驪黄”,津逮本作“我邦”。

隨

潔身白齒,衰老復起。多孫衆子,宜利姑舅。

無注。

蠱

獨宿憎夜,嫫母畏晝。平王逐建,荆子憂懼。

嫫母,黄帝次妃,貌醜而賢。建,楚平王太子也。費無極譖於王,故建居於城父。魯昭二十年,太子建奔宋。

臨

追亡逐北,呼還幼叔。至山而得,①復歸其室。

無注。

觀

鳥飛無翼,兔走折足。雖欲會同,未得醫工。②

無注。

噬嗑

抱空握虚,鴞驚我雛,③利去不來。

無注。

賁

山作天池,陸地爲海。

---

① "山",原作"止",據津逮本改。
② "醫工",原作"毉功",津逮本作"其功",據《恒》之《解》元抄本改。
③ 第二句,原作"鳴教我賈",據津逮本改。

無注。

剥

爲虎所齧，太山之陽。衆多從者，莫敢敉藏。①

齧，倪結切，噬也。

復

逶迤四牡，思歸念母。王事靡盬，不得安處。

《詩·小雅·四牡》篇云："四牡騑騑，周道倭遲。"又曰："王事靡盬，不遑將父。"又："不遑將母。"

无妄

獼猴所言，語無成全。誤我白馬，②使乾口來。

無注。

大畜

飛不遠去，卑斯内侍，禄養未富。

無注。

頤

大尾細要，重不可摇。陰權制國，平子逐昭。

《春秋》，季平子逐魯昭公之事。

① "敉"，原作"救"，據《需》之《中孚》元抄本改。
② "馬"，原作"烏"，據《損》之《艮》改。

大過[1]

旦生夕死，名曰嬰鬼，不可得祀。[2]

無注。

坎

子畏於匡，困厄陳蔡。[3] 明德不危，竟免危害。

孔子過匡，匡人以爲陽虎而拘之，在陳蔡絶糧。言聖人道全德備，雖遇患而不危殆也。

離

畏昏潛處，候時昭昭。卒遭白日，爲世榮主。

無注。

咸

白鳥銜餌，鳴呼其子。施翼張翅，[4]來從其母。

無注。

恒

宫商角徵，五音和起。君臣父子，弟順有叙。唐虞襲德，國無災咎。

唐、虞，堯舜有天下之號。

---

① "大"，原作"太"，據士禮居本、津逮本及《周易》六十四卦卦名改。
② "祀"，原作"視"，據津逮本改。
③ "厄"，原作"在"，據《兑》之《泰》改。
④ "鳥"，原作"烏"，據津逮本改。"施翼"，津逮本作"旋枝"。

遯

季姬踟躕，望孟城隅。終日至暮，不見齊侯。

《詩》云："静女其姝，俟我于城隅。愛而不見，搔首踟躕。"

大壯

鬼哭於社，悲商無後。① 甲子昧爽，殷人絶祀。

《書》曰："甲子昧爽，王朝至于商郊牧野。伐紂，社稷遂遷，②商乃滅焉。"

晋

天之所予，③福禄常在，不憂危殆。

無注。

明夷

比目四翼，相倚爲福。④ 姜氏季女，與君合德。

《春秋・桓公九年》："春，紀季姜歸于京師。"注："季姜，桓王后也。"季，字。姜，紀姓。

家人

翕翕輷輷，隕崩墮顛。滅其令名，長没不全。⑤

輷，音田。

---

① "商"，原作"傷"，據《大過》之《坤》改。
② "遷"，原作"迁"，據《大過》之《坤》注引《尚書》語改。
③ "之"，原作"子"，據津逮本改。
④ "四"，原作"附"；"倚"，原作"恃"，津逮本作"待"。皆據《節》之《隨》改。
⑤ "隕"，原作"稍"，據《泰》之《謙》津逮本改。末句，原無，據津逮本補。

睽

折若蔽目，不見稚叔。三足孤鳥，[①]遠去家室。

《楚詞》："折若木以拂日兮。"若木，木名，在崑崙西極，其華光照下地。《漢・天文》："日中有三足烏。"目，當作"日"。鳥，當作"烏"。

蹇

羊腸九縈，相推稍前。止須王孫，乃能上天。

羊腸，趙險塞名，山形屈曲如羊腸。

解

坤厚地德，庶物蕃息。平康正直，以綏大福。

《易・坤》彖曰："坤厚載物，德合無疆。"《書・洪範》："六，三德，曰：平康，正直。"

損

有萃外野，[②]不逢堯主。復居窮處，心勞志苦。

萃，當作"莘"。伊尹耕於有莘之野，而樂堯舜之道。此言湯未聘之日。

益

㬰長景行，來觀桑柘。上伯日喜，都叔允臧。[③]

---

① "稚"，津逮本作"雉"，士禮居本作"雅"。"鳥"，士禮居本作"烏"，是。元抄本注是。

② "萃"，士禮居本、津逮本作"莘"，是。元抄本注是。

③ "㬰"，津逮本作"昇"，"日"作"自"。"臧"，原作"藏"，據津逮本改。

無注。

夬

周師伐紂,勝於牧野。甲子平旦,天下大喜。①

《書·牧誓》:"武王伐紂,甲子昧爽,王朝至于商郊牧野。"又《武成》:"大賚于四海,而萬姓悦服。"

姤

踰江求橘,並得大栗。烹羊食炙,飲酒歌笑。

無注。

萃

弊笱在梁,魴逸不禁。漁父勞苦,筐筥乾口,②空虚無有。

《詩》云:"敝笱在梁,其魚魴鰥。"敝,壞;笱,罟也。詩人以敝笱不能制魚爲比。

升

生有陰孽,制家非陽。遂送還牀,張氏易公,憂禍重凶。③

未詳。

① "勝",津逮本作"戰","大喜"作"喜悦"。

② "漁",原作"魚",據士禮居本、津逮本改。"筥",原作"莒",據士禮居本改。第四句,津逮本作"口燋喉乾"。

③ "禍",原作"福",據士禮居本、津逮本改。

困

絶域異路，多有怪惡。使我驚懼，思我故處。

無注。

井

迷行失道，不得牛馬。百賈逃亡，市空無有。

無注。

革

雌鷙生雛，祥異興起。乘雲龍騰，[1]民戴爲父。

無注。

鼎

疊疊纍纍，如岐之室。畜一息十，古公治邑。[2]

古公，周太王之本號，修后稷、公劉之業，積德行義，國人皆戴之。熏鬻之難，去豳，邑于岐山之下，豳人曰："仁人也，不可失也。"扶老携幼，歸者如市。

震

瘖瘂疥瘙，[3]孝婦不省。君多疣贅，四牡作去。

未詳。

---

① "乘"，原作"朿"，據津逮本改。

② "疊疊"，原作"壘壘"；"治"，原作"始"。皆據津逮本改。"岐"，原作"歧"，據士禮居本、津逮本改。

③ "瘙"，原作"搔"，據津逮本改。

艮

羊頭兔足，羸瘦少肉。漏囊貯粟，[1]利無所得。

無注。

漸

薛箧從靡，空無誰是。言季子明，[2]樂減少解。末句云，難逢道理。

未詳。

歸妹

妹爲皃熟，[3]敗君正色。作事不成，自爲心賊。

無注。

豐

四馬共轅，東上太山。騂驪同力，無有重難，與君笑言。

無注。

旅

陰變爲陽，女化作男。治道得通，君臣相承。

無注。

巽

南國少子，材略美好。求我長女，賤薄不與。反得醜惡，

---

① "貯"，原作"敗"，據《既濟》之《訟》改。
② 首句，津逮本作"孽蔑徙靡"，"子"作"不"。
③ "皃"，士禮居本、津逮本作"貌"。皃、貌，古今字。

後乃大悔。

無注。

兑

昭公失常，季氏悖狂。遜齊處鄆，[①]喪其寵光。

《春秋·昭公二十五年》："九月戊戌，伐季氏。叔孫氏、孟氏救之，三家反攻公。己亥，公孫于齊，次于陽州。"《二十六年》："三月，公至自齊，居于鄆。"《三十二年》："薨于乾侯。"

節

文山紫芝，雍梁朱草。長生和氣，王以爲寶。公尸侑食，[②]福禄來處。

芝，靈草，土和則生。朱草，百草之精也，王者德無所不通則生，食之令人不老。又《鳧鷖》詩："公尸燕飲，福禄來成。"

中孚

牽羊不前，與心戾悖。聞言不信，誤紿丈人。[③]

未詳。

小過

東山西山，各自止安。雖相登望，[④]竟未同堂。

無注。

---

① "鄆"，原作"野"，據《遯》之《蠱》改。

② "文"，原作"天"；"侑"，原作"宥"。皆據津逮本改。"長生"，津逮本作"生長"。

③ "悖"，原作"旋"，據《履》之《蒙》改。"丈"，原作"大"，據津逮本改。

④ 第三句，原作"心雖相望"，據《賁》之《家人》改。

既濟

鹿求其子,虎廬之里。唐伯李耳,[1]貪不我許。

無注。

未濟

三虎上山,更相喧喚。心志不親,如仇與怨。[2]

無注。

䷻兑下坎上節

海爲水王,聰聖且明。百流歸德,無有叛逆,常饒優足。

《書·禹貢》曰:"江漢朝宗于海。"傳云:"猶諸侯之朝宗于王也。"

之乾

虎豹怒咆,[3]慎戒外憂。上下俱擾,士民無聊。

無注。

坤

探巢得雛,鳩鵲俱來,[4]使我心憂。

無注。

---

① "李",原作"季",據津逮本改。

② "心志",原誤倒,據津逮本乙正。"怨",原作"怒",據士禮居本、津逮本改。

③ "豹",原作"响",據津逮本改。

④ "鳩",原作"仇",據津逮本改。

屯

日望一食，常恐不足，禄命寡薄。

無注。

蒙

良馬疾走，千里一宿。逃難他鄉，誰能追復？

無注。

需

鵲巢鳩城，上下不親。外内乖畔，子走失願。①

無注。

訟

雲龍集會，征討西戎。招邊定衆，誰敢當鋒？

無注。

師

春多膏澤，夏潤優渥。稼穡成熟，畝獲百斛。

無注。

比

童妾獨宿，長女未室，利無所得。

無注。

① "鳩"，原作"烏"；"失願"，原作"矢頑"。皆據津逮本改。

小畜

四亂不安，東西爲患。退身止足，①無出邦域。乃得全完，賴其生福。

無注。

履

長寧履福，安我百國。② 嘉賓上堂，與季同牀。

無注。

泰

騏驎騄耳，章明造父。伯夙成季，共成霸功，③爲晋元輔。

騏驎、騄耳，皆馬名。造父善御。伯夙，趙成子兄。成季，趙成子衰也，皆晋文公名臣。

否

張陳嘉謀，贊成漢都。主歡民喜，④其樂休休。

漢張良、陳平皆以奇計佐高祖平天下。

---

① “身止”，原作“止我”，據津逮本改。

② “履”，原作“理”，據士禮居本、津逮本改。第二句，津逮本“國”作“穀”，《同人》之《兑》作“來安吾國”。

③ “驎騄”，士禮居本、津逮本作“驥綠”，是。第三、四句，津逮本作“伯夙奏獻，衰續厥緒，佐文成霸”。

④ “歡”，原作“權”，據士禮居本、津逮本改。

同人

大面長頸,來解君憂。遺吾福善,與我嘉惠。①

無注。

大有

畏昏不行,待旦昭明。燎獵受福,老賴其慶。

無注。

謙

伯去我東,首髮如蓬。長夜不寐,輾轉空牀。内懷惆悵,憂繫心胸。②

《詩·衛風·伯兮》篇云:"自伯之東,首如飛蓬。"又曰:"願言思伯,使我心痗。"注云:"婦人以夫久役于外而作是詩。"

豫

朽條腐索,不堪施用。安靜候時,以待親知。

無注。

隨

比目四翼,相倚爲福。姜氏季女,③與君合德。

未詳。

---

① "頸",津逮本作"頭"。"來",原作"未";末二句,原脱。皆據津逮本改、補。

② 第四、五句,原脱,據津逮本補。末句,津逮本作"憂摧肝腸"。

③ "女",原作"氏",據津逮本改。

蠱

履階升墀，[①]登高崔嵬。福禄洋溢，依天之威。

無注。

臨

奢淫愛嗇，神所不福。祇靈憑怒，鬼障其室。[②]

無注。

觀

大步上車，南到喜家。送我狐裘，[③]與福載來。

無注。

噬嗑

東行西步，失其次舍。乾侯野井，昭君失居。與彼作期，不覺至夜。[④]

按，《春秋·昭公二十五年》："公孫于齊，次于陽州，至于野井。"《二十六年》："居于鄆。"《三十二年》："卒于乾侯。"

賁

喜樂抃躍，來迎名家。鵲巢百兩，獲利養福。[⑤]

---

① "升"，原作"昇"，據士禮居本、津逮本改。

② "愛"，津逮本作"吝"。"障"，津逮本作"瞰"，《大過》之《豐》作"奪"。

③ "上"，原作"小"；"狐"，原作"豹"。皆據津逮本改。

④ "其次"，原作"次後"，據《鼎》之《噬嗑》改。三四與五六兩句，原倒置，據津逮本乙正。"彼"，原作"陂"；"覺"作"真"。皆據士禮居本、津逮本改。

⑤ "名家"，津逮本作"歡客"，末句作"以成嘉福，多獲利益"。

《詩·鵲巢》篇云:"維鵲有巢,維鳩居之。之子于歸,百兩御之。"兩,一車兩輪,故謂之兩。諸侯之子嫁於諸侯,送迎皆百兩也。

剥

非理所求,[①]誰肯相與? 往而不獲,徒勞道路。

無注。

復

北虜匈奴,數侵邊境。左衽爲長,國猶未慶。[②]

無注。

无妄

征不以禮,伐乃無名。從獲臣子,霸功不成。[③]

無注。

大畜

景星照堂,麟游鳳翔。仁施大行,頌聲作興。[④]

景星,星之精也,王者不私人以官,使賢者在位則見。

頤

文明之世,銷鋒鑄耜。[⑤] 以道順民,百王不易。

---

① "所求",原作"後來",據津逮本改。

② 三、四句,原脱,據津逮本補。

③ 林辭,津逮本作"續事康域,针折不成。嬰兒短舌,説辭無名"。"名",原作"咎",據士禮居本、津逮本改。"從",士禮居本、津逮本作"縱"。

④ "頌",原作"訟",據士禮居本、津逮本改。

⑤ "耜",原作"鏑",據《晋》之《晋》改。

無注。

大過

鳥飛無羽，雞鬬折距。徒自長嗟，誰肯爲侶？一本云，不順其德，自爲凶咎。①

無注。

坎

群隊虎狼，齧彼牛羊。道路不通，妨農害商。②

無注。

離

商伯沉酒，庶兄奔走。淫女蕩失，③仁德並孤。

商伯，指紂。沉酒，《書》言紂沉湎于酒。庶兄，紂庶母兄微子也，抱彝器歸周。淫女蕩失，言紂冒亂女色，以至失國也。

咸

三貍搏鼠，遮遏前後。當此之時，④不得脱走。

無注。

恒

陶叔孔圉，不處亂國。初雖未萌，後受福慶。

---

① “一本云”云云，津逮本爲雙行小注，士禮居本無。

② “隊”，疑當據《比》之《困》作“聚”。

③ “酒”，士禮居本、津逮本作“醉”，《賁》之《乾》作“湎”。“失”，士禮居本、津逮本作“夫”。

④ 第三句，《離》之《遯》津逮本、《明夷》之《頤》皆作“死於圜城”。

無注。

遯

奮翅鼓翼，翱翔外國。逍遥徙倚，來入温室。[①]

無注。

大壯

德音孔博，升在王室。八極蒙祐，受其福禄。

無注。

晋

當變立權，擿解患難。涣然冰釋，大國以安。[②]

無注。

明夷

雲動蔽日，雨集草木，[③]茂年歲熟。

無注。

家人

天所祐助，福來禍去，君王何憂？

無注。

---

① “徙倚”，原作“北域”；“來”，原作“不”。皆據《損》之《觀》改。

② “擿”，原作“摘”，據士禮居本、津逮本改。“涣”，原作“霍”，據津逮本改。“大”，《升》之《震》作“六”。

③ 首句，原作“羽動角甘”；“集”，原作“續”。皆據《未濟》之《升》改。

睽

方啄宣口，①聖智仁厚。釋解倒懸，唐國大安。

方啄宣口，前《小畜》之《噬嗑》作“方喙廣口”，義通。唐國，即陶唐。

蹇

葛藟蒙棘，華不得實。讒佞亂政，②使恩壅塞。

《葛藟》，《詩》篇名。蒙棘，《詩·葛生》篇云：“葛生蒙棘，蘞蔓于域。予美亡此，誰與獨息？”

解

皇母多恩，字養孝孫。脱於襁褓，③成就爲君。

無注。

損

積冰不温，北陸苦寒。露宿多風，君子傷心。

北陸，日行北方，黑道，曰北陸。

益

伯夷叔齊，貞廉之師。以德防患，憂禍不存。④

伯夷、叔齊，孤竹君之二子也。武王伐紂，叩馬而諫，義不

---

① “啄宣”，津逮本作“喙廣”。
② “華”，原作“棘”；“佞”，原作“倭”。皆據士禮居本、津逮本改。
③ “褓”，原作“抱”，據士禮居本、津逮本改。
④ “禍不存”，原作“福不凶”，據士禮居本、津逮本改。

食周粟。《語》云："伯夷、叔齊餓于首陽之下,民到于今稱之。"

夬

一雌二雄,子不知公。亂我族類,使吾心憒。①

無注。

姤

主安多福,天禄所伏。居之寵昌,君子有光。

無注。

萃

千歲槐根,身多斧瘢。② 樹維枯屈,枝葉不出。

無注。

升

周師伐紂,勝於牧野。甲子平旦,天下大喜。③

《牧誓》:"武王伐紂,甲子昧爽,王朝至于商郊牧野。"又《武成》:"大賚于四海,而萬姓悦服。"

困

日走月步,趨不同舍。夫妻反目,主君失居。

《易・小畜》:"輿脱輹,夫妻反目。"

① "憒",原作"愤",據津逮本改。

② "身",原作"利",據津逮本改。"瘢",原作"盤",據士禮居本、津逮本改。

③ 《升》、《困》二林,原誤倒於《震》下、《艮》上,據士禮居本、津逮本及《周易》六十四卦次序改。"於",原作"殷",據《涣》之《夬》元抄本、士禮居本改。

井

宣髮龍叔，爲王主國。安土成稷，天下蒙恩。

宣髮，黑白雜也。《春秋》："共工氏有子曰句龍，爲后土。后土爲社。"事在《魯昭公二十八年》。

革

諷德誦功，美周盛隆。① 奭旦輔成，光濟沖人。

《詩》雅、頌，周公所作。旦，周公名。奭，召公名。二人相成王。沖人，成王也。《書》云："惟予沖人弗及知。"

鼎

三夜不寐，憂來益甚。戒以危懼，棄去安居。②

無注。

震

思願所之，乃今逢時。洗濯故憂，③拜其歡來。

無注。

艮

噂噂囁囁，夜作晝伏。謀議我資，來竊吾室。空盡己財，幾無以食。④

① "美周"，原誤倒，據津逮本改。
② "寐"，士禮居本、津逮本作"寢"，"去"作"其"。
③ "濯"，原作"澤"，據士禮居本、津逮本改。
④ 末二句，原脱，據津逮本補。

無注。

漸

牛騂亡子，鳴於大野。申后陰微，[1]還歸其母，説以除悔。

無注。

歸妹

王良善御，伯樂知馬。周旋步驟，[2]行中規矩。止息有節，延命壽考。

王良，古之善御者。伯樂，古之善相馬者。此喻文王知太公之意。

豐

釋然遠咎，避患高阜。[3] 田獲三狐，以貝爲寶。

《周易·解》九二："田獲三狐。"狐者，邪媚之獸，三狐指卦之三陰也。獲，謂能變化除去之，[4]如田之獲狐也。

旅

仁獸所處，國無凶咎。市賈十倍，復歸惠里。

無注。

---

① "后"，原作"復"，津逮本作"後"；"微"，原作"徵"。皆據《恒》之《师》津逮本改。

② "驟"，原作"趨"，據津逮本改。

③ "高阜"，原作"害早"，津逮本作"革害"，據《賁》之《謙》津逮本改。

④ "謂"，原作"如"，據《伊川易傳·解》九二傳改。

巽

六目俱視，各欲有志。心意不同，[①]乖戾生訟。

無注。

兑

傅説王良，驂御四龍。周旋萬里，[②]無有危凶。

傅説、王良，皆星名。

涣

仲伯季叔，日暮寢寐。醉醒失明，喪其貝囊，衔卻道傍。[③]

無注。

中孚

江有寳珠，海多大魚。亟行疾至，可以得財。

無注。

小過

遠視千里，不見所持。離婁之明，無益於光。[④]

無注。

---

① “心意”，津逮本作“一言”。

② “旋”，原作“徑”，據《萃》之《无妄》改。

③ “寐”，原作“醉”，據士禮居本、津逮本改。“醉醒失明”，原作“醒失期明”，據津逮本改。“衔卻”，原作“卧拜”，據《謙》之《蠱》改。

④ “光”，原作“耳”，據《履》之《小過》改。

既濟

弱足刖跟，不利出門。市賈無盈，折亡爲患。

無注。

未濟

利盡得媒，時不我來。鳴雌深涉，[1]寡宿獨居。

無注。

---

① "雌"，疑作"雉"。《詩經・邶風・匏有苦葉》："匏有苦葉，濟有深涉。深則厲，淺則揭。有瀰濟盈，有鷕雉鳴。"

卷第十六

䷼兑下巽上中孚

鳥鳴譆譆，[①]天火將下。燔我屋室，災及妃后。

《春秋·魯襄公三十年》："五月，鳥鳴于亳社，如曰'譆譆'。甲午，宋大災，宋伯姬卒。"

之乾

黄虹之野，賢君所在。管叔爲相，國無災咎。

賢君，謂齊桓公。管叔，即管仲，相桓公，霸諸侯，以匡天下。

坤

符左契右，相與合齒。乾坤利貞，乳生六子。長大成就，風言如母。[②]

《易》：乾坤生六子，乾父坤母，三男，震、坎、艮，三女，巽、離、兑。

---

① "鳥鳴"，原作"烏鳥"，據津逮本改。

② 首句下，原衍"梁叔有若"，津逮本無"符左契右"而首句作"叔梁有名"，據《兑》之《大過》删改。"風言"，原作"抛吾"，據津逮本改。

屯

蝗齧我稻，驅不可去。實穗無有，但見空槁。

無注。

蒙

嬰孩求乳，[1]母歸其子，黄麑悦喜。

麑，鹿子也。

需

折若蔽目，不見稚叔。失旅亡民，遠去家室。[2]

目，當作"日"。《楚詞》："折若木以拂日兮。"若木，木名，在崑崙西極，其華光照下地。

訟

牂羊墳首，[3]君子不飽。年飢孔荒，士民危殆。

無注。

師

靈龜陸處，磐桓失所。伊子退耕，桀亂無輔。

伊尹耕於有莘之野，湯聘之，進於桀，桀不能用，復歸于湯。

---

① "孩"，原作"孫"，津逮本作"兒"，據士禮居本改。

② "目"，《蠱》之《屯》作"日"，是。元抄本注是。第二句，原作"父旅相逐"；第四句，原作"不見衛國"。皆據士禮居本、津逮本改。

③ "墳"，原作"肥"，津逮本作"羵"，據《詩經·小雅·苕之華》"牂羊墳首"改。

比

威約拘囚，爲人所誣。皋陶平理，[1]幾得免脱。

《書》：“舜命皋陶，曰：‘汝作士。’”士，理官也。

小畜

烏升鵲舉，照臨東海。厖降庭堅，爲陶叔後。封圻英六，福履綏厚。[2]

高陽氏才子八人，厖降、庭堅，其二子也。庭堅，即皋陶字。英、六，春秋時二小國。見《春秋·魯文公十八年》。

履

四目相視，稍近同軌。日昳之後，見吾伯姊。

無注。

泰

大步上車，南到喜家。送我狐裘，與福載來。

無注。

否

卒都和合，未敢面見。媒妁無良，使我不香。[3]

無注。

---

① “平”，原作“評”，據士禮居本、津逮本改。

② “厖”，津逮本作“尨”。“圻”，原作“於”，據《觀》之《頤》改。“履”，原作“禄”，據士禮居本、津逮本改。

③ “卒”，津逮本作“穿”，“和”作“相”，“香”作“鄉”。

同人

鴻飛循陸，公出不復，伯氏客宿。

《詩·豳風·九罭》篇云："鴻飛遵陸，公歸不復，於汝信宿。"

大有

代戍失期，患生無聊。懼以發難，爲我開基，邦國憂愁。

齊連稱、管至父瓜戍弗代，謀作亂。

謙

齊魯爭言，戰於龍門。構怨結禍，三世不安。

按，《春秋·魯成公二年》："春，齊侯伐我北鄙，圍龍，頃公之嬖人盧蒲就魁門焉。龍人囚之，齊侯親鼓，三日取龍。"

豫

害政養賊，背生人足。跛行不安，[1]國危爲患。

未詳。

隨

蜩螗歡喜，草木嘉茂。百果蕃生，日益多有。[2]

蜩螗，蟬也。《詩》："如蜩如螗。"

---

① "害"，原作"周"，據《家人》之《節》改。"賊"，原作"賤"，據津逮本改。"跛"，原作"陸"，據《家人》之《節》士禮居本、津逮本改。

② "喜"，原作"翹"，據津逮本改。"多"，津逮本作"富"。

蠱

魃爲災虐，風吹雲卻。[①] 欲上不得，復歸其宅。

無注。

臨

乘騮駕驪，游至東齊。遭遇仁友，送我以資，[②]厚得利歸。

無注。

觀

鳳生十子，[③]同巢共乳，歡悅相保。

無注。

噬嗑

桃雀竊脂，巢於小枝。摇動不安，爲風所吹。心寒漂摇，[④]常憂危殆。

桃雀即桃蟲。《詩》曰："肇允彼桃蟲。"注云："鷦鷯也。竊脂，桑扈也。"

賁

東山西山，各自止安。雖相登望，竟未同堂。

---

① 首句，原作"薄災暴虐"，津逮本"虐"作"虎"，據《小畜》之《中孚》津逮本改。"卻"，原作"郤"，據士禮居本改。

② "仁友"，原作"行旅"；"送"，原作"逆"。皆據《剥》之《坎》改。

③ "十"，原作"七"，據津逮本改。

④ "漂摇"，《謙》之《遯》元抄本、士禮居本作"慄慄"。

無注。

剥

斒𩑶出走，[①]驚懼惶恐。白虎生孫，蓐收在後。

蓐收，秋神。《禮記・月令》："其帝少昊，其神蓐收。"

復

重弋射隼，不知所定。質疑蓍龜，孰知所避？明神答報，告以肥牡，[②]宜利止居。

蓍所以筮，龜所以卜。《中庸》曰："見乎蓍龜，動乎四體，禍福將至，善必先知之，不善必先知之，故至誠如神。"

无妄

開門内福，喜至我側。嘉門善祥，爲吾室宅。營城洛邑，[③]以昭文德。

《書》："周公初基作新大邑于東國洛。"又曰："丕顯考文王，克明德慎罰。"

大畜

鳥飛狐鳴，國亂不寧。下強上弱，爲陰所刑。

無注。

---

① "𩑶"，原作"伏"，據津逮本改。"出走"，原誤倒，據士禮居本、津逮本改。

② "弋"，原作"或"，據士禮居本、津逮本改。第四句，原脱，據《困》之《蹇》補。"答"，原作"祭"，據津逮本改。"牡"，原作"牲"，據士禮居本、津逮本改。

③ "嘉門"，津逮本作"加以"。"營"，原作"宫"，據《井》之《升》改。

頤

三雞啄粟，八雛從食。飢鳶卒擊，失亡兩叔。

無注。

大過

嘆息不悦，憂從中出。喪我金罍，[①]无妄失位。

無注。

坎

剛柔相呼，二姓爲家。[②] 霜降既同，惠我以仁。

無注。

離

送我季女，至于蕩道。齊子旦夕，久留連處。[③]

季女、齊子，齊襄公妹，魯桓公夫人也。桓公十八年，公與夫人姜氏如齊。《詩》云："魯道有蕩，齊子庸止。"

咸

低頭竊視，有所畏避。行作不利，酒酢魚餧，[④]衆莫貪嗜。

---

① "罍"，原作"嬰"，津逮本作"罌"，據《詩經·周南·卷耳》"我姑酌彼金罍，維以不永傷"改。

② "二"，原作"三"，據津逮本改。

③ 末句，士禮居本、津逮本作"留連久處"。

④ "畏"，原作"遇"，據津逮本改。"酢"，士禮居本、津逮本作"酸"。"餧"，津逮本作"败"。

酢，當作“酸”。

恒

典策法書，藏閣蘭臺。[①] 雖遭亂潰，獨不逢災。

《漢官儀》：“御史臺，内掌蘭臺秘書。”

遯

旦醉病酒，暮多瘳愈，獨不及咎。[②]

無注。

大壯

畫龍頭頸，文章未成。甘言美語，説辭無名。

無注。

晉

日月運行，一寒一暑。榮寵赫赫，不可得保。顛隕墜墮，[③]更爲士伍。

無注。

明夷

爭利王市，朝多君子。蘇氏六國，獲其榮寵。

按《史記》：蘇秦説六國，以佩相印。

---

① “閣”，津逮本作“在”。
② “多”，津逮本作“即”。末句，原作“不反爲咎”，據津逮本改。
③ 第五句，士禮居本、津逮本作“顛躓殞墜”。

家人

六蛇奔走，俱入茂草。驚於長途，①畏懼啄口。

無注。

睽

懸桓素飧，②食非其任。失輿剥廬，休坐徙居。

桓，當作“狟”。《詩·伐檀》篇云：“胡瞻爾庭有懸貆兮？彼君子兮，不素餐兮。”《易·剥》卦上九：“君子得輿，小人剥廬。”

蹇

歡欣九子，俱見大喜。攜提福善，王孫是富。

無注。

解

伯夷叔齊，貞廉之師。以德防患，憂禍不存。

武王伐紂，伯夷、叔齊叩馬而諫，義不食周粟，隱於首陽山。孔子曰：“伯夷、叔齊餓于首陽之下，民到于今稱之。”

損

雄聖伏，名人匿，麟驚走，③鳳飛北，亂潰未息。

無注。

---

① “途”，上禮居本、津逮本作“塗”，《井》之《兑》作“注”，《豐》之《巽》作“路”。
② “桓”，士禮居本作“貆”，津逮本作“狟”。貆、狟同。元抄本注是。
③ “麟”，原作“驎”，據士禮居本、津逮本改。

益

久鰥無偶，思配織女。求其非望，自令寡處。

無注。

夬

破亡之國，天所不福，難以止息。

無注。

姤

老牆多郤，[①]弊政爲賊。阿房驪山，子嬰失國。

《史記》：秦始皇造作驪山，復建阿房，殘虐生民，至子嬰而漢滅之。

萃

三羖六牂，相隨俱行。迷入空澤，經涉虎廬。[②] 爲所傷賊，死於牙腹。

無注。

升

喋囁處懼，昧冥相傳。[③] 多言少實，語無成事。

無注。

---

① "牆"，原作"慵"，據《乾》之《大壯》改。

② "經"，原作"遥"，據津逮本改。

③ "喋囁"，原作"囁囁"，津逮本作"噬囁"，據《謙》之《乾》、《明夷》之《豫》改。"處懼"，津逮本作"噱嚾"。"傳"，原作"搏"，據《明夷》之《豫》改。

困

舞陽漸離，擊筑善歌。慕丹之義，爲燕助軻。陰謀不遂，矐目死亡，功名何施？①

《史記》：燕太子丹質於秦，亡歸，遣荆軻刺秦，令勇士秦武陽爲副。"至易水上，既祖，取道，高漸離擊筑，荆軻和而歌，爲變徵之聲"。入秦，引匕首以擿秦王，不中，秦王遂斬荆軻而滅燕。

井

尹氏伯奇，父子分離。無罪被辜，長舌爲災。

伯奇，尹吉甫之子，父娶後妻而譖伯奇於吉甫，父逐之。言無罪而見逐，皆後母長舌所爲也。

革

五精亂行，政逆皇恩。湯武赫怒，共伐我域。②

成湯放桀，武王伐紂，一怒而安天下。

鼎

西歷玉山，東入玉門，登上福堂，飲萬歲漿。

無注。

---

① "舞"，原作"武"；"目"，原作"自"；"何"，原作"賈"。皆據津逮本改。"矐"，原作"霍"，據翟云升《焦氏易林校略》"當作'矐'"改。《史記・刺客列傳》："高漸離善擊筑，秦王乃矐其目。""矐"，索隱曰："以馬矢薰目令失明也。"

② "我"，津逮本作"利"。

震

行觸天罡，①與司命牾。執囚束縛，拘制於吏，幽人有喜。

無注。

艮

機父不賢，朝多讒臣。君失其政，保家久貧。②

未詳。

漸

三人俱行，北求大牂。長孟病足，倩季負囊。柳下之貞，不失我糧。③

無注。

歸妹

鵠思其雄，欲隨鳳東。順理羽翼，出次須日。中留北色，④復歸其室。

色，當作"邑"。

---

① "天罡"，原作"天忌"，士禮居本作"夫忌"，津逮本作"忌諱"，據《涣》之《比》改。

② "保"，疑當據《歸妹》之《泰》作"使"。

③ "倩"，原作"請"，據津逮本改。"糧"，津逮本作"邦"。

④ "鵠"，原作"鵲"，據津逮本改。"色"，士禮居本、津逮本作"邑"，是。元抄本注是。

豐

常得自如，[1]不逢禍災。

無注。

旅

白鵠游涇，[2]君子以寧。履德不愆，福禄來成。

無注。

巽

膚敏之德，發憤晨食。虜豹禽説，爲王得福。

《史記》：韓信虜魏王豹，又引兵擊趙，禽夏説。

兑

百足俱行，相輔爲強。三聖翼事，王室寵光，國富民康。[3]

三聖，堯、舜、禹也。

涣

生不逢時，困且多憂。年衰老極，中心悲愁。

無注。

① "常"，原作"嘗"，據津逮本改。"得"，津逮本作"德"。

② "白鵠"，疑當據《夬》之《蒙》作"鳧鷺"。"涇"，原作"望"，據《夬》之《蒙》改。

③ 本林，原誤置於《小過》林下，據士禮居本、津逮本及《周易》六十四卦次序改。第四句，原脱，據津逮本補。

節

出門蹉跌，失道後旅。買羊逸亡，取物逃走。空手握拳，坐恨相咎。①

無注。

小過

牧羊稻田，聞虎喧嚾。畏懼悚息，終無禍患。

無注。

既濟

龍潛鳳北，其子變服，②陰孽萌作。

無注。

未濟

國無比鄰，相與爭強。紛紛匈匈，天下擾憂。③

無注。

䷽艮下震上小過

初雖驚惶，後乃無傷，④受其福慶。

無注。

---

① "失"，原作"看"，據《臨》之《大畜》、《渙》之《井》改。"相"，津逮本作"爲"。

② "其"，津逮本作"箕"。

③ "憂"，津逮本作"攘"。

④ "乃"，原作"反"，據《巽》之《夬》改。"傷"，原作"憂"，據士禮居本、津逮本改。

之乾

積德累仁，靈祐順信，福祉日增。

無注。

坤

謹慎重言，不幸遭患。周邵述職，脱免牢開。①

無注。

屯

鳧舞鼓翼，②喜樂堯德。虞夏美功，要荒賓服。

堯，唐帝。虞、夏，舜、禹有天下之號。

蒙

牙孽生齒，室堂啓户。幽人利貞，鼓翼起舞。

按，《遯》之《兑》作"牙孽生達"，③義通。

需

使伯東求，④拒不肯行。與叔爭訟，更相毀傷。

無注。

訟

手足易處，頭尾顛倒。公爲雌嫗，亂其蠶織。

① "開"，津逮本作"門"。
② "鳧舞"，原作"鳥飛"，據《剥》之《晋》改。
③ "之兑"，原脱，據《遯》之《兑》林補。
④ "求"，《離》之《明夷》元抄本、士禮居本作"乘"。

無注。

師

匠卿操斧，①豫章危殆。袍衣脱剥，禄命訖已。

豫章，大木也。

比

天女踞牀，不成文章。南箕無舌，飯多砂糖。虚象盜名，雄雞折頸。②

天女，織女也。牀，未詳，疑“機”字之誤。織女推機，則不能成其文錦也。箕，星名，夏秋之間見於南方，故云南箕。舌，下二星也。言南箕無舌，則不可以簸揚糠秕也。糖，當作“糠”。

小畜

大椎破轂，長舌亂國。牆茨之言，③三世不安。

《詩·牆有茨》篇：“牆有茨，不可掃也。中冓之言，不可道也。”

履

銜命辱使，不堪厥事。中墜落去，更爲負載。

無注。

① “匠卿”，劉毓崧引《左傳·襄公四年》“匠慶用蒲圃之檟”，曰：“慶、卿古通用。匠卿即匠慶，魯匠人也。”尚秉和《焦氏易林注》曰：“‘卿’或爲‘慶’之音訛字。”

② “糖”，士禮居本、津逮本作“糠”，是。元抄本注是。“雄雞”，原作“雌雄”，據《大畜》之《益》改。

③ “牆茨”，當據《咸》之《復》作“牀笫”。

泰

三蛇共室,同類相得。甘露時降,生我百穀。

甘露,仁澤也,聖德上及太清,下及萬靈則降。

否

衣綉夜游,與君相逢。除患解惑,使我不憂。

項羽曰:"富貴不歸故鄉,如衣綉夜行。"

同人

被髪獸心,難與爲鄰。來如飄風,[①]去如絶絃,爲狼所殘。

無注。

大有

剛柔相呼,二姓爲家。霜降既同,惠我以仁。

無注。

謙

牛耳聾聵,不曉聲味。[②] 委以鼎俎,治亂憒憒。

聵,五怪切。憒,古對切。

豫

低頭竊視,有所畏避。行作不利,酒酢魚餒,[③]衆莫

---

① "飄風",原作"風雲",津逮本作"風雨",據《困》之《萃》改。
② "聵",士礼居本、津逮本作"聵",是。"聲",原作"齊",據《頤》之《鼎》改。
③ "酢",津逮本作"酸"。

貪嗜。

酢,音醋。

隨

雨師娶婦,黄巖季子。成禮既婚,相呼南去。① 霄我下土,年歲大有。

《博物志》曰:"太公爲灌壇令。武王夢婦人當道夜哭,問之,曰:'吾是東海神女,嫁於西海神童,今爲灌壇令當道,廢我行,我行必有大風疾雨。'武王覺,召太公,問之,果有疾風暴雨從太公邑外過。"

蠱

戴盆望天,不見星辰。顧小失大,福逃牆外。②

無注。

臨

二人輂車,徙去其家。井沸釜鳴,不可以居。

井沸釜鳴,皆不祥之兆也。

觀

攘臂反肘,怒不可止。狼戾愎很,無與爲市。③

無注。

---

① "去",原作"上",據《豐》之《大過》改。

② "福",原作"遁",據《隨》之《蹇》改。

③ "止",原作"二";"狼",原作"很";"與",原作"以"。皆據津逮本改。"愎很",原作"腹心",據《恒》之《噬嗑》津逮本改。

噬嗑

湯火之憂，[1]轉解喜來。

湯囚夏臺，後放桀而有天下。

賁

奭旦輔成，王政不傾。公劉肇基，[2]文武綏之。

言周召輔成王，及公劉、文、武之德化。

剥

登高斬木，[3]頓蹪蹈險。車傾馬罷，伯叔吁嗟。

無注。

復

桑之將落，隕其黄葉。失勢傾側，[4]如無所立。

《詩・氓》之篇："桑之落矣，[5]其黄而隕。"此言婦人爲人所棄，而自叙其事也。

无妄

鸞鳳翱翔，集於家國。寧我伯姊，[6]與母相得。

---

① "火"，原作"世"，據津逮本改。

② "奭旦"，原作"忠信"，據《節》之《革》改。"肇"，原作"兆"，據士禮居本、津逮本改。"基"，原作"舉"，據津逮本改。

③ "斬"，津逮本作"折"。

④ 首二句，原作"桑方落隕，黄敗其葉"，津逮本作"桑方隕落，黄葉敗散"，據尚秉和《焦氏易林注》"茲依《履》之《噬嗑》校"改。"側"，原作"仄"，據士禮居本、津逮本改。

⑤ "矣"，原作"兮"，據《詩經・氓》改。

⑥ "家"，原作"喜"，據津逮本改。"寧"，原作"念"，據《同人》之《謙》改。

無注。

大畜

陰淫所居，盈溢過度，[①]傷害禾稼。

無注。

頤

霄冥高山，道險峻難。王孫罷極，困於阪間。

無注。

大過

和璧隨珠，爲火所燒。冥昧失明，奪精無光，棄其道傍。

卞和得玉璞，獻於楚懷王，凡三獻，後果得美玉。隋侯見蛇傷，取藥封之，後蛇銜珠以報。此言被火所燒，則不得爲寶矣。

坎

虞君好神，惡我老親。恭承宗廟，雖愠不去，[②]復我内事。

《虞書·舜典》："命伯夷典三禮，作秩宗。"三禮，祀天神，享人鬼，祭地祇之禮。秩宗，次百神之官，以宗廟爲主也。

離

爪牙之士，怨毒祈父。[③] 轉憂與己，傷不及母。

---

① "盈"，原作"益"，據士禮居本、津逮本改。
② "惡"，士禮居本、津逮本作"惠"。"雖"，津逮本作"長"。
③ "士"，原作"夫"，據津逮本改。"祈"，原作"圻"，據士禮居本、津逮本改。

《詩·小雅·祈父》篇云:“祈父,予王之爪牙,胡轉予于恤,有母之尸饔。”

咸

倉盈庾億,宜稼黍稷,年歲有息。

《詩·楚茨》篇:“我倉既盈,我庾維億。”

恒

窗牖户房,通利光明。賢智輔聖,仁德大行。家給人足,海内殷昌。

無注。

遯

切切之患,[①]凶重憂薦,爲虎所吞。

無注。

大壯

大麓魚池,[②]陸爲海涯。君子失居,小人相携。

無注。

晋

九疑鬱林,沮濕不中。鸞鳳所惡,君子攸去。

九疑,山名,虞舜葬處。鬱林,地名。

① “切切”,津逮本作“忉忉”。
② “大麓”,原作“水無”,據《夬》之《節》改。

明夷

六翮況飛，[1]走歸不及。脱歸王室，亡其騂特。

未詳。

家人

不直莊公，[2]與我爭訟。媒伯無禮，自令塞壅。

未詳。

睽

倉庾多億，[3]宋公危殆。吴子巢門，殞命失所。

倉庾多億，按《兑》之《蠱》作"瘡痍多病"。《春秋·魯僖公二十二年》："宋襄公及楚人戰于泓，傷股。"《二十三年》："宋公卒，傷於泓故也。"《襄公二十五年》："吴子諸樊伐楚，門于巢。巢牛臣隱於短牆以射之，吴子卒。"

蹇

失羊補牢，[4]無損無憂。

無注。

解

夏麥䴵麱，霜擊其芒。疾君敗國，使年夭傷。[5]

---

① "翮況"，津逮本作"翮泛"，疑當據《困》之《坤》作"鷁退"。
② "莊"，《大畜》之《无妄》作"杜"。
③ 首句，津逮本"庾"作"庚"，《兑》之《蠱》作"瘡痍多病"，是。
④ "補牢"，原作"捕牛"，據《姤》之《大壯》改。
⑤ "䴵"，津逮本作"麸"。"年夭"，原作"我誅"，據《歸妹》之《鼎》改。

蓲,音孚。䵃,古猛切。

損

昧昧闇闇,不知白黑。風雨亂擾,光明伏匿,幽王失國。

此言周幽王寵褒姒,淫昏亂政,被犬戎所滅。

益

執斧破薪,使媒求婦。和合二姓,親御斯酒。[1] 色比毛嬙,姑翁悦喜。

《詩·南山》篇:"析薪如之何?匪斧不克。取妻如之何?匪媒不得。"毛嬙,西施。

夬

六疾生狂,癡走妄行。[2] 北入患門,與禍爲鄰。

無注。

姤

驅羊就群,佷不肯前。慶季愎諫,子之被患。

《春秋左傳·魯襄公二十八年》:"齊慶封好田而嗜酒,與慶舍政。"蓋慶季即慶封,子之即慶舍,後爲盧蒲癸、王何所刺。

萃

二人異路,東趨西步。十里之外,不相知處。

無注。

---

① "御",原作"迎",據《噬嗑》之《家人》改。"酒",原作"須",據津逮本改。
② 次句,原作"妄癡走行",據士禮居本、津逮本改。

升

義不勝情，以欲自營。覬利危躬，①折角摧頸。

無注。

困

騷騷擾擾，不安其類。疾在頸項，凶危爲憂。

無注。

井

三河俱合，水怒踴躍。壞我王屋，民困於食。

河東、河南、河内，三河，天下之中也。

革

陽曜旱疾，傷病稼穡，農人無食。

無注。

鼎

流浮出食，載券入屋。釋鞍繫馬，②西南廡下。

無注。

震

門户之居，可以止舍。進仕不殆，安樂相保。

無注。

---

① “覬”，原作“覩”，據《豐》之《漸》改。
② “券”，津逮本作“豢”，“鞍”作“轡”。

艮

過時不歸，雌雄苦悲。徘徊外國，與母分離。

無注。

漸

中田有廬，疆場有瓜。獻進皇祖，曾孫壽考。

《詩·小雅·信南山》篇曰："中田有廬，疆場有瓜。"又云："獻之皇祖，曾孫壽考。"

歸妹

失恃無友，嘉偶出走，[①]儽如喪狗。

《家語》："孔子去魯，累累若喪家之狗。"

豐

反鼻岐頭，三寡獨居。[②]

無注。

旅

衣裳顛倒，爲王來呼。成就東周，封受大福。

《齊詩》云："顛倒衣裳。"又云："自公召之。"

巽

飛不遠去，還歸故處，興事多悔。

---

① "嘉偶"，原作"嘉福"，津逮本作"覆家"，據《否》之《遯》改。

② "三"，津逮本作"二"。

無注。

兌

含血走禽，不曉五音。瓠巴鼓瑟，不悦于心。

五音，宫、商、角、徵、羽。《荀子》云："瓠巴鼓瑟，游魚出聽。"

渙

求玉獲石，非心所欲，祝願不得。

無注。

節

山崩谷絶，大福盡竭。涇渭失紀，玉曆既已。①

涇、渭，二水名。《書》："火炎昆岡，玉石俱焚。"

中孚

雜目懼怒，②不安其居。散渙府藏，無有利得。

無注。

既濟

衆邪充側，鳳凰折翼。微子復北，去其邦國。

商紂無道，微子抱祭器奔周。

---

① "竭"，原作"歇"；"曆"，原作"石"。皆據《屯》之《蒙》改。

② 首句，《革》之《大壯》作"持心懼怒"，《震》之《離》元抄本、士禮居本作"持心瞿目"，津逮本作"持心耀日"。

未濟

六月采芑，征伐無道。張仲方叔，克敵飲酒。

《六月》、《采芑》，皆《詩》名。六月，建未之月也，時玁狁内侵，宣王命尹吉甫帥師伐之，有功而歸，詩人作歌以叙其事。《司馬法》："冬夏不興師。"今六月而出師者，以玁狁之故也。《采芑》之詩，言蠻荆背叛，王命方叔南征，軍行采芑而食，故賦其事。張仲，吉甫之友，是時燕飲，張仲在焉。

䷾離下坎上既濟

玄兔指掌，與足相恃。證訊詰問，誣情自直。冤尤誰告，[1]口爲身禍。

未詳。

之乾

游居石門，禄身安全。受福西鄰，歸飲玉泉。[2]

無注。

坤

陽春生草，萬物盛興。君子所居，災禍不到。

無注。

---

① "恃"，津逮本作"視"。"證"，原作"謹"，據津逮本改。"冤尤"，原作"宛死"，津逮本作"死誣"，據《離》之《訟》改。

② "居"，原作"駒"；"禄身"，原作"騄耳"；"飲"，原作"邑"，津逮本作"隱"。皆據《履》之《訟》改。

屯

人無定法，緩除才出。[1] 雄走羊驚，不失其家。

無注。

蒙

太上止奔，[2]變見太微。陳吴廢忽，作爲禍患。

按，天文：[3]"太微爲五帝之庭，明堂之房。"陳、吴，二國名。

需

乘龍吐光，使闇復明。燎獵大得，太師以昌。[4]

按《史記》：西伯出獵，得吕望，年八十釣于渭水，載之以歸，尊爲太公，號師尚父。後封于齊。

訟

羊頭兔足，羸瘦少肉。漏囊貯粟，利無所得。

無注。

師

因禍受福，喜盈其室。螟蟲不作，君無苛慝。[5]

無注。

---

① "定"，原作"足"，據《觀》之《臨》改。"緩"，津逮本作"紱"，"才"作"牛"。

② "上止"，士禮居本、津逮本作"山上"。

③ "天文"，誤，"太微"云云出自《後漢書·天文志》劉昭補注引張衡《靈憲》文。

④ "太"，原作"六"，據津逮本改。

⑤ "苛慝"，原作"可得"，津逮本作"苛惑"，據《離》之《萃》改。

比

舜升大禹，石夷之野。徵詣玉闕，①拜治水土。

《書》："帝曰：'咨，禹，汝平水土，惟時懋哉！'"

小畜

烏子鵲雛，常與母居。顧慕群旅，②不離其巢。

無注。

履

夷羿所射，發輒有獲。矰加鵲鷹，雙鳥俱得。

夷羿，古之善射者。

泰

晨風文翰，大舉就温。昧過我邑，羿無所得。

《詩·晨風》篇："鴥彼晨風。"注云："鸇也。"

否

六喜三福，南至歡國。與喜忻樂，珪我潔德。③

無注。

---

① "玉闕"，原作"王闕"，津逮本作"黄門"，據《師》之《漸》改。"詣"，原作"諸"，據士禮居本、津逮本改。

② "居"，原作"俱"，據津逮本改。"慕"，原作"類"；"旅"，原作"族"，津逮本作"聚"。皆據《履》之《旅》改。

③ "忻"，津逮本作"同"，"珪"作"嘉"。

同人

鬭龍股折，日遂不明。自外爲主，弟伐其兄。

無注。

大有

蒙慶受福，有所獲得，不利出門。①

無注。

謙

蠻戎夷狄，太陰所積。固冰沔寒，②君子不存。

沔，當作"冱"。

豫

畏昏潛處，候時昭明。卒遭白日，爲世榮主。③

無注。

隨

水流趨下，欲至東海。求我所有，買魴與鯉。

無注。

蠱

冠帶南游，與福喜期。徼於嘉國，拜爲逢時。

---

① "門"，津逮本作"域"。

② "沔"，士禮居本、津逮本作"冱"，是。

③ "世榮"，原作"榮禄"，據《大有》之《中孚》、《涣》之《離》改。

無注。

臨

莎雞振羽，爲季門户。新沐彈冠，仲父悦喜。

無注。

觀

結衿流粥，[1]遭讒桎梏。周邵述職，身受大福。

無注。

噬嗑

田鼠野雞，意常欲逃。拘制籠檻，不得動摇。

無注。

賁

居華巔，觀浮雲。風不摇，雨不濡。心平安，無咎憂。[2]

無注。

剥

傾倚將顛，不能得存。英雄作業，家困無年。

無注。

---

① “粥”，津逮本作“弼”。

② 林辭，津逮本作“居華山巔，游觀浮雲。有雨不濡，心樂無憂”。“巔”，原作“顛”；“不”，原作“之”。皆據士禮居本改。

復

心願所喜，今乃逢時。① 保我利福，不離兵革。

無注。

无妄

靈龜陸處，盤桓失所。阿衡退耕，夏封於國。②

阿衡，伊尹，耕於有莘之野。

大畜

弱水之右，有西王母。生不知老，與天相保，不利行旅。

《書》："弱水既西。"柳宗元曰："西海之山，有王母神仙所居，其下有水，散涣無力，不能負芥。"

頤

抱瓌求金，日暮坐吟。終月卒歲，竟無成功。

瓌，姑回切，石次玉曰瓌。

大過

言笑未畢，憂來暴卒。身加搤檻，囚繫縛束。③

無注。

---

① "今乃"，津逮本作"乃今"。

② "夏"，原作"憂"，據津逮本改。末句，《歸妹》之《剥》、《中孚》之《師》均作"桀亂無輔"。

③ "搤檻"，津逮本作"檻纜"。

坎

望幸不到，文章未成。王子逐兔，犬踦不得。

無注。

離

震慄恐懼，多所畏惡。行道留難，不可以步。

無注。

咸

雄狐綏綏，登山崔嵬。昭告顯功，大福允興。

《詩》："南山崔崔，雄狐綏綏。"

恒

火起吾後，喜炙我廡。蒼龍銜水，泉噀屋柱，①雖憂無咎。

無注。

遯

危坐至暮，請求不得。膏澤不降，政戾民忒。

無注。

① "我"，原作"倉"，據津逮本改。第三句，原作"龍銜水深"，津逮本作"蒼龍含水"，據津逮本及《噬嗑》之《兑》改。"泉噀"，原作"潠注"，津逮本作"深噀"，據《噬嗑》之《兑》改。

大壯

孟春和氣，鷹隼搏鷙，衆雀憂慣。[①]

無注。

晉

緩法長奸，不肯理冤。沉湎失節，[②]君受其患。

無注。

明夷

魚鼈貪餌，死於網釣。受危因寵，[③]爲身殃咎。

無注。

家人

金精耀怒，[④]帶劍過午。徘徊高庫，宿於山谷。兩虎相拒，弓矢滿野。

無注。

睽

四目相望，稍近同光，[⑤]並坐鼓簧。

無注。

---

① "慣"，原作"憒"，津逮本作"潰"，據士禮居本改。
② "沉湎"，原作"浮沉"，津逮本作"沈酒"，據《節》之《離》改。
③ "因"，原作"國"，據津逮本改。
④ "耀"，原作"輝"，據津逮本改。
⑤ "光"，《中孚》之《履》元抄本、士禮居本作"軏"，津逮本作"执"。

蹇

茹芝餌黄，飲食玉英。[1] 與神流通，長無憂凶。

無注。

解

求獐嘉鄉，惡蛇不行。道歧中還，復反其牀。[2]

無注。

損

天門地户，幽冥不睹，不知所在。

無注。

益

疏足脅肩，[3]有所忌難。金城鐵郭，以銅爲關。藩屏自衛，安止無患。

無注。

夬

三雁俱飛，欲歸稻池。經涉藿澤，[4]爲矢所射，傷我

---

① “食”，原作“酒”，據《觀》之《噬嗑》改。

② “獐”，原作“璋”，津逮本作“獐”，據《革》之《萃》改。“歧中”，原作“出歧”，津逮本作“岐口”，“歧”據元抄本、士禮居本，“中”據《革》之《萃》改。“出”乃衍文。“還”，原作“口”；“復反”，原作“還復”。皆據津逮本改。

③ “疏”，原作“趹”，津逮本作“跛”，據《晋》之《賁》改。“脅”，原作“息”，據《孟子·滕文公下》“脅肩諂笑，病於夏畦”改。

④ “經”，原作“先”，據津逮本改。

胸臆。

無注。

姤

濟深難渡,[1]濡我衣袴。五子善櫂,脱無他故。

未詳。

萃

飲酒醉酗,跳起争鬬。伯傷叔僵,東家治喪。

無注。

升

跛躓未起,失利後市。蒙被殃咎,不得鹿子。[2]

無注。

困

辰次降婁,建星中堅。子無遠行,外顛霄陷,遂命訖終。

降婁,星次名。

井

商風召寇,來呼外盜。間諜内應,與我争鬬。殫己寶藏,主人不勝。

魯僖公三十二年冬,杞子自鄭使告于秦曰:"鄭人使我掌其

---

① "深",原作"流",據津逮本改。

② "跛",原作"跌";第二句,原作"後失利市"。皆據津逮本改。"殃咎",士禮居本、津逮本作"咎殃"。末句,原脱,據津逮本補。

北門之管，若潛師以來，國可得也。”穆公不聽蹇叔之諫，從杞子之謀，①召孟明、西乞、白乙襲鄭，師敗于殽。

革

甘露醴泉，太平機關。仁德感應，歲樂民安。

甘露，仁澤也，聖德上及太清，下及萬靈則降。醴泉，水之精也，聖德下及太寧，中及萬靈則出。

鼎

祭仲子突，要門逐急。禍起子商，②弟伐其兄，鄭久不昌。

祭仲，鄭臣名。子突，鄭莊公次子。急，當作“忽”，莊公之世子。莊公卒，祭仲立忽，是爲昭公。及宋莊公誘祭仲，執之與盟，遂立突，是爲厲公，忽奔衛。事在《春秋·魯桓公十一年》。

震

跛躄難步，遲不及舍。③露宿澤陂，亡其襦袴。

無注。

艮

狼虎結謀，相聚爲保。伺候牛羊，病我商人。

---

① “杞”，原作“祀”，據《左傳·僖公三十二年》“杞子自鄭使告于秦”改。

② “急”，士禮居本作“忽”，是。元抄本注是。“子”，黄丕烈士禮居本《焦氏易林·後序》引顧千里曰：“当作‘于’。于，於也。商，宋也。謂禍起于宋雍氏。本《左氏傳》也。”

③ “跛躄”，原作“反孽”；“遲”，原作“留”。皆據《井》之《蒙》改。“不及”，原作“不反”，據津逮本改。

無注。

漸

明德剋敏，重華貢舉。放勛徵用，八哲蒙祐。

《書·舜典》："曰若稽古，帝舜重華協于帝。"帝即堯也，放勛者，總言堯之德業也。又曰："徵庸三十。"言舜生三十，堯方召用，後以天下禪焉。八哲，即舜所舉高陽氏有才子八人，謂之八愷是也。

歸妹

貧鬼守門，日破我盆。毁罌傷瓶，空虚無子。

無注。

豐

天命赤烏，與兵徵期。征伐無道，箕子游遨。

《史記》：商紂無道，九年，武王東觀兵于孟津，有火自上復于下，至於王屋，流爲烏，其色赤。是時諸侯不期而會者八百，遂伐紂而有天下。箕子歸周，封于朝鮮。

旅

威約拘囚，爲人所誣。皋陶平理，剖械出牢，脱歸家閭。

《書·舜典》："帝曰：'皋陶，汝作士。"傳曰："士，理官也。"

巽

羊驚虎狼，聳耳群聚。無益威強，爲齒所傷。

無注。

兑

初雖號啼，後必慶笑。光明照曜，百喜如意。

《易・同人》九五："先號咷而後笑。"

涣

馬服長股，宜行善市。蒙祐諧耦，獲金五倍。

無注。

節

應門内崩，誅賢殺仁。上下咸悖，景公失位。長歸無恒，望妻不來。[①]

未詳。

中孚

執斧破薪，使媒求婦。和合二姓，親御斯酒。[②] 色比毛嬙，姑公悦喜。

《詩・南山》篇："析薪如之何？匪斧不克。取妻如之何？匪媒不得。"毛嬙，即西施也。

小過

兩輪日轉，[③]南上大阪。四馬共轅，無有險難，與禹

① "崩"，原作"萌"；"殺"，原作"煞"。皆據士禮居本、津逮本改。"仁"，原作"暴"，據《觀》之《遯》改。"无恒"，津逮本作"元洹"。"不"，原脱，據士禮居本、津逮本補。

② "酒"，原作"須"，據津逮本改。

③ "日"，《賁》之《需》作"並"。

笑言。

無注。

未濟

千柱百梁，終不傾僵，周宗寧康。

《史記》：文武兼制天下，立七十一國，封兄弟之國十五人，姬姓之國四十人，由是周室遂安。

䷿坎下離上未濟

忠慢未習，[①] 單酒糗脯。數至神前，欲求所願，反得大患。

無注。

之乾

旦生夕死，名曰嬰鬼，不可得祀。[②]

無注。

坤

大步上車，南到喜家。送我狐裘，與福載來。[③]

無注。

① "忠"，津逮本作"志"。
② "祀"，原作"視"，據津逮本改。
③ "載"，原作"喜"，據《節》之《觀》改。

屯

西多小星，三五在東。[1] 早夜晨行，勞苦無功。

《詩·召南·小星》云："嘒彼小星，三五在東。肅肅宵征，夙夜在公。"此詩言夫人無妒忌之行，而賤妾安於其命，所謂上好仁而下必好義者也。

蒙

北陸藏冰，君子心悲。困於粒食，鬼驚我門。

《左傳》："日在北陸而藏冰。"

需

山水暴怒，壞梁折柱。稽難行旅，留連愁苦。

無注。

訟

比目四翼，來安吾國。福喜上堂，與我同牀。

無注。

師

狡兔趯趯，良犬逐齰。雄雌爰爰，爲鷹所獲。

趯，音狄。齰，音責。

比

增禄益福，喜來入室，解除憂惑。

---

① "三"，原作"参"，據士禮居本、津逮本改。

無注。

小畜

騎龍乘風，上見神公。彭祖受刺，王喬贊通。巫咸就位，拜壽無窮。[①]

彭祖，古之有壽者。王喬，古仙人。巫咸，商臣名。

履

天火卒起，燒我旁里。延及吾家，空盡己財。

無注。

泰

金帛黄寶，[②]宜與我市。嫁娶有息，利得過倍。

無注。

否

鬼魅之居，凶不可舍。

無注。

同人

鳥飛兔走，各有畏惡。雕鷹爲賊，亂我室舍。

無注。

---

① “風”，津逮本作“鳳”。“壽”，原作“受”，士禮居本、津逮本作“福”，據《家人》之《剥》改。

② “黄”，原作“共”，據《履》之《姤》改。

大有

初雖驚惶,後乃無傷,受其福慶。

無注。

謙

兩金相擊,勇氣均敵。终日鬬戰,[1]不破不缺。

無注。

豫

曳綸河海,挂釣魴鯉。王孫利得,以饗仲友。

無注。

隨

犬畏狼虎,依人作輔。三夫執戰,[2]伏不敢起,身安無咎。

戰,當作"戟"。

蠱

蜘蛛作網,以伺行旅。青蠅嚵聚,以求膏腴。觸我羅絆,爲網所得。[3]

無注。

---

① "终日",原作"日月",據《同人》之《噬嗑》改。

② "作",原作"有",據津逮本改。"戰",士禮居本、津逮本作"戟",是。元抄本注是。

③ 第四句,津逮本脱,"絆"作"域"。末句下,津逮本多"死於網羅"。

臨

所望在外，鼎命方來。拭爵倏罍，[①]炊食待之，不爲季憂。

倏，當作“滌”。

觀

日月並居，常暗且微。[②] 高山崩顛，丘陵爲谿。

無注。

噬嗑

春服既成，載華復生。莖葉盛茂，實穗泥泥。

無注。

賁

莘首山頭，仙道所游。[③] 利以居止，長無咎憂。

莘，當作“華”。泰華、首陽，皆山名。

剥

三狐群哭，自悲孤獨。野無所游，死於丘室。

《易》："田獲三狐。"狐，妖獸也。

---

① “命”，原作“金”，據津逮本改。“倏”，士禮居本、津逮本作“滌”，是。元抄本注是。

② “且微”，原作“匪明”，據《蹇》之《咸》改。

③ “莘”，津逮本作“華”，是。元抄本注是。“游”，原作“由”，據津逮本改。

復

火中暑退，禾黍其食。① 商人不至，市空無有。

無注。

无妄

獨立山顛，求鹿耕田。草木不闢，②秋飢無年。

無注。

大畜

火雖熾，在吾後。寇雖近，在吾右。身安吉，不危殆。

無注。

頤

齫齫齧齧，貧鬼相責。無有歡怡，一日九結。

齫，《玉篇》無。齧，倪結切，噬也，與"齧"同。

大過

追亡逐北，呼還幼叔。至山而得，反歸其室。

無注。

坎

銜命辱使，不堪厥事。中墜落去，③更爲斯吏。

---

① "禾黍"，津逮本作"求藿"。
② "闢"，原作"避"，據士禮居本、津逮本改。
③ "中墜"，原作"遂墮"，據《艮》之《觀》、《小過》之《履》改。

無注。

離

被珠函玉，沐浴仁德。應聘唐國，四門穆穆。蟊賊不作，凶惡伏匿。

有虞之世，誕敷文德。唐，堯國名。《書》曰："賓于四門，四門穆穆。"

咸

機關不便，不能出言。精誠不通，[1]爲人所冤。

無注。

恒

瓮破盆缺，南行亡夫。

無注。

遯

唇亡齒寒，積日凌根。朽不可用，爲身災患。[2]

無注。

大壯

蒙惑憧憧，不曉西東。魁罡指南，告我失中。利以居

---

① "誠"，原作"成"，據津逮本改。"不通"，原作"通道"，津逮本作"適通"，據《小畜》之《蒙》改。

② "災"，原作"哭"，據士禮居本本、津逮本改。

止，①去國憂患。

魁、罡，星名。

晋

烏鴟搏翼，②以避陰賊。盜伺二女，賴厥生福。旱災爲疾，君無黍稷。

無注。

明夷

名成德就，項領不試。景公耋老，尼父逝去。

《論語》："齊景公謂孔子曰：'吾老矣，不能用也。'孔子遂行。"

家人

言與心詭，西行東坐。③ 鯀湮鴻水，佞賊爲禍。

《史記》：堯時洪水爲災，舉鯀使之治水。鯀爲人方命圮族，舜殛之于羽山。

睽

玁狁非度，治兵焦穫。伐鎬及方，與周爭疆。元戎其駕，衰及夷王。

《詩・六月》篇："玁狁匪茹，整居焦穫，侵鎬及方。"注云："厲王胡出于彘。玁狁内侵，宣王立，命尹吉甫帥師以伐之，遂

---

① "失"，原作"室"，據津逮本改。"居"，原作"宜"，據《未濟》之《賁》改。
② "烏"，原作"鳥"，據津逮本改。"搏"，原作"搏"，據士禮居本改。
③ "坐"，津逮本作"望"。

平獫狁。”焦穫、鎬、方，皆地名。

蹇

三火起明，雨滅其光。高位疾顛，驕恣誅傷。

無注。

解

淵泉溢沸，[①]爲吾之祟，使我心憒。毋樹麻枲，居止凶咎。

無注。

損

厭浥晨夜，道多湛露。瀸我襦袴，[②]重難以步。

《詩·行露》篇：“厭浥行露，豈不夙夜？謂行多露。”

益

宜行賈市，所求必倍。載喜抱子，與利爲友。

無注。

夬

陰變爲陽，女化爲男。治道得通，君臣相承。

無注。

---

① “淵泉”，原作“承川”，津逮本作“陰涿”，據《夬》之《中孚》改。“溢沸”，原作“決水”，津逮本作“川決”，據《臨》之《咸》改。

② “我襦”，原作“衣濡”，據士禮居本、津逮本改。

姤

樹蔽牡荆,生翳山傍。仇敵背憎,熟肯相迎?①

熟,當作"孰"。

萃

坐朝乘軒,據德宰民。② 虞叔受命,六合和親。

《春秋》:武王克殷,求泰伯、仲雍之後,得周章,以爲吴君,别封其弟虞仲於周之北,故夏墟爲西吴,後世謂之虞公。自虞仲至虞公凡十二世。

升

雲興蔽日,雨集草木,茂年歲熟。

無注。

困

播枚折枝,③與母别離,絶不相知。

播,當作"蟠"。

井

天旱水涸,枯槁無澤。困於沙石,未有所獲。

無注。

---

① "牡",原作"壯";"翳",原作"醫"。皆據士禮居本、津逮本改。"熟",士禮居本、津逮本作"孰",是。元抄本注是。

② "朝",原作"茵";"民",原作"臣"。皆據《鼎》之《益》改。

③ "播",士禮居本作"蟠",是。元抄本注是。"枚",原作"梅",據《訟》之《謙》改。

革

珪璧琮璜，執贄見王。① 百里寧戚，應聘齊秦。

百里奚事秦，寧戚事齊。

鼎

龍渴求飲，黑雲景從。河伯捧醴，跪進酒漿，流潦滂滂。

河伯，水神也。

震

雹梅零墜，心思憒憒，亂我魂氣。②

無注。

艮

鹿求其子，虎廬之里。唐伯李耳，③貪不我許。

未詳。

漸

穿匏挹水，篝鐵然火。勞罷力竭，飢渴爲禍。

匏，瓠也。

歸妹

龍生馬淵，壽考且神。飛騰上天，舍宿軒轅，常居樂安。

---

① “贄”，原作“禮”，據津逮本改。

② “墜”，原作“蔕”；“魂”，原作“靈”。皆據《大有》之《蒙》改。“思”，原作“積”，據士禮居本、津逮本改。

③ “李”，原作“季”，據津逮本改。

無注。

豐

崔嵬北岳，天神貴客。温仁正直，主布恩德。冠衣不已，蒙受大福。

大梁析木，其神主恒山，星辰出焉。

旅

鬼夜哭泣，齊失其國，爲下所賊。

《春秋·哀公十四年》："齊陳恒弑簡公于舒州。"

巽

二政多門，君失其權。三家專制，禍起季孫。

《春秋》：魯自桓公之後，君失其柄，季氏始專國政，三家漸强，四分公室，孟孫、叔孫各有其一，季孫有其二焉。

兑

望幸不到，文章未就。王子逐兔，犬踦不得。①

無注。

涣

伯虎仲熊，德義昭明。② 使布五教，陰陽順叙。

按《史》：高辛氏之子有曰伯虎仲熊，爲伯益之佐。伯虎疑即仲虎也。五教者，父子有親，君臣有義，夫婦有别，長幼有序，

① "犬"，原作"大"，據士禮居本、津逮本改。

② "昭明"，津逮本作"淵弘"。

朋友有信。

節

兩足四翼，飛入家國。寧我伯姊，[1]與母相得。

無注。

中孚

春秋禱祝，解禍除憂，君子無咎。[2]

無注。

小過

牧羊稻園，聞虎喧讙。懼畏悚息，終無禍患。

無注。

既濟

大蛇巨魚，相搏於郊。君臣隔塞，郭公出廬。

郭，當作"戴"。《春秋·魯閔公二年》："狄人伐衛，衛立戴公，出廬于曹。"

---

① "姊"，原作"叔"，據津逮本改。

② "祝"，原作"祀"，據津逮本改。末句，原作"君無咎憂"，津逮本作"君無災咎"，據《離》之《坤》改。

附　録

刻陸敕先校宋本焦氏易林序[1]

世所行諸刻《易林》悉出自明内閣本，成化癸巳彭華《題後》可證也，分上下經爲卷，或又析之作四卷，而其訛舛不可卒讀則盡同。近好事者多傳臨陸敕先校宋本，文句碩異，實視諸刻遠勝。往歲陸手勘者歸予家，續又收葉石君校本，取以參驗先所傳臨，竟有稍益失真處，故付之刻。凡陸勘而誤，必存其真，雖可知當爲某字者，終不輒以改竄，亦猶予向日刻他書之意耳。其諸刻所附而陸勘未及者，蓋皆非出於宋本，概不載入。陸僅就嘉靖四年所刻以勘，而記于上方，云卷次非宋本。考季滄葦《延令宋板書目》"焦氏易林十六卷八本"，未知其爲即校宋本之祖，抑板同而又有一部，然分卷十六確鑿可信，尚與《隋志》數合，又嘗見一别本乃如此，今特據之，實每卷四卦也。延令藏書散失流轉，予得之頗不少，此書當仍在天壤間，安能一旦再出，使所謂全注並傳，且行款偏旁均復舊觀，必將爲陸勘助掃落葉，豈不更快？識于此，冀我二三

① 本序，原無，乃士禮居本前序，爲黄丕烈所作。

同志搜訪之云。

嘉慶十三年閏五月十日黄丕烈書。

後　序①

此書今本之誤非校宋本不能正者，如《賁》之《鼎》"東門之壇"，乃《詩・鄭風》文。《正義》云："遍檢諸本，字皆作'壇'。"又云："今定本作'墠'。《釋文》云：'壇，音善。依字當作墠。'"可見作《易林》時固是"壇"字，今作"墠"者誤，依定本以後《毛詩》所改似是實非。《頤》之《解》"飢人入室"，乃《史記・殷本紀》所謂"及西伯伐飢國，滅之"，徐廣曰："飢，一作阢，又作耆。"即《尚書大傳》之"西伯戡耆"也。今"飢人"作"箕仁"，臆改而誤。《萃》之《漸》"橘柚請佩"，乃《韓詩内傳》"漢有游女"事，所謂"聘之橘柚"者也。今"橘柚"作"禱神"，亦臆改耳。《旅》之《蒙》"封豕溝瀆"，全取《史記・天官書》語。今"豕"作"涿"，失之遠矣。其類甚夥，咸有如風庭之掃葉也。顧君千里見，語曰："讀此書之法又有三焉：以複見求之也，以所出經子史等求之也，以韻求之也。如《比》之《震》'扶杖伏聽'，誤。《无妄》之《中孚》'扶'下無'杖'字，'聽'下有'命'字者，是。《兑》之《否》'扶'作'俯'，亦非。扶伏者，匍匐也。《大過》之《蠱》'故革懈惰'，誤。《遯》之《益》、《鼎》之《既濟》作'五榘解墮'者是。'榘'或體作'鞏'也。《豐》之《困》'膠牢振振，冠帶無憂'，誤，《明夷》之《旅》作'膠目啓牢，

① 本序，原無，乃士禮居本卷末後序，爲黄丕烈所作。

振冠無憂’者是。《吕覽·贊能》説管仲事，正曰‘膠其目’也。此皆可得之於複見者。如《乾》之《咸》‘反得丹穴，女貴以富’，‘貴’當作‘清’，本《史記·貨殖列傳》‘而巴蜀寡婦清，其先得丹穴’。《大畜》之《訟》‘哀相無極’，‘哀相’當作‘衷袒’，本《左氏傳》‘皆衷其袒服’。《小畜》之《漸》‘鳴鳩飛來’，《晋》之《艮》作‘餌吉知來’，《家人》之《大畜》作‘神鳥來見’，皆誤，當作‘鳱鵲知來’，本《淮南·氾論訓》‘乾鵲知來而不知往’，鄭注《大射儀》引作‘鳱’，此與之同。《姤》之《晋》‘販鼠賣卜’，‘卜’當作‘朴’，本《戰國策》‘周人謂鼠未腊者朴’。《升》之《艮》‘扶陜之岐’，‘扶陜’當作‘杖策’，本《尚書大傳》‘遂杖策而去，過梁山，邑岐山’。今本《大傳》‘杖策’誤倒。《震》卦‘枯瓠不朽’，‘朽’當作‘材’，本《國語》‘苦匏不材於人’。《既濟》之《鼎》‘禍起子商’，‘子’當作‘于’。于，於也。商，宋也。謂禍起於宋雍氏，本《左氏傳》也。此皆可得之於所出經子史等者。如《訟》之《損》‘更相擊劍’，‘劍’當作‘訽’，《明夷》之《臨》不誤，《大畜》之《家人》作‘訽’，亦非。以‘訽’與下‘走’爲協。《晋》之《漸》‘神君之精’，‘之精’當作‘乏祀’，以‘祀’與上‘起’、‘理’爲協。《革》之《豫》‘沾我袴襦，重難以涉’，‘袴襦’當倒，‘涉’當作‘步’，《未濟》之《損》不誤，以‘袴’‘步’爲協。《兑》之《噬嗑》‘茂樹斬枝’，‘枝’當作‘枚’，以‘枚’與下‘飢’爲協。此皆可得之於韻者。其類亦甚夥，難以悉數。又如《豫》之《豐》云：[①]‘一説，文山蹲鴟。’‘一説’即‘一作’也。由是以推，凡一繇數句，而上下語意不類，蓋皆脱去‘一作’字而誤相連並耳。此又一法也。讀者苟於校宋本得之之

① “豐”，誤，當作“旅”。

外,循是而各各求之,思過半矣。"予甚然其言,附著於末,以貽好學者。若夫繁文衆詞,自我作古,冀博善讀書之名而其意不在書,乃顧君生平深惡痛絶者。予不敏,亦未忍爲此態也。巳閏五月廿四日。丕烈又書。

陸貽典記①

從兄蓋臣向假得瞿曇谷宋校本《易林》,勘得刻本字句頗異。余借校此帙,未及卒業而罷,距今已十有一載,而蓋臣遺世亦已五年矣。頃從友人借得曇谷校本勘畢,覆勘一過,復多是正,遂于此書無憾。蓋宋本出之牧翁家藏,②絳雲一炬,久爲劫灰,此書種子幸留人間,亦可寶也。據曇谷云宋本本有全注,未及舉録,失之一時,奪之千載,能無奇書不傳之慨?丁未仲夏九日燈下記。常熟陸貽典。

校定焦贛易林序③

承議郎行秘書省校書郎臣黄某所校讎中焦延壽《易林》,定著十六篇,篇中或字誤,以"快"爲"決",以"羊"爲"年",如此者衆。校讎已定,又若"喜"或爲"嘉","鸖"或爲"鵲",義可

---

① 題目,原無,爲本勘校者所加,本在黄丕烈《後序》之次頁,總八行,每行皆從第五格書寫。

② "牧",原作"□",據《明史・藝文志》"錢謙益,字受之,號牧齋"改。

③ 本序,原無,乃北宋校書郎黄伯思所作《焦氏易林》書録,見於《東觀餘論》。

兩存，皆並著，可繕寫[川本無六字，今存之]。①焦延壽者，字贛，梁人，以好學得幸梁王，王共其資用，令極意學，學成爲郡吏，察舉補令小黄，以候伺先知盜，盜不得發。舉最當遷，吏民上書願留，詔許增秩，卒于小黄。其説長于災變，以授京房；又著《易林》十六篇，其法：每卦變而之六十四爲林，凡三千八百四。臣謂延壽之法，凡筮得某卦之某卦，則觀其所之卦林，以占吉凶；或卦爻不發，則但觀本卦林詞。初未嘗分四時節候，至于《漢書・京房傳》所謂"六十四卦更直日用事"者，蓋爻主一日，六十卦當三百六十日，餘四卦爲監司，此法但以風雨寒温爲候而占災變耳。若房封事所謂"辛酉太陽精明，丙戌蒙氣復起"之類，孟康注之甚詳。此自延壽占災祥之一法，非關《易》筮也。後世昧者弗悟，乃合二術而一之，而于直日卦中求所得卦，以考人之吉凶，謬托燕薊士之秘法，豈不誤甚歟？蓋直日之法，分、至外餘日惟一爻用事，而《易林》變卦則非止一爻也。乃知林自林，直日災祥之法自直日災祥之法，二者雖皆本于《易》，同出于焦贛，而初未嘗一其用也。又本朝有王佖者，於雍熙二年春遇異人，爲筮得《觀》之《賁》，其林有"西去華山，游子爲患"之語，乃贛《易》《觀》中《賁》林也。若以直日之法用之，《觀》及《賁》非白露之卦，非春所宜用，不當以《觀》中求之。然其後事應甚著，異人之占固不應誤，是知直日之説非可用于筮占也章章矣，後之觀者不可以不辨。延壽所著雖卜筮之書，出于陰陽家流，然當西漢中葉，去三代未遠，文辭淡雅，頗有可觀。謹第録上。

---

① "川本"至"存之"，原爲雙行小字，現加一中括弧([])，字體略小，以便於識别。下同。

易林四卷提要[①]

漢焦延壽撰。延壽字贛，梁人，昭帝時由郡吏舉小黄令，京房師之，故《漢書》附見於《房傳》。黄伯思《東觀餘論》以爲"名贛字延壽"，與史不符。又，據後漢《小黄門譙君碑》稱"贛之後裔"，疑"贛"爲"譙"姓，然史傳無不作"焦"。漢碑多假借通用，如"歐陽"之作"歐羊"者，不一而足，亦未可執爲確證。至舊本《易林》首有費直之語，稱"王莽時建信天水焦延壽"，其詞蓋出僞托，鄭曉嘗辨之審矣。贛嘗從孟喜問《易》，然其學不出於孟喜，《漢書·儒林傳》記其始末甚詳，蓋《易》於象數之中别爲占候一派者，實自贛始。所撰有《易林》十六卷，又《易林變占》十六卷，並見《隋志》。《變占》久佚，惟《易林》尚存其書，以一卦變六十四，六十四卦之變共四千九十有六，各繫以詞，皆四言韻語。考《漢·藝文志》所載《易》十三家、蓍龜十五家，不及焦氏，《隋·經籍志》始著録於五行家，唐王俞始《序》而稱之，似乎後人所附會，故鄭曉《古言》疑其《明夷》之《咸》林似言成帝時事，《節》之《解》林似言定陶傅太后事，皆在延壽後；顧炎武《日知録》亦摘其可疑者四五條。然二家所云某林似指某事者，皆揣摩其詞。炎武所指"彭離濟東，遷之上庸"者語，雖出《漢書》而事在武帝元鼎元年，不必《漢書》始載。又，《左傳》雖西漢未立學官，而張蒼等已久相述説，延壽引用《傳》語亦不足致疑，惟"長城既立，四夷賓服。交和結好，昭君是福"四句則事在元帝竟寧元年，名字炳然，

① 題目，原作"易林四卷"，"提要"二字爲勘校者所加。原標題下，有雙行小字：江蘇巡撫采進本，標識版本來源。是文原載於《欽定四庫全書總目》卷一百零九卷子部十九"術數類"二，爲四庫館臣所作。

顯爲延壽以後語。然李善注《文選》任昉《竟陵王行狀》引《東觀漢記》曰:“沛獻王輔永平五年秋,京師少雨,上御雲臺,詔尚席取卦具自卦,以《周易卦林》占之,其繇曰:‘螘封穴户,大雨將集。’明日大雨。上即以詔書問輔,曰:‘道寧有是耶?’輔上言曰:‘案《易卦》,《震》之《蹇》‘蟻封穴户,大雨將集’,《蹇》艮下坎上,艮爲山,坎爲水,出雲爲雨,蟻穴居而知雨,將雲雨,蟻封穴,故以蟻爲興文。”云云,今書《蹇》繇實在《震》林,則書出焦氏足爲明證。昭君之類,或方技家輾轉附益竄亂原文,亦未可定耳。《崇文總目》言其推用之法不傳,而黄伯思記王佖占,程迥記宣和、紹興二占,皆有奇驗,則其術尚有知之者。惟黄伯思謂:《漢書》稱延壽《易》分六十四卦更直日用事者,乃變占法,非《易林》法;薛季宣《易林序》則謂《易林》正用直日法,辨伯思之説爲謬,並爲圖例以明之。其説甚辨,今録季宣《序》與王俞《序》以存一家之言。俞《序》本名《大易通變》,與諸本不同,疑爲後來卜筮家所改,非其舊也。此書,《隋》、《唐》、《宋志》俱作十六卷,故季宣《序》稱“每卷四林,每林六十四變”,今本四卷,不知何時所併?無關宏旨,今亦姑仍之焉。

案,[①]《漢書·儒林傳》曰:“孟喜受《易》於田王孫,得《易》家候陰陽災變書,詐言田生且死時,枕喜膝獨傳,同門梁丘賀疏通證明之,曰:‘田生絶於施讎手中。時喜歸東海,安得此事?’……焦延壽[案,原文無“焦”字,蓋承上而言。今節録其文,故補此字,使名姓完具。]嘗從孟喜問《易》,京房以爲延壽

① “案”以下諸文字,皆低上文兩格。

《易》即孟氏學，[1]翟牧、白生不肯，皆曰非也。劉向校書，以爲諸家《易》説皆祖田何，楊叔、丁將軍大義略同，惟京氏爲異，黨延壽獨得隱士之説，托之孟氏，不與相同”。然則陰陽災異之説，始於孟喜别得書而托之田王孫，焦延壽又别得書而托之孟喜，其源實不出於經師。朱彝尊《經義考》備列焦、京二家之書，蓋欲備《易》學宗派，不得不爾，實則以《隋志》列五行家爲允也，今退置術數類中，以存其真。

① “《易》”，原缺，據《漢書・儒林傳・京房》補。